本书出版得到2015年度湖北省社会科
本书出版得到2015年度武汉市社会科

中国科技金融创新
与政策研究

ZHONGGUO KEJI JINRONG CHUANGXIN
YU ZHENGCE YANJIU

主　编　阙方平　曾繁华　王　飞
副主编　何行成　彭　中

中国金融出版社

责任编辑：张　铁
责任校对：张志文
责任印制：陈晓川

图书在版编目（CIP）数据

中国科技金融创新与政策研究（Zhongguo Keji Jinrong Chuangxin yu Zhengce Yanjiu）/阙方平，曾繁华，王飞主编．—北京：中国金融出版社，2015.12

ISBN 978－7－5049－8159－2

Ⅰ.①中…　Ⅱ.①阙…②曾…③王…　Ⅲ.①科学技术—金融—研究—中国　Ⅳ.①F832

中国版本图书馆 CIP 数据核字（2015）第 243502 号

出版
发行　中国金融出版社

社址　北京市丰台区益泽路 2 号
市场开发部　（010）63266347，63805472，63439533（传真）
网上书店　http：//www.chinafph.com
　　　　　　（010）63286832，63365686（传真）
读者服务部　（010）66070833，62568380
邮编　100071
经销　新华书店
印刷　北京市松源印刷有限公司
尺寸　169 毫米×239 毫米
印张　26
字数　410 千
版次　2015 年 12 月第 1 版
印次　2015 年 12 月第 1 次印刷
定价　55.00 元
ISBN 978－7－5049－8159－2/F.7719
如出现印装错误本社负责调换　联系电话（010）63263947

前　言

随着 2008 年国际金融危机的爆发，高投资、生态环境破坏严重和资源耗费加剧的粗放型、低技术含量增长模式的弊端日益凸显，已不可持续。要实现中华民族伟大复兴目标，必须坚定不移地贯彻科教兴国战略和创新驱动发展战略，坚定不移地走科技强国之路；通过依靠科技创新和技术进步大力推进结构调整和产业升级，实现经济社会健康可持续发展也是当前面临的重大使命。

2014 年 6 月 9 日，习近平总书记在中国科学院第十七次院士大会、中国工程院第十二次院士大会上的讲话中指出："要着力加强科技创新统筹协调，努力克服各领域、各部门、各方面科技创新活动中存在的分散封闭、交叉重复等碎片化现象，避免创新中的'孤岛'现象，加快建立健全各主体、各方面、各环节有机互动、协同高效的国家创新体系。"应该说，新中国成立以来，我国科技整体水平大幅提升。目前，我国在一些重要领域已跻身世界先进行列，某些领域正由"跟跑者"向"并行者"、"领跑者"转变。习近平总书记进一步指出："多年来，我国一直存在着科技成果向现实生产力转化不力、不顺、不畅的痼疾，其中一个重要症结就在于科技创新链条上存在着诸多体制机制关卡，创新和转化各个环节衔接不够紧密。就像接力赛一样，第一棒跑到了，下一棒没有人接，或者接了不知道往哪儿跑。"

实现创新驱动发展战略，离不开金融体系的支持。湖北省提出的武汉城市圈金融改革总体方案就是把科技金融作为主题，实施科技强省战略。湖北省是科教大省，目前全省有普通高等院校 123 所，在校大学生人数达 130 多万人，居全国前列。但是在科技成果转化方面，官产学研之间未能有效结合，科技优势没有转化为现实生产力。一方面，是由于一些政策与体制因素，另一方面，就是科技金融发展不足，支持不够。我国金融支持科技创新方面问题和矛盾有很多，诸如：财政投入不足与科技研发资金需求巨大的矛盾；银行审慎经营与高科技企业风险较高的矛盾；创投风投逐利要求与退出渠道不畅的矛盾；科技保险、担保不足与高科技企业资金需求旺盛的矛盾……这一系列问题和矛盾制约了我国科技研发和转化。作为金融工作者和学者，我们对这些问题进行了系统的梳理、分析，研究了国内外关于科技金融的理论与实践，对照问题从财政、银行、担保、保险、创投风投和资本市场等方面提出了我国科技创新与金融创新结合的路径与对策。

在研究的过程中，我们力争做到三个方面：一是注重研究资料的全面性，防止挂一漏万，力争对涉及科技金融的各个方面进行系统研究；二是注重研究框架的创新性，找到一条理论与实践结合路径指导科技金融创新；三是研究内容上力争有所突破，提出了一些科技金融改革的新观点、新思考。我们的目的是通过本书的研究，为我国探索科技金融结合之路提供一些参考，为我国实现创新驱动战略贡献自己的绵薄之力。

作　者

2015 年 9 月

目　　录

表目录

图目录

第一章 导 论

第一节 研究背景与意义

一、研究背景

改革开放 30 多年来，随着我国从计划经济体制向社会主义市场经济体制转型，焕发出强大的经济增长动力，各方面都有明显的进步，GDP 总量从 1978 年的 3 645.2 亿元上升到 2013 年的 568 845.2 亿元，GDP 占世界的位次从 1978 年的第十位上升到如今的第二位。人均 GDP 从 1978 年的 381 元上升到 2012 年的 38 420 元。经过 30 多年的发展，中国由原来贫困落后国家一跃成为影响世界经济与政治强国。但是，当前我国的经济和科技基础同发达国家相比依然十分薄弱，过去经济快速增长从总体上来看表现为粗放型增长模式，是建立在高投资、生态环境破坏严重和资源耗费加剧的粗放型工业经济、压制消费增长的模式基础之上，企业由于缺乏核心技术导致竞争力不强，面临被淘汰的危险。这种经济增长方式的负面效应不断增大，"低端锁定"效应凸显，缺乏可持续性。随着 2008 年国际金融危机爆发，这种低技术含量增长模式弊端凸显，已不可持续。更加重视经济增长质量，通过依靠科技创新和进步大力推进结构调整和产业升级，走资源节约和环境友好型的高质量集约型发展道路已经刻不容缓，也是当前我国经济发展面临的重大使命。

我国高度重视科技创新在经济发展中的重要作用，将科技与金融融合发展提升到新战略高度。党的十七届五中全会强调加快转变经济发展方式，"坚持把科技进步和创新作为加快转变经济发展方式的重要支撑"。确立了"提高自主创新能力，建设创新型国家"的发展战略。胡锦涛同志在十八大报告中指出，"提高原始创新、集成创新和引进消化吸收再创新能力，更加注重协同创新。深化科技体制改革，推动科技和经济紧密结合，加快建设国家创新体系"①。强调实施创新驱动发展战略，必须注重科技创新在国家发展过程中的核心地位。而创新型国家战略的实施，发展创新型经济，不能只将其简单地视为一系列科技创新活动，更离不开金融体系的支持。

从人类社会科技发展历史来看，重大科技发明的产生直至推广、应用及实现产业化的过程，都离不开金融体系对科技创新支持。尤其是当今社会的高新技术产业，从研发到实现规模产业化，对资金的需求规模比以往任何时候都大。近代西方发达国家之所以在科技发明及其成果推广方面取得巨大成就，与其现代银行以及现代资本市场的出现和不断发展有密切联系，而其中又包含与之相关的一系列金融工具、金融制度和金融服务政策的系统性完善和发展过程。美国的高新技术产业聚集地"硅谷"的成功案例无疑很好地说明了这一点。

科技金融创新是增强一个国家科技实力、提高自主创新能力的重要支撑，其核心是通过发挥其合理有效地配置科技资源作用，从而能够充分发挥潜在的科技创新动力，推动该国科技进步快速发展。因此，必须充分发挥科技金融对高新技术产业的引导和支持作用。任何一项科技创新活动，在没有强大金融资本支持情况下，犹如"无源之水，无本之木"，难以成为推动一个国家（地区）经济增长的原动力。只有将金融创新与科技创新紧密结合，二者互生互利，才能最终实现自主创新的创新型国家战略。

国际金融危机爆发以后，鉴于危机给全球经济带来的巨大冲击，美国、欧洲、日本主要发达国家或地区在对传统经济发展模式进行反思。同时，都积极采取措施，将经济增长的关注焦点转向新能源和生物技术等新兴产业，将其作为重点培育和发展对象，并给予强有力的支持，旨在抢占全球经济增长新一轮制高点。例如，美国奥巴马政府 2009 年出台的《美国复苏与再投资法案》计划用总额达 1 000 亿美元包括税收优惠、补贴和贷款担保等措施支持医药、能源以及新技术等领域科技创新活动。随后发布的《奥巴马总统创新战略》，强调重点开发包括新能源等领域创新研发投资，并实现美国的页岩油

---

① 胡锦涛：《坚定不移沿着中国特色社会主义道路前进　为全面建成小康社会而奋斗——在中国共产党第十八次全国代表大会上的报告》，2012 年 11 月 8 日。

产量猛增，降低了对外原油依存度。2008年欧盟出台了《欧盟能源技术战略计划》，重点支持和鼓励包括太阳能、风能和生物能源在内的新能源技术。日本出台了《绿色经济与社会变革》，重点强调支持发展包括新能源、新型汽车和低碳产业在内的"绿色经济"。韩国也出台了重点发展包括尖端产业、高附加值服务和绿色技术领域在内的新兴产业，等等。当前世界经济发展已迈入依靠创新驱动的发展阶段。

我国也在危机爆发后积极地加快经济结构调整、促进产业转型和升级的步伐，把节能环保、新一代信息技术、生物技术、高端装备制造、新能源、新材料以及新能源汽车等科技含量高的七个产业作为战略性新兴产业，并希望其成为我国经济增长新动力。但是，战略性新兴产业具有高投入、高风险伴随高收益、以中小型企业为主和产业周期长四个特点，其进入门槛较高，而且许多新产业在发展初期缺乏相关配套产业，由于主要零部件和原材料短缺导致价格成本高，在新产品生产出来以后要经过较长时间才能得到消费者的认同和接受，在这段时间内企业只能继续依靠巨额投入维持生存，新产品开拓出新市场以后企业还要将收入偿还前期的巨额投入，这个过程一般要经历好几年的时间，且面临着许多不确定性因素，导致战略性新兴产业在发展过程中风险较大，具有良好发展前景的科技型企业在最需要资金的时候，许多投资者在对相关产业缺乏了解情况下，认为企业实力薄弱对其投资望而却步，最终使具有良好发展前景企业夭折，融资难是制约其发展壮大的主要瓶颈。

当前，我国科技金融支持战略性新兴产业现状不容乐观：一方面，银行体系由于其高负债特征决定了它对风险性较高的战略性新兴产业在缺乏了解的情况下是敬而远之的；另一方面，在银行贷款结构中，中短期贷款比重较大，无法满足战略性新兴产业由于产业周期长而产生的中长期贷款需求，再加上当前我国战略性新兴产业主要以中小企业为主，在我国银行金融机构主要喜欢"垒大户"信贷行为的背景下，作为战略性新兴产业中的中小企业从银行得到贷款支持非常有限。政府对科技型中小企业的财政支持作用极为有限。资本市场对战略性新兴产业发展的支持方面，虽然我国已经建立起主板、中小板和创业板为主的资本市场，但这些资本市的场发展与发达国家相比，存在着规模小、运作不规范、融资功能小等问题，难以满足众多科技型中小企业的融资需求。在风险资本对战略性新兴产业发展支持方面，存在着风险投资机构资金来源渠道单一、规模小等问题，加上风险投资主要集中在企业发展的中后期，与战略性新兴产业生产企业种子期对资金大量需求的特点相矛盾。面对着战略性新兴产业发展过程中面临的融资难问题，只有充分了解战略性新兴产业生产企业在不同成长阶段特殊融资需求，通过不断创新商业银行信贷业务、不断创新和完善资本市场，不断创新和完善保险新产品等方式实现科技金融创新，促进自主创新并推动我国战略性新兴产业快速发展，抢占新一轮全球经济增长制高点。

本书将以中国科技金融资源及其有效配置作为研究对象，对科技金融创新的内涵与特征、科技创新与科技金融结合的内在机理进行了深入分析。在借鉴主要发达国家科技金融发展现状、特点及其主要政策基础之上，分析我国当前科技金融资源主要配置形式的概念、特点、分类以及近年来国家出台的相关政策支持，我国科技金融发展过程中存在的主要问题，就我国如何更有效地实现科技金融资源的高效配置，提高我国的自主创新能力，加快高新技术企业发展，加速实现转变经济发展方式的重要目标，提出了对策和建议。

二、研究意义

温家宝总理在 2008 年国家科学技术奖励大会上的讲话指出："科技实力决定国家命运，一部社会发展史，也就是一部科技发展的历史，在科学技术迅猛发展的今天，谁不重视科技，谁就要被淘汰。"科学技术创新在经济全球化的今天对一个国家抢占全球经济发展制高点有着非常重要的决定性作用。因此，开展对中国科技金融创新及其相应的政策支持的研究，对于提高我国自主创新能力、加强经济和科技的结合等方面都有着重要理论意义及其应用价值。

（一）理论意义

科技创新的关键离不开与其相适应的机制和体制，尤其是离不开相应金融体制的支持。发达国家科技发展历史和经验表明，金融创新是提高国家科技进步和科技创新能力直接推动因素。本书的理论意义在于，以中国科技金融资源及其有效配置形式作为研究对象，通过对科技创新与科技金融结合内在机理进行深入分析的基础上，论述了我国科技金融主要配置形式的内涵、分类、特征、国家出台的支持科技金融发展政策支持以及各种科技金融资源的作用，从理论上提出了金融促进科技进步和创新的路径，为我国政府部门、各金融机构在实际工作中创新和优化科技金融资源提供了理论依据，从某种意义上说，也是对金融发展理论和金融创新理论的创新和发展。

（二）现实意义

1. 开展科技金融创新研究是我国大力发展自主创新时代的必然要求

金融部门是科技金融创新并有效提供资金支持科技创新、提高科技与金融结合程度的主体，同时科技金融离不开国家金融政策规范和引导作用。本书认真总结了世界上主要发达国家科技金融发展现状、特点及采取的主要政策等国际经验，分析了中国科技金融发展过程中关于政府参与和市场机制分工合作问题、融资过程中风险收益、信息不对称以及金融创新等问题。研究内容不但与我国当前大力发展自主创新的时代要求相契合，也能够为各级政府部门、金融机构和科技型中小企业提供参考和指导，对"提高自主创新能力，建设创新型国家"的发展战略起到重要的参考作用，因而具有较强现实意义。

2. 开展科技金融创新研究有助于加快我国科技型中小企业成长速度

科技金融创新不仅仅只是针对科技型中小企业不同发展阶段的特征及融资需求，提供有针对性的多层次、多元化金融支持服务，还要为科技型中小企业提供包括企业发展战略、企业管理和市场营销等全方位服务。不但要求解决科技型中小企业在发展过程中的融资难题，还要帮助其解决企业运营和科技产业化过程中的各种难题，有效弥补科技型中小企业管理不足问题，并降低企业经营风险，加快企业的发展壮大步伐。

第二节　国内外文献综述及评价

一、国外文献综述

（一）金融与科技创新关系的经典理论

1. 马克思关于资本积累与技术进步关系的论述

在马克思著作里虽然没有提到"技术创新"概念，但已经包含了技术创新的思想，主要体现在马克思在《资本论》里提到的"资本技术构成"的概念，马克思指出，"资本技术构成"是"建立在技术基础上的，它是在生产力的一定发展阶段可以看作是已定的"①。它是由特定技术水平下由劳动过程中的人力资本和物质资本比例构成的，反映的是特定产业技术水平的高低。可以说，资本构成技术水平是对特定产业技术水平进步的一种量化。关于资本与技术水平进步的关系，马克思认为，技术水平的提高离不开资本积累，因为资本积累有利于技术水平的不断进步和提高，资本积累越快，就越有能力增加新设备和新技术的资本投入，越有利于产业技术进步和促进劳动生产率的不断提高，进而加快产业升级和转型的步伐。而技术水平的不断提高又可以不断增加资本积累，两者最终形成一个良性互动的关系。

2. 熊彼特的金融与技术创新理论

熊彼特在其《经济发展理论》中首次提出了创新概念和思想。他认为，创新"通常源于生产者行为的变化"，包括五种情况："（1）引进新产品或一种新产品的新特性；（2）采用新技术，即新的生产方法；（3）开辟新的市场；（4）征服或控制原材料或半成品的新的供给来源；（5）实现企业新的组织。"② 熊彼特认为，创新是企业家的职能，通过创新能实现最大限度地获取超额利润的目标。关于金融创新与技术创新的关系，熊彼特对信贷和资本在创新过程中的重要作用作了深刻的分析和论述。他认为，"在资本主义社会，信贷使经济体系进入了新的渠道，使资本主义生产手段以特殊方法服务于新的生产目的"③，"使经济生活中富有才智的个人，在某种程度上不依靠继承财产而独立行事，快过负债而走向成功。"④ "没有信贷，就没有现代工业体系的创立。"⑤ 信贷对于创新的实现与否是至关重要的，因为：信贷"为了实

---

① 马克思. 资本论（第三卷）[M]. 北京：人民出版社，2004：162.

② 约瑟夫·熊彼特. 经济发展理论 [M]. 孔伟艳，朱攀峰等译，北京：北京出版社，2008：38.

③ 约瑟夫·熊彼特. 经济发展理论 [M]. 孔伟艳，朱攀峰等译，北京：北京出版社，2008：39～40.

④ 约瑟夫·熊彼特. 经济发展理论 [M]. 孔伟艳，朱攀峰等译，北京：北京出版社，2008：40.

⑤ 约瑟夫·熊彼特. 经济发展理论 [M]. 孔伟艳，朱攀峰等译，北京：北京出版社，2008：40.

现新组合，提供资金"。银行信用在创新过程中的作用就在于"通过银行信用来创造购买力"。总之，金融部门创新的重要作用在于激发了企业家的技术创新行为和企业家精神。

3. 金融发展理论关于金融创新与技术创新理论的分析

20 世纪 70 年代，麦金农（McKinnon）和肖（Shaw）创立了金融深化理论（M—S 理论），两人从不同的角度考察了发展中国家在金融发展过程中存在的特殊性，认为发展中国家存在着政府过多干预金融体系和金融活动的情况，而政府过多干预会对金融体系的发展产生压制，并阻碍经济的进一步发展，形成金融抑制与经济落后的恶性循环。如果政府放弃对金融活动的干预，就会形成金融发展与经济发展的良性循环。在关于金融活动对技术创新推动作用的论述方面，他们强调金融体系通过资本积累，将资金提供给最有可能开发出新产品并投入生产的企业，最终通过推动技术创新促进经济社会的发展。"在信贷充足的地方，放款和借款的高利率，会产生一种经济发展所需要的动力，它会促发新的储蓄，改变低效率投资，从而推动技术改造"①。金融体系将资金配置给最有可能成功开发新产品并投入生产的企业。

4. 企业生命周期理论

企业生命周期理论将企业看成是有生命周期的，也同样要经历诞生、成长壮大、衰退乃至灭亡的过程，而且在周期的不同阶段会表现出某些相同的特征。按照丘吉尔（Churchill）和刘易斯（Lewis）的从企业规模和管理两个方面对企业发展各阶段特征进行描述的基础之上提出的五阶段成长模型，将企业成长周期分为创立、生存、发展、起飞和成熟五个阶段，企业各个发展阶段的融资需求分别具有各自的特点。企业在创立阶段，一般通过依靠政府资助资金、企业自有资金、风险投资等金融资源谋求企业的发展。当企业进入成长阶段以后，随着企业自身规模的不断扩大和固定资产规模的不断增加，企业融资方式主要是通过银行贷款和风险投资方式。在企业进入成熟阶段，企业的收入和利润的迅速增加，其发展规模也在不断扩大，这时企业主要通过银行贷款、债券融资和上市融资等融资渠道解发展所需资金问题。

---

① 麦金农. 经济发展中的货币与资本［M］. 陈昕，卢骢译，上海：上海三联书店，1997：18.

5. 信息不对称理论

信息不对称理论产生于 20 世纪 70 年代，作为微观经济学研究市场信息对经济行为的影响及其结果的核心内容之一，主要用来说明信息的不对称分布对于市场上双方交易行为和市场运行效率所产生的一系列重要影响。20 世纪 80 年代，信息不对称理论被引入到金融市场的研究领域。阿克尔洛夫（Akerlof, 1970）通过他所构造的"柠檬市场"模型说明了市场不对称导致的结果。他指出，在大多数情况下，旧车交易市场上存在着信息不对称的情况，卖主比买主掌握关于旧车的更多信息优势，卖主通过以次充好的手段满足低价位的旧车买主，结果是质量高于平均水平的卖者会退出交易，只有质量低的卖者才会进入市场。最终使得旧车市场上旧车质量越来越差，最后由于买方利益受损使得旧车市场难以为继。斯蒂格利茨将信息不对称这一理论应用到保险市场，他指出，由于被保险人与保险公司间的信息不对称，客观上造成一般车主在买过车险后疏于保养，使得保险公司赔不胜赔。

信息不对称理论说明了由于信息不对称所导致的逆向选择问题，进而降低了市场交易的质量和效率问题。在现代金融市场中具体表现为具有信息优势的贷款企业由于隐瞒了不利信息而出现骗贷等问题，最终结果是处于信息劣势的银行积累了大量的呆账和坏账。这种现象在广大发展中国家尤为常见。

关于金融创新对科技创新的支持，金和莱文（King and Levine, 1993）通过以企业家精神（或创新活动）为纽带把金融和增长联系起来建立内生增长模型。他们认为，金融和创新的联系是经济增长中的关键因素。在他们的理论模型中，金融体系为创新提供四种服务：对投资项目进行评估以筛选出最有发展潜力的项目、为投资项目筹集所需的巨额资金、为个人和企业家提供分散风险的便利以及预期创新利润的现值。Gerard（2003）等通过收集新兴经济体的发展金融机构辅助数据进行研究，认为开发性金融机构通过筹措资金到指定的优先技术领域，提高了新兴经济体国家企业的技术创新能力，因而成为国家创新能力的重要纽带。Woo‐Seok Jang 和 Woojin Chang（2008）以韩国的 1 014 个制造企业（其中 43% 为合资公司）为样本分析金融支持体系对韩国中小制造企业技术创新的影响，通过 Logistic 回归模型实证分析的结果表

明，金融支持系统对韩国中小企业的产品创新流程有显著影响。Aghion 等
（2007）研究显示外部资金的进入能更多地促进新企业的进入和它们的后期成
长。这里包含一个重要的含义是：一个发达的金融体系是至关重要的，以支
持其早期生长和促进了"创造性破坏"的过程。金融发展具有很大的潜力，
促进创新。Hicks（希克斯，1969）指出，金融市场的改进，增强资本市场的
流动性是英国工业革命的首要原因。James B. Ang 和 Jakob B. Madsen（2011）
通过使用 77 个国家在 1965—2009 年期间的数据做关于风险投资和私人信用对
知识创新的实证研究，结果显示，金融体系发达的国家更具有创新型。强调
金融发展有利于知识创造的积累，并指出，发展中国家可以通过深化金融体
系，特别是通过促进风险资本市场来促进创新活动，从而实现经济增长。Da-
bla－Norris、Kersting 和 Verdier（2010）通过大量数据实证研究发现金融系统
发达的国家对企业生产力的创新活动有着更显著的影响。Marco Darin 和
Thomas Hellmann（2002）提出金融机构对产业结构调整有催化作用，既能促
进新兴产业成长，也能加速夕阳产业衰退。Svalery 和 Vlachos（2005）通过实
证研究发现，在 OECD 国家，资本市场对产业专业化具有显著的正相关效应，
资本市场对促进产业专业化和发挥比较优势具有重要贡献。Yanjuan Cui、Ling
Zha 和 Fenghai Zhang（2010）基于企业生命周期理论分析了中小企业在不同
生命周期对资金需求的特点，他们指出，由于中小企业处于不同的发展阶段
需要不同类型的金融支持，所以金融支持中小企业发展的设计要适应中小企
业生命周期阶段的需求，建立银行、资本市场、金融安全机构和政府等在内
的为中小企业孵化提供融资服务的综合金融支持系统。[①] Kortum 和 Lerner
（2000）采用美国工业数据进行实证表明，风险投资和研发对专利具有显著影
响，一单位的美元通过风险投资产生的专利价值是其他普通投资价值的三倍。
Hellman 和 Puri（2000）根据对企业层面的研究显示，一个善于追求创新的
企业比一个善于模仿的企业更容易获得风险资本融资。Mustafa Seref Akin
（2011）通过美国 50 个州从 2006 年到 2008 年的国家级面板数据对风险投
资和专利创新的关系进行了实证研究，发现风险投资可能有助于增加专利，
每 10 亿美元风险投资能增加 440 项专利。在企业层面方面，每 10 亿美元的

---

① International Business Research，Vol. 3，No. 4，October 2010.

研发投入能增加 140 项专利。关于财政科技投入对科技创新的影响，Busom（2000）通过对政府财政科技投入与科研成果之间的因果关系进行实证研究发现，二者呈现出正相关因果关系。

在金融发展影响创新的途径方面，Aghion、Howitt 和 Mayer – Foulkes（2005）强调一个发达的金融系统有利于新生工艺和新产品的产生，并导致了生产效率的提高，使得一个国家或企业更迅速地占领生产前沿。

关于风险投资和创新之间的因果联系关系，George Geronikolaou 和 George Papachristou（2012）根据年度风险投资的欧洲 15 个国家的 1995—2004 年期间面板数据，就创新和企业家精神是否由风险投资的投资而培养的，还是创新的企业家精神是风险投资参与的前提，进行实证分析，结果显示，在欧洲，是由于创新导致对风险投资的需求，而不是目前大多数研究所强调的风险投资在促进企业家精神和创新中的核心作用。在这里，作者强调金融支持科技创新的核心应该是培养企业家精神和创新。

二、国内文献研究综述

关于科技金融的概念，赵昌文（2009）认为，"科技金融"一词是伴随着中国科技体制改革和金融发展而产生的，是国家科技体系和金融体系的重要组成部分，指的是为促进科技开发，成果转化和高新技术产业发展的一系列金融工具、金融制度、金融政策与金融服务的系统性、创新型安排，是由向科学与技术创新活动提供金融资源的政府、企业、市场、社会中介机构等各种主体及其在科技创新融资过程中的行为活动共同组成的一个体系。房汉廷（2011）将科技金融的本质概括为："一种创新活动，即科学知识和技术发明被企业家转化为商业活动的融资行为总和；一种技术—经济范畴，即技术革命是新经济模式的引擎，金融是新经济模式的燃料，二者合起来就是新经济模式的动力所在；一种科学技术资本化过程，即科学技术被金融资本孵化为一种财富创造工具的过程；一种金融资本有机构成提高的过程，即同质化的金融资本通过科学技术异质化的配置，获取高附加回报的过程"①。关于科技金融的本质，胡苏迪、蒋伏心（2012）认为，"科技金融的本质是金融创新

---

① 房汉廷. 关于科技金融理论、实践与政策的思考 [J]. 中国科技论坛，2011 (11)：6.

与科技创新的耦合，金融体制改革和科技体制改革是科技金融发展的前提条件"[1]。

在科技金融创新制度取向方面，顾焕章、汪泉等（2013）认为，科技金融创新的基本制度取向包括基于客户优选的风险规避制度、基于公共资源配置的风险补偿制度和基于社会分担的风险分散制度。在关于财政科技投入对科技创新影响研究方面，和瑞亚、张玉喜（2013）通过运用 SVAR 模型对关于政府财政科技投入对科技创新阶段性的动态贡献作用进行实证研究发现，二者呈正相关，且存在长期稳定的均衡关系。关于科技贷款的研究，赵越春（2012）结合我国科技贷款的现状，在分析我国科技型中小企业贷款难原因的基础上，提出了相关建议。

在关于发展科技金融的建议方面，朱曙光（2014）认为，由于银行在信贷调查和审查过程中，对科技型企业技术发展、知识产权、技术成果转化等评估把握能力不足，成为银行与科技型企业合作面临的难题，并从建立完善的科技专家公共服务平台、建立风险分担体系、复合型人才培养以及加强与各类专业机构合作等方面提出对策建议。陈文君（2014）认为，当前我国科技金融发展面临着理论研究滞后、财政支持体制不完善、无形资产评估交易系统不发达、风险转移与分散机制不健全等制约因素，并从完善政府支持体制和建立科技金融辅助体系等方面提出对策建议。王蕾、顾孟迪（2014）针对上海市科技保险发展过程中存在的"供需两不旺"现状，提出了利用主动参与型投保模式刺激需求的新思路。邓天佐（2013）认为要实现科技金融创新，需要政府引导作用和实行市场化的运作机制相结合，理论上深化认识同实践中探索创新相结合。为了对科技创新与科技金融系统发展演化趋势进行了解，王宏起、徐玉莲（2012）通过构建关于科技创新与科技金融协同度测度模型对国家或地方科技创新与科技金融协同发展程度进行动态监测，作为政府推进科技金融创新与政策研究的理论参考与方法支持。洪银兴（2011）认为，要实现科技与金融深度结合，需要对金融机构通过制度的安排进行引导、激励和培育，尤其是对创新创业风险投资基金的扶持和发展。

---

① 胡苏迪，蒋伏心. 科技金融理论研究的进展及其政策含义［J］. 科技与经济，2012（3）：62.

三、对国内外文献综述的评价

国内外学者从不同的角度对科技金融支持中小企业发展进行了大量研究，成果丰硕，这些研究对我们关于正确认识中国科技型中小企业发展过程中的金融支持问题有一定的理论指导意义，也为本书的研究奠定了重要理论基础。但是，从现有相关研究的情况来看，关于金融支持科技型中小企业发展的研究存在着不足之处：

一是从现有文献来看，对一般性中小企业研究的文献较多，专门针对科技型中小企业研究的文献相对较少。中小企业在数量上占我国企业的大多数，"截至2013年三季度末，全国工商注册的中小企业总量超过4 200万家，占全国企业总数的99%以上"①。在促进国民经济增长、减轻就业压力和经济结构优化等方面发挥着重要作用，同时也是我国科技型中小企业发展的重要基础。因此，国内外学者就转型时期我国中小企业融资难问题开展了充分的研究。但是，科技型中小企业与一般性中小企业相比，具有投入性高、成长性高和高风险性的特点，是我国科技创新重要载体。一方面，科技型中小企业在成长过程中对资金的需求更加迫切；另一方面，由于科技型中小企业专业性强，相关金融机构及其投资者在对其缺乏充分了解的情况下不愿意对其进行融资。而且，科技型中小企业的融资对相关金融机构的管理和人才素质等方面的要求较高，传统对一般性中小企业发展的金融支持的研究显然不适用于科技型中小企业融资要求，而目前针对科技型中小企业融资研究显得相对不足。

二是针对科技型中小企业融资的专门研究较多，全面系统研究相对不足。科技型中小企业融资的金融支持应该是包括政府政层面的财政支持、政策性金融支持、商业性贷款、创业风险投资、多层次的资本市场等多方面内容，而且各种支持途径之间是有机联系的统一体，为科技型中小企业在不同成长阶段的特征及其融资要求提供融资服务。此外，关于金融对科技型中小企业的支持一个包含与金融发展有关的制度、工具、政策和服务等方面的内容体系，离不开国家政府层面的推动工作，它涉及市场、政府、企业、服务中介

---

① 中金在线. 2013年中小企业区域分布不平衡　人才短缺仍严重［EB/OL］. http://news. cnfol. com/guoneicaijing/20131230/16612686. shtml#，2013－12－30.

等参与主体及其不同发展阶段的作用机理、特点、制度安排以及存在的问题等方面。而现有的研究多数是从上述金融支持的某一个方面对科技型中小企业创新的支持进行研究，没有结合我国的实际情况，缺乏系统性、整体性和针对性。

三是关于我国金融支持科技型中小企业的政策研究比较笼统和片面。国内学者关于我国科技型中小企业金融支持的政策研究方面，缺乏对国家制定的各种金融支持政策的研究，往往是从某一个方面进行简单论述，具有片面性，因而不能很好地发现现有政策体系存在的问题。

从本质上而言，科技金融最为突出问题是如何提高金融对科技企业科技创新活动支持的效率，最大限度地实现金融对科技创新和科技进步的支持作用。在提出具体的对策建议之前，需要我们站在特定的社会背景及其相应的发展历程，结合特定的制度困境来提出解决途径。在此基础上提出的对策建议才有理论依据和针对性，在操作性上也较为可能。这也正是本书研究的出发点。

第三节　研究思路、研究方法以及创新之处

一、研究思路

本书共分为十一章，第一章导论部分，主要介绍本书的研究背景与意义、科技金融的国内外研究文献综述及评价以及本课题的研究思路、研究方法和创新之处。第二章主要介绍包括科技、金融、科技金融、科技创新活动与科技金融相结合的内在机理关系等有关科技金融创新的相关概念和理论基础。第三章主要介绍世界上包括美国、欧盟以及亚洲的日本和韩国等国家科技金融的发展的现状与特点及其主要政策。第四章主要介绍我国科技金融资源的主要配置型形式，包括财政科技、科技贷款、科技担保、科技保险、创业风险投资以及多层次科技资本市场等科技金融资源的概念、分类、特点及其作用。从第五章至第十章主要介绍我国包括财政科技、科技贷款、创业风险投资、科技资本市场、科技担保和科技保险等科技金融资源的主要配置形式的发展现状、发展特点以及存在的问题。第十一章介绍我国支持上述几种科技

金融资源配置发展创新的主要政策并进行简要的政策评述,并在此基础之上提出相应的路径选择和对策建议。

二、研究方法

1. 规范分析与实证研究相结合

本书将在系统地搜集国内外学者关于科技金融的发展、现状及演变趋势等方面的学术文献、案例及有关统计数据与资料的基础上,利用规范分析与实证研究相结合的方法,分析研究中国科技金融发展的现状、特征、构成、存在的问题以及科技金融发展的政策支持等,并提出相应的制度安排与政策完善措施与对策建议。

2. 系统的研究方法

根据系统论观点,系统是由两个或两个以上的相互联系及相互作用的诸要素通过各种相互作用有机结合而形成的相互影响的特定结构,各个要素之间相互依赖、相互协调、相互促进,形成良性互动,从而超过了每个要素各自独立具有功能的整体。创新是不同创新主体之间一系列的相互联系、相互影响及相互作用的结果,它是一项复杂的系统过程。关于科技金融创新与政策研究应从基于二者之间共生、互动、协同、动态的关系耦合关系进行。

3. 比较研究方法

本书在关于中国科技金融创新与政策的研究过程中,运用比较研究的方法,结合国际上主要国家科技金融发展的现状、特点以及主要政策,并以此为基础比较中外政府在相应制度安排与配套政策方面的差异。目的是为中国政府相关部门完善与改进现行科技金融政策,提供政策与制度创新路径选择。

4. 归纳总结方法与经验借鉴方法相结合

在分析金融创新与科技创新路径选择与政策研究中,采用归纳总结方法与经验借鉴方法相结合,针对我国科技金融创新过程中存在的不足之处以及已有的经验总结,提出科技金融创新的总体思路,并提出相关的政策建议。

5. 其他方法

本书的研究还要应用现代管理科学常用的其他研究方法,如统计分析法、案例研究法、归纳分析法等。

三、创新之处

（一）研究视角创新方面

从本质上来讲，科技金融创新的主要目的是在利润的驱动下实现科技和金融各自的创新成果转化和资本增值目标并在此基础之上实现高质量的经济增长。本书采用系统论方法，对科技创新与金融体系创新相结合的内在机理进行研究，深入分析二者间的相互依赖、相互协调、相互促进的良性互动关系，而过去关于这方面的研究比较少。只有在深入研究科技创新与科技金融相结合的内在机理，明确各自的目标的基础上，才能实现二者的最优组合方式以及实现最终的总体目标。

（二）研究方法创新方面

分别系统深入分析主要科技金融资源配置方式中关于财政科技投入、科技贷款、创业风险投资、科技资本市场、科技担保和科技保险的概念、特点和作用。在科技金融创新的国外经验借鉴方面，分别选取了美国、欧盟、日本和韩国等国家和地区为研究对象，总结了这些国家和地区的科技金融发展的重要经验，得出了符合我国实际的科技金融创新的重要启示。

（三）对策研究方面

和以往研究不同之处在于，本书在对我国现存关于上述几种主要科技金融资源配置形式的支持鼓励和有效管理等方面政策文件规定及法律规章制度进行总结的基础上，分析相关政策文件和法律规章制度在实际执行过程中存在的不足之处，并从上述几种科技金融资源配置的角度分别提出关于科技创新和金融创新相结合的全面、具体的创新性建议，对我国的科技金融创新发展具有重大意义。

第二章 科技金融创新的理论基础

第一节 科 技

一、科技的概念

科技即科学与技术的统称。"科学"一词最早来自于拉丁文"science"，主要有知识和学问的意思，经日本明治时期的学者福泽渝吉译为"科学"，后又由康有为、严复等引入中国。英国科学家贝尔纳曾说过"科学在全部人类历史中却已如此地改变了它的性质，以至于无法给它下一个合适的定义"。达尔文眼中的科学就是整理事实，从中发现规律并作出结论。实际上科学就是通过对普遍现象、普遍真理的发现、积累和分析，所形成的反映人们对自然、社会、思维等的客观规律的分科的知识体系，它包含了人类生活的各个领域。"技术"一词来源于希腊词汇"techne"，主要指生活中的个人手艺和技巧。18世纪的法国哲学家狄德罗认为"技术是为某一目的的共同协作组成的各种工具和规则体系"。随着人类文明的不断发展，技术的范围也在不断扩大，运用在人类生产生活的各个领域。简单来说，技术是人类通过积累生活经验和劳动技巧所形成的达到特定目的的操作经验和操作方法。

总的来说，科学与技术是统一辩证体，是通过理论调查、研究与实践事物之间存在的客观联系和规律，所得到的快速、便捷、高效的特定目的的方法和手段。二者是相互依存、相辅相成的。

二、科学与技术的关系

（一）科学与技术的区别

1. 科学与技术本质不同

科学是人类通过对自然界、社会等客观现象的了解所形成的知识体系；

其存在有一定的必然性。科学形成的取得过程正是人类对于客观世界的本质和规律的发现过程，科学主要解释了自然客观现象的本质和其出现的原因。而技术的存在有一定的偶然性，技术进步的过程是人类通过已经建立的科学体系，对已知事物进行利用和改造，并通过发明、试验和总结形成新的方式和方法来维持、协调和发展人与自然界的关系。技术的存在有着很强的实践性，每一项技术的出现和革新都是为了实现人类自身的愿望而提供便利，技术可以说是对科学的实践运用。

2. 科学与技术的研究目标和社会价值不同

学者对科学的研究往往是探索的过程，是为了在人类未知的领域有所发现，科学研究的目的往往是为了通过加深人类对自然界以及人类对自身的了解，进而形成更加系统和完善的知识体系，而科学研究所取得的成果未必能在实际生活中直接运用或造成大的影响，科学的价值在于其正确性和深刻性。而技术的研究具有明确的、清晰的社会目的，经济利益、军事利益或社会利益是技术发展与创新的根本动力。所以技术的价值在于其经济性、可行性和先进性，一项技术价值的高低主要取决于其能否为人类所用。总的来说，科学研究的目标是为了教导人们，而技术研究的目标是为了服务大众。

3. 科学与技术的载体不同

科学活动主要以知识形态存在，其载体主要以报告、著作、书籍等为主，而技术活动的产物主要以物质形态出现，其载体主要以设备、产品、软件等为主。同时，科学活动的成果及价值往往很难用数字或金钱来衡量，而技术活动的成果往往可以量化，甚至可以直接将技术作为商品进行买卖。

4. 科学与技术的生命周期不同

科学往往是永恒的，人类在不断探索自然事物的同时，科学以知识体系的形态在被不断积累，科学探索亦是由浅到深，由未知到已知的一个循序渐进的过程，所得到的科学知识不会随着时间而逐渐消失，只会在探索和发现中不断被补充和纠正。而技术往往具有一定的生命周期，随着人们知识体系的不断完善，技术也在被一次次地突破和更新，在技术领域总是会出现新技术代替老技术，新发明取代旧发明的现象。所以理论上说，每一项技术都有一定的寿命，一旦新技术被开发利用，旧技术就会被逐渐淘汰。

（二）科学与技术的联系

1. 科学是技术进步的理论基础

技术的进步往往依赖科学的发展。因为科学发展帮助我们不断扩大自身的知识体系和对身边事物以及未知事物的理解，人们通过对新的知识领域的发现，更容易了解现存技术的不足和改善空间，以达到不断更新技术的目的。

2. 技术是科学研究的必要手段

科学的发展同样也需要技术的支持。因为技术不仅在一定程度上体现了科学的价值，其本身也为科学探索提供了工具。科学研究所经历的观察、总结、数据分析、实验等步骤都要通过不断更新的技术设备予以实现。

3. 二者是统一辩证体

科学与技术之间是相互渗透、相互转化的，二者是统一辩证体。随着人类对科学领域的不断探索和对技术领域的不断创新，科学与技术已经逐步趋于一体。人们通过科学发现来不断更新现有技术，又通过一次次技术突破来为科学发展服务。二者的联系越来越紧密。许多新兴技术特别是高新技术的产生和发展就直接来自现代科学的成就。科学与技术的协调统一发展已经成为社会进步与发展的内在动力。

（三）高新技术的含义和特征

美国早在20世纪70年代就已经提出"高新技术"一词，即"High Technology"，主要是指高智力含量、高科技含量、高创新意识、高专业指向、高国际竞争力的技术。高新技术亦包含人类生活的各个领域，如生物、电子、数字、空间、新能源、信息等领域。21世纪的社会已逐渐发展成为信息社会和科技社会，随着各国科技的发展，高新技术已在各个领域得到广泛应用。而国家间高新技术领域的竞争已成为国际实力竞争的主要内容之一，一个国家高新技术领域的发展是否领先也决定了该国国际竞争力的强弱。美国的"大学研究院区"、日本的"科学城"、中国的"高新技术开发区"等都是各国为提高自身高新技术研究和发展所创建的高新技术产业开发区。自"十一五"规划以来，我国高新技术产业化成果显著，在航天、电子、通信、新能源汽车、高速铁路等方面都取得了很好的成绩，很多方面的技术也已步入世界先进行列，但在高新科技自主创新和高新科技产业化方面仍有很大的不足，与美国、日本等发达国家还存在一定的差距。

高新技术发展之所以能成为 21 世纪影响社会发展和国际竞争力的重要因素，与其自身的特征是密不可分的。

1. 高新技术具有高智力性

21 世纪的国际竞争是高新技术的竞争，归根到底是人才的竞争，因为人才和智力是高新技术开发研究的内在动因。国家之间的高科技竞争已逐渐转移到人才的竞争上来，所以高新技术企业往往是人才密集型企业，也只有如此，才能保证企业在科研开发中充满活力。

2. 高新技术具有高创新性

高新技术的研究目的，是为了通过知识积累、科研开发、实验应用，将所得到的高新技术产业化，从而改变人们的生活现状，增强国家的国际竞争力，探索未知的技术领域。简单来说，高新技术就是为了创新而存在，科研开发的过程本身就是创新的过程。

3. 高新技术具有高风险性

人们对高新技术研究和开发的过程，是不断探索的过程，其创新性决定了它要打破常规，所以高新技术的实施具有风险性，高新技术投资和收益不一定成正比，而高新技术的开发过程必将面临许多失败，如何将高新技术市场化、产业化一直是高新技术开发所遇到的难题。而高新技术的高风险性特征也决定了科技型企业必将遇到融资难的问题。

4. 高新技术具有一定时效性

由于行业间、区域间甚至国家间的技术竞争异常激烈，所以高新技术的时间效应相当明显，一项新技术被开发利用，只有及时将其投入使用，才能取得理想收益，一旦没有及时投入使用，该项技术很容易被复制甚至淘汰。

5. 高新技术具有高收益性

高新技术的应用初期，必将伴随技术的稀缺性和高效性。一旦一项新技术被成功市场化和产业化，其开发者和应用者就会在市场中占有一席之地，不仅会为市场提供稀缺产品和服务，也会在行业竞争中以高效生产或低成本生产而保持领先。所以高新技术的合理运用必然会带来可观的收益。

第二节　金　　融

一、金融的概念

金融的本质就是价值的流通，即对现有资源进行有效配置后，实现其等效价值的相互交换。在金本位时代，黄金因其稀缺性等特定属性，作为价值的代表和标的物，金即黄金，融有流动、融通的意思。所以金融就是价值的流通。传统意义上的金融主要是指存款、贷款和结算这三大传统金融活动业务。而随着全球经济的发展和各国金融系统的完善，现代意义上的金融包括的范围更广，无论是货币的发行、兑换、结算，外汇的买卖，有价证券的发行、转让或是保险、信托等一系列金融活动，都在金融的范围之内。总的来说，金融就是指一系列与资本流通和信用交换相关的一切经济活动。

二、金融体系

金融体系是指在一个国家或一个经济体范围内，由金融部门、金融中介、金融市场和金融个体组成的，在金融立法和金融监管的调控下进行金融活动的经济模式的统称。其中金融部门主要指政府机构、政策性银行等为非金融机构提供金融服务的各个部门。金融中介主要包括商业银行、专业性银行、保险公司、信托公司等从资金盈余单位获取资金提供给资金缺乏单位，并通过信用评估、资源配置、信息管理等方式为政府、企业和个人提供金融服务的中间机构。金融市场是指资金提供者和需求者通过货币交易和资本交易完成资金融通的市场，其既是有形市场又是无形市场，并随着经济发展与科技进步逐渐由有形市场向无形市场转变，包括商业票据市场、保险市场、股票市场、债券市场等。金融个体多指参与金融活动的企业或个人。金融立法主要是指一国政府为了维护金融市场有序及公正的运行，所形成的一套维护金融市场安定和维护金融个体利益的法律体系。金融监管指政府对金融市场进行风险控制、对金融行为作出严格把关，并对违规违法的金融行为作出处理的监管机制，主要的监管部门包括银行监管部门、证券监管部门、保险监管部门等。

由于金融体系在不同国家和地区有着很大的区别，所以很难对全球金融体系作出统一描述。例如在美国，金融市场在整个金融体系中的作用最为显著，政府及政策性银行对整个金融体系的影响作用不大。而在德国的金融体系中，几家大银行在金融活动中发挥支配作用，金融体系受金融市场的影响不大。在中国，金融体系是由政府主导的，政府对金融市场进行干预，从而保证金融活动得以有序进行。

三、广义的金融与狭义的金融的范围

广义的金融包含的金融活动范围较广，是指资金的需求方和供给方利用各种金融工具，通过各种金融市场和金融中介进行的一系列金融活动，包括金融机构之间、金融机构与客户之间、金融机构与金融中介之间、金融中介之间以及金融中介与客户之间等各种完成货币、有形资本与无形资本等金融流通的金融活动，如存款、贷款、信托、租赁、保险、票据抵押与贴现、股票和债券买卖、黄金外汇交易等都是广义金融的范畴。

狭义的金融则专指信用货币的流通。信用货币是指以信用为担保，通过信用程序创造和发行的货币。

四、金融的功能

（一）储蓄和投资功能

储蓄功能是金融系统最基本的功能，对于资金盈余者而言，长期搁置盈余资金不仅会有一定的安全隐患（盗窃、抢劫、意外灾难等），而且还会随着通货膨胀逐渐降低其价值。金融系统为资金盈余者提供了安全和可投资性的机构，不仅能有效保障资金的安全，亦使资金盈余有机会从投资中获得可观收益。其可将盈余资金存入银行，以收取利息，亦可将盈余资金投资于资本市场，以获得更好回报，例如股票、债券、期货市场等，但金融的投资功能同样对投资者带来一定的风险。

（二）融资功能

金融系统的融资功能主要指帮助资金短缺者从金融机构或金融市场获取资金。许多企业和创业者在企业创立初期或成长期，都需要大量的资金支持来维持企业的发展和壮大，因而都在金融市场上充当着资金短缺者的角色。因为金融系统的存在，满足条件的个人或者组织都可以从银行等金融机构获

取贷款，更可以通过吸引风险投资和创业投资基金来实现自身的发展。

（三）金融资源配置功能

对于整个社会而言，金融系统最明显的功能就是完成社会金融资源的有效配置。金融系统通过金融储蓄、金融借贷、金融担保、金融信用评估、金融资本抵押等一系列手段，以政府或市场为主导，将金融资本从资金盈余者向资金稀缺者转移，大大提高金融资本的利用效率。日益多元化的金融产品和多层次的金融资本市场，在帮助资金盈余者从储蓄和投资中获利的同时，更多地帮助了资金稀缺者完成资本注入，促进了企业的成长，为社会经济的蓬勃发展注入了无限动力。当然，在对金融资源进行有效配置的同时，也不可避免地带来了风险。

（四）流动性功能

金融的本质就是价值的流通，因此，金融系统的流动性功能也是其与生俱来的特质。在对金融资源整合配置的过程中，金融资本以货币、股票、债券、期货、保险等众多形式在金融市场上流动，金融系统的流动性功能，保证了金融资本的高效利用，为金融资源有效配置提供了必要条件。

（五）结算和支付功能

金融系统的存在，赋予了股票、债券、期货等众多金融产品货币的功能，有价证券在现代经济中的结算和支付功能越来越明显，有价证券的价值性和流动性使得其拥有了一定的货币属性，在结算和支持过程中，金融产品的所有者往往更倾向于用其来代替货币（现金流）。但与货币不同，由于金融系统本身的性质，决定了金融产品的价值会随着市场环境的变化而改变，并不像现金一样有固定面额，所以，用金融产品的结算和支付功能也同样伴随着风险。

（六）展示和反馈金融政策功能

金融系统的建立和监管都离不开政府政策的支持和影响，特别是像中国这样，将金融政策作为金融市场发展主导因素的国家，金融政策的可行性、合理性和严谨性，对金融体系的发展有着深远的影响。金融系统自身的健康与否是对金融立法和金融政策的最直接展现。金融系统通过对金融市场活跃程度、先进程度、安全程度等一系列金融现象的展现，对政府的金融政策作出直接的反馈，以便于政府在引导、协调和监管过程中作出适当调整。

（七）风险管理功能

金融系统的组成非常丰富和多样，除了基本的银行系统和股票系统，金融系统还包括了基金、期货、期权、对冲基金等多种衍生品。各种金融衍生品和金融衍生工具之间存在着一定的联系，在投资中，充分地使用金融衍生工具并发挥其功能，可以有效地对未知的投资风险进行把控和规避，随着金融市场的不断完善，金融衍生工具之间的关系越来越密切，只要对金融衍生品进行有效使用，就可以将投资的风险逐步减少。

第三节　科技金融

一、科技金融的含义

科技金融主要是指科技与金融相结合的产业模式。理论学者认为科技金融是指促进科技开发、成果转化和高科技产业发展的一系列金融工具、金融制度、金融政策与金融服务的系统性、创新性安排，是由向科学与技术创新活动提供融资的政府、企业、市场、社会中介机构等各种主体及其在科技创新融资过程中的行为活动共同组成的一个体系，是国家科技创新体系和金融体系的重要组成部分。

科技是第一生产力，科技的进步是推动产业升级、经济发展、社会进步的重要动力。而科技的发展依赖金融支撑，计算机、无线电、航空航天、通信等高科技产业的发展都需要以强大的金融推动力。科技产业与金融产业本属于完全不同的产业，但在经济发展和社会进步的需求下，科技与金融两个产业必须在一定程度上相互结合与支持。科技产业是高风险产业，其优化和升级过程具有很强的不可预见性，而我国的金融产业发展在与发达国家和地区相比也相对滞后，需要很多的摸索和实践。因此，我国科技金融的发展必然会遇到很大的困难。

二、科技金融创新

21世纪，国际竞争日趋激烈，国际金融局势非常严峻，金融危机也时有爆发，而科技产业的发展是决定一个国家自主创新能力、可持续发展能力的重要产业，因此，世界各国都在着力推动科技金融的发展，在努力寻找科技产业与金融产业相结合的新路径。

科技金融创新是指为科技进步提供合理有效的金融支持，在推动国家科技创新能力、提高从科学技术到实践应用的转化能力、增强国家和地区可持续发展能力的同时，逐渐完善金融系统的合理性、公平性、稳定性、有效性。将科技资源与金融资源这两个最为活跃的生产力因素合理地融合在一起，最终实现国际竞争力的提升，而科技金融创新在实践中主要包含了几个方面：

第一，科技金融创新要以制度创新为基础。科技制度和金融制度的支持是企业和部门进行科研创新、产业升级最基本的保障。国家和地区政府应该从可持续发展的长远角度出发、从鼓励和支持科技创新的角度出发完善相关的法律体系，制定有助于企业和部门进行科技创新的制度，使得在科技金融创新中遇到的问题有法可依、有章可循。建立专门管理、服务、解决、监督科技金融实际问题的机构和部门，并赋予其科技创新与金融创新之间的纽带作用，使科技金融创新有法可依、有章可循。

第二，科技金融创新要以融资方式创新为渠道。中小企业（特别是科技型中小企业）因其自身规模和企业性质的限制得不到很好的金融支撑，使得融资难问题成为困扰企业科研创新、产品转化和升级的首要问题，因此，融资方式的创新是科技金融创新的必要渠道，也是将科技与金融有效结合的主要途径。

第三，科技金融创新要以完善金融体系为原则。科技金融创新必须在合理、有效的完善金融体系的前提下进行，要时刻保持金融市场的公平性、有序性。我国的金融市场虽然庞大，但成长时间短，金融体系相对发达国家也不太完善，金融市场的功能性和安全性有待提高。在进行科技金融创新的同时，一定要加强对金融市场的管理和监督，特别是资本市场的监管尤为重要，不能为国家金融安全埋下隐患。

第四，科技金融创新要以提高国际竞争力为目标。科技金融创新之所以在全球范围内受到重视，是因为科技和金融代表着一个国家的核心竞争力。一个国家和地区必须以提高自身的可持续发展能力为目标，在追求经济发展的过程中，不断优化产业结构，使得科技进步成为经济发展最活跃的动力。

第四节 科技创新与科技金融相结合的内在机理

一、科技创新的内涵与特征

（一）科技创新的内涵

科技创新是指由新的理论、知识和经验创造或总结出新的技术和工艺，通过改善生产环境、改良生产方式和制作工艺、完善经营模式以及通过提高新产品的技术含量来提高生产效率和服务质量的过程。

科技的创新过程通常伴随着生产要素的变化并且需要经过科研、实验和新技术应用等几个阶段来实现。科研阶段需要通过对以往的技术经验进行总结，并发现可以改善和创新的空间，完成理论层面的创新；实验阶段需要对新的理论和技术的有效性和可行性进行检测和纠正，在多次的调整和改善之后才得以运用；应用阶段需要将已经成熟的新技术、新工艺运用到实际生产当中。虽然科技创新可以在很大程度上提高生产效率和改进生产方式，但是由于创新的过程不仅需要大量的时间，更需要投入许多人力物力，创新的过程也难免遇到许多失败，新技术在实践中能否顺利运用也是一个未知数，所以科技创新的过程有着一定的风险性。

（二）科技创新的特征

1. 集约型增长代替粗放型增长

集约型增长是指通过新技术、新设备、新工艺的运用，提高生产效率，提升产品的科技含量来增加产品产量和价值的少投入高产出的增长方式；粗放型增长是指通过生产要素的不断投入、生产规模的不断扩大来提高产品产量的多投入低产出的增长方式。随着科技的创新，生产技术和生产设备的不断升级，生产效率必然得到大的提高，因此，科技的创新必将伴随着增长方式的逐渐转换。

2. 高新技术成为竞争核心

21世纪，国际竞争已经日渐转移到高新技术的尖端技术竞争当中，电子技术、生物细胞技术、新能源技术、空间技术、航空航天技术、基因技术等尖端技术领域的竞争已经成为国际竞争的主战场，许多国家和大型跨国公司都从战略的角度出发，把高新技术领域当作未来世界发展的主要方向。除此之外，许多行业内的竞争也逐渐由规模竞争转移到科技竞争上来，只有走在科技浪潮的前沿，才能在日益激烈的竞争中处于主动地位。

3. 科技的创新必将伴随生产力的提高，具有重要的现实意义

完整的科技创新应包括科研、实验和应用三个必要环节，通常将能否在实践中得以应用并带来一定的经济效益作为评判科技创新是否成功的一个基本标准。许多新技术在理论中能够成立，但在实际应用中需要投入更多的成本，或者在现实生产中难以实现，这样的创新是没有意义的。全面地把握好科技创新的三个环节，平衡新科技的投入与产出，创造出具有实践意义的高科技产品和技术是科技创新一个基本的特征。

4. 以可持续发展为宗旨

科技创新之所以在国际竞争中有着重要的地位，就是因为可持续发展需要以科技创新为主要途径，来减少人力资源、环境资源和其他一些生产要素的投入，从而优化生产方式，提高生产效率，因此，可持续发展是科技创新的基本宗旨，只有满足可持续发展要求的科技创新，才是真正被社会所需要的。

5. 科技创新需要与金融创新相结合

科技创新的过程不仅需要大量的时间与经验，更需要一定的金融支持作为后盾，新技术、新工艺、新设备的研发和实验，需要一定的资本投入，而科技创新具有高风险性，创新的成果能不能成功转化成可实现的技术和产品是个未知数，一旦失败就面临着从头再来。所以，科技创新理应与金融创新相互支撑、相互弥补，当金融系统逐渐完善，金融市场的功能不断加强，才能为科技创新提供更好的金融服务，才能更好地把科技创新的成果转变成具有实践意义的产品。所以，科技创新与金融创新二者应合理有效地相结合，才能保证科技创新有着不竭动力。

二、科技创新与科技金融的内在机理

（一）科技创新对金融投资的内在要求

1. 科技创新是人类发展的基本需求之一

科技创新的过程，贯穿了整个人类文明的发展史，从石器时代开始，人

类慢慢学习用工具去帮助自己完成一些日常生活所需的工作；到18世纪第一次工业革命蒸汽机的出现，人类开始用机器代替手工工具；再到19世纪70年代第二次工业革命，人类社会进入电气时代，新的交通工具、通讯工具、化学工具等新的技术和工艺层出不穷；进入21世纪，人类正式进入信息时代，科技手段日益发达，生产、生活和工作效率都得到了质的改变。如今，市场竞争越来越激烈，企业之间、行业之间以及国家和地区之间的科技竞争已经成为其提高自身竞争力的主要手段。科技创新已经不仅仅是为了满足人们生产和生活的需求，更是为了在弱肉强食的社会竞争中占据一席之地，因此，人类对科技创新的追求和需求决定了科技创新的步伐将永远不会停止。

2. 科技创新对金融投资的需求越来越大

从石器时代到第一次工业革命，人类学会通过燃烧木材、煤、石油等燃料来取得动力，在取得动力的同时也消耗了许多自然资源；到了第二次工业革命，人类学会通过制造机器来提高燃料的燃烧效率；到信息时代，人类又试图通过计算机完成日常生活的大部分工作。然而每一项发明、每一项创新都经历了很长的探索期和科研期，伴随着无数次的实验和无数次的失败，并且需要一定的人力物力支持。如今，在科技飞速发展的现在，人类创新的脚步又延伸到了细胞、海洋甚至外太空等一些未知的领域，在需要更多高科技人才的同时，对金融投资的依赖程度也越来越大，每一项科技项目，无论是科研阶段、实验阶段还是应用阶段，都需要一定的资金支持，并且会面临失败的风险，但是没有了金融支持，科技项目就很难得到很好的支撑，因此，科技创新对金融投资有很强的内在需求。

（二）科技金融对科技创新的支持

1. 科技金融为科技的创新提供了良好的环境

科技金融是指将科技与金融相结合的产业模式，在现实生活中的主要手段是为科技创新提供相应的融资支持，有了一定的资金基础，科技项目在前期就有了良好的创新环境，人才的配备、市场的调研、设备的完善等都是科技项目成功创新的必要物质基础。有效的融资方式，为许多有技术、有眼光、有能力的中小科技企业和机构提供了发展的空间，不仅帮助其参与市场竞争，扩大企业规模，也间接地帮助市场进行产业升级和产品优化，同时打破了一些市场垄断的行为，提高了行业的核心竞争力。

2. 科技金融为科技创新降低了风险

科技项目通常具有高风险性，而日益完善的科技抵押和科技担保体系，除了有效地帮助企业和机构获得更好的融资支持，也相对减少了投资者的风险。我国近些年来出台了许多帮助中小科技企业融资的政策，其中就有许多利于科技型融资担保的政策，减免融资中介机构的科技担保成本，间接地降低了科技创新的风险。另外，多元化的融资模式也使更多的社会资金进入科技领域，除了为科技型企业提供了可观的融资支持，也大大降低了投资者的风险。

3. 科技金融使得科技创新有了一定的现实意义

科技项目往往存在很多不确定性，特别是在技术向产品转化的过程中，遇到很多问题甚至难以转化，而科技金融服务平台在为科技项目提供融资、指导、人员配备等一系列服务的同时，又可以在新技术到产品转化、新产品推广等市场行为中为企业提供相应的支持与帮助，再加上政府采购等一系列科技政策的支持，科技创新的成果就更容易产生一定的经济效益，并推动了产品的升级和产业的优化，使得科技创新有了真正的现实意义。

（三）二者之间的内在机理

1. 科技金融是科技创新的必要条件

科技创新需要科技金融的支持，完善的科技金融体系和有效的科技金融政策是科技型企业取得科技创新和产品升级的必要条件。只有逐步地完善科技金融产业，才能为科技创新创造出良好的环境，提高科技的创新效率和效益。

2. 科技创新是科技金融的实现目标

科技金融的存在是为了实现科技的创新，科技金融产业的发展要以支持和帮助国家、地区、企业的创新活力、创新能力以及创新效果为目标。只有保持高度的创新积极性和活跃性，企业才能在竞争中成长，为市场注入新鲜的血液，增强国家的核心竞争力。

3. 二者相互促进，相互完善

科技创新与科技金融是一个密不可分的整体，科技金融对科技创新有着很强的促进作用，相反，科技创新的需要是完善科技金融体系和政策最大的动力，我国的金融市场正在成长阶段，金融体系和制度都存在一定的漏洞，需要不断地学习、探索加以弥补，所以二者是相互促、相互完善的。

【专栏】利用科技创新应对国际金融危机

从历史上来看，自英国工业革命到美国次贷危机，世界上已发生了大约 25 次全球性的经济危机、金融危机。伴随着每一次危机的跌宕起伏，许多国家的发展也浮浮沉沉。尽管这些危机约有一半是发源于美国，但多年来美国的经济地位却一直不可动摇，自 19 世纪末以来就牢牢占据着世界第一的宝座。是什么力量帮助美国从历次危机的泥淖中摆脱出来，获得经济的快速增长？科技创新无疑是动力之一。

经济周期与美国的科技政策

按照美国国民经济研究局的划分方法，从 1857 年到 2001 年美国共经历了 31 次经济周期。在这些经济周期的波动过程中，美国曾出台大量的科技政策。尽管从目前来看，还难以具体评估某项科技政策的出台对化解某次金融危机起到了多大的作用，但不可否认的是，这些科技政策有力地支持了美国的科技创新，推动了技术变革和产业升级，促进了经济的繁荣。

第二次世界大战之前

1787 年，托马斯·杰弗逊在美国宪法中写道："通过保障作者和发明者的作品和发现在一定时间内的专有的权利，来促进科学和有用艺术的进步。"这是美国最早的科技政策。此后，美国政府开始逐步加强科技对经济发展的推动作用。例如，1790 年制定了保护专利的第一部法律；1836 年成立了专利局；1862 年通过了《土地赠与法案》，以支持教育和研究事业；1863 年认识到基础研究的重要性，立法成立美国国家科学院；1901 年成立国家标准局；1915 年美国国会成立国家航空顾问委员会，以促进航空技术的发展等。

这些科技政策的重点是保护专利，发展农业技术，建设基础设施，加强教育和制定标准。这些政策的实施，使美国取得了丰硕的科技成果，带来了极大的经济效益。因此，自 20 世纪初，美国便开始重视利用科技创新解决国家的经济发展问题。

第二次世界大战至 20 世纪 60 年代末

第二次世界大战期间，出于战争的考虑，美国政府在 1942 年开始实施

"曼哈顿工程"。1945 年，美国科学研究与发展办公室提交《科学：永无止境的前沿》报告，强调基础研究对国家利益的重要性。1950 年，美国建立国家科学基金会，促进基础研究与教育的发展。1958 年，美国通过了《航空航天法》，成立了航空航天局；通过了《国家国防教育法》，以夯实未来科学研究的人才基础；制定了一个基础研究和研究生教育的国家计划。这一时期，美国建立了一大批国家实验室，形成了世界上独一无二的研发、生产体系，产生了一系列科技成果，从而为 20 世纪 60 年代美国经济的"黄金时代"奠定了基础。

20 世纪 70 年代至 90 年代末

在这一阶段初期，美国的科技面临着不利的形势，正如 1979 年美国科学院向国会提交的报告中所说："美国科技的现状虽然是出色的，但是在世界上已不再有鹤立鸡群的形象了。"为此，美国政府开始着手制定新的科技政策。1976 年美国国会通过了《国家科技政策、组织和重点法》；针对 20 世纪 70 年代出现的环境保护运动和能源危机，1977 年成立了能源部，资助与能源有关的研发活动；1980 年制定了《史蒂文森—威德勒技术创新法》；1981 年通过了《经济复兴税收法》；1986 年发布了《联邦技术转让法》；1992 年推出了"信息高速公路"计划；1993 年成立了国家科学技术委员会；1994 年发布了《科学与国家利益》报告等。这些科技政策刺激了美国的技术进步，为 20 世纪 90 年代"新经济"的繁荣奠定了坚实的基础。

美国利用科技创新应对危机的启示

多年以来，美国的霸权地位主要由三种力量来支撑：一是军事力量，二是美元货币体系，三是科技创新。在当前情况下，军事力量和美元货币体系两大法宝已饱受诟病，美国只有再次依靠科技创新来扭转目前不利的局面。在运用科技创新与国际金融危机搏斗方面，美国已是身经百战，可为我们提供如下一些启示：

始终把科技创新放在重要的战略位置

从历史上来看，美国并非是每次等到金融危机发生之后才意识到科技对经济发展的支撑作用，而在大多数时候都是将科技看作保持美国经济繁荣的关键因素。这是因为，科技发展具有自身的客观规律，从科技政策的推出到科技革命的实现，其间存在一个时滞；从科技革命到产业革命，其间又有一个时滞。如果在危机爆发后才制定科技创新的对策，无疑已经处于下风，难以抢占技术革命和产业革命的先机，也就无法保持住领先地位。

从美国科技政策的变迁中可以发现，随着时间的推移和国际环境的变化，美国不断对科技政策进行调整，不断推出符合发展需求的新政策措施，从而形成持续的经济增长动力。

增加科技研发的投入力度

从1953年至2002年，美国的研发强度大致可以分为四个阶段：第一阶段（1953—1964年），研发强度大幅度增长，从1953年占财政支出的1.36%上升到1964年的2.87%；第二阶段（1964—1978年），研发强度逐渐回落，原因是政府因经济危机大量削减了研发投入；第三阶段（1978—1985年），研发强度有所恢复，主要是由于日本的科技和经济起飞对美国提出了严峻的挑战；第四阶段（1985—2002年），研发强度出现回落震荡现象，一直在2.75%和2.4%之间波动。从以上分析可以看出，在国际竞争的压力下，美国一直不敢放松在科技研发上的投入。

国际金融危机爆发后，美国也没有因此而大幅度减少研发投入。国会公布的《2009年美国恢复和再投资法案》的草案中，包含增加133亿美元的科技投入，其中研究和开发99亿美元，研究和开发设施设备34亿美元。这笔支出将主要流向美国竞争力计划所重点支持的三个机构（美国国家科学基金会、能源部科学办公室和国家标准技术研究院）和国立健康研究院。这三个机构增加的经费将主要用于研究和开发，兑现奥巴马在总统竞选中承诺实施的美国竞争力计划，在7~10年内使这三个机构的物质科学和工程经费达到翻番的目标。另外，尽管国际金融危机导致美国许多大公司裁员，但它们并没有降低研发开支。据美国《华尔街日报》公布的一项统计报告显示，在除汽车和医药企业外的美国28家大企业中，虽然2008年第四季度收入较上年同期下降了7.7%，但研发费用只微幅下降了0.7%。其中，微软、IBM、波音、杜邦、卡特彼勒等许多大型企业的研发开支还出现了明显的增长。

准确把握技术革命的前进方向

从历史上来看，美国大多数时候都能够准确地把握技术革命的方向，但也存在一些失误。例如，在第二次世界大战至20世纪60年代末的时期内，美国曾大规模地增加对军事工业联合体的投入。由于与苏联的军备竞赛主要集中在航天领域，导致美国民用工业大幅度削减，为后来的经济发展埋下了祸根。庆幸的是，"冷战"后，克林顿政府减缓了国防经费的增长速度，放弃了"星球大战"计划，转而兴建"信息高速公路"，重新把握住了技术革命的前进方向。

但进入21世纪后，美国并没有认识到在20世纪最后10年里，电子通信、计算机和软件等信息技术的突飞猛进在给经济带来一片繁荣的同时，对经济的拉动力也已基本释放完毕。当2000年的互联网泡沫开始破灭时，信息技术革命业已失去了拉动世界经济增长的主导地位。此时，美国并没有去寻找下一个技术革命的突破口，而是通过美联储连续27次降息来刺激房地产业，暂时扭转了经济的衰退，但并没有从根本上解决问题。

由此可以看出，准确地把握技术革命的方向，对于一个国家的经济发展具有重要的意义。在应对2008年国际金融危机的问题上，美国总统奥巴马特别把新能源作为带动美国经济复苏的"发动机"。根据奥巴马公布的能源政策，美国将逐步实现能源供给的战略转型，计划在未来10年投入1 500亿美元资助风能、太阳能以及其他可再生能源研究；促使政府和私营部门投资于混合动力汽车、电动车等新能源技术。此外，美国还将发展智能电网产业，全面推进分布式能源管理。

资料来源：《中国电子报》，2009 - 07 - 02，作者：赵刚。

第三章　世界主要国家科技金融的发展概况

第一节　美国科技金融的发展概况

早在 20 世纪末，美国就有一些富有的个人投资者和家庭拿出自己闲置的资金投资于一些新兴企业，形成了最初的风险投资规模，所以美国是世界历史上风险投资最早形成的国家，发展也最为成熟。1946 年，美国研究与发展公司成立，成为了国际上第一家正规的风险投资公司，主要是吸引机构和个人投资者的资金为中小高新企业融资。在 20 世纪 60 年代后，许多资金受到高报酬的吸引，逐渐流向有风险企业，主要投资于半导体、医疗设备、计算机、生物工程、软件系统、通信以及精密仪器等。在 80 年代末期，美国国会将资本利得税由之前的 49% 降低到 28%，此次调整强有力地推进了创业风险投资的发展。自 90 年代以来，高新科技产业推动了风险投资的快速发展。到 20 世纪末，美国创业风险投资总额已经达到 1 000 亿美元。到目前为止，美国拥有 4 000 多家创业风险投资公司，为 10 000 多家高新科技企业提供资金和管理方面的支持。因为经过七八十年代的组织和制度方面的创新与完善，美国已形成了一种冒险和个人英雄主义相融合的文化也就形成了良好的风险投资环境，90 年代的美国才能够创造经济奇迹。换句话说，美国已经在人才、政策和投资环境等方面，为创业风险投资做好了万全的准备，形成了创业风险投资与高新技术产业的互动机制。所以，当某一领域在技术上实现了突破，就会有大量的风险投资投往这一领域，使得这一领域进一步被推动，从而快速发展。

一、美国科技金融发展现状与特点

美国作为世界上科技市场和金融市场最为活跃的国家，在科技与金融结合上也有着自己的独到之处，完善的法律体系和融资体系为科技型企业的融资奠定了基础，活跃开放的资本市场也是科技型企业在美国赖以生存的关键。

（一）法律体系的完善是美国为科技型企业融资奠定的坚实基础

《小企业法》、《小企业融资法》、《小企业技术创新开发法》等一系列法案的颁布，为小企业特别是科技型小企业技术创新创造了良好的法律环境，为其在科技市场上参与公平竞争、积极参与科研开发保驾护航。

（二）政府直接投资和政府担保投资为小企业融资提供了巨大支持

在美国，政府每年都直接投资相当大规模的资金到高新技术企业，并为其提供大量的低息贷款和股权投资，以帮助科技型企业进行科研开发，而且每年的直接投资数额都在不断扩大。例如，自1982年起，美国联邦启动小企业创新研究计划，对风险高、发展潜力大的小企业特别是科技型企业给予资助，力求通过小企业的科技创新，带动全美科研创新及技术升级，并制定了四项基本目标：（1）促进技术创新；（2）发挥小企业作用，建立创新技术储备，满足全美研究需要；（3）鼓励少数族裔及弱势群体参与科研创新；（4）吸引民间资本将科研成果商品化。此计划涉及行业广，资助企业数量众多，总资助额由1983年的4 500万美元到2000年已达到超过12亿美元，时至今日，该计划向小企业资助总额已突破100亿美元。

除此之外，美国还开启了如"先进技术计划"等国家级科技计划接受各行业各领域有发展潜力的企业提交的科研资助申请。美国地方各州政府也在美国联邦政府牵头下开展各种各样的资助计划帮助小企业融资，便于小企业完成科研、实验、技术升级、科研成果商品化等行为。例如，宾夕法尼亚州的本法兰克琳伙伴计划、马里兰州马里兰技术开发公司计划、加利福尼亚州太阳能计划等，不仅促使产业链升级加强了科技在地方经济中的作用，更使得各州经济更加有活力、有竞争力，同时还创造了更多的就业机会。对各州经济甚至全美经济的发展起到了巨大的促进作用。

政策性融资担保为高新技术企业融资提供了支持，并在相当程度上降低了银行的风险。美国中小企业管理局（SBA）是美国联邦为了支持小企业发展专门成立的部门，SBA拥有超过850亿美元的工商贷款、贷款担保和风险资本等各种投资组合，是美国小企业融资的最大支柱。作为政府支持小企业融资的主要部门，近年来SBA制定实施了多项担保融资计划帮助没有能力从正常渠道获取融资的小企业得到资金帮助。仅 2008 年一个财政年度，SBA 通过贷款担保计划批准了近 7 万项贷款担保，金额近 130 亿美元，全美小企业近 76% 的低于 200 万美元的长期贷款都由 SBA 提供担保。其为美国小企业发展起到的促进作用不言而喻。

（三）股权融资是美国小企业重要的融资渠道之一，内部股权融资与外部股权融资构成了完整的股权融资体系

内部股权融资多指企业所有者或原始投资者的家庭成员、朋友在相对了解企业运营状况的情况下对该企业进行投资，从而获得企业股权，并与企业所有者和原始投资者按照股份承担企业责任和权益。外部股权融资多指企业建立初期，企业的发展前景和潜力得到风险投资者和创业投资基金的认可，并从中得到资金支持。其间，风险投资者和创业投资基金会根据调查了解，进一步掌握企业的运营状况和发展模式，选定企业和项目，并为其提供资金支持。

（四）债权融资是美国小企业融资的另一重要渠道，其中包括商业银行融资、资本市场融资和其他金融机构融资

首先，商业银行贷款在美国小企业融资中所占比重最高。并存在以下几个特点：第一，社区银行在小企业融资方面的表现相对活跃。由于小企业大多规模小、企业人数少、分布比较分散，而社区银行同样分布广泛，且对当地企业了解相对深刻，与小企业的合作也相对较多，所以社区银行在小企业商业银行融资中占有一席之地。第二，小企业多从其开户行和往来账目银行获取贷款。由于企业开户行和往来账目银行对企业自身财务状况相对了解，企业与银行间的合作相对频繁，更容易建立信任合作关系，所以美国中小企业特别是科技型企业多从其开户行获取贷款。第三，由于企业与银行之间的信息不对称现象严重，美国小企业从商业银行获取贷款也都需要资产抵押（多数以应收款项和存货作为抵押），并且商业银行通常只为小企业提供短期贷款。

其次，在资本市场方面，美国中小企业通过发行有价证券获取融资的比例相对其他发达国家都高出很多，就整个美国而言，通过上市和发行公司债券获取的融资占所有资金的 67%。在美国，有专门为中小企业和科技型企业提供融资和上市帮助的纳斯达克市场。许多规模较小或者成立不久的高新技

术企业能在这里得到最大限度的支持，其中的纳斯达克小型市场、小额股票挂牌系统、粉红单市场等对企业入市标准要求逐层降低，许多有潜力的科技型企业都在这里挂牌上市，满足了其融资需求。

除此之外，民间融资机构也是美国高新科技企业融资的有效途径。由于商业银行与企业之间的信息不对称，科技型企业从商业银行获得贷款往往需要支付较高的利息，所以，民间融资机构就对小企业融资提供了很好的补充，大大缓解了小企业融资的难题。而作为全世界风险投资最为发达的国家，美国有许多专门为中小企业技术创新和科技研发提供资金的民间风投公司，这也为科技型企业融资提供了很好的补充。

（五）完善的信用担保体系给美国科技融资提供了很好的支撑

科技型企业的信用体系不健全一直是其融资过程中遇到的重要问题。除去道德因素，科技型企业还存在前期投入成本高、科研周期长、科研成果难以转化等问题，因此，建立一个健全的信用担保体系是解决科技型企业融资的必要问题。美国的信用担保体系十分发达并且具有商业信用评级准确、客观和信用担保业务分工明确这两大特点。以美国中小企业管理局（SBA）为例，每年由没有SBA担保的贷款额超过百亿美元，并逐年增长。其主要运作流程有受理担保申请、项目评审、担保费用协商、签订项目合同四个步骤，每个步骤都有专门人员负责，并且信用担保项目的负责人员大多都是来自各个行业技术领域的权威人士，对科技项目的评审、预估都相当的专业。为了降低机构的担保风险，SBA专门制定了相关的担保标准，如对15.5万美元以下的贷款提供90%的担保，对15.5万美元至75万美元的贷款提供85%的担保，并要求对担保项目提供一定标准的抵押等。明确的担保标准和完善的担保服务，是美国科技企业能够获取融资的必要保证。

（六）合理的科技评估体系也是美国科技项目得以高效实现的重要环节

科技评估是利用专业科技人员和学者对一个科技项目的可行性、长远性、高效性和实用性作出准确评价的重要环节，美国的科技评估体系无论从硬件配置（相关科技人员、评估数据、评估报告等）还是软件环境（评估方式、评估规范等）都有很多值得借鉴的地方。

1. 健全的评估机构

联邦评估机构、州政府评估机构、高校和研究院评估机构这三大类评估机构能够全面、有针对性地对各个级别、种类的科技项目进行评估，许多大的评估公司和机构同时作为大的咨询公司、律师事务所和风险投资公司而存在，经营的业务更是越来越广泛。

2. 丰富的评估内容

科技评估的内容包括科技政策、科技计划、科技项目、科技机构和科技人员五大类，并根据科技项目的具体情况按照事前评估、事中评估和事后评估这三种评估方式对项目是否开始、是否需要计划调整、是否达到预期目标作出详细的评价。

3. 详细的项目分类

按照项目的资金来源进行分类帮助政府对所有科技项目进行系统化的管理，并针对每种类别的项目给予特殊的政策引导和支持，帮助项目高效完成。按照资金来源将科技项目分为政府资助项目和私有部门资助项目两大类，对每类科技项目都有相应的法律和政策来对项目进行预算审核，运行监督和评估管理。除此之外，美国还有一系列独特的科技奖励评估计划，设有国家技术奖、国家科学奖、物理学会奖等鼓励和奖励政府或民间科技项目的奖项，并通过具体详细的流程对科技项目进行评估。

【专栏】美国多层次金融市场对科技创新的贡献

科技创新对美国经济产生了无比深刻的影响，尤其是推动了高科技成果转化，极大提高人民的生活便利性，对美国产业结构升级以及整个国家的快速经济发展起到至关重要的作用。可以说20世纪高科技领域中的许多成果，从50年代半导体材料、70年代的微型计算机、80年代的生物工程技术、90年代IT产业的兴起，无一不是在美国的积极推动下，完成创新技术产业化并创造出巨大经济效益的。正是美国多层次的金融市场，为不同的投资者提供多样化的退出路径，为美国经济注入了新的活力，使美国在国际分工中牢牢掌握了主动权，取得了国际竞争的比较优势。美国对科技创新的贡献主要体现在以下几个方面：

1. 风险投资：美国最早开始成立风险投资，向科技企业提供融资

早在20世纪40年代，美国产生许多新兴企业，它们普遍规模小，产品和市场不成熟且无法通过正常的融资渠道如银行、保险公司、家族和企业进行融资，发展受到极大的阻碍，而这些创业企业开拓的新技术和新产品对美国新一轮经济增长意义重大。美国政府认识到这一点，于1946年主导成立美国研究与发展公司（ARD），其主要业务是向那些创业企业即新成立并处于快速增长中的企业提供权益性融资。在ARD的历史上最重大的事件是1957年对数字设备公司（DEC）投资7万美元，14年后该投资增值到3.6亿美元，增加了5 000多倍。其实IBM、网景、苹果、Dell等公司的成立与发展，无一不是金融市场推动促使企业成长壮大的典型案例。

风险投资主要为科技型、高成长型企业提供股本型融资、咨询服务或参与经营管理，以期在企业发展成熟后，通过股权转让或公开上市获取中长期增值收益。美国的风险投资主要是第二次世界大战后发展起来的。风险资金主要来源于各类基金及私人资本，其中养老基金和公司资金约占70%。风险投资公司的主要形式为有限合伙制企业，约占85%。据美国风险投资协会调研发现：美国风险投资的资本金额占GDP的1%，但这些接受风险投资的企业创造的直接经济贡献达到了GDP的11%。可见，风险投资是一种有效的支持科技进步和企业发展的投融资机制。

2. 优惠政策：政府对创业企业给予大量优惠政策

在美国企业融资中，政府直接参与的比例在逐渐减少，但是美国政府通过多种途径为科技型中小企业的发展提供金融支持。首先是财政上的支持，主要有三种措施：直接经费资助、信贷支持、税收优惠。其次是设立专门机构，如小企业管理局、科技信贷机构等。早在1953年美国政府就设立了向中小企业提供资金支持、政府采购、信息咨询、创业培训等服务的美国联邦小企业署。

政府从财政、税收等方面对创业企业以及投资者提供更多优惠，减免税收、降低收益税、鼓励个人、机构投资，加大对创业企业的支持力度。如美国国会曾于1958年通过了《小企业投资法案》，该法案授权联邦政府设立小企业管理局，向中小创业型企业投资，并可以获得优惠的信贷支持。在成立的第一个5年内，获得政府优惠支持发展的就有692家企业，这在当时极大

推进了美国以半导体技术为代表的新型产业的发展。

3. 多层次资本市场：美国科技创新资金来源多元化

美国的资本市场发达且完善，主板市场、创业板市场和场外交易市场共同构成了多层次的资本市场体系。主板市场的上市主体是已进入稳定发展阶段、盈利状况良好的大型成熟企业；以纳斯达克市场为代表的创业板市场则主要针对具有高成长型的中小企业及科技企业；场外交易市场（OTC市场）主要服务于处于初创阶段和幼稚阶段的企业在资金方面、资产价值（包括知识产权）评价、风险分散和创业投资的股权交易问题。美国多层次资本市场体系中的纳斯达克市场是科技型中小企业成长的摇篮。很多在纳斯达克上市的公司通过高效的融资渠道，规模越来越大。目前美国资本市场市值最高的5家公司中，纳斯达克占有了微软、思科、英特尔3家。同时纳斯达克市场还为风险资本的退出提供了很好的途径。

政府对创新的投资所起到的作用仅仅是一种引导性的，主要的创新投资来源是民间的资金。从资金来源看，美国政府立法允许包括公司退休基金、高校基金、公共退休基金、捐赠基金、银行控股公司、富有家庭和个人、保险公司、投资银行及部分非银行金融机构等都可以成为科技创新投资的主导力量。作为投资主体，由于这些机构专业化水平较高，它们对风险具有独到的判断能力，并且具有很强的风险承受能力，同时对被投资企业可以提供专业的管理咨询等相关服务，促使创业企业良性发展。

4. 合伙制：美国不断完善相关法律法规，保证投资者利益

美国政府允许投资机构采取合伙制，并在其法律体系和税收政策相关方面予以支持：一是合伙制不具有法人资格，是一级税赋，仅个人所得纳税；二是合伙制中的有限合伙人虽然是出资者，但不参与风险投资管理，保证了专家理财的独立性；三是普通合伙人要承担风险投资的债务和法律连带责任，这样合伙制就对风险投资的管理者起到自我约束作用。目前，合伙制风险投资公司管理的风险资金额已占美国风险投资规模的80%左右，全球风险投资规模已经创历史以来的新高，达到400亿美元。美国风险投资主要投资在高科技领域，其投资热点基本反映了科技发展的最新趋势。

5. 退出机制：创业企业资金投入与退出保证

在美国对初创企业种子阶段的投资方式可以有两种方式，一是购买中介

机构发行的垃圾债券，二是作为天使投资直接投资，两种方式使得许多高科技行业的产品创新和应用最终得以顺利实现。

垃圾债券主要用于初期起步阶段所需要的资金规模就非常巨大的创新活动，同时这种活动往往有相当的固定资产可以作为一旦投资失败，还可以处置这些固定资产，以免造成巨大的资金血本无归的结局。例如，创新的芯片企业要建立芯片生产线等，其起步阶段的投资即非常巨大，动辄就达几亿美元甚至十几亿美元规模的资金。像 Intel 公司最初就利用了垃圾债券方式获得初期发展所需要的资金。

天使投资和风险投资的对象所需要的资金相对较小，天使资金单个案子的规模一般在几万美元到 50 万美元，风险投资单个案子的资金规模一般在几百万美元至上亿美元的范围。

目前来看，垃圾债券市场规模大约为风险投资的十倍。在美国，从事天使投资的个人大约有 40 万人，总投资金额大约为风险投资的一倍。由于种子阶段企业经过培育后很快能够进入风险投资者视线内，并且通过完善的股权交易市场转让，极大地加大了天使投资的活跃程度，这也为美国创新活动提供了极大的支持。美国完善的股权市场使得风险投资的退出主要以 IPO 为主，以被其他公司收购为辅，但天使投资是以被收购为主，以 IPO 为辅。美国是利用全世界的资金，全世界的创新，通过建立完善的科技创新金融市场机制来使自己成为世界科技大国的。

二、美国科技金融发展的主要政策

（一）金融立法政策

自 20 世纪 50 年代起至今，美国联邦已通过多项法案来完善小高新技术企业的融资渠道。

美国政府 1958 年通过了《1958 年小企业法案》，并授权美国联邦成立 SBA 和小企业投资公司（SBICS）以直接为小企业融资提供一系列支持。

《美国国内税法》帮助小企业大大降低了税收压力。

《1980 年小企业投资促进法》将风险投资公司重新定义为企业发展公司，

免除其 SEC 登记手续、定期汇报要求，并放宽其他限制，给予投资者更多的灵活性，致使许多保险公司和金融机构加入到风险投资的行列。

此后，美国联邦政府又先后出台《小企业融资法案》、《小企业技术创新开发法》、《信贷担保法》、《小企业创新发展法》等多项法案，为小企业积极参与技术创新和吸引投资扩大自身规模创造了相对良好的环境。

20 世纪 90 年代以来，美国政府不断通过政策支持为高新技术产业提供财政补贴，还将生物、信息工程、新能源、电子通讯等高新技术产业作为重点进行扶持，帮助企业解决企业规模扩大、人才培养、科研开发和产品出口等问题。

（二）完善政府体系的政策

小企业管理机构是一个国家小企业政策的执行者，其对小企业在成长和发展中的作用不可小觑。小型科技企业在建立初期，由于规模限制导致其面临科研能力有限、企业融资困难、人才不够用、科研成果难以转化等种种难题，因此，小企业管理机构对小企业尤其是科技型企业的引导和支撑作用将决定着企业的成败以及国家科技发展的活力。从 20 世纪 40 年代开始，美国建立了小企业委员会、小企业会议、小企业管理局等机构，分别隶属于国会、白宫和联邦政府，这些机构包含了小企业立法、小企业发展政策研究、科技型企业融资研究等众多的政府职能，也是联系企业与政府之间的桥梁。为小企业的成长、科技型企业的科研创新提供服务。

其中，SBA 对科技型企业的管理和支持作用最为明显。SBA 不仅通过信用担保为科技型企业获得融资便利。同时又先后启动了小企业创新研究计划（SBIR）和小企业技术转移计划（STTR）来引导和帮助中小科技企业进行科研创新和科技转移。

SBIR 的主要目的是通过联邦资金研究发展基金开发高科技产品，主要手段是通过联邦机构为科技型企业提供科研资金以降低企业的科研成本和风险，使其能与成熟的企业竞争，每年该计划都约投入 15 亿美元支持小企业发展，并向国会报告企业的发展情况。STTR 的主要目的是帮助小科技型企业将科研成果市场化，主要手段是协调企业与国防部、能源部、健康与人类服务部、国家航天局和国家科学基金这五个部门之间的合作，将其科研成果和产品适当运用，帮助将其产品从科研价值向市场价值转化，该计划每年投入约 2 亿美元。

（三）财税优惠政策

1. 加大财政投入支持

美国的科技投入一直以多元化的方式为主，除了政府直接投入以外，还吸引私人企业、公司、非营利性机构、学校等各个领域的资金参与到科研创新中来。政府不仅在公共预算中更倾向于新兴产业和创新型科研项目，并且会对科技型中小企业实行一定的购买行为保护政策，即优先购买或首购政策，帮助小型科技企业实现自主创新和产品转化。1982 年出台的《小企业发展法》，规定了在联邦政府每年必需的财政拨款中，至少有 2.5% 服务于中小科技企业的科技研发项目，并要求科研经费多于 1 亿美元的部门必须将财政预算中的 1.3% 用于支持中小企业科研创新。近些年来，美国投入到科技研发项目中的经费每年都有大幅增长，2012 年已达将近 2 000 亿美元，是中国的两倍以上。另外，2002 年美国政府出台的"小企业议案"，主要就是通过更加透明、更加简洁、更加全面的招标和政府采购行为，将政府采购计划分包给中小科技企业，来扶持它们的发展。

2. 加大税收优惠

美国从 20 世纪开始就着手减少科技型企业的税收压力，根据科技企业的科研投资额给予税前抵扣和税后减免优惠，以激励科技企业的科研热情和激发其投入力度，各州政府也根据自身需求对科技企业和高新技术企业给予丰厚的税收减免。如 80 年代初期出台的《经济复兴税法》对符合一定条件的中小企业的资本收益实行 5 年以上的 5% 税费减免，并对新购机器设备，按照折旧年限，给予一定的税费减免；80 年代末出台的《美国国内税法》提出，科技企业研究费用投入中较上一年的增加费用中 20% 可直接抵冲税费，研发费用超过前几年平均值的可获 25% 的税费减免，技术设备升级的投入中 10% 可用来减免所得税；21 世纪初出台的《经济增长与减少税收法案》免除了家族企业的遗产税，并允许科技企业将大量科技投资列入费用。

（四）金融政策

1. 提供全面的融资支持

美国主要通过贷款担保、CDC 贷款计划、小额贷款计划三种途径为中小科技企业提供融资支持。美国联邦小企业署为 10 万美元以下的小型企业提供80% 的融资担保，每年提供的担保额超过百亿美元；CDC 是由美国联邦政府支持的非营利性贷款公司，CDC 公司在全美的数量将近三百家，分布在各个州和各个地区，各地方政府引导 CDC 与民间金融机构合作，共同为小企业提供贷款服务，每年的贷款总额达几十亿美元，并逐年增长；而小额贷款计划是由社区私人贷款机构向中小企业提供贷款，并由联邦小企业署提供资金，这样的社区私人贷款机构在全美有将近两百家。除此之外，美国政府为小企业提供的贷款担保有很明确的细分，如创业资金担保、经营资金担保、季节性担保、合同性担保等，并详细划分各种贷款中介机构的服务项目和职责，使中小科技企业总能找到适合自己的贷款方式，并给予企业在二级市场自由买卖政府担保权的权利。

2. 降低科技企业的上市门槛

美国纳斯达克证券市场成立于 1971 年，是美国政府为降低科技企业特别是中小科技企业而专门成立的证券市场，该市场放宽了高科技企业的股票发行条件，是世界上第一个将传统的交易方式与先进的交易技术和充分的交易信息相结合的电子化交易平台，该市场不仅成了科技型企业挂牌上市最好的选择，也为风险资本快速回报和快速循环创造了条件，是现在许多大型科技企业的孕育者。

3. 建立起完善的风险投资体系

由于科技企业自身普遍存在的高风险性、高成长性、高回报性，传统的投资机构不愿意将资本投入到高风险性的企业中，而风险投资为了追求其高回报性的原则，逐渐成为了科技型企业的重要融资渠道，近些年来，美国政府建立了"政府引导，市场决定"的新型风险投资模式，帮助风险投资公司吸收分散的小额风险投资资金形成大的风险投资基金，并依靠市场代理人进行运作，联邦政府和各州政府都引导风险投资基金进入高科技领域，使得风险投资基金和科技企业建立起相互依存的合作关系，从而促进美国的科技发展和产业创新。美国的风险投资额已经超过了全世界风险投资总额的一半以上，在过去的 30 年中，美国的风险投资总额高达 4 000 亿美元，风险投资的主要领域从 21 世纪初的通讯、软件扩展到新能源、生物科技、医疗科技等多领域，为美国科技企业发展起到了巨大的推动作用。

4. 加大力度推进科技孵化器的建设

科技企业孵化器是科技企业的重要载体，也是科技型企业孕育的摇篮，美国将企业孵化器的建设当作美国科技创新的重要手段，20世纪50年代，美国人建立了世界上第一个企业孵化器"贝特维亚工作重心"，为孵化器建设开创了先河。近年来，美国政府出台了一系列措施推动企业孵化器的建设。第一，联邦政府、各级州政府和民间非营利组织直接建立孵化器，在缓解就业压力、增加税收收入的前提下，促进地方经济的多元化发展。第二，鼓励并帮助科研机构和学术机构建立孵化器。许多先进的技术和设备都来自于大学的实验室、研究所等研究中心与学术机构和科研机构，美国政府鼓励其创建孵化器，是间接地帮助学术机构将科研成果和学术成果市场化、产业化。第三，美国政府为孵化器建设给予了一系列政策支持和优惠，无论是民间独资创办的孵化器，或是政府部门或非营利部门与民间机构合作创办的孵化器，都能享受到这些政策优惠。根据不完全统计，美国是世界上拥有企业孵化器最多的国家，全美的企业孵化器超过一千家，并且这些企业孵化器的建设资金有一半以上都是来自美国政府，并一直在逐步完善相关的法律法规，为孵化器的有效运作提供良好的环境。

5. 支持科技企业技术转化

科技企业技术转化是科技企业能否将科技成果产品化、产业化、市场化的重要步骤，也是科技企业能否在竞争中生存的重要问题。美国联邦政府为帮助企业技术转移和产品转化提供了一系列的支持，并通过政策引导、资金投入、税收优惠、设立服务平台等多种方式与企业、高校和研究机构通力合作，完成技术转移和产品转化。

第一，组建专门面向企业的科研机构，促进科技成果向产品和服务的转化。例如，加利福尼亚州政府在伯克利大学设立的研究中心，该中心是由政府出资组建，通过政府引导，使伯克利大学与当地企业进行合作，将高校中的科研成果和先进技术快速转化成产品。目前该机构已与多家企业达成合作关系，并创造出了非凡的科技成果。

第二，推动高校和研究中心的技术成果向市场转移。美国的许多高校和研究中心都设有专门的技术转移中心或技术转移办公室，通过对研究成果进行市场估值、申请专利保护、将已申请的专利授权给企业、从企业产业化过程中收取费用、将所得收入分配给学校和个人这几个步骤实现先进研究成果的产业化过程。其中，斯坦福大学的技术转移办公室（OTL）成果最为显著，不仅极大程度地帮助了该大学科研成果和先进技术的转移和转化，更有力地促进了硅谷科技企业的产业升级和发展。

【专栏】制度、教育、科技、金融：美国崛起的"八字真言"

一片人烟稀少的蛮荒之地，人口只有300多万，人均收入远低于当时的世界强国（英国、法国、荷兰），分散孤立为13个殖民地……它却只用了200多年时间，巍然成为地球上最强大的经济体。自1900年起，美国经济规模就一直远大于它后三名之总和。

一个几乎没有什么军事力量，不参与欧洲和世界事务，决心偏安一隅的北美小国，多年后，竟然完全主导了两次世界大战，并依照自己的愿望重新规划了战后世界秩序，成为地球上最强大的军事帝国。

一个多民族、多宗教、多语言的移民国家，原本没有什么著名大学和研究机构，上流社会的教育完全仰仗英国和欧洲大陆，百多年后却发生大逆转，赫然成为全球教育、科技、金融、学术、文化最发达的地区，成为全球最优秀人才首选之地，成为全球多方面创新之先锋和典范。

不管你是喜爱还是憎恨，是美慕还是嫉妒，是崇拜还是轻视，是希望借鉴还是打算批评，美国200多年的兴旺发达和当代美帝国的全球霸权，都是无法回避的现实。

你可以说美国是天赐好运，是历史偶然，是机遇巧合，是误打误撞，你可以坚信美国终究必然衰败，甚至你可以现在就宣告美国已经衰落，可以认为美国没有什么了不起，甚至可以宣告美国是"邪恶帝国"。然而，美国霸权崛起的历史却总是从脑海和心中挥之不去，迫使我们思考再三。即使要证明它必将衰落或已经衰落，我们也要找到让自己信服的理由。

今天，当中国人和全世界开始热烈议论中国崛起和中国模式的时候，系统、深刻、全面检讨美国霸权崛起的历史，尤其显得必要和紧迫。"他山之石，可以攻玉"，大国兴亡之道，纵然没有必然规律，鉴察比较也理所当然。

我将美国200多年霸权崛起的"秘诀"或经验，概括为"八字真言"，即制度、教育、科技和金融。

制度是根本，教育是基础，科技是先导，金融是工具。或许，任何国家要成为（或已经成为）富裕发达的强国，都必须（或曾经）遵循此八字方针。罗斯福、基辛格、克林顿或无数美国优秀人士都曾经以不同方式精辟总结过"美国模式"。简言之，美国模式就是：以个人主义为最基本价值理念，以主权在民和权力制衡为基本政治制度，以保障私有产权和自由市场竞争为基本经济制度，以实现个人自由、富裕、幸福为基本目标。

且让我简要分析一下美国霸权兴起的"八字方针"。

先说制度是根本。纵观人类历史，政治制度最根本的目的，是确保社会秩序稳定和创新活力。政治制度的设计和安排，既要确保社会政治和经济体系的稳定，同时又要确保让每个人能够最充分发挥自己的聪明才智、想象力和创造力。迄今为止的美国历史，证明美国政治制度成功实现了这两个最核心功能。一般总结美国制度成功之处，约有四个方面：其一，天赋人权和主权在民；其二，权力制衡和三权分立；其三，政治权力平稳过渡；其四，政府权力有限论，即主张小政府、大市场。

美国政治制度设计的精神理念源自新教信仰，学术思想源自英国哲学家和经济学家洛克、休谟、斯密和法国启蒙思想家，实际规划则归功于建国之父们的运筹帷幄，三大关键人物则是华盛顿、杰斐逊和汉密尔顿。

凡是对美国稍有了解之人，皆知美国人对华盛顿的尊崇可谓是无以复加，说是"造神"都不为过。我曾经严肃地请教美国历史学者：华盛顿对美国最伟大的贡献究竟是什么？答案既不是领军赢得独立战争，不是主持制定美国宪法，也不是全票当选美国首任总统（毋庸置疑，三者皆是盖世功勋）。美国历史学界和普通人民认为，华盛顿对美国最伟大和最持久的贡献是：第一，他坚定地主张军事力量必须受民选政府节制，独立战争刚一结束，华盛顿即向议会辞去总司令之职，解甲归田，绝无拥兵自重、成为军阀之念想，这开启了军事力量从不干预政治运作的先河。第二，他坚辞"美国国王"或"终身总统"的盛情，连任一届总统之后即归隐田园，这一伟大先例，给美国政治权力平稳过渡奠定了坚实基础。后世纵有"强人"出世，也不好意思或自觉没有资格胆敢超越华盛顿（后来宪法约束是另一回事，罗斯福连任三次是因战时特殊情况）。

次说教育是基础。比尔·盖茨有言：百年来美国能够始终雄踞全球创新最前沿，实赖美国优良的教育体系。时至今日，全球 20 所最好大学里，美国有 17 所，前 50 名大学里，美国占 39 所。过去半个世纪以来，美国造就了全球 90% 的诺贝尔奖得主，美国教育体系之理念和运作机制，确实最值得中国人民深入研究和谦虚学习。

美国教育的优越之处，约有六个方面：（1）精英教育和平民教育和平共存、相得益彰。最顶级大学（多数为私立）为国家和全球培养最顶级之人才，辅之以无数州立大学和市立大学（多数为公立），确保绝大多数人有上大学之机会。美国大学各具特色、各呈异彩，绝无今日中国大学"趋同"之弊。（2）确保教育机会公平公正。（3）坚持教师、教授和学者治校，绝无官员和官僚治校之弊。（4）极端重视本国精神、宗教、文化的传承和创新，尤其高度重视基督教精神和文化的弘扬，此为美国教育的灵魂。（5）无数伟大企业家深受新教伦理的熏陶，矢志不渝地对教育和科学研究给予慷慨支持，19 世纪之洛克菲勒和 20 世纪之比尔·盖茨，都是最佳典范。（6）面向全世界的开放教育体系，吸引全世界最优秀之人才为美国服务。多年来，全球数不尽的最优秀人才纷纷涌向美国，成为美国众多领域创新的先锋，实在是世界历史的奇观，也充分证明美国教育体系和制度安排的优越。

再说科技是先导。多年来，美国科技创新为何始终能够引领世界潮流？原因至少亦有六个：（1）完善优质的教育体系（称得上是真正的素质教育体系）。（2）政府、企业、大学、民间智库等多层次的科研体系。（3）完善的科技成果——产权制度安排和激励机制。（4）企业对科研的极端重视和全力支持。早在 1875 年，洛克菲勒就创办了人类历史上最早的企业内部研究所。（5）鼓励创新、实验和失败的社会文化氛围。（6）支持技术创新的强大金融工具。风险投资、私募基金、对冲基金等令人眼花缭乱的金融创新手段实乃美国科技创新最重要的支持力量，以 Google、Amazon、Yahoo 等为代表的众多高科技精英企业，皆是风险投资的杰作。

最后说金融是工具，此工具最具威力。没有人否认金融创新对美国崛起的极端重要性，没有人否认今日美国拥有支配世界的金融霸权，没有人不美慕美国金融创新的无限活力和无限利益。然而，这一切难道是天赐好运？甚至是天上掉馅饼或少数人的"阴谋"？当然不是。

金融是促进经济发展最伟大的利器，美国建国先驱们深谙此理。自建国之日起，美国就有明确的金融战略，发明人就是才华横溢的美国第一任财长汉密尔顿，他也是美国税收、金融、银行制度的总设计师。

美国金融史学者赖特（Robert E. Wright）和科文（David J. Cowen）说："是什么让美国和它的邻国如此不同？是什么让美国经济独领风骚？是美国人民很早就知道金融的极端重要性，是建国之父们从立国之日起就开始设计完善的金融体系。以汉密尔顿为代表的金融建国之父们深深懂得：金融才是拉动美国经济起飞的神奇天马，金融建国之父们就是那神奇金融马车的驾驶员和引航员。"

资料来源：东方网，2009 - 11 - 30，作者：向松祚。

第二节　欧盟科技金融的发展概况

风险投资在欧盟一部分成员国如英国、法国、荷兰等国的股票市场上盛行。20 世纪 80 年代以来，欧盟的创业风险投资发展较快，尤其是进入 20 世纪 90 年代以后，欧盟的创业风险投资行业发展呈现出大幅增长之势。欧盟国家中较早开展创业风险投资的是英国。"据欧洲风险投资协会（EVCA）统计，1999 年，英国风险投资总额达到 99 亿欧元，排在美国之后，但远远领先其后的德国、法国，占 1999 年欧盟风险投资基金的 39%"①。

一、欧盟科技金融发展现状与特点

欧盟的中小企业占据所有企业总数的 90% 以上，为欧盟成员国提供了将近 70% 的就业机会，中小企业发展在欧盟共同体经济发展过程中的重要性也不言而喻，不仅为科技创新提供了活力，也为地方提供了相当多的工作岗位，更在维持地区稳定和社会和谐中发挥了巨大的作用。欧盟的中小企业有两个方面的特点。第一，欧盟中小企业是欧洲科技创新的主力军，具有创新面广、

① 国外创业资本的发展历程 [EB/OL]. http://blog.sina.com.cn/s/blog_48359f42010002ml.html.

创新率高等特点。相关数据显示，在科技研发方面，欧盟中小企业的单位新产品产出率是大型企业的三倍以上，这证明在欧洲国家中，中小企业在新产品新技术的科研和创新方面有着非常强劲的活力和效率。第二，欧盟国家中小企业国际化程度高，以德国为例，在中国的设立分公司的德国企业中，有七成以上都是中小企业。欧盟中小企业之所以在科技创新和国际化程度中的表现如此优秀与其灵活多元的融资政策有着密不可分的联系。根据欧盟科技金融的发展状况可将其归纳为以下几个特点：

第一，欧盟科技金融发展有着清晰和长远的目标。因中小企业资本规模的限制，科研和创新难以得到支持和实现，因此，欧盟将提高资本运作力度作为支持中小企业发展和刺激欧洲科技创新的首要目标。自 2010 年起实行"三步走"方针，采用一系列金融手段来提高科技创新的效率。2011 年底，欧盟开始提出并实施风险投资计划，以最大限度地发挥欧洲投资基金（EIF）和其他主要金融机构在科技金融方面的促进作用。2012 年围绕提升风险投资力度，完善了一系列法律体系和监管体系。2013 年着力于运用和鼓励新型金融工具和民间金融机构，吸引更多的民间资本来支持中小企业科技创新。

第二，欧盟科技金融机构间的分工相对明确。欧盟主要支持企业科技创新和发展的金融机构来自四个方面：

（1）欧洲投资银行（EIB）成立于 20 世纪 60 年代末，是欧洲成员国合资经营的金融机构，其宗旨是利用国际资本市场和欧盟共同体内部资本，促进欧盟的稳定发展，其主要贷款对象是欧盟成员国不发达地区的经济开发项目，主要业务是为创新型和扩张期的中小企业提供优惠贷款，帮助企业完成科研创新和产品升级，主要支持的项目为通讯、能源、交通等基础设施项目，并对有潜力的企业完成跨国业务提供融资支持，是许多跨国公司的摇篮，更是解决中小企业科技融资的主要手段。自 20 世纪 90 年代以来，EIB 已向许多家中小企业提供了将近 200 亿欧元的优惠贷款，为了更好地支持中小企业发展，欧盟还向就业人数在 75 人以下，固定资产在 7 500 万欧元以下的企业提供贴息贷款，由财政预算直接负担。

（2）EIF 成立于 1994 年，是欧盟所属机构之一，旨在为中小企业提供融资帮助，主要业务是为中小企业从民营银行取得贷款提供担保，是全球第一个国际中小企业信用担保机构。其融资方式主要有三种：第一，为企业提供融资担保，担保方为欧洲投资基金股东或第三方，并从担保中提取佣金；第二，直接股权参与，EIF 直接以股权形式参与到成员国中资质优秀的融资中介机构；第三，"增长和环境"引导项目，基金在中小企业中筛选出具有环境收益的项目，对其进行贷款担保。除此之外，作为全球第一个国际中小企业信用担保机构，EIF 主要的信贷担保工具主要有两个：中小企业担保机制和欧洲技术推广机制，前者为企业相关信息和通讯技术投资提供担保，担保对象主要是不超过 50 人的小微企业；后者主要为潜力大、创新能力强的高新技术企业提供风险投资，投资额不超过总投资额的四分之一。

（3）风险资本市场融资。欧盟的新兴资本市场为科技型企业融资提供了新的选择。欧盟的新市场和 EASDAQ 市场为科技型企业融资上市创造了良好的环境。以 EASDAQ 市场为例，为了支持科技型中小企业和成长性高新技术企业的发展，欧洲创业资本协会于 1994 年效仿美国纳斯达克成立了 EASDAQ 市场，并于 1996 年正式开始运作。作为欧洲大陆上的纳斯达克，EASDAQ 市场吸引了大批高成长性和高科技型的企业融资上市，成为第一个专为科技型企业融资的独立电子化股票市场。宽松的入市条件、多元的投资银行体系、证券商体系，吸引了全世界许多科技型企业的到来。EAS-DAQ 市场运作的前五年，就有接近 100 家科技型企业在此挂牌上市，总市值超过 600 亿欧元。

（4）融资服务机构。近些年来，欧洲许多国家都建立了专门帮助中小企业特别是中小科技企业发展与融资的服务型机构和银行。例如英国的小企业服务局，其成立之初就将提高中小企业科技创新能力和核心竞争力作为宗旨，它主要通过各种方法帮助企业获得科技孵化基金、高技术基金、风险基金，并计划实施了"校企合作计划"等项目为小企业提供咨询、管理、实施等一系列服务。德国各州设立的储蓄银行、建设银行、合作银行、国民银行都是为了给各地中小企业技术创新提供商业贷款和资金帮助的银行。意大利的互助银行、国民银行都为私营中小企业提供低于市场利率的商业贷款，并以认购中小企业股票或债券的形式帮助其融资，除此之外还为其提供结算管理、财务管理等一系列的金融服务。

二、欧盟科技金融发展的主要政策

(一) 完善立法支持

不断完善的立法政策是欧洲各成员国用来为中小科技企业创造宽松环境的重要手段之一。以德国为例，为及时有效地监管资本市场资本过分集中乃至垄断的现象，保证中小企业参与竞争和科技创新的权利，德国政府专门制定并多次修改了《反限制竞争法》、《反垄断法》，并多次修改《公司法》为中小企业特殊需求和利益给予宽松的环境。相继制定《中小企业促进法》、《中小企业结构政策的专项条例》给予中小企业专门的法律保护。

除此之外，欧盟为了使企业技术创新机制进一步完善和发挥作用，于1995年发表了《创新绿皮书》，随后实施了《欧洲创新行动计划》。进入21世纪后，欧盟在第五个科技框架计划中专门引入《促进创新和鼓励中小企业参与计划》，并在之前成立的中小企业特别行动小组基础上创建了第十三总局，专门负责执行中小企业政策。各成员国在这些政策的导向下完成了各自企业技术创新政策的制定、调整与完善。

(二) 加强财政支持

加大财政支持力度，是欧盟国家支持科技创新，帮助科技企业发展最直接的方式和手段。欧洲投资银行集团和欧洲发展小额贷款基金是向科技企业提供直接投资和融资支持的主要机构。仅2011年，欧洲投资银行集团就为创新型科技企业投资接近130亿欧元，支持了十几万家中小科技企业，特别是对新能源、环保等绿色经济产业给予了极大的支持，对欧盟科技创新和发展有着不可替代的支撑作用。

除此之外，欧盟国家制定了一系列框架计划，来帮助企业获取融资并实现创新，从而加强欧盟国家的国际竞争力。

欧盟第七研发框架计划是于2007年启动的欧盟投资最多的国际性的科研计划，总投资预算额超过500亿欧元，其以国际性尖端科技和具有较大潜力、高竞争力的科技项目为主要投资方向，设计新能源、航空航天、生物、纳米科学、环境科学等多个领域，参与的国家数量和企业数量也非常多，其中有数十亿欧元投资在支持中小科技企业科技创新上，对欧洲中小科技型企业的发展带来了深远的影响。

欧盟竞争力与创新框架计划是以中小科技企业为支持对象，以提高欧洲企业的国际竞争力为目标，以风险投资、贷款贴息和提供保证金为主要投资渠道，以为企业建立良好的投资渠道、为国家和地区建立完善的科研创新服务体系作为主要方式的国际性创新框架计划，该计划由各国和各地区政府引导，通过放大器效应吸引到民间金融机构和私人资金将近 300 亿欧元投资到科技企业的科研创新中，超过 30 万家的科技企业参与到该计划中并从中得到了良好的收益。

（三）加大税收优惠

欧盟中小企业的税收成本一般在企业增加值的三分之一左右，特别是对科技型、创新型中小企业而言，税收压力一直是背负在企业身上的一座大山。为了帮助企业发展和创新，欧盟的一些主要国家都采取了相应的减免税收政策。

首先，减免税收或者返还税收。欧盟国家减免税收的方式主要有三种：全额减免、定额减免和定比减免。政府通过减免创业中或者创新中的企业税收，帮助企业实现资金的快速回转，产品与服务的快速升级以及技术到产品的快速转换。意大利政府对于创业前期的科技企业实行免除科研投资免税的政策，德国政府免除了落后地区创业企业的前五年营业税等一系列措施。

其次，调整现有税率。欧盟一些主要国家同样都采取了调整增值税、营业税、企业所得税等许多税种的税率，以减少企业压力，是企业在资金运转和新产品研发中有更充足的经济能力。英国政府曾多次调整中小企业的税率，并将年产值小于 30 万英镑的企业税率降至历史最低的 20%，其他很多国家都对企业税率进行了 10% 左右的调整，并陆续出台其他税收优惠政策。

最后，加快固定资产的折旧和调整盈利的计算方式也是欧盟国家税收优惠政策的普遍做法。企业固定资产折旧的加快，不仅可以提升企业设备的更新速度，帮助企业创新，更能减少企业应缴税款，从而减少企业的税收负担。合理地调整企业盈利的计算方式，使得科技型企业在发展过程中的应缴税费更加清晰化和合理化。德国政府采取的特殊折旧法和盈余算法是这两种税收优惠政策最典型的代表。

第三节 日本科技金融的发展概况

日本的风险投资发展得也很早，是仅次于美国的工业发达国家。通过学习美国风险投资的成功案例，并借鉴其成功经验，再以当时已在美国广泛运用的风险投资制度为约束模板，日本结合本国的实情而发展起来具有本土特点的风险投资制度。经过了第二次世界大战以后，日本确立了以技术立国的基本国策，对创业风险企业采取了一系列的政策优惠。到目前为止，日本已经拥有了 1 000 多家创业投资公司，并且投资资本也大大超过 100 亿日元的规模，当前日本主要投资的行业是计算机、信息工程和通信技术等。

一、日本科技金融发展现状与特点

日本作为一个创新型国家，非常关注科技企业的发展和科技与金融相结合的完善程度，已把科技创新作为国家的发展战略，日本每年的科技投入都占全国 GDP 的 3% 以上，日本之所以成为全球范围内的经济大国，与其高科技产业的高速发展有着密不可分的联系。

从 20 世纪 50 年代开始至今，日本科技金融产业经过了高速增长期、衰退期和复苏期这三个时期。在 50 年代末到 80 年代末的 30 年里，日本科技金融产业发展处于高速增长的阶段，其金融体系与其"从引进、模仿到自主创新"的战略计划有效的结合，再加上日本政府对开发、科研的大力投入以及对高科技人才的培养，使其逐渐成为世界科技强国，当时的金融制度非常有利于大企业的科研发展却忽略了对中小科技企业的支持；从 20 世纪 90 年代初开始，传统的金融体制越来越难以满足新的发展需求，特别是对中小科技企业和创业期的科技企业，很难从当时的银行中介系统中获得有效的资金支持，逐渐降低的日本高科技产业的创新活力，再加上金融泡沫的破裂，迫使日本政府不得不对当时的金融制度进行深入的改革；在近三十年的改革过程中，市场逐渐取代了政府成为金融市场的主要引导力量，更加理性和自由化的金融市场为中小科技企业的发展创造了良好的环境，银行中介体系、资本市场体系、金融衍生品工具和融资制度都得到了逐步地完善，对科技企业的支持作用有了很大程度的增强。

（一）银行体系一直是日本科技企业融资的主要渠道

社会经济发展的需要和企业内部资金的缺乏促使日本的银行体系在20世纪中后期迅速地发展和壮大，并形成了以中央银行为主导、民间金融机构为主体、政策性金融机构为补充的金融体系。银行从那个时期开始就成为科技企业融资的主要渠道，不仅可以为企业提供长期稳定的贷款，也可以持有企业的股权并参与企业管理，这样的金融体系解决了大多数企业融资困难的问题，有效地推动了企业的技术创新和日本科技的快速发展。20世纪末，日本的金融泡沫破裂，日本政府开始将市场作为金融体系的核心引导力。日本的金融改革解除了对各种金融机构的业务范围的限制，加强了各种金融机构参与企业金融活动的能力，实现了金融机构的混合经营，为中小科技企业创造了更好的生存环境。日本的金融持股公司的创业子公司在科技企业的创业期为其提供一定数额的贷款，并在其成长期帮助企业从银行获得更好额度的融资支持，当企业进入成熟期以后，再由证券子公司提供融资上市、股票或债券发行的一系列金融服务，使企业无论处于发展的哪个阶段都能很好地得到金融支持。

（二）金融改革之后，科技企业融资制度和融资工具不断创新

在日本政府的政策支持和严格监管之下，知识产权担保制度逐渐成为金融改革之后出现的解决中小科技企业融资问题的主要方法之一。由于科技企业在企业建立初期往往缺乏传统抵押贷款中的抵押物，日本政策性银行在相关法律法规的支持下，帮助企业以专利权和著作权为抵押物获得担保融资，并指导民营银行、私人担保公司等民间金融机构向创业初期的科技公司提供知识产权抵押融资。金融制度的不断完善不仅有利于企业完善内部管理机制，提高自身的信用评级，从而更好地获得融资支持，也帮助金融机构更好地把控风险，提高贷款回报率。

银行贷款证券化是融资工具创新的一大特点。银行或其他金融机构合法地将企业贷款的应收账款、汽车分期付款、房屋租赁应收款等应收款项包装出售，使其成为具有货币效能的流动资金，不仅提高了资本的流动性和安全性，银行和其他金融机构还可以从中获取一定数额的收益。银行贷款的证券化不仅可以给科技企业提供融资支持，还可以帮助银行避免降低其资本充足率，分散银行的贷款风险，形成新的资产业务，更可以使外部投资者关注和

参与科技创新并从科技企业的稳定增长中获取一定的收益。

（三）资本市场对科技企业的支撑作用日益凸显

从 20 世纪 80 年代末开始，日本资本市场逐步的发展并完善，越来越多的科技企业选择从资本市场获取直接融资，其中东京交易所建立的 MOTHERS 市场、大阪证券所的 JASDAQ 市场、福冈交易所的 Q - BOARD 市场等都是主要面向中小科技企业上市的创业板市场，其中由大阪证券所收购建立的 JAS-DAQ 是日本最大的创业板市场，主要服务与中小科技企业和风险投资企业，而外界对日本创业板市场的评价也褒贬不一，有的觉得日本的创业板市场准入条件低，有利于科技企业的融资上市，同时活跃的市场氛围有利于投资者获得更多的企业信息和盈利机会。也有人认为日本的创业板市场要求过于宽松，使得在这些市场上市的公司信用受到拖累，而其过于频繁的换手买卖造成股价的大幅波动，给投资者增加了许多投资风险。随着金融改革的不断深入，资本市场的市场化程度日益加深，金融体系越来越开放化、多元化，传统的金融体制被打破，而日本政府宽松的管制政策也使企业从资本市场获取融资的能力不断增强，科技企业大大降低了对银行贷款融资的依赖，银行的融资比例从 1995 年的 54% 下降到 2009 年的 41% 。到 20 世纪末，资本市场融资已经成为日本科技企业融资的重要途径。

（四）风险投资成为科技企业融资的重要组成部分

日本是最先开展风险投资的亚洲国家之一。从 20 世纪 90 年代末开始，日本相继颁布了多部促进创业风险投资的法律法规，如《投资事业有关责任组合法》、《中小企业创造活动促进法》、《关于促进中小企业的新事业活动的法律》等。除此之外，日本政府还从直接资金投入、税收减免、为创业风投公司提供相关服务、降低公司成立条件等方面推动创业风险投资的发展，并专门在地方设立了帮助中小企业创业的相关机构，为科技企业与风险投资的有效结合提供帮助。

二、日本科技金融发展的主要政策

（一）完善法律法规，为科技金融发展创造良好环境

从 20 世纪 40 年代开始，日本政府就开始制定帮助中小科技企业发展的相关法律法规，以维护中小科技企业的利益，保持国家的创新活力。1949 年

制定的《中小企业信用法》、《中小企业信用保障协会法》为中小企业信用评级和信用监督奠定了法律基础，以便更好地对信用等级高、创新能力强、发展能力快、发展潜力大的中小科技企业提供融资帮助。

1963 年，日本政府颁布实施了《中小企业基本法》，以此作为中小科技企业发展的核心法律，并在 1999 年修订整编，使其成为之后一系列政策的基础。该法律的核心内容围绕尊重中小企业的创新精神，促进中小科技企业的创新和发展，提高日本国民产业结构和加强其国家综合竞争力。

1963 年制定《中小企业投资育成股份公司法》，成立中小企业投资公司，以中小企业为对象，为中小企业提供投资和咨询服务，帮助中小科技企业科技创新，并成立相关的政策性金融机构、信用担保协会等政府性机构，为中小科技企业提供贷款担保、低利息贷款等一系列的金融服务。

此外，日本政府还相继颁布了《中小企业振兴资金助成法》、《加强中小企业技术创新减税法》、《科学技术基本法》等多项法律维护中小科技企业的权利，帮助中小科技企业实现技术创新。

日益完善的法律基础，从金融支撑、鼓励投资、保护企业知识产权等多方面，给日本科技企业发展创造了良好的环境和制度保障，是日本科技型企业创新活力强、产品技术含量高、企业综合竞争力在全球对比中名列前茅的重要因素。

（二）减免税收，缓解压力

日本政府的税收减免政策，也是减少科技企业负担，帮助科技企业发展的重要部分，日本政府针对中小科技企业发展问题，从减免所得税、加快折旧、科研费用收税优惠等多个方面出发，多管齐下，大大降低了科技企业的税收成本，提高了企业的科研热情。

1967 年制定了《增加实验研究经费的纳税减免制度》，对研究开发高新技术产品的企业、科研经费超过历史最高的企业、为科研创新购买必需研究设备的企业以及中小科技企业给予一定的税收优惠，此制度对科技企业的激励作用相当明显并一直延续到现在。

1964 年、1985 年，日本政府针对科技型企业设备折旧调整了一系列制度，缩短了科技企业设备折旧的年限，并制定了"促进基础技术开发制"对购买科研设备的科技企业给予一定比例的免征并免征其一定比例的所得税。

　　2000 年修订完成的"天使投资税制"给参与创业风险投资的天使投资人一系列税收优惠和金融支持，大大提高了日本国内对创业投资的热情。

　　日本政府的税收优惠政策，不仅从一定程度上，减少了科技企业的负担，激发了科技企业的创新热情，更将科研创新作为提高企业和国家核心竞争力的重中之重，引起了各界的关注和参与，保持了科技创新的可持续性。这也是日本企业创新能力强、创新意识突出的重要原因。

　　（三）加强建设科技孵化器等科技中介机构

　　科技中介机构是沟通和联系科技商品的供给方和需求方之间的信息，组织与服务于科技活动和科技创新的单位、组织和个人，具体表现为为创业孵化和技术成果转化提供专业化服务的机构。其主要作用就是在法律法规允许的前提下，为科技企业提供相应的科研咨询服务、融资服务、技术孵化服务、产品代理服务、技术转移服务等。

　　日本的科技孵化器是目前较为普遍和有效的科技中介机构，从 1989 年开始，日本的科技孵化器开始逐渐普及，迄今为止，科技孵化器在日本所有科技园区中的覆盖率已达 70% 左右。除此之外，外资系统和银行系统的咨询机构，也是日本科技中介机构的主要组成部分，这些机构大多拥有强大的科技要素资源（人才、资金、技术等）和丰富的实践经验，能为政府部门和大型科技集团提供一系列服务。例如，1965 年成立的野村综合研究所，其主要工作就是接受国家、企业和社会团体的研究课题并提供资金、技术、管理、监管等相关服务，日本许多尖端的国防、航天、通讯等科研工作都是由其提供服务。

　　（四）建立多层次的资本市场

　　20 世纪末，日本政府还是加快金融市场的改革，中小科技企业从资本市场融资的现象越来越频繁，到 2010 年，新的 JASDAQ 市场正式启动，中小科技企业从资本市场获得的股权融资度日益加深，新的 JASDAQ 市场成为日本规模最大的风险投资企业融资场所。

　　1991 年，东京交易所建立了在一部、二部股市之外的"高增长新兴股票市场"又称"MOTHERS"。其宗旨是为新兴产业的企业（多数为高新技术企业）提供更多的融资机会和关注度，从而增加日本的经济活力，MOTHERS 市场以其高流动性、创新性、快速性和高度透明性成为日本中小科技企业融资的重要市场。

高度多元化和多层次的资本市场的建立，为保障日本中小科技企业的发展创造了良好的融资环境和发展空间，是保障日本科研创新活力的必要条件。

（五）建立完善的信用担保体系

日本政府对信用担保体系的重视程度非常高，也做了许多工作去建立完善的信用担保机制，并且是最早开始建立信用担保体系的亚洲国家。

首先，建立评定、管理和保障中小企业信用担保的专门机构，对中小企业信用担保进行统一管理、统一评定和监督。最早在 20 世纪 30 年代就成立了地方性组织"东京都中小企业信用担保协会"，随后又相继成立了全国性的"中小企业信用保险公库"、"中小企业信用保障协会"等多个机构以维护中小企业信用担保中因科技企业信用额度低、产品研发周期长、技术市场化和商业化成果不确定等引起的融资风险问题。

其次，日本政府建立了完善的信用担保法律体系。从 20 世纪 50 年代开始，日本政府先后颁布了《信用保障协会法》、《中小企业信用保险公库法》、《中小企业信用保证协会法》等多部针对中小企业信用担保问题的法律，以此作为日本中小企业信用担保的依据，为中小企业信用担保创造严谨、客观的法律环境。

最后，日本政府采用政府引导、民间参与等方式，吸引各种资金投入到科技企业信用担保中来，并将职责和未来收益明确划分，将创业风险合理地分配到各级投资者身上，并采用担保和再担保相结合的担保策略，为中小科技企业解决融资中的问题，为中小科技企业的健康发展提供了一定的条件。

第四节　韩国科技金融的发展概况

在 20 世纪 50 年代之前，韩国是以农业为主的落后国家，从 50 年代初开始到 20 世纪末，韩国开始了本国经济腾飞的步伐，工业化速度飞速发展，科技创新日新月异，国民的教育水平、生活水平、经济能力都得到了质的改变，国家的城市化、现代化、国际化水平快速提升。21 世纪初期，韩国的人均GDP 已达到近 18 000 美元，成为发达国家，与此同时，韩国的科技发展也站在了世界的最前端，三星、LG 等世界知名的跨国公司也应运而生，创造了震惊世界的"汉江奇迹"。韩国的经济奇迹除了归功于其团结奋进的民族精神外，更与韩国科技企业的迅速发展壮大有着密不可分的联系，韩国科技企业的发展，不仅提高了其产品的科技含量，加速了韩国产业升级的步伐，提高了韩国企业的核心竞争力，更在很大程度上刺激了出口，推动了全国经济的发展。

一、韩国科技金融发展现状与特点

（一）多层次的信贷渠道是韩国科技企业赖以生存的基础

首先，政策性贷款和财政拨款给韩国科技企业发展创造了良好的环境。从 20 世纪 60 年代开始，韩国政府确立了建立创新型国家的基本方针并提出"科技立国"发展战略，随着工业化进程的不断推进，韩国政府对科研创新的投入逐年增加，韩国对国家级的技术项目投资从 1970 年的 70 多亿韩元到 20 世纪末的超过 10 万亿韩元再到 2012 年的将近 60 万亿韩元，为韩国科技的发展建立了良好的基础。除此之外，政策性信贷也是韩国科技企业获得资金支持的重要途径。韩国的政策性贷款是由韩国政府以低于市场利率向科技企业提供科技研发项目资金，政策性贷款是由政府等专属部门建立专属基金，并由金融机构具体操作实施。政策性贷款的利率相对较低，贷款时间相对较长，贷款主要用于企业的科研创新和技术研发中。据数据显示，韩国曾共设立过近百项政策性基金，每年向科技企业提供的政策性贷款达到 5 万亿韩元之多，这很大程度上改善了科技企业的资金困境，为科技企业的科技创新提供了很好的帮助。

其次，政策性银行贷款是韩国科技企业另一有效的融资渠道。在 20 世纪 50 年代到 20 世纪 70 年代这二十年中，韩国政府出资成立了多个政策性银行，这些政策性银行采用商业银行的模式，以帮助企业科技创新、工艺创新和技术升级为目的，在自身风险系统的管理下，为企业开发新技术、拓展新市场提供长期的优惠贷款。

韩国产业银行是 1954 年韩国政府出资成立的第一个政策性金融机构，其最初成立的目的是为了帮助韩国经济迅速从第二次世界大战中复苏，其作用是扮演国民经济和金融产业的纽带，通过为设备投资、技术开发、环境保护等多方面的经济业务注资来推动战后韩国经济的发展。时至今日，韩国产业银行已成为业务范围广泛，在全球范围内拥有多个分支机构的跨国银行，为电子、通讯、生物科学等高新技术企业和具有发展潜力和创新实力的中小企业投资也成为韩国产业银行的主要业务之一。后来又陆续成立了专门支持中小企业发展和专门为进出口贸易公司提供政策性贷款的韩国中小工业银行和韩国进出口银行，都为韩国科技企业的快速发展提供了许多帮助。

最后，商业银行贷款也为韩国科技企业发展提供了重要的支持。商业银行相对政策性银行利率较高，贷款要求苛刻，但其分布广泛并且资金充足，有较强的灵活性和可操作性，在国民经济发展中的作用不言而喻。韩国的商业银行贷款在韩国中央银行、全国性或地区性商业银行来进行。韩国中央银行通过一系列规定和政策来控制中小科技企业的贷款份额（例如，全国性商业银行不低于45%，地区性商业银行不低于60%等）。同时韩国政府在商业银行对科技企业贷款政策的引导下，商业银行对科技活动的支持作用也日益明显。

（二）资本市场融资是对科技企业融资的有效补充

韩国科斯达克市场（KOSDAQ）成立于1996年，是在原有的中小企业股票交易所基础上建立起来的为技术密集型和高附加值的高新技术企业融资的自动化交易平台。在韩国政府的大力支持下，科斯达克市场在成立初的第三年中取得巨大的发展，日均交易量由1998年的55亿韩元增长到1999年6月的2 000多亿韩元，截至2005年，科斯达克已拥有近千家上市企业，资产总额超过70万亿韩元，日均交易额达到近2万亿韩元，成为继美国纳斯达克之后全球第二大高新市场，是全球最成功的创业板市场。为了提高创业资本的活跃性，韩国政府放宽了科斯达克的上市条件，并且政府不对在该市场上市的企业进行审批，只是由市场将企业分为上市条件较低的风险型企业和上市条件逐渐增高的非风险型企业、共同基金和国外企业，除此之外，科斯达克市场对上市的科技企业几乎没有设置一定的财务指标，这些宽松的上市条件给科技企业在资本市场获得融资创造了良好的环境。

（三）完整的信用担保机制

韩国的信用担保机制相对亚洲国家和其他发达国家而言都比较健全，由两个全国性信用担保基金和十多个地方性信用担保基金组成。两个全国性信用担保基金分别为韩国信用担保基金和韩国科技信用担保基金，十多个地方性信用担保基金分布在全国各地。

韩国信用担保基金（KCGF）是韩国最大的信用担保机构，也是全球名列前茅的信用担保机构，该机构成立于1976年，是致力于通过适当利用资源为企业创新提供信用担保来推动全国经济的快速增长的全国性信用担保机构，其总裁由韩国经济部长直接任命。其主要任务有两个：第一，帮助缺少抵押担保物的企业以信用担保的形式获得资金；第二，通过信用担保的过程建立起全国范围内的信用体系和管理网。经过这些年的快速发展，韩国信用担保基金已经发展到相当大的规模，在韩国已开设近百个分支机构，信用担保余额近百万亿韩元，其中有99%的担保是提供给中小企业，可见韩国信用担保基金对韩国经济的发展有着多么重要的作用，对韩国科技的发展和创新也有着不可磨灭的功劳。

韩国科技信用担保基金（KOTEC，后更名为KIBO）成立于1989年，它相比韩国信用担保基金而言更具有针对性，是专门为中小科技企业服务的政策性担保机构。其主要的任务是对科技型企业融资提供信用担保、技术评估、信用评级、技术管理、信息提供、违约处理等一系列信用担保服务。自成立至今，韩国科技信用担保基金已经为许多科技企业提供了700多亿美元的担保，虽然该基金资金相对缺乏，但还是有许多有潜力的创新型朝阳企业得到了该基金的担保支持。为了提高信用担保的质量，该基金在20世纪末专门成立了专业的技术评估中心，雇用了各行各业的技术人才建立起了完善的技术评估网络。韩国科技信用担保基金已成为目前韩国最专业最权威的技术评估机构。

（四）发达的风险投资机制为韩国科技企业发展提供了充沛的活力

首先，韩国风险投资企业的确认标准与分类方法独树一帜。与大多数国家不同，韩国的风险投资企业由政府依据《风险投资企业培训法》进行筛选和确认，而政府会对确认过的风险投资企业提供一系列的支持和帮助（资金方面、人才方面、设施方面等）。同时韩国的风险投资企业根据成立时间长短、科研资金的比例、专利产品的出口份额和技术成熟度分为风险资本投资企业、科研开发投资企业、专利技术开发企业、优秀技术企业四大类，每一类的风险投资企业都有其不同的特质和需求。政府会按照各类企业的现状有针对性地提供帮助。

其次，风险资本多元化。政府资本、机构资本和个人资本是韩国风险资本的三大来源。其中成立于 1994 年的韩国技术金融公司是政府资本直接参与风险投资的代表，韩国技术金融公司的起始资金是由韩国政府直接提供，主要来源于相关机构的存款，并有对政府基金的转贷权，可以对科技促进基金、新技术启动支持基金、通信和信息基金等政府基金进行自由支配。此外，金融机构也是风险资本来源的主要力量。20 世纪末，韩国的风险企业数量已超过日本，风险企业总产值已超过全国 GDP 的 5%。进入 21 世纪以来，在政府的引导下，个人资本进入风险投资领域的趋势也越来越明显。

二、韩国科技金融发展的主要政策

（一）进一步完善法律环境，并制定详细的发展计划

韩国政府近几十年来都致力于从贫穷落后的农业国家到科技发达的工业国家的建设中。为了支持国内企业的发展，特别是科技企业的发展，从而带动韩国的科技实力，刺激出口，韩国政府从 20 世纪中叶开始就先后出台了诸如《技术开发促进法》等一系列的法律法规来维护科技企业的生存环境。

1989 年，为了给科技企业提供信用担保，使企业更容易获得资金支持，韩国政府出台《新技术企业财务援助法》，并成立韩国技术信用担保基金，使其成为科技企业信用担保融资的专属机构。

1992 年，为了帮助中小科技企业融资，韩国政府专门出台了《科学技术振兴法》并设立技术振兴基金，帮助企业以较低的利率从银行获取贷款。

为了更好地建立科技园区，发挥企业孵化器功能，提高科技企业的创新热情和科研活力，韩国政府针对一些科技园区出台了专属的法律法规来帮助科技园区的建设。例如 1993 年出台的《大德科学城行政法》、《大德研发特区法》等，使得科技园区的建设更加法制化、有序化。

同时，韩国政府也在不断地改进国家的发展战略，并提出了一系列的长期发展计划，给科技企业的发展指明了方向。例如 20 世纪 80 年代末的《尖端产业发展五年计划》，90 年代末的《科技创新五年计划》和 21 世纪初的《科学技术基本计划》等。

（二）加强科技园区建设力度

尽管在以往的经历中，许多高新技术企业都是诞生于高校、政府研究机

构和民间企业，但科技园区成为科技企业孵化器这一趋势也越来越受到韩国政府的重视，而且科技园区的企业孵化能力在未来必将超过传统的模式。在过去的近十年中，韩国的企业孵化器正在快速的发展和壮大，目前韩国全国已有近 400 家。科技园区作为政府支持的科技与商业的结合体，在支持科技创新、产业升级和技术商业化的过程中，扮演着重要的角色，为科研中心、高等院校和市场之间建立起了协作的桥梁。

自 20 世纪 90 年代开始，韩国政府加快了企业孵化器的建设步伐。1991年工商能力部开展实施了"新科技企业咨询计划"，由产业技术协会为科技企业提供一系列的咨询服务，开创了无地域限制的企业孵化器，并在 1993 年建立了 10 800 平方英尺的第一批雏形企业孵化器，之后经过"企业孵化器计划"、"商业孵化器计划"、"高等院校信息通讯商业孵化器支持计划"、"促进企业孵化器新计划"等多个孵化器建设项目的推进，韩国的企业孵化器体系得以不断的壮大和完善。经过近十年的发展，在韩国政府和各地政府的大力支持下，至 20 世纪末，韩国全国已有超过 300 家的企业孵化器和科技园区进入运行。这为韩国科技的突飞猛进提供了良好的动力。

以大德科技园区为例。大德科技园区是韩国政府推进科技园区建设的重点项目之一。2005 年，韩国政府对大德科技园区进行了大规模的改革，不仅在管理层面作出调整，更任命原国家计划预算部部长担任 CEO，并拟定了一系列法案将大德科技园区的管理法制化、严谨化。为了将大德科技园区建设成为国际级的产业集群中心，韩国政府开展了大规模的园区扩展工作，并为园区内的企业建立了一系列咨询和服务机构，包括金融、人力、市场推广、科技研发等各个方面。除此之外，对园区内的创业型企业提供了一系列资金支持和税费减免政策，来帮助企业的发展。目前，大德科技园区已成为占地超过 70 平方公里的世界级科技园区，成为许多科技企业的摇篮。

（三）财政政策的支持力度不断加大

自韩国政府于 20 世纪 80 年代制定了"科技立国"的发展战略后，政府对科技企业的财政支持就逐年大幅增长。

政府对研发的直接拨款由 70 年代的 74 亿韩元到 80 年代的千亿韩元再到 2010 年的近 12 万亿韩元，年增长率突破了 20 个百分点。所占 GDP 的比重也逐年升高，在 2010 年达到 1%。

　　韩国政府和金融机构向信用担保基金的出资额度也逐年增加。韩国政府2005 年向信用担保基金的出资额为 28 420 亿韩元，至 2012 年增长到 61 190 亿韩元，增长了一倍之多。

　　韩国政府对风险投资的金融支持力度同样大幅上升。20 世纪 90 年代以前，政府主要以资本的形势扶持风险投资基金，扶持额度不超过 10 个百分点，90 年代以后除了引导社会资本的投入以外，直接投资的额度也上升至 30%，并规定一半资金必须用于创业企业。自 1992 年至 2010 年，先后设立了 1 200 亿韩元规模的先导技术开发计划基金、1 000 亿韩元规模的高科技联合风险基金、10 000 亿韩元规模的风险投资母基金并在 2010 年达到 20 000 亿韩元。此外，韩国政府对通过技术银行审查的科技研发项目，给予半息优惠（一般为 12%，优惠后为 6%）的三年贷款，并免除失败的项目所遗留的债务①。

---

① 　http://lf. hebds. gov. cn/sxllk/200904/t20090430_31214. html.

第四章 科技金融资源的主要配置形式

多层次、多元化的科技金融资源配置形式是科技金融核心内容，具体体现在：金融支持体系结合科技型中小企业不同发展阶段特征及其资本需求，根据各种资本形式风险偏好特征，通过多元化资金来源、多元化投资工具、多元化组织形式，并提供多元化金融服务，其服务效率的高低是影响科技创新的重要因素。本章将分析财政科技、科技贷款、创业风险投资、科技资本市场、科技担保和科技保险等主要金融资源配置形式的概念、服务方式、特点及其作用，为不断优化科技资源投入机制、提高科技投入的协同效应和产出效率以及制定科学合理的科技政策打下坚实基础。

第一节 财政科技资源

在知识全球化不断深入发展背景下，有效的财政科技投入是化解科技创新过程中存在的高投入和高风险等问题有效手段，并通过政府财政政策的引导作用，可以有效弥补市场机制配置科技资源所固有的内在缺陷。

一、财政科技资源的概念

关于财政科技资源的概念，学者们站在不同视角就有不同的认识。张晓玲（2006）认为，国家财政性科技投入有广义和狭义两种。广义的政府科技投入泛指政府借助财政手段、政策手段、行政手段（包括科技计划手段）以及国际贸易等手段通过对社会稀缺科技资源进行重新组合支持科技创新的行为和模式。狭义的政府科技投入侧重于政府利用财政资源对科技创新活动进行支持的行为和模式①。陈冠英（2012）认为，"科技财政资源是指政府通过

---

① 张晓玲. 论政府科技投入的形式、性质、目标和功能 [J]. 长江论坛, 2006 (6): 56.

财政预算和税收政策等手段直接和间接用于科技活动的那部分资源"[①]。赵昌文、陈春发等（2009）认为，"财政科技投入是指国家通过财政预算和相关科技税收政策等方式直接或间接用于科学技术活动的经费"，包括"科学事业费、科技三项费、科研基建费及其他科研事业费"[②]。一般而言，财政科技投入领域是国家战略中具有高投资、高风险、投资周期长，私人不愿意投资的技术前沿和战略产业领域。因此，作者认为，财政科技资源是指国家通过财政预算的方式直接或间接地用于盈利性差（甚至没有盈利）、风险高，社会资本不愿意投资但又对国民经济和社会发展具有重大引领带头作用（如重大基础研究等）的那部分科技活动的资金。它是一国政府介入科技创新领域最有效的方式之一。一国政府财政资金介入科技创新领域的原因主要出自三个方面：一是由于市场失灵问题在科技创新领域的存在，需要政府的公共财政手段进行有效调控；二是财政科技投入对一国或地区科技进步和经济增长的推动作用；三是财政科技投入对整个国家创新体系战略具有重要推动作用。因此，当前世界上各个国家或地区都在不断加大科技创新投入，将科技创新作为本国或地区经济持续稳定发展的战略支撑点，以此抢占新一轮全球产业革命发展的制高点。

财政科技资源投入作为一种促进科技进步的一种重要手段，通常具有履行社会公共职能特征，一般不以盈利为目的，而是为了国家和社会公共利益需要而进行的投入，它追求的是社会效益，以社会福利最大化为主要目标。其投入的对象主要是各高校和科研院所、国有大中型企业等。财政科技投入属于公共财政支出范畴，一般包括以下方面内容：一是用于保障各科技部门和机构正常运转的包括人员经费和公用经费等基本支出，二是用于各科技部门和机构为完成特定科技活动目标或特定科研任务而发生的项目支出。近年来，国际上主要发达国家不断创新政府财政科技投入形式，以政府财政资金作为引导资金，通过市场化运作方式，将社会资本吸引过来设立创业风险投资基金，这种以金融化运作手段的方式，通过最大限度地发挥财政资金杠杆

---

① 陈冠英. 我国科技金融资源配置分析——基于生命周期理论的研究［D］. 中共中央党校硕士学位论文，2012：25.

② 赵昌文，陈春发等. 科技金融［M］. 北京：科学出版社，2009：130.

效应，有效支持这些国家或地区科技产业发展。例如，在美国，美国中小企业管理局（SBA）以政府财政资金作为"母基金"，通过极有诱惑力的让利机制，吸引大量私人资本共同组建中小企业投资公司，有效实现了政府财政科技投入资本放大效应。我国的财政科技投入近年来也开展了类似的探索和实践，2007 年 1 月，随着《关于产业技术研究与开发资金试行创业风险投资的若干指导意见》（财建〔2007〕8 号）的颁布，国家财政科技投入开始以部分国家产业技术研发资金试行创业风险投资，并通过出台和完善相应的管理办法，吸引社会资本共同创立风险投资基金来支持我国科技创新，所取得成果显著。"截至 2012 年 8 月，已经批准设立了 102 只创投基金，主要集中在新能源、高端装备等领域"[①]。

财政科技拨款在一国或地区科技金融资源配置过程中处于关键地位，政府研发投入规模决定一国或地区科研投入水平，进而影响该国或地区的科技创新水平。从新中国成立到经济体制改革正式启动的这段时间里，我国的科技金融资源配置形式主要是依靠行政系统安排的财政科技拨款。1982 年，自我国科技攻关计划（第一个国家科技计划）实施以来，我国的财政科技拨款以国家自然科学基金、星火计划、火炬计划、863 计划、科技型中小企业技术创新基金等不同类型和不同规模的财政专项资金的形式发放，有效解决了国民经济和社会发展中关系到国计民生的重大技术难题，并培养了大批科技人才。

二、财政科技资源的分类

1. 按财政科技投入拨款来源，可分为中央财政拨款和地方财政拨款

在我国，政府财政科技投入主要由中央政府财政科技投入和地方政府财政科技投入两部分构成。其中，中央财政科技投入是指中央政府通过财政预算和相关科技税收政策等方式直接或间接用于科学技术活动的经费。地方财政科技投入是指地方各级政府通过财政预算和相关科技税收政策等方式直接或间接用于科学技术活动的经费。中央政府财政科技投入和地方政府财政科

---

① 安亚军. 国内外财政科技投入金融化运作比较——以创业风险投资引导基金为例〔J〕. 经营与管理，2014（3）：113.

技投入反映了我国政府间的财政分权状况、各地区经济发展水平、科技发展战略等相关多方面问题。例如,科技部科研条件与财务司司长张晓原于2014年5月23日在民建中央在武汉市召开的科技金融发展研讨会称,我国的地方财政科技投入自从2011年开始已经超过中央财政科技投入。又如,中国财政科技资源分布态势也表现出和经济分布态势趋同的态势。

2. 按财政科技资源的功能定位分类,可分为用于经济建设的科技投入、基础研究投入和其他投入

用于经济建设的财政科技投入主要着眼于重大工程建设项目、重大科技攻关项目,关系到国计民生的国家重大科技计划,具有战略性、前瞻性和前沿性的高技术研究发展计划等方面的财政经费投入,例如国家财政对国家科技支撑计划、863计划和火炬计划的投入就属于这一类。用于基础研究投入的财政科技投入指用于揭示客观研究对象的本质和运动规律的探索性各类基础研究的那部分财政经费投入,包括国家自然科学基金和973计划等。财政科技的其他投入包括用于为科技创新活动提供支撑服务的科技研究平台建设、科技政策研究和制定的投入和各种专门科技人才的培养投入等方面财政经费投入。

3. 按财政科技投入研究阶段分类,可以分为基础研究阶段的财政科技投入、应用研究阶段的财政科技投入和试验发展研究阶段的财政科技投入

基础研究阶段的财政科技投入正如前文所述主要指用于揭示客观研究对象的本质和运动规律的探索性各类基础研究的那部分财政经费投入。应用研究阶段的财政科技投入主要指应用于为了实现预期目标或实现可能用途的创造性研究而投入的那部分财政科技投入,具有较强的实用性特征。试验发展研究阶段的财政科技投入主要指"利用从研究或实际经验获得的知识,为生产新的材料、产品和装置,建立新的工艺和系统,以及对已生产或建立的上述各项进行实质性的改进,而进行的系统性工作"①。

此外,根据国务院《关于科学技术拨款管理的暂行规定》(国发〔1986〕12号)将我国科研事业单位分为技术开发研究、基础研究、公益事业和多种类型研究,并对不同类型机制科研机构的科研经费分为全额拨付、差额拨付

---

① 中国百科网,www.chinabaike.com。

以及拨减直至停拨等不同的财政科技拨款分类。

三、财政科技资源的特点

从目前世界上主要国家和地区财政科技资源投入状况来看，各国政府都非常重视对科技研发的财政支持，强调政府财政投入对科技研发的杠杆和引导作用。基于此，为了研究方便，这里主要论述政府财政科技资源的特点。

第一，从资本来源来看，财政科技资源是一种财政性资金，其资金主要来源于政府财政用于科技活动方面的支出。从财政科技资金的投向来看，一般是收益低甚至是没有收益、投资风险较高、社会资本不愿意投资但对国民经济和社会发展具有重要影响的领域。例如，科研机构运行经费支出、基础研究经费支出以及科学普及经费支出等领域。

第二，从资金使用范围来看，它主要是用于科技研究发展活动或为科技研究发展活动服务的专项资金。对于既定财政科技资金开支的范围有明确的界定和要求，要求专款专用。按照国家相关政策规定，财政科技资源只能用于与科技研究发展活动有关的支出，并明确规定开支范围和标准，严格按照项目目标和任务，科学合理地编制预算，并严格按预算执行。严禁挪用或是截留财政科技资金等行为。

第三，从投入资本性质来看，它属于资助性资金，主要通过政府相应的政策制定来对科技资源进行分配和调节，具有引导性和资助性。例如，财政科技资金在项目开展的初期，是启动性的支持资金；在项目开展时，则属于鼓励性扶持资金。

第四，政府的财政科技资源支持的重点领域和重点对象充分反映了该国不同发展历史时期的政治和经济特征。例如，美国政府财政科技资源在第二次世界大战期间和"冷战"期间的投入重点以军用工业为主。"冷战"结束后，美国政府放弃了"星球大战"计划等，将投资的重点转变为以民用工业为主，大力发展民用技术、信息技术、新材料技术和新能源技术等领域。而2001年"9·11"事件以后，由于美国领土面临安全问题，当时的布什政府加大对反恐科技领域的投入。以中国为例，从新中国成立以后到改革开放的这段时期，中国政府科技投入的重点主要以军工和国防等尖端科技领域攻关为中心，没有重视经济效益。改革开放以来，政府科技投入的重点转变为企业技术改造、新产品开发和提高产品质量等方面，以提高企业的综合科技竞争力为主，由以军事国防为主转为以经济建设为主。

第五，从国际范围来看，随着科技进步对经济社会发展和进步的重大促进作用凸显，世界主要国家财政科技投入体现出投入总量不断增长、投入途径不断拓宽、投入的系统性不断增强、投入方式不断创新以及对政府财政科技投入绩效评估体系的日趋成熟和完善等特点，逐步建立起符合科技创新规律、适应时代发展的财政科技资源体系。

四、财政科技资源的作用及意义

伴随着科技进步全球化步伐的加快，科技进步对经济、社会发展进步促进作用日益凸显。各级政府财政科技投入对于促进科技进步、创新成果转化及战略性新兴产业的培育发展有着极为重要的作用。

1. 财政科技资源的投入有利于解决科技研发领域的市场失灵现象

基础研究和开发活动是一国知识总量积累和技术创新必不可少的源泉，具有潜在的经济价值和战略意义。但是，由于基础研究活动具有公共产品性质，这种研究活动所带来的利益无法归企业所有，加上基础研究和发展活动所具有的高投资、高风险和投资周期长特点，企业在缺乏前瞻性和统筹性的情况下会追求短期行为，或者会导致企业研发活动的重复、无序和低效行为，企业的研发活动无法达到预期的效果，从而产生科技研发领域的市场失灵。尤其是在经济欠发达或是处于转轨过程中的中国，市场化程度不高、市场主体发育不完全、信息传递失真等情况仍大量存在，导致市场不能有效配置科技资源的研发活动，在这种情况下更是需要政府参与对有限科技资源配置与宏观调控。政府通过科研经费的投入、出台相应的政策、建立相应的制度等方式介入科学技术的研究和发展活动，可以带动整个国家的科技研发投入，增强国家科技实力和经济增长的动力。当前中国正处于科技追赶阶段，需要各级政府加大对研发投入的快速增长，才能最终实现我国产业结构转型升级和经济社会发展战略目标。

2. 财政科技资源是建立国家创新体系及提升国家科技竞争力与综合国力基础

在科技竞争全球化的今天，一个国家或地区的科技发展水平已成为决定该国国际综合竞争实力重要因素之一。作为发展中国家，当前中国科学技术发展水平同发达国家相比还有很大的差距，技术对外依存度高，中国面临着强大的科技竞争压力。要将科学技术转化为生产力，实现科技强国和经济强国梦想，政府对科技研发活动投入和政策引领作用不可或缺。尤其是基础科学发展投入更是如此。政府需要建立既符合科学发展规律，又适应市场经济发展要求，既符合基本国情，又适应国际竞争的科技政策体系。确保对基础科学和重大科技项目投入的持续有效增加，并对有限科技资源进行合理有效配置，最终形成经济发展、科技竞争力增强的良性互动循环，促进科技进步、经济发展和国家科技竞争力的提升。

3. 财政科技资源通过技术创新会对产出增长和经济结构产生积极的影响

首先，财政科技投入促进科技创新会降低单位产出的成本、增加产量和产品的多样性、有效提升了产品的质量，极大地满足消费者的需求，不断地提升消费者的生活质量，同时也有利于增加企业利润、提升企业产品竞争力。其次，财政科技投入促进科技创新，会促进一个国家或地区的经济结构不断优化和升级，进而有利于转变经济发展方式，提升经济发展质量，增强综合国力和产业国际竞争力。

4. 财政科技投入有利于帮助科技型中小企业渡过成长难关

一方面，通过设立支持科技型中小企业技术创新项目的政府专项基金，以贷款贴息、资本投入或是国家财政无偿拨款等多种方式，鼓励投资者的信心，扶持科技型中小企业的科技创新和促进成果转化；另一方面，政府有关部门通过直接采购企业生产的科技产品的方式，帮助企业获得自身发展的第一桶金，同时向其他消费者展示该企业产品的价值，让其他消费者敢于购买和消费，帮助企业顺利度过发展初期。

第二节　科技贷款

科技贷款作为我国多层次、多元化科技金融资源的重要组成部分，在高新技术企业发展过程中是重要债务融资工具，尤其是在当前我国创业风险投资和科技资本市场发展尚不成熟的情况下，其重要性尤为凸显。

一、科技贷款的定义

我国科技贷款可追溯到 20 世纪 70 年代末到 80 年代初，伴随着中国经济体制改革、科技体制改革和金融体制改革，1979 年，中国工商银行开办的技术改造贷款和科技开发贷款业务。伴随着 1984 年我国经济体制改革正式启动，我国的科技体制也进入全面改革阶段，以银行信贷为主导的科技金融——科技贷款开始出现，并作为我国科技金融重要组成部分和高新技术企业重要的债务融资工具。1985 年 3 月 13 日，《关于科学技术体制改革的决定》（中发〔1985〕6 号）明确提出"银行要积极开展科学技术信贷业务"的要求。中国工商银行先后出台了《中国工商银行关于科技开发贷款的若干规定》和《中国工商银行关于科技开发贷款的几个问题的通知》最先开办了科技贷款业务，随后，中国农业银行、中国建设银行等主要银行业相继开展了类似业务。

对于科技贷款认识和理解，是一个随着时代发展而不断演变和发展的过程。人们早期对科技贷款的认识主要侧重于从支持科技开发贷款和技术改造两个方面来认识。例如，张福海（1992）认为，"科技贷款的先导作用表现在科技开发和技术改造两个方面"[1]。随着我国市场经济体制、科技体制和金融体制不断改革与深化，以及高新技术产业的发展，人们对科技贷款的认识也随之不断深化。科技贷款除了技术开发贷款和技术改造贷款这类专项贷款外，还包括高新技术企业贷款、科研院所和科研中介机构等事业单位获得的贷款（赵越春，2012）。科技贷款的发放主体也从传统的国有商业银行扩展至包括四大国有商业银行、股份制银行、政策性银行、地方性商业银行以及民间金融机构等。因此，本书认为，科技贷款指商业银行、股份制银行、政策性银行等正规金融机构和民间金融机构等非正规金融机构对高新技术企业、科研院所和科研中介机构发放的用于新技术和新产品研发、科技成果转化等科技创新有关的各类贷款。此外，科技贷款还包括非高新技术企业用于技术改造和设备更新的专项贷款。科技贷款尤其对科技型中小企业而言，可以解决融资的燃眉之急。科技贷款的质押物一般为专利权、商标等知识产权。一般而

---

[1]　张福海. 论科技贷款先导型的金融运行机制 [J]. 中州学刊，1992 (3)：23.

言，在市场化程度较低的情况下，科技贷款的发展受政府政策驱动力度的影响较为明显，政策支持力度较大时，发展就越快，反之，当政策支持力度较弱时，其发展也就相对较慢。

二、科技贷款的分类

首先，按提供科技贷款主体分类，可分为正规金融机构科技贷款和民间金融机构科技贷款。正规金融机构科技贷款主要指受国家法律约束并受国家相关金融监管机构监管的商业型银行和政策性银行金融机构对高新技术企业、科研院所和科研中介机构发放的用于新技术和新产品研发、科技成果转化等科技创新有关的各类贷款以及对非高新技术企业用于技术改造和设备更新的专项贷款。民间金融科技贷款是指没有纳入国家法律保障和国家金融监管机构管理的、游离在正规金融机构之外的以私人钱庄等形式存在的非正规金融机构对高新技术企业发放的贷款。"中央财经大学课题组通过对全国20个省份关于地下信贷规模的实地调查显示：我国的地下信贷绝对规模在7 405亿元至8 164亿元之间，平均指数已达28.07，相当于地下信贷融资规模占正规途径融资规模比重为28.07%。而根据中国人民银行调查统计司的关于我国民间融资的调查推算，我国民间融资规模总额为9 500亿元，占GDP的6.96%左右"①。

其次，按科技贷款对象分类，可分为对高新技术企业贷款、对高校、科研院所等科研单位贷款及对非高新技术企业的贷款。高新技术企业贷款作为科技贷款重要组成部分，是指银行等贷款主体对高新技术企业提供融资服务的各类贷款。科研单位主要指银行等贷款主体对高校、科研院所等科研机构发放的与科研活动相关的贷款。对非高新技术企业贷款主要指用于支持企业采用适合企业本身发展需要的先进技术、先进工艺设备和新材料等以扩大再生产为主的生产性贷款。

再次，按科技贷款用途分类，可分为科技开发贷款和技术改造贷款。科技开发贷款指银行发放的用于新技术和新产品的研发、科技成果的转化或应

---

① 邢海波，郑亚楠等. 民间金融视角下的中小企业融资问题调研［EB/OL］. 一财网，http://www.yicai.com/news/2011/10/1161935.html.

用等与科技开发相关的贷款，目的主要在于推动科技开发和科技成果转化。技术改造贷款是指银行发放给企业或相关单位的用于支持和推动企业以扩大再生产为主要目的，包括先进的新技术、新设备、新工艺和新材料等与新技术引进和改造有关的贷款，目的主要在于推动企业的技术进步。

最后，按科技贷款期限分类，可分为短期和中长期两种不同期限的科技贷款。短期科技贷款是指将贷款期限限制在一年以内（含一年）的科技贷款。中长期科技贷款是指一年以上贷款期限的科技贷款。

三、科技贷款的特点

与传统银行贷款相比，科技贷款有以下几个特点：

1. 从业务特点看，科技贷款专用性要求高

由于科技贷款所面临的客户和贷款的依据与传统商业银行普通贷款不同，科技贷款主要是针对高新技术有关的高校、科研院所和科技型中小企业，用于新技术和新产品研发、新技术和新产品试验与推广以及新技术引进等方面。不能用于与科技贷款内容不相关的其他方面。此外，由于科技贷款特殊性质，从事科技贷款工作的人员也比普通银行贷款工作人员的要求高，通常科技贷款业务所涉及的领域繁多、需要大批既懂金融知识又懂科技专业知识的复合型人才。

2. 从科技贷款成本和风险看，科技贷款的贷款成本和贷款风险要比普通的银行贷款高

据 2011 年 6 月 9 日人民网财经频道提供数据显示，由于中小企业抵押物不足，银行不愿贷款，即使担保公司相对容易对中小企业放款，但担保公司的年利率一般比银行高 8 到 9 个百分点①。此外，科技型中小企业贷款还面临着烦琐的贷款流程和手续费用，无形之中更加重了中小企业实际贷款利率的成本②。科技贷款成本高主要原因有以下几个方面：第一，科技型中小企业由于规模不大，贷款量也较小，银行无法通过科技贷款获得规模效应，就意味

---

① 人民网财经. 民间借贷需求火爆　年息高达 60%［EB/OL］. http://finance. people. com. cn/GB/14855015. html.
② 龙小燕、魏英欣. 科技型中小企业信贷政策评价及对策［J］. 现代产业经济，2014（2）：43.

着银行科技贷款的成本相比规模较大的其他类型贷款而言就增加了。第二，由于科技贷款市场上的信息不对称，科技贷款的安全系数较低，银行为了降低风险，需要花费大量的成本用于科技贷款前的审查以及贷款后的监督。第三，科技贷款一般要面临科技创新成功率低、科技产品和科技服务生命周期短的风险，银行为了弥补其承担上述较高的贷款风险，通常会对科技贷款收取比普通贷款要高的利息，这就决定了科技型中小企业的科技贷款成本要高于普通贷款成本。

3. 从科技贷款经济社会效益看，科技贷款的经济社会效益比其他类型贷款要高

银行通过对科技型企业和科研单位科技贷款，有利于科技型企业和科研单位通过在研发过程中加快科技成果转化为生产力的力度，使企业产品的附加值不断提高，进而促进企业产值的较大幅度增加。这就意味着银行的科技贷款收益比普通银行贷款高得多，形成了银行科技贷款的直接效益。此外，银行的科技贷款效益还表现为潜在的、难以用价值衡量的社会经济效益，例如，根据国家科学技术政策确定科技研发方向，对促进产业结构调整、技术进步、增强国家科技竞争力和推动国民经济持续、稳定发展等方面都有不可估量的间接效应。

4. 从风险上看，科技贷款风险要比普通贷款风险大

由于科技贷款项目在开发过程中面临风险主要有：（1）各种由外部环境不确定性如自然灾害、项目本身的复杂性以及科技开发人员的能力有限或是科技开发人员的离职、疾病和死亡等原因而导致的项目研发失败终止的风险。（2）科技开发项目的市场不确定性风险。（3）科技贷款过程中由于信息不对称而导致的道德风险和投机风险等。由于上述风险的存在，都会在不同程度上加剧科技贷款过程中产生的风险。

5. 科技贷款对增强企业竞争力作用比普通银行贷款强

通过银行提供的科技贷款，改变当前我国众多的中小企业中存在设备陈旧、工艺落后以及市场竞争力弱等现状。科技贷款有助于促进这些企业依靠新技术、新产品的研发，进而调整产品结构，将新产品推向市场，最终走出困境。在科学技术快速发展的今天，企业的竞争主要表现为产品的竞争，其实质就是银行科技贷款在选择支持项目上的竞争。这就要求银行要做好在发

放科技贷款之前审查工作和市场预测工作，根据市场信息，按符合市场需求的新技术企业产品竞争能力的强弱来选择支持对象，最终增强科技型企业的竞争力。

四、科技贷款的作用和意义

1. 科技贷款促进了我国科技体制改革和科技竞争力提升

科技贷款改变了以往依靠政府财政拨款的单一模式，有效扩大了我国科技创新活动的资金支持来源，扩大了我国的科技资金规模，有效改变了我国科技创新过程中资金短缺局面，推动了国家各类重大科技项目的实施和完成，促进了我国科技研发和创新，增强了我国科技竞争力。

2. 科技贷款为高新技术产业和科技型企业提供资金信贷，促进国家宏观调控政策的有效实施

科技贷款对我国在转型时期产业调整升级和战略性新兴产业孵化培育等重点领域项目的建设发挥着非常重要作用。通过科技贷款，可以有效促进银行对科技型中小企业发放科技贷款，解决其在初创时期和成长阶段融资难题，对加快促进中小企业的科技成果转化、实现中小企业自主创新能力提高等方面起着非常重要作用。尤其是在当前，我国处于产业调整升级阶段，科技贷款对我国战略性新兴产业和现代服务业等领域的孵化培育发挥着非常重要的作用。

3. 科技贷款有利于推动我国创建新型的科技信贷机构，更好地为科技型中小企业的创新活动提供融资服务

金融机构在开展科技贷款业务的过程中会发现自身存在的体制上和功能上的缺陷，为了更好地满足科技型中小企业融资需求，同时也为了增强金融机构自身经济实力和竞争能力，促使金融机构加深与科技型中小企业合作，有助于激励金融机构服务科技创新方式的不断创新，使科技金融朝着不断深化的方向发展，充分发挥金融机构支持科技型中小企业创新应有的功能和作用。既提升了金融机构的创新能力和竞争力，又促进了科技型中小企业通过科技创新不断发展和壮大自身实力，并朝着良性循环方向发展。

第三节 科技担保

从发达国家经验来看，不断完善的科技型信用担保体系对于化解科技型中小企业融资难题，促进科技型中小企业发展，并推动国家或地区的经济转型升级发挥着极其重要的作用。

一、科技担保的内涵

科技担保主要是针对科技型中小企业面临的融资难问题由担保机构为科技型中小企业的贷款融资提供信用担保的形式，属于担保的一种特殊形式。科技型中小企业由于自身资产规模小、固定资产少导致的信用等级低的属性，通过银行信贷、发行债券、公开上市的证券市场和私募的资本市场等直接融资渠道不太乐观。因此，必须建立起专门针对科技型中小企业的信用担保体系，充分利用科技型中小企业的信用担保体系的专营经验优势和信用优势，为科技型中小企业融资提供增信功能，有效控制科技型中小企业融资风险，进而拓宽融资渠道与提高融资效率。针对当前我国信用担保体系资金规模小、潜在风险较大等问题，为了进一步增强担保机构的担保能力，可以通过再担保途径，不断完善我国信用担保体系有效防范金融风险问题，有助于进一步分担科技型中小企业信贷风险。"2008年以来，北京、广东、江苏各地相继成立省级再担保机构，强力推进再担保体系建设。在服务科技创新、推进转型升级中，再担保发挥着越来越重要的杠杆作用"。[①]

作为中小企业信用担保体系的一种特殊形式，科技担保机构通过与包括银行等金融机构债权人约定，当作为被担保人的科技型中小企业不履行或不能履行按合同规定的债务时，担保机构必须对约定的履行债务责任进行承担。

一般而言，科技担保主要是解决科技型中小企业在融资过程中由于信息不对称而造成的融资难问题。因为在缺乏作为担保中间人情况下，信贷双方由于各自持有的信息资源不同，作为银行贷款者对中小企业的借款者的资信没有更好地认识而导致双方交流与沟通的障碍，不利于借贷双方合作。在这

---

① 郭辉. 发挥再担保杠杆作用开辟科技创新融资新渠道 [J]. 时代金融，2013 (27)：268.

种情况下，就需要科技担保机构为借贷双方传递通畅的信号源，降低信贷成本，促进借贷双方的交流与合作。通常科技担保机构通过以下几种方式为银行向科技型中小企业贷款提供服务：一是从申请贷款企业中筛选出优质的贷款项目推荐给贷款银行，提高了银行的贷款成功率；二是为银行提供贷后优化管理流程、贷后催收以及贷款资产处置等个性化服务，分担了银行的贷款管理成本，有效控制了银行的贷款风险。

二、科技担保体系的分类

科技担保体系按实施和发起主体、投资主体和目的不同划分，可分为以下几类：

1. 按实施主体可分为政府操作型科技担保体系和市场操作型科技担保体系

政府操作型科技担保体系又称权责制科技担保体系，其特点是：由政府设立专门负责中小企业信用担保的行政机构进行操作，政府对自身的担保承担责任，由担保机构承诺保证事后补偿损失。政府操作性担保机构由于政府承担连带责任，在银行科技贷款发生损失后通过向担保机构申请补偿，因而也有效调动了银行贷款积极性，给科技型中小企业申请贷款提供了便利。但由于是政府组建，其担保行为也必然带有政府性质，由于政府与担保机构间关系没有明确，不利于事前控制，也不利于市场机制作用的发挥。

市场操作型科技担保体系又称实收制科技担保体系，主要是由企业、政府组织或个人共同出资，通过市场化方式组建，具有独立法人地位和明晰产权、权责分明，以盈利为目标进行商业化运作，政府不得直接从事和干涉具体担保业务，其具体操作由独立于政府之外的实体进行。其优点是，担保机构以担保资金作为承担风险的上限，而政府只以出资额承担有限担保责任，各担保参与主体权责关系明确，有利于科技担保机构按市场化运作并有效进行事前控制。其缺点是，由于按市场化方式运作，为了控制风险，申请担保的科技型中小企业需要办理复杂的申请手续。此外，进行市场运作的科技担保机构，很容易受市场波动等外部因素影响，不利于担保市场发展壮大。

2. 按发起主体分类可分为政策性科技担保体系和互助性科技担保体系

政策性科技担保体系是政府为扶持科技型中小企业发展、由政府出资或资助，并承担一定的补偿责任，通过间接方式支持科技型中小企业发展而建立起来的政策性扶持机构，不以盈利为目的，属于为科技型中小企业提供融资服务的非营利性担保组织体系。由政府中专门的中小企业部门负责组织和管理。

互助性科技担保体系主要是科技型中小企业为缓解自身贷款难而组建的一种以自我出资、自我服务、独立法人、风险自担为特征的非营利性担保组织，其服务对象主要为会员企业。资金来源主要有会员入股、会员风险保证金和民间投资等形式。一般不以盈利为目的，只收取一定的会员费和手续费，互助担保机构由于对其会员的企业经营状况、资本实力和资信状况等方面都有严格要求，因而有效降低了科技型中小企业申请信贷担保的信用风险问题。但也存在许多困难之处，例如，由于封闭运行、规模较小、只能为参与互助的企业提供支持、受益面窄，难以实现自身长远发展等。这些问题的存在很大程度上决定了互助性科技担保体系难以成长壮大并成为科技型中小企业担保机构主力军。

三、科技担保的特点

1. 科技担保具有一定公益性质

由于科技担保的扶持对象主要是科技型中小企业，这对于促进科技创新与进步，促进就业，增加财政收入与增强我国产业的国际竞争力，以及促进经济的可持续发展等方面都有着非常重要的作用。这就决定了科技担保具有一定公益性质，而不是纯粹以利润最大化为其最终经营目标。

2. 科技担保服务对象和业务操作的特殊性

作为科技保险服务对象的科技型中小企业，由于其研发技术存在很大不确定性和风险性，也即意味着有相当数量科技型中小企业的科技成果不能成功实现转化，这样的科技型企业必然要被淘汰。因此，科技担保机构必须对申请科技担保的企业进行逐一评审，只能选择具有广阔市场前景、技术成熟、管理规范的科技型中小企业进行融资担保，这样才符合科技担保的主要目的。

3. 科技担保的市场性和政策性双重性特征

科技担保机构由于其从事业务的特殊性决定了科技担保机构具有高风险性特征。科技担保机构本身的性质决定了其从事的业务具有高风险的特征，包括科技型中小企业所面对的技术风险、市场风险而导致的受担保企业违约所引起的信用风险等，所有这些都在很大程度上增加了科技担保机构的风险性。而且，鉴于科技型企业在国家中的重要地位，决定科技担保机构的经营动机不是单纯地为了实现经营利润的最大化，除了获取适当的利润外，还要响应国家的政策指导以支持科技行业发展，受国家的政策性因素影响较大，例如，政府关于信用担保利率、信用担保机构的税收政策以及担保资金要求等。因而科技担保机构的经营具有政策与市场的双重特性。

4. 科技担保机构的外部不确定性风险大

由于科技型中小企业在自主创新过程中，面临的主要风险主要来自于科学技术产业化过程中的技术风险和外部市场的不确定性风险，因此，外部不确定性因素的变化对科技担保机构的生存和发展都会产生巨大的影响。尤其是在高新科技企业融资担保过程中，新开发的产品市场、批量生产工艺、市场营销风险等诸多不确定性问题，在宏观经济波动情况下更为明显。因此，鉴于科技担保的风险属性，在科技担保业务设计过程中就必须把风险的有效防范、分散、化解以及补偿风险等措施考虑进来。科技担保机构应选择为技术比较成熟、具有良好市场前景、管理规范的科技企业提供融资担保，最终才能实现其促进科技成果转化生产力的宗旨。

四、建立和完善我国科技型中小企业信用担保体系作用和意义

1. 有利于促进我国科技型中小企业融资环境不断改善及弥补中小企业信用不足，科技型中小企业的发展是促进科技创新、加速科技成果转化的重要载体

通过科技担保机构的产品创新，使科技型中小企业的资产结构特点不断满足银行风险控制的要求，利用自身的信用帮助科技型中小企业筹集到发展所需的资金，既促进了科技型中小企业快速发展，同时还能分享科技型中小企业的快速发展中带来的收益，有利于科技担保机构的发展壮大，并形成"科技担保机构的科技担保能力提升——科技型中小企业融资环境改善——科技型中小企业的快速发展"的良性循环。

2. 建立和完善科技型中小企业信用担保体系是化解金融风险重要手段

由于科技型中小企业从科技研发到科技成果转化的过程中要面临新技术

的成熟性、新产品市场占有率以及宏观经济的稳定性等诸多不确定性因素，失败率很高，因此科技开发面临着较大的风险。在这个过程中甚至会使企业由于科技研发中断或失败面临破产倒闭的危险。因此，银行对科技型中小企业贷款也可能会遭受风险损失，科技担保作为规范、专业、有效的融资担保机构的担保，与企业之间的互保等形式的担保相比，其优势更明显。科技担保机构通过建立健全以知识产权、专利权以及股权等无形资产为标的的产权交易市场，通过这些无形资产的自由流通，为控制和化解银行风险提供了一道屏障，使贷款银行金融资产的安全性、流动性和收益性等明显提高，因而提升了商业银行对科技型中小企业的放贷意愿。

3. 通过科技担保机构除了解决科技型中小企业的融资难题外，还间接产生外部效应

科技担保融资机构作为中小企业与银行之间的桥梁，除了帮助科技型中小企业解决其在经营发展过程中的资金瓶颈问题、促进科技型中小企业朝着规模化方向发展外，还可以通过提升科技型中小企业的信用等级、提高其融资能力、促进其快速发展来间接产生外部效益，推动了整个宏观经济的发展，有助于产业结构调整，有利于增加税收和促进就业及取得其他良好社会效益。

第四节　科技保险

科技保险作为分散或转移企业在技术开发过程中出现各种风险的一种方式，是伴随着 20 世纪四五十年代风险投资的产生应运而生的，它对西方发达国家高新技术企业的发展壮大发挥了极大的促进作用。在我国，随着科技企业数量增多，面对创新活动过程中产生的诸多不确定性风险，科技企业越来越希望相关机构能够提供具有保障作用的、有针对性的保险，因而近年来对科技保险的需求也在不断地扩大。这些为中国科技保险在中国的出现和发展奠定了社会基础。

一、科技保险的定义及其理论基础

（一）科技保险的定义

关于国内学者对科技保险研究，20 世纪 90 年代，刘华良、谢科范等较早

对其进行了研究，刘华良（1992）认为，科技保险可以从以下三个方面发挥作用：一是对科学试验的贷款提供保证保险，二是对科研成果的推广提供风险保障，三是对科研成果的使用提供质量、信誉保险。[①] 谢科范（1996）通过对科技研发活动中存在的风险进行分析，指出，"科技保险是以科技活动作为保险标的的险种"[②]。随着 2007 年科技保险试点开始启动，科技保险在分散化解风险、提供保险保障方面的作用被越来越多的人认可，相关文献的研究也随之增多。夏太寿、褚保金（2011）认为，"科技保险是指运用保险作为分散风险的手段，对科技企业或研发机构在研发、生产、销售、售后以及其他经营管理活动中，因各类现实面临的风险而导致科技企业或科技研发机构的财产损失、利润损失等，以及股东或第三者的财产或人生造成现实伤害而应承担的各种民事赔偿责任，由保险公司给予赔偿或给付保险金的保险保障方式"[③]。马雪彬、南星星（2013）认为，"科技保险是科技与保险结合的一种有效方式，科技是服务对象，保险是手段，其存在是以科技风险为前提的"[④]。笔者认为，科技保险是在科技创新主体在进行创新开发活动的过程中，为了规避科技研发和创新过程中由于各种外生的和内生的不确定性因素的影响而导致创新开发项目延期、中止、撤销、失败等偏离预期目标的风险而设置服务于科技创新过程中任何一个阶段的保险和再保险。

由于科技创新活动是一种高风险活动，其失败的风险概率较高。"根据 20 世纪 90 年代欧洲投资银行关于技术创新的统计分析显示，处于技术创新研发阶段的失败率为 70% 左右，而处于创新企业开始阶段的失败率为 30% 左右；根据日本科技与经济会关于企业研发创新的统计显示，日本企业科技研发项目的整体成功率仅为 7% 左右。"[⑤] 要实现我国的科技创新活动健康平稳发展，提高我国的科技水平和加快我国科技成果转化，科技保险的引入尤为重要。

---

①　刘华良. 开展科技保险促进科技开发 [J]. 科技进步与对策, 1992 (4).

②　谢科范. 我国科技保险的现状与对策思考 [J]. 武汉汽车工业大学学报, 1996 (2)：64.

③　夏太寿, 褚保金. 科技金融创新与发展 [M]. 南京：东南大学出版社, 2011：107.

④　马雪彬, 南星星. 科技保险研究评述 [J]. 甘肃金融, 2013 (4).

⑤　吕文栋, 潘跃飞等. 科技保险支持企业自主创新相关对策研究 [EB/OL]. http://www.ssfcn.com/tt91/cbje.asp? id = 15822&classid = 1494.

科技保险作为一种有效促进科技与经济结合手段，对加速我国科技成果转化，推动科技型中小企业发展壮大，促进我国保险业健康持续发展有着重要的意义。随着我国建设创新型国家战略的推进和加快战略性新兴产业的持续快速发展，加快科技保险及其险种创新发展更是必不可少。因此，加快科技保险创新和发展为我国的科技创新事业保驾护航，成为我国实施创新型国家战略的重要环节。

（二）科技保险的分类

科技保险的分类可以参考保险基本理论、原理、分类以及我国关于科技保险的有关规定进行分类。

1. 按保险标的（保险对象）分类，可将科技保险分为人身保险、责任保险、信用保险和财产保险等

人身保险主要涉及到科技企业或单位人员人身安全的保险，包括常见的疾病、伤残和死亡等因素的健康寿险。责任保险主要包括科技企业或单位的过失疏忽责任、环境污染破坏责任、产品质量责任、产品研发失败责任以及侵权责任等方面的保险。信用保险主要针对高新技术企业的出口信用保险，包括短期出口信用保险和中长期出口信用保险。财产保险主要包括由于自然灾害和意外事故造成的科技企业或单位自身被保险财产的直接损失或灭失，以及计算机设备由于供电单位或意外事故导致的突然断电等原因造成的计算机设备本身的损失。

2. 按保险的承保方式分类，科技保险可以划分为原保险、重复保险和共同保险

原保险是指科技企业或单位投保人与保险公司之间直接签订合同而建立保险关系的一种保险，原保险主要产生于科技保险的初始发展阶段。重复保险主要是指科技企业或单位投保人对同一保险标的、同一保险利益、同一保险事故分别与两个以上保险人订立科技保险合同，且保险金额总和超过保险价值的一种保险。共同保险是指科技企业或单位投保人同两个以上保险人之间，就同一保险利益、同一风险共同缔结科技保险的一种保险。重复保险和共同保险对一些风险大的科技保险而采取分散保险公司风险的投保方式。

3. 按保险的实施方式分类，科技保险可划分为自愿保险和强制保险

自愿保险是指科技企业或单位保险投保人和保险人在平等互利、等价有

偿原则的基础上就是否参加科技保险、买什么险、投保金额以及投保时间起止等通过协商，自愿购买的原则，签订科技保险合同，建立的一种保险关系。这种保险通常政府并没有强制要求购买，一般是通过财政补贴的方式鼓励购买。强制保险是指在国家颁布的法律和政策规定范围内，对一些涉及到人身安全、关键设备等，为了降低风险，不管科技单位或科技企业是否愿意，都必须购买的保险。

4. 按保险性质分类，可将科技保险分为政策性保险和商业型保险

政策性保险是指为了推动科学技术进步，对于商业保险公司难以经营的某些科技保险险种予以一定财政补贴而实施的保险。这种保险通常风险高，以国家财政为后盾，不以营利为主要目的。商业性保险是商业性保险公司为科技企业或单位投保人提供的以权利义务对等关系为基础的，具有以有偿性、公开性和自愿性为特点的，以营利性为目的的保险，商业性保险是一种经济行为。

二、科技保险的特点

1. 政府主导下政策性科技保险与商业性科技保险相结合

在当今世界，科学技术已成为决定国家发展强大的重要因素，尤其是对提升一个国家和地区的整体社会科技水平、居民生活水平，以及在环境保护和国防等领域发挥重要作用，凸显出科学技术的公共性特征，科技保险在降低企业科技创新风险及其相应损失、提高企业科技创新积极性的同时，还可以带来社会经济利益和社会利益的整体提高，因而也决定了科技保险的公共产品性质较为明显。由此也决定了科技保险不可能按照一般商业保险的运作模式来运作。此外，当前中国保险市场发育滞后，保险市场有关的法律法规以及相关制度有待完善，科技研发活动主体的保险意识淡薄。在这些情况下，政府在制定和完善与科技保险有关的制度、法律法规、政策措施以及险种的涉及与税收政策等方面的主导作用不可或缺。即使当科技保险市场发育成熟时，也要根据科技风险的险种来确定商业性科技保险和政策性科技保险，并按各自的运作模式运作。

2. 科技保险的道德风险和逆向选择比商业保险强

在科技保险市场领域，科技保险是关于科技创新各个环节一系列险种的集成，每个科技型企业在科技创新过程中各个环节中所面临的风险因素是不

同的。通常，风险较高（通常是高于平均的风险水平）的科技型企业对科技保险的需求量较高，风险较低的科技型企业则对科技保险的需求量较低。在道德风险和逆向选择存在情况下，风险高的科技型企业会隐瞒其真实风险问题而积极投保，在按平均风险水平收取保费情况下，结果会使保险公司利益受损甚至亏损，保险公司为了为生存而继续经营，只有选择通过提高保费来相对缩小风险，结果又会导致风险相对较低的科技型企业纷纷退出科技保险市场，风险高的企业继续留在保险市场，造成科技保险市场发展的恶性循环，最终会导致科技保险市场的需求不足进而对整个保险市场发展会产生抑制作用。

3. 科技保险覆盖面广

科技创新是一系列过程共同作用的结果，而且与此相关过程中的风险因素复杂多变，任何单一险种只能在科技创新过程中针对特定阶段和特定风险因素发挥作用，而不能化解科技创新总体过程中的所有风险，这就决定了科技保险不是单一险种，而是与科技活动各个过程相关险种的集成。由此也决定了科技保险在科技创新过程的各个阶段都可以发挥作用，因而有较广的实用性。

4. 科技保险产品复杂性大

科技保险作为一个相对较新的险种，其复杂性要大于其与其他普通保险险种，包括科技保险所保风险的复杂性、科技保险险种设计的复杂性、科技保险费用厘定的复杂性等方面。其中，科技保险所保风险的复杂性主要是指科研机构和科技企业在开展科技研发过程中要受到诸多环境因素的不确定性、项目本身的复杂性以及科研参与者能力的相对有限性等诸多因素的影响，而且影响机制复杂、不同的科研机构和科技企业间存在较大的差异等。这些因素的存在都加大了科技保险产品在设计过程和管理过程中的复杂性。科技保险险种设计的复杂性是指由于科研机构和科技企业在科技创新过程中的专业性较强，加上科技研发过程中存在的投机性风险及风险复杂的多元因素，因此，科技保险公司在设计科技保险产品时很难识别科技研发机构和科技企业科技研发失败的影响因素及其相应的保障范围和免责条款。科技保险费用厘定的复杂性是指科技型企业在科技创新的各个过程中由于各种损失的历史统计数据缺失，保险公司很难利用作为保险理论基础主要法则之一的大数法则和其他方法对其中存在的风险做定量分析，加之由于科技保险领域广泛存在的道德风险和逆向选择问题，由于不能很好地满足保险费率的厘定公平、充分以及相对稳定的基本原则，科技保险费率难以厘定。"科技保险的费率厘定具有较大的变通性，以适应承保风险不稳定的特点。通常，科技保险的费率高于一般商业保险。"①

三、科技保险的作用

1. 科技保险有利于分散科技型企业的风险并推动科技创新

当前，满足我国企业自主创新所需的各种条件还有很多不足之处，加上科技创新过程中存在着很多不确定性风险，由于缺乏有力的风险保障，会削弱中小型企业进行科技创新的积极性。作为现代金融业和服务业的重要组成部分，科技保险有利于分散科技型企业在研发过程中，由于诸多不确定性因素的影响，导致研发项目偏离预期目标而遭受经济损失。通过将风险转嫁给保险公司，一方面有助于中小企业通过银行贷款等途径获得自身发展所需资金，解决了中小企业的融资难题。另一方面，科技保险通过对科技型企业在创新活动过程中进行承保前的评估以及承保后的跟踪、监督，有利于提升科技型中小企业创新活动成功率。

2. 科技保险有利于提高科技型中小企业融资效率

科技型中小企业通过购买科技保险，为其有效分散和化解科技创新过程中的各种风险提供了有效的保障措施，有助于提升科技型中小企业的信用额度，有效保障了科技贷款等对中小型科技企业融资的收益保障，从而吸引更多银行以及其他融资机构对中小型科技企业提供融资贷款，为科技型中小企业在发展过程中提供了资金保障，降低了企业的研发风险和经营风险，同时也增强了对投资者的吸引力，有效减轻了科技型中小企业融资过程中的市场失灵问题。

3. 有利于扩大保险市场需求并促进保险业创新和持续健康发展

随着创新型国家战略的实施和战略性新兴产业的快速发展，为科技保险的发展提供了广阔的市场前景。科技型企业通过对科技保险产品的设计和管

---

① 夏太寿，褚宝金. 科技金融创新与发展 [M]. 南京：东南大学出版社，2011：107.

理等提出了新的要求，既提高了保险公司的发展效率和质量，又促进了保险业的创新，增强了保险业的市场适应能力和竞争力。总之，通过科技保险和科技创新的和谐互动关系，充分调动保险机构和科技企业的积极性，既能有效推动科技发展和经济繁荣，又有利于保险行业的创新，促使其朝深度和广度方向发展，最终使科技行业和科技保险业成为一个新的经济增长点。

4. 能够扩大就业，促进社会稳定与社会和谐

通过科技保险的引入，能有效避免科技企业的生产经营陷入困境乃至破产，促进科技型产业的发展壮大，从而能有效解决社会就业问题。此外，科技型企业通过其创新成果转化为现实生产力，将对经济和社会的发展以及稳定产生深远影响。

第五节　创业风险投资

创业风险投资（Venture Capital，VC），又称风险投资和创业投资。作为一种关于以高风险换取高回报的投资行为，为高新技术企业私募股权主要融资来源之一，是极具发展潜力的创业企业成长初期和早期的主要资金提供方式，对科技型中小企业的成长有着非常重要的作用。

15 世纪末，英国、葡萄牙、西班牙等西欧国家为了开拓远洋贸易的需要而纷纷创建远洋贸易企业。在当时的科技条件下，创建远洋贸易企业都需要冒很大的风险，仅仅靠单个工厂主的自有资本积累是不够的，必须建立大型船队，就产生了对外源资本的需求。而这种用于创建远洋贸易企业的投资资本，就形成了最早的风险投资资本。

一、创业风险投资的定义

在中国，20 世纪 80 年代，已经有人开始对风险投资进行研究。顾昕（1985）就关于风险投资与风险企业的关系进行了论述，"风险企业是当代新技术开发的温床，风险投资则是风险企业创立和发展的有力刺激因素"[1]。唐

---

① 顾昕. 风险投资与风险企业 [J]. 管理科学研究，1985（5）：53.

尚杰（1985）专门就风险投资作了定义，"风险投资是对那些初出茅庐、具有很大发展潜力的高技术项目进行投资，并参与公司发展的管理。同时在现代技术和管理中风险投资还具有新的含义，它主要是指如何把人才、智力、市场、技术与资金结合起来，实行科学管理，开发新产品，从事创业性的事业。"[①] 成思危（1999）认为，风险投资作为一种特殊的投资工具，具有风险的投资、组合投资、长期投资、权益投资以及专业投资五个方面的特点。[②] 1999 年 11 月，国家科技部、国家计委等部门制定的《关于建立风险投资机制的若干意见》中指出，"风险投资（又称创业投资）是指向主要属于科技型的高成长性创业企业提供股权资本，并为其提供经营管理和咨询服务，在被投资企业发展成熟后，通过股权转让获取中长期资本增值收益的投资行为。"在《国家中长期科学和技术发展规划纲要（2006—2020 年)》中，通过官方的形式将 Venture Capital 定为创业风险投资。

国际上相关机构和学者也对创业风险资本作了定义。金融教育网对风险资本的定义是：风险投资者对那些没有进入资本市场但具有长期增长潜力的小型企业进行的投资，是具有增长潜力的小型企业初创资金的一个非常重要的来源。它通常包含高风险的投资者，但它有高于平均水平的回报潜力，还包括管理和技术专长[③]。根据 *Business Dictionary* 对风险资本的定义："风险资本是指为有前途的企业提供创业资金的资本"。作为一种风险投资，其中在一年至五年内至少有 25% 的年回报率才是可行的，而且往往要求控制投资公司 50% 以上的所有权来抵消他们投资的高风险。风险投资还往往提供管理和行业专业知识，并与其他公司和风险投资业务联系。他们的目标通常是在企业的首次公开募股（IPO）阶段，通过出售股权等方式获得丰厚的利润[④]。根据经济合作与发展组织科技政策委员会对创业风险投资的定义，创业风险投资属于一种向具有良好市场前景的新建企业和中小企业提供股权融资的投资行为。经济合作与发展组织（OECD）在 1983 年召开的第二次工业发达国家投资方式研讨会上，从风险投资与高新技术产业发展密切联系的角度，将风险

①　唐尚杰. 风险投资 [J]. 华中农学院学报，1985 (4): 94.

②　成思危. 对进一步推动我国风险投资事业发展的几点意见 [J]. 经济界，1999 (4): 5.

③　http://www.investopedia.com.

④　http://www.businessdictionary.com/.

投资的概念定义为："风险投资是指投资于以高新技术或知识为基础，生产和经营技术成分高的产品"。虽然在事实上，风险投资以技术含量高或者知识为基础，投资于创业企业，但并非所有的风险投资都是投资于这类企业，而且投资于这类企业的也并不一定是风险投资，也可能是产业投资。OECD 在1996 年重新将风险投资定义为："风险投资是一种投资于未上市的新兴企业并参与管理的投资行为。它主要是由创业企业家通过专业技能和风险投资家通过提供资本支持共同创造出来的。"

笔者认为，创业风险投资是指创业风险投资机构为了追求高额的投资收益，在承担较高投资风险并采取措施积极控制风险的前提下，将资金投入到具有高成长性的、以高科技和知识相结合为基础的创业企业的投资行为。创业风险投资作为一种中长期投资的权益性资本，投资周期比较长，其对象通常是，拥有一种开辟新的技术领域或商业模式、新的市场的高科技行业，如生物技术、IT 和软件等。创业风险投资除了对创业企业进行资金投入以外，通常还提供其长期积累的管理和技术专长，以帮助企业更好地运营。创业风险投资包含了创新和冒险两层意思。

1985 年 3 月 13 日，《中共中央关于科学技术体制改革的决定》（中发〔1985〕6 号）中首次提出发展创业风险投资："对于变化迅速、风险较大的高技术开发工作，可以设立创业投资给以支持"。作为中国第一家创业风险投资公司的中国新技术创业投资公司（China Venturetech Investment Corporation，CVIC，简称中创）也于同年 9 月批准成立。一般来说，一个完整意义上的创业风险投资过程要包括筹资阶段、投资阶段和撤资三个阶段，总体体现出从资本投入到资本回收的一个循环阶段。

在筹资阶段，由创业风险投资机构向投资者发起组建风险投资基金。在这个阶段主要活动内容包括：（1）创业风险投资机构与风险投资者谈判签订包括出资的比例和出资时间的确定、收益分配方案确定以及管理费的确定等内容的契约。（2）风险投资基金拟投资的行业分布及其所处发展阶段、投资限额、投资风险的防范以及相关的投资策略等内容。

在投资阶段，主要涉及到创业风险投资机构把筹集到的资本选择性地投入到某个项目或某个公司的过程。主要活动内容包括两个方面：选择和确定投资项目、向投资企业注入资金并参与企业管理。（1）在选择和确定投资项目的阶段，风险投资机构的相关投资者根据风险创业者提交的商业计划书所提的投资项目进行审查、评估和筛选。在项目通过审查和评估后，双方就投资的数额和时间、股权的分配、风险投资者的权利确定、投资方的知情权、董事会的构成以及投资者的退出等问题进行谈判。（2）在双方达成协议后，投资方根据协议规定和分阶段注资策略对企业进行具体的投资活动，并作为企业的董事会成员参与企业有关发展战略的制定、重大问题的决策以及核心管理人员的选聘等过程的管理。这样一方面可以帮助投资企业提高管理水平，促进其持续健康成长壮大；另一方面获取更多关于企业的知情权，降低投资风险。由于投资项目的选择是投资是否成功的关键因素，因此，一般而言，在投资阶段是创业风险投资机构最注重的阶段，也是风险投资家的投资眼光和综合素质能力的体现。

进入撤资阶段以后，投资项目的成功退出是创业风险投资实现真正收益的前提。创业风险投资机构会根据投资企业的经营情况选择首次公开上市（IPO）、兼并收购、股票回购以及清算、注销等方式撤出投资。从投资收益的角度来看，最理想的退出途径是公开上市，还有专门为中小企业提供上市的创业板（二板）市场等途径。

当创业风险投资成功实现退出并获取收益后，会通过"投资—退出—再投资"的循环模式不断进行下一个循环的投资活动。

二、创业风险投资的分类

创业风险投资根据其组织形式、资本来源可以分为以下两种形式：

（一）按组织形式分类可以分为私人创业风险投资、公司制创业风险投资和有限合伙制创业风险投资等

私人创业风险投资（或是一组私人投资者）属于资本市场中私人权益资本市场的范畴，其最初的形式是以天使投资的形式出现的，主要投资于高科技产业成长的发育阶段，包括种子期和初创阶段。其投资主体主要包括成功商人和高收入群体等，例如会计师、咨询师和企业高管等群体。其主要投资自己所熟知的行业或企业，一般是通过分批次的形式逐步进入投资风险项目。公司制作为最早出现的创业风险投资组织形式，主要是指依据相关国家公司法的规定，通过定向或向公众发行股份等方式筹集股本，成立专门从事风险

资本投资管理职能的公司，其组织形式主要以股份有限公司或有限责任公司。公司制创业风险投资组织形式是，由风险投资者出资设立风险投资基金公司（基金公司一般不参与具体的投资活动），并将其全部或部分资金委托给由专业投资管理团队设立的基金管理公司，经营投资者在收取一定数额管理费用的基础上，并承担其创业风险投资活动可能产生的风险责任。有限合伙制属于合伙公司的一种，主要是指管理创业风险投资的机构是以合伙企业的形式出现，通常由普通合伙人（General Partnership，PG）和有限合伙人（Limited Partnership，LP）两类合伙人组成。其中，有限合伙人的出资占创业风险资金总额的99%，是主要的出资者。普通合伙人作为风险投资基金的经理人，负责公司资金的筹集、筛选并决定投资对象，并参与被投资公司的经营管理过程中，对公司承担只是象征性地出资，通常为资本总额的1%，可获得合伙公司净利润的20%左右作为报酬收入。有限合伙制创业风险投资通常依照信托契约建立和运作，有固定的存续期限，期满（通常为5～10年）终止运行。

（二）按资金来源分类可以分为私人创业风险投资和公共创业风险投资两种

私人创业风险投资是指由私人管理，通过以股份等形式直接投资于创新型或具有高成长性前景的新生企业，为了更好地实现资本的投资收益，私人创业风险投资者一般会参与到所投资企业的日常生产经营管理活动中去。私人创业风险投资一般具有短期投资行为的特征，关注的不是投资企业的长期发展，通常会在投资企业高速增长时选择退出从而获取高额利润回报。私人创业风险投资必须具备两个基本条件：一是需要具备相应的资本运作和企业管理的经验，二是必须存在足够数额的闲置资金。公共创业风险投资作为一个国家中央和地方政府用于旨在鼓励知识经济发展，推动特定区域或产业的中小企业高新技术研发及产业化的一种金融支持项目，主要通过补贴、贷款、资助或权益投资等政府资金提供方式。与私人创业风险投资追求高额回报目标不同，公共创业风险投资更加关注社会收益，注重高科技企业成长与科技产业发展带来的经济社会效应，因而其主要投资于企业更难融资的起步阶段。公共创业资本不以盈利为主要目标，主要是通过发挥公共创业风险投资的引导和撬动作用，引导更多商业性基金进入特定区域、特定行业并扶持其发展壮大。公共创业风险投资在美国、以色列、英国、法国、德国、日本以及中国台湾等国家和地区都得到了不同程度的发展。尤其是美国、以色列、中国台湾和 OECD 等国家和地区的风险资本发展实践证明,公共创业风险资本在资助中小型高新技术企业由小到大的发展过程中发挥了无可替代的作用①。

三、创业风险投资的特征

(一) 风险投资追求的目的是发展前景及其资产增值

与其他投资方式目标追求于企业短期经营利润或是谋求对企业的控制甚至拥有目标不同,一种权益投资,创业风险投资的目的不是为了对投资企业控股,或是获得企业的所有权,也不是通过获取利息回报或是取得企业利润分红方式实现资本回收,而是通过对企业进行投资并提供相关增值服务,将企业做大与增值之后,通过 IPO、出售等方式再退出投资企业,实现在产权流动中获得投资回报目标。

(二) 风险投资机构选择投资项目的过程是严格的程序化和专业化

一般情况下,资金问题是科技型创业企业在其创业初期都会遇到的问题,要想获得风险投资机构资金支持,创业企业必须提交其所制定的详细项目计划书,进行初步接触,介绍本公司目前的基本情况和未来发展计划。如果风险投资机构管理者对于该项目计划感兴趣,双方可以就下一步进行协商,一旦双方达成协议,新兴创业公司可以出售部分股权给风险投资者,以此获得发展的资金支持。鉴于风险投资的对象都是创业萌芽期的新兴企业,因此风险很大。那么在把握行业发展方向、设计的金融工具以及对市场的感知敏感度等方面,都要求风险投资机构的管理者具有很高的专业水平和丰富的管理经验。严格按照风险投资行业的规章制度来精心挑选、安排、组织、建立和管理所投资的项目,在尽一切可能降低风险的情况下,达到获得收益的最终目标。通常风险投资家都会投资多个项目,这些项目必然有成功或失败的,目的就是想通过成功的项目收益来弥补失败项目所承受的损失,达到分散风险的目的。

(三) 创业风险投资是一种无担保的投资

由于创业风险投资的投资对象是极具发展潜力的创业企业成长初期和早

---

① 赵昌文,陈春发等. 科技金融 [M]. 北京:科学出版社,2009:290.

期，规模比较小，管理经验不足，缺乏固定资产或资金作为抵押和担保，加上这些企业缺乏营运业绩记录，未来充满较大的不确定性，很难通过传统的银行贷款等融资方式获取发展急需的资金。但与普通企业相比，这些企业通常拥有发明专利以及知识产权等优势，市场发展潜力大，这些企业通过让渡更多股份的方式获取风险投资机构的资金投入和丰富的管理咨询意见，保证企业较为迅速地走上成功之路。

（四）创业风险投资是一种高投资、高风险和高利润并存投资

作为创业风险投资主要对象的高新技术企业，需要投入大量的资金投用于研发、设备的更新和购买以及人力资本投资等方面，用于研发投入所占产品销售额的比例比较高，最高可达50%。处于发展初期的高新技术型中小企业，要将其新的科研成果转化为新产品并推向市场，要经过技术的论证、产品的试生产和实验以及扩大再生产、上市营销等多个环节，在这些环节过程中会面临着内生环境和外生环境的不确定性因素，每个环节都存在失败的风险。通常70%左右的创业风险投资都会面临投资失败的危险。这就意味着，要通过将约30%的成功投资项目出售或上市所回收的价值，除了能弥补其投资失败项目的损失外，还必须能够带来丰厚的投资收益，才会有人愿意进行风险投资。高投资并伴随着高风险，一旦高科技公司新科技或新产品研发失败，可能会导致该企业在很短时间内迅速衰败。但是，由于高新技术企业的由高研发资金壁垒所产生的先进技术而导致的垄断高收益，由此决定了对高新技术企业的创业风险投资收益率远远超过社会平均投资收益率，作为风险投资，其中在1~5年内至少有25%的年回报率才是可行的，而且往往要求控制投资公司50%以上的所有权来抵消他们投资的高风险。成功的投资收益可高达初始投资的上百倍甚至更高。

（五）创业风险投资周期比较长

从投资开始到获得收益的过程中，创业风险投资要经济将科研创新成果转化为高新技术产品过程中的新技术研发阶段、新产品的试生产及中间试验阶段、从正式生产到扩大再生产阶段再到盈利阶段、再进一步扩大再生产以及营销阶段等过程。通常投资一个项目需要3~10年时间。因此，整个投资过程时间很长。

（六）风险投资是一种具有精巧设计的创新型金融产品

在投资者与管理者之间，风险投资具有其他金融产品所不具备的机制，即建立起健全的约束和激励机制。同时，风险投资者通过多样性的投资方案、直接参与管理、分段投资等方案，建立了克服投资机构与企业之间信息不对称弊端的新型风控机制。可见，在当前经济市场信息严重不对称情况下，风险投资是具有相对较大优势的金融工具。风险投资存在的理由就是使投资成本最小化，最终目的就是获得最大的利润。风险投资机构可以凭借自身具备的专业知识和经验等优势，更有效地解决双方信息不对称的问题。风险投资的特有机制使得它比其他投资者在选择和监督投资效率等方面更具有优势，因此，风险投资者并非只会投资于高科技企业，也会把投资对象集中在那些信息严重不对称的行业，如计算机软件、生物技术等行业。

四、创业风险投资的作用

（一）创业风险投资对推动高新技术产业发展发挥着极为重要的作用

创业风险投资对推动高新技术产业发展发挥着极为重要作用，主要体现在推进高新技术园区的发展和助推高新技术企业自身发展两个方面：（1）创业风险投资在对高新技术园区发展促进作用主要体现在为高新技术产业园区提供融资支持、智力支持、科技支持等方面。（2）创业风险投资对高新科技企业发展的促进作用主要体现在：一是为高新技术企业发展提供融资支持作用。一个科研成果从最初的构想研发直到产业化的形成，一般要经历研究、开发、试点和推广四个阶段，而中小企业在这四个阶段的发展过程中遇到的最大难题首先是资金障碍，尤其是在科技成果的研发、转化与商业化推广阶段，风险较大、对资金的需求量大，科技型中小企业极为有限地用于抵押的资产数量很难获得银行贷款，创业风险投资对科技型中小企业在科研创新过程中对资金的迫切需要给予支持。二是创业投资促使科技企业自身的管理水平提高。首先，风险投资者为了获取超额回报会选择向高新科技企业投资，但其前提条件是产权可迅速变更，也可自由转让。因此，科技型企业唯有做到产权明晰，建立起完善的内部管理制度，能够保障各方权益，才能获得风险投资机构的青睐。所以，创业风险投资能够大力促进我国的产权制度改革，明晰企业产权，使产权结构合理化。其次，风险投资者不仅会注入资金进入企业，同时也会带来先进的企业管理经验，促使管理走向现代化，这就会使得企业的管理情况大为改善。最后，企业必须加强自身意识，保护自己的发明创造专利，防止同业竞争模仿来损害自身利益。

（二）对促进我国经济可持续发展有长远的战略意义

作为在技术创新制高点技术产业来说，有效的发展对创造新的市场和新的企业、推动经济持续增长和解决就业起着非常重要的作用。掌握了技术创新的制高点就意味着掌握了主动权。而作为高新技术产业中的科技型中小企业具有规模相对小、富于创造力、产品转换灵活的优势，善于挖掘有价值信息、发现具有潜在市场价值的科技创新型产品，创业风险投资通过对具有良好发展潜力科技型中小企业的投资，可以有效地促进科技型企业的发展和加快科技成果转换。此外，针对当前我国市场消费需求不旺的现状，需发展高新技术产品来诱发人们的消费热情，有利于开拓新的市场领域（如手机、电脑等），确立新的经济增长点。

（三）可以起到对科技资源进行合理有效配置作用

出于自身利益的安全考虑，创业风险投资过程要经过对投资项目进行全面、细致的筛选和评价、评估等调查分析过程，在风险资金确定企业进行投资以后，风险投资机构有相应严格的风险机制和约束机制以及规范的投资机制。一方面有利于防止投资的随意性和盲目性，从而极大地提高投资的效率；另一方面，从长远来看，有利于促进科技创新和技术进步，推动经济社会的持续有效增长。

第六节　多层次科技资本市场体系

多层次科技资本市场的建立和发展。既是对发达国家经济发展经验的借鉴，也是我国科技型企业和金融市场发展的客观要求。因为，多层次科技资本市场体系的建立、形成和发展，可以满足科技资本市场上的投资者、融资者由于规模、发展阶段、主体特征不同而导致的差异化融资需求，有助于实现我国新兴产业的发展，最终实现产业结构的转型和升级。

一、我国多层次科技资本市场体系的概念及其构成

（一）多层次科技资本市场的概念

多层次资本市场体系作为成熟市场经济发展的主线，是金融理论研究中广泛而又频繁使用的概念，一般主要侧重于资本市场的结构。国内学者关于多层次资本市场的研究，如王国刚（1996）在国内较早地提出了资本市场的概念，但他并没有提出明确的定义。施东晖（2001）认为，多层次资本市场的内容包括："不同层次的市场对应于不同规模企业的不同融资成本和风险"[①]。2003年10月，《中共中央关于完善社会主义市场经济体制若干问题的决定》提出了要"大力发展资本市场"、"建立多层次资本市场体系"的政策表述。夏太寿、褚保金（2011）认为，"资本市场是一年期以上的中长期资金交易关系或资金融通的总和，是金融市场的重要组成部分"，"广义的资本市场应当包括证券市场、风险资本市场以及银行中长期信贷市场等"[②]。

关于多层次科技资本市场，赵昌文、陈春发等（2009）认为，"科技资本市场实质上是为高新技术企业提供直接融资的所有资本市场，包括主板市场（中小板）、创业板市场及场外交易市场等"[③]。一般认为，资本市场是指投资期限在一年以上的中长期资金融通活动或资金交易的场所，它主要包括证券（包括股票、债券、投资基金以及金融衍生品等）市场和中长期银行信贷市场。

（二）我国多层次科技资本市场体系构成

我国的资本市场发展自20世纪80年代中期的城市集体企业和国营小型股份制改革试点以来，经历了20多年的发展，大致发展成为四个层次的资本市场体系：第一层次是以上海证券交易所和深圳证券交易所为代表的主板市场，主要为发展成熟、规模较大的企业提供融资和证券交易服务。第二层次是以创业板市场为代表的主要吸纳具有良好发展前景的成长型科技创新企业提供融资和股票交易的高增长市场。2004年5月，专门服务于创新型高成长

①　施东晖. 证券市场层次化：国际经验和我国的选择［J］. 改革，2001（5）：87.
②　夏太寿，褚保金. 科技金融创新与发展［M］. 南京：东南大学出版社，2011：166.
③　赵昌文，陈春发等. 科技金融［M］. 北京：科技出版社，2009：467.

中小企业的中小企业板在深交所设立并正式启动，但其上市条件通常最严格，即使是中小企业板，除了股本规模的要求相偏小以外，其他上市条件与主板市场无太大区别。第三层次是在完善代办股份转让系统的基础上建立的主要为成长性较高、具有发展良好潜力的非上市股份公司提供股份转让系统（又称新三板）。第四层次的资本市场体系主要包括区域性产权交易市场和区域性股权交易市场。自 1988 年 5 月全国第一家产权交易市场在武汉成立以来，我国北京、天津、上海以及成都等各地陆续建立起产权区域性交易市场。区域性股权交易市场建设方面，包括 2008 年 9 月注册营业的天津股权交易所（简称天交所）、2012 年 2 月启动的上海股权托管交易中心等区域性股权交易市场。多层次的资本市场及其融资标准和运行机制，有效地为不同发展阶段和不同发展规模的科技创新型企业提供融资和股份转让的交易平台。

二、科技资本市场的分类

根据科技型企业在不同发展阶段的融资需求和满足不同风险偏好的投资者对多样化金融工具的需求，通常可以从以下几个维度对科技资本市场进行细分：

（一）按照科技资本市场服务科技企业对象的规模、盈利能力和成长性特征，可分为主板市场、创业板市场、三板市场和产权交易市场

主板市场主要指证券交易所市场（股票市场），指在一国或地区有组织交易所进行上市及交易的市场。上市企业多为成熟期和扩张后期且为资本规模较大、盈利能力较强的企业。作为资本市场中最主要的组成部分，主板市场有"国民经济晴雨表"之称。主板市场对首次公开发行股票并上市的企业的要求较高，一般包括营业期限、股本大小、盈利水平、最低市值等方面都有明确的标准。创业板市场（Growth Enterprise Market，GEM），又称二板市场，指独立于主板市场之外的专门为具有高成长性的新兴创新企业特别是高科技企业提供股权融资服务、帮助这些企业成长壮大的市场。其融资对象一般为处于初创阶段后期和处于扩张期的科技型中小企业，这些企业相对于主板市场企业而言，通常是成长年限不长、规模相对较小、企业制度和市场不完善。因此，创业板市场的上市要求相对于主板市场而言对企业的盈利能力的业绩指标要求等都比较低。三板市场全称为代办股份转让系统。三板市场作为我

国多层次资本市场的组成部分，主要包括柜台市场和场外交易市场，主要解决处于初创阶段中后期和扩张阶段初期但不具备到创业板市场筹集资金的企业融资问题，并为这些企业提供资产价值评价、风险分散和股权转让交易等。产权交易市场作为我国多层次资本市场的重要组成部分，是我国资本市场发展的独创，它是伴随着我国国有企业改革而产生和发展起来的，主要是指作为独立产权主体的各类企业从以各类资产和股权、债权等财产权利的有偿转让为内容的区域性交易场所，它是为科技型中小企业提供融资服务的重要方式之一。

（二）按科技资本的组织形式可分为场内交易市场和场外交易市场

场内市场又称集中交易市场，一般指证券市场（证券交易所），是一种有组织、有固定交易地点的集中、公开、规范交易的有形市场。场外交易市场（Over The Counter，OTC）是指在证券交易所以外，通过证券经营机构或电子交易网络进行证券交易的分散的、没有固定和集中交易场所的无形市场。

（三）按资金融通方式可以分为直接融资和间接融资

直接融资（Direct Financing）又称直接金融，属于一种资金供求双方无需金融中介机构介入的资金直供方式。直接融资的具体方式一般是，资金盈余单位在一定的时期内，通过购买资金需求单位在金融市场上发行的有价证券，或是直接通过协议，向资金需求单位提供货币资金的方式。常见的直接融资方式主要有：通过股市和债市融资或是企业单位之间、个人之间的直接借贷。和间接融资相比，直接融资具有较多的选择自由、投资者获得收益高、筹资者借贷成本相对低的特点。间接融资（Indirect Financing）又称间接金融，属于一种通过金融中介机构介入的融资方式。在这种融资方式下，资金盈余单位通过银行存款或是通过购买银行、信托等金融机构发行的有价证券，然后又由这些金融机构将集中起来的资金通过有偿方式提供给资金需求单位使用。间接融资的方式与直接融资方式相比，具有比较灵活和安全性高的特点。银行等金融中介机构将分散的小额闲置资金集中起来形成巨大数额，用于对资金规模要求高的投资活动，同时，这些金融机构通过利用本身所具有的专门人才优势和信息优势，具有较高使用效率和安全保障。

此外，科技资本市场还可以按其他标准进行分类，例如，根据科技资本市场的辐射范围可分为全球性科技资本市场、全国性科技资本市场和区域性科技资本市场；根据科技资本市场的交易品种分类，可分为从事有价证券（包括股票、债券、基金和金融衍生品等）交易的证券市场和从事各种可以转让财产权利交易的产权市场；以国界为标准，可将科技资本市场分为境内科技资本市场和境外科技资本市场等。

三、科技资本市场的特点

首先，科技资本市场的投资呈机构化和专业化特征，投资机构朝着专业化和差异化方向争夺投资领域，专业化趋势在科技投资领域已经开始显现。一方面，随着市场竞争越来越激烈，对未来投资对象以及投资走势的专业化要求将越来越高，在投资过程中要经历筹集资金、识别有潜力的投资企业、筛选、项目培育和策划、执行等不同的环节确保投资项目成功，而且每个环节的专业性要求都非常高，由于科技资本市场的服务对象主要是具有高风险性、高成长性和高收益性的高新技术企业，对不同领域的高科技行业投资的专业性要求解更高，而这些要求不是分散的单个投资个人能独立完成的。另一方面，在做各种投资项目的时候，要求模块化和更专业化，随着社会的不断发展，对投资团队成员专业素质要求越来越高、团队分工明确，需要对投资团队成员进行实时培训，根据团队成员的兴趣和特长进行有针对性和专业性的培训，使其成员成为某个行业或某个投资环节的行家，有助于投资机构投资效率的提高和竞争实力的不断增强。例如，在创业资本市场是世界上规模最大、发展最完善的美国，科技资本的投资区域主要集中于硅谷等区域创新性较强的地区，资金来源主要包括养老基金、保险公司、银行持股公司和公司投资者等投资机构，选择以 IPO 为主的退出渠道，机构化、专业化的组织特征非常明显。

其次，科技资本主要投资领域为高科技领域。科技资本主要是投资于创新性较强的高科技中小企业，其投资领域反映了科学技术发展的最新趋势。其目的解决这些企业的高科技产品商品化过程中出现的融资难的问题。作为一种权益资本，科技资本放眼于未来投资对象和投资领域的高成长性，在把科学技术转化为生产力的同时也获得了丰厚的回报。例如，20 世纪 80 年代到 90 年代，美国的创业资本投资家灵敏地把握了个人计算机、通讯技术、软件开发、生物工程、互联网，人类在基因工程、医药产业、生物工程、信息通讯等诸多高科技领域的投资机会，科技创新的同时也获得了丰厚的回报。

最后，科技资本投资具有明显的区域聚集特征。由于科技资本投资集聚具有以下四个方面的优势：一是通过分享信息降低搜寻投资科技项目的成本；二是通过集体学习降低投资科技项目的降低交易成本；三是通过降低投资科技项目投资过程的监控成本分散风险；四是通过利用网络效应降低科技资本投资的退出成本。因此，科技资本投资呈现出明显的区域集聚化特征。例如，在美国，硅谷地区是科技资本投资最为集中的地区。在中国，科技资本投资呈现出明显的"东强西弱"的特征，主要集中于北京、上海以及广东、浙江等东部地区，而在这些地区科技资本投资又主要集中在少数的核心城市的核心区域（如北京市的中关村和武汉市的光谷等），分布极为不均衡。

三、科技资本市场的作用

首先，科技资本通过对高科技企业的投资，促进了自主创新和科技进步。作为知识经济时代重要支柱的高新技术产业，带来经济的繁荣和辉煌。科技资本为那些具有发展潜力的高新技术企业提供了多样化的融资渠道，满足了在不同发展阶段的和不同规模的高新技术企业的融资需求，强化了市场竞争的动态机制，最终有利于创新型国家战略目标的实现。20世纪的电子计算机技术、生物工程、互联网，人类在基因工程、信息通讯工程以及当今的如 Apple、Yahoo! 等知名 IT 行业等重要科技成果在转化为商品化的发展过程中，科技资本都发挥了非常重要的作用。科技资本为人类社会创造了巨额的财富和价值，推动了经济社会的巨大发展，是经济增长的发动机，更好地推动经济结构调整并实现产业升级。

其次，科技资本通过对高新技术企业的发展提供多层次的融资渠道，促进了企业的进一步发展壮大，并为社会创造了更多的就业机会。高新技术企业属于资金密集型企业，在成长过程中需要大量的资金扶持。通过科技资本市场所具有的融资功能，为社会上的风险偏好的投资者提供了投资平台，将社会上大量闲散资金汇集起来流向具有较大发展潜力的高新技术产业和项目，保证这些企业成长过程中充足的资金供给，进一步促进了这些产业的发展壮大，并促进就业。根据全美创业投资协会的一个调查报告显示，1991—1995

年，美国接受创业投资的企业销售收入平均增长 38%，创造的工作机会平均每年增长 33.8%。①

再次，科技资本通过投资的区域集聚化促进了科技产业集群，推动了区域的科技创新和经济的持续发展。科技资本投资集聚化特征具有如前所述的四个方面优势，从而催生了一大批具有广阔市场前景的高新技术产业集群，例如美国的硅谷，中国的北京中关村科技园区、武汉东湖新技术产业开发区等科技产业集群区都是在科技资本投资的扶持下发展壮大的。高新技术产业集群的发展壮大则直接推动着这些区域经济的持续发展壮大。

最后，对当前的中国来说，科技资本有利于高效、多层次以及具有良好流动性的资本市场建设，提高中国市场的整合度，进而推动中国金融市场的改革和发展。过于单一资本市场其资源配置功能非常有限，可供选择的直接融资渠道非常有限，因而不能满足多层次的融资者和多种风险偏好投资者的投资需求，可能导致资本市场金融资源的错配，进而导致机会主义投机行为的产生。因此，多层次的资本市场通过来最大限度地满足多样化的资本的供给与需求，才能不断提高资本市场的融资效率并有效地分散金融风险，实现金融市场的全面、协调和可持续发展。

---

① 陈钰，尹志峰. 美国纳斯达克市场的宏观经济效应分析 [J]. 湖北社会科学，2011 (6).

第五章　我国财政科技支持科技创新现状与存在的主要问题

财政科技指国家用于促进科技事业发展的财政支出，主要包括中央和地方两方面的各项科技支出。财政科技在支持科技创新方面发挥着十分重要的作用。因此，为了推动财政科技持续发展，国务院颁布了以《国家中长期科学和技术发展规划纲要（2006—2020）》为代表一系列科技发展战略文件，这些相关文件为我国构建科技强国、建设创新型国家提供了理论指导和现实路径。财政支出职能的合理使用是促进一国科技发展的重要手段。目前，随着我国经济的快速发展，综合国力的不断提升以及国家对科技发展重视程度的不断提高，我国财政科技得到了迅速发展，财政科技对科技创新的贡献度在不断增强。中国共产党的十八大报告进一步提出关于实施创新驱动发展战略并指出，"科技创新是提高社会生产力和综合国力的战略支撑，必须摆在国家发展全局的核心位置"。这为我国的财政科技支持科技创新指明了方向。

第一节　我国财政科技发展现状和特点

一、我国财政科技发展现状

财政科技在支持科技创新发展中的重要意义不仅体现于政府在科技创新中的主导作用，而且还在于推动创新驱动发展战略的有效实施。财政科技在支持科技创新方面的主要作用体现在以下三个方面：（1）直接的资金支持，主要是为那些具有公共物品属性的技术创新研发活动提供资金支持，以便克服市场供应不足的问题。将资金直接提供到产品的生产与供给领域以及通过财政补贴的形式发放从事科研活动的工作者。（2）组织、领导科研活动，主要是通过财政科技支出手段来组织和引导各种科研活动，例如对高校、科研机构、企业进行科研管理以及给予资金配套支持等。（3）营造良好的科研环境，提供良好的制度环境、保护知识产权、构建良好的科研公共服务平台。当前，我国财政科技在支持科技创新方面已经有了一定的发展，财政科技在支持科技创新方面的作用逐渐体现出来。我国财政科技支持科技创新的现状主要体现于以下几个方面。

（一）我国财政科技在支持科技创新方面投入持续增长

自进入21世纪以来，除了受2007年美国次贷危机的影响，我国每年用于财政科技支出的总额不断增长，财政科技支出的平均增长率远高于国家财政总支出的平均增长率。"仅2009年我国用于财政科技支出总额高达3 224.9亿元，同比增长了24.9%，其中中央财政安排科技支出1 512.02亿元，同比涨幅达到30%。2010年中央财政科技支出更是达到了1 718.73亿元，比上年执行数增长了13.7%。同时，财政科技支出在财政总支出的比例也逐年增加，2001年财政科技支出在财政支出总额中的比重为3.7%，到2009年提高到了4.23%"。这说明近年来我国财政科技投入的总体水平得到了明显的提高，无论是在财政科技的总体数量上，还是在财政支出的比重上都有了质的变化，这也充分地说明了我国支持科技创新、以创新促进发展的决心所在。

（二）财政科技的结构得到不断优化

1. 抓住了科技重大专项的重点

抓住了科技重大专项的重点。中央财政力保16个科技重大专项的资金需求，并且在"科学技术"正常经费预算之外单独设立了"科技重大专项资金"，并采取滚动方式进行预算管理，初步建立了适应科技重大专项资金特点和科技研发活动经费需求的经费保障体系。2013年科技重大专项资金支出达到600多亿元。

2. 增加了对国家科技专项计划（基金）的大力投入

2011年国家科技专项计划（基金）中央财政拨款263.81亿元。其中科技支撑专项计划、"973"计划、"863"计划等中央财政拨款共计347.64亿元，在国家科技创新基础条件建设中中央财政拨款34.02亿元，政策引导类计划及专项中央财政拨款81.79亿元。上述各类计划中，"863"计划、"973"计划、科技支撑计划预算基本与上年同期持平，政策引导类计划预算增长速度高于预期。同时，更大幅度增加了对国家自然科学基金的预算，其中2013年安排170.11亿元，同比增加了13.4%。

3. 加强了科研机构自主创新能力的建设，加大了对科研机构的稳定性支持力度

加强了科研机构自主创新能力的建设，确保科研机构项目资金来源的稳定性。为了支持高校、科研院所的科研活动有序开展，中央财政特别安排了"公益性科研院所基本科研业务费专项资金"，支持高校、科研院所进行具有代表性、前瞻性、公益性、创新性的课题研究工作，积极推动高校、科研院所创新能力的建设；为了增加对非营利性科研机构资金上的支持力度，国家专门为该机构建立了公益类改革专项启动经费，提高了其服务经济和社会发展的能力，加快现代科研院所制度建设的进程；加强了中央级科学事业单位进行科技创新所必需的硬件和软件条件的建设，安排了中央级科学事业单位修缮购置专项资金，切实改善了科研活动的基础条件，为其科研提供了有力的保障，推进科技创新能力提升；为了缓解中央级科研院所实际工作中的困难，财政部门还特意安排了中央级科研院所离退休职工经费津贴和研究生培养经费补助，解决了科研人员生活之忧，切实保障科研活动的有效进行，促进科研能力的长效提高。

4. 财政科技对公益性行业科研工作有了很大的支持

公益性行业科研工作得到一定的支持。为了保障公益性行业科研活动正常有序的运行，为经济的持续健康发展提供后勤保障，中央财政设立了"公益性行业科研专项经费"。支持周期性长、公益性明显、科研任务繁重的组织在本行业内开展具有基础性、预警性、培育性的科研工作。仅在2013年这方面的经费安排达到了63.58亿元。

5. 国家财政在国家重点实验室方面的资金投入规模增大

国家财政在国家重点实验室方面的资金投入规模增大，具备了一批具有影响力的国家科研基地。国家财政为了加快国家重点实验室的发展步伐特意设立重点实验室项目经费，从基础科研业务、科研设备、科研运营三个方面进行资金支持，促进国家级科研基地的有序建设。2013年共下达国家（重点）实验室专项经费35.87亿元，比2012年的增加6.22亿元，增加了21%。

6. 支持现代农业产业技术体系建设，促进农业科技的快速发展

支持现代农业产业技术体系建设，促进农业科技的快速发展。出于促进农业科技、区域自主创新的发展，国家财政部门在 2007 年增设了现代农业产业技术体系建设专项资金，努力建设产业为主线、农产品为单元的现代农业技术体系，逐步实现生产与消费、产地与餐桌及研发与市场的紧密结合，进一步深入研究科技支持产业发展、促进农业自主创新发展的新机制，仅在 2013 年中央财政就安排了 50 个农产品产业技术体系建设专项经费 13.58 亿元。

（三）企业为核心的创新体系基本形成，但研发经费投入强度较低

企业是我国自主创新的主体，企业资金研发活动的主要来源。近年来企业资金在研发经费总支出中所占比重逐年升高。2006 年全国研发经费支出中 69.1% 来源于政府财政支出，剩余部分都基本上来源于企业的资金投入。2009 年研发经费投入来源于企业资金的比例增加为 71.74%，到了 2013 年总的研发经费支出为 11 906 亿元，其中来源于企业的部分上升到了 75.62%，企业在研发经费来源中占四分之三以上，已经成为科技创新活动最重要主体。但是我们必须认识到企业的实际投入强度并不理想，我国企业研发投入强度在长达 10 多年的时间里，一直徘徊在 1% 左右。但是值得注意的是，国际创新型国家的研发经费投入强度一般都是 2%～3%。这也充分地说明我国地财政投入机制和投入强度还有待改善，总体上跟国际先进水平相差甚大。

（四）科技经费管理不断改进

科技经费直接关系到科技创新活动能否顺利进行，科技经费的管理是科技经费正确服务于科技创新的重要保障。因此，科技经费管理水平的提高对于科技创新至关重要。科技经费主要服务对象是科技研发活动，服务于科技经费的管理制度也应该区别于其他经费的管理，做到符合科技研发活动的特点，适应科技经费的使用特征，并遵循预算制度的要求。为了规范科技经费管理，2006 年，财政部和科技部共同颁发《国务院办公厅转发财政部、科技部关于改进和加强中央财政科技经费管理若干意见的通知》，建立对科技经费管理改革的指导思想——"加强统筹协调、优化投入结构、创新支持方式、健全评审评估、强化监督管理"。针对在科技经费管理中存在的问题，财政部及科技部先后完成了对"973"计划、科技支撑计划等国家重点开发项目经费

管理办法的修订。2009 年，对于科技界反映较为突出的科研人员收入缺乏激励机制问题，财政部取消了许多不利于激励科技工作人员积极创新的相关规定，并同时逐步建立配套的激励机制。例如发改委及科技部联合发布了《民口科技重大专项资金管理暂行办法》对间接费用补偿做了具体的规定，对经费核定模式进行改革，改进了财政支持方式，有助于激发科研人员的科技创新的热情，从而极大地推动科技创新的进步与发展。

二、我国财政科技资源发展的特点

（一）财政科技支持科技创新的动态特征

在一定程度上，一国技术创新水平的高低取决于一国财政科技的投入力度。政府可以通过财政科技投入弥补由于信息不对称造成的市场失灵，降低技术创新风险，调动创新主体的积极性，引导科技创新的前进方向，提高自主创新能力，最终实现科技创新驱动社会经济平稳、健康发展的主要目标。我国自改革开放以来一直重视科技的发展，对科技的支持力度也在不断加大。然而，从历年数据来看，财政科技的总体投入在逐年增加，但是财政科技在国家财政支出总额中所占的比重仍然偏小，研发经费投入的强度不够，财政科技在经济发展的各个阶段的意图性变化较大。科技创新刚开始起步时，财政科技投入很大，1997 年财政科技总额占国家财政总支出规模的比重为4.43%。但随后在一定程度上呈现出了放缓的趋势，2003 年这一比重下降到了 3.83%。近年来，财政科技投入的力度又出现了新的高潮期。出现这种现象的原因是多方面的，除了受到国际金融环境的影响外，我国自身财政科技体制不够完善，对财政科技支持科技创新的运行机理把握不清有很大的关系。因此，研究财政科技对科技创新的阶段性支持效果，对国家合理确定科技支持资金规模和优化财政科技支出结构，如实提高财政科技资源利用的效率及技术创新水平方面，具有十分重要的现实意义。

关于财政科技与科技创新的关系的研究是相当丰富的。在国外，Buson 实证研究了政府财政科技与科技研究成果的关系，得出了“政府财政科技投入与科技研究成果正相关的结论”。Loof 和 Heshmati、Czarnitzki 和 Hussinger 从企业层面研究了公共资助和科技创新两者之间的关系，他们发现公共资助对科技创新具有积极的促进作用。Fontana 等着重研究了财政科技对科技创兴的阶段性作用，结果显示财政科技在科技创新的基础研究阶段发挥的作用更大。Guellec 与另一位经济学家通过回归分析模型分析了财政科技对企业科技投资具有带动效应，二者的关系呈"倒 U 型"曲线。当政府科技投入达到 13% 时，财政科技的带动效应最为明显。在国内，刘和东采用时间序列动态均衡分析方法研究了 1991 年至 2004 年这段期间的财政科技规模与我国自主创新水平两者之间的关系，结果表明：在我国科研方面的财政投入力度越大越能够带动自主创新水平的更好地提升。这一观点与国外学者的相关结论具有一致性。在此基础上，朱福兴和李慧娟、张青和陈丽霖、李红玲、贾宪洲和叶子荣从区域角度研究了地方财政科技投入与科技创新二者间关系。与此同时，方东霖也运用向量自回归模型、误差修正模型分析了科学事业的发展与财政投入方面的关系，结果发现科学事业的发展与财政科技投入方面存在一个长期的稳定关系。

从上面总结可以看出：虽然国内外对财政科技与科技创新关系的探究很多，也从多种角度进行了分析，但我们可以发现，这些研究大都局限于整体宏观上的探索，而缺乏对财政科技作用于科技创新的阶段性特征的探究。科技创新一般包括三个阶段：基础研究、成果转化和产业化。因此，分析财政科技对科技创新的阶段性特征是很有必要的，它有助于财政科技在科技创新各个阶段充分发挥其应有的作用。另外，科技创新成果不具有类似排他性和竞用性的特点，这样可以将其划入公共物品的范畴，同时科技创新活动本身存在很大的不确定性及高风险的特点，这两个方面也决定了科技创新活动需要财政科技的支持、帮助与引导。鉴于此，我们接下来选取结构向量自回归模型，分析财政科技作用于科技创新的动态特征。财政科技属于科技金融体系的组成部分，财政科技对科技创新作用的分析可以为全面地分析评价科技金融的政策性效应提供有效的契机，进而为探索与完善科技金融的政策性理论提供借鉴，以便更好地促进科技金融的发展，切实地落实科技创新驱动发展战略。

1. 建立财政科技与科技创新的结构向量自回归（SVAR）模型

为了更好地反映和分析财政科技对科技创新支持的动态特征，在这里我们选取了结构向量自回归（SVAR）模型。SVAR 模型是从向量自回归模型的发展而来的，该模型中增加了经济意义的结构性约束，可以识别出各个内生变量的结构冲击在同期及滞后期对整个系统带来的动态冲击，因此它能够克服 VAR 模型不能反映内生变量同期关系的缺点。所以在这里选择 SVAR 模型具有一定的合理性。

前面已经提到了科技创新三个阶段，首先我们必须思考科技创新在不同阶段的产出水平如何来衡量，基础研究阶段、成果转化阶段和产业化阶段的创新产出分别代表了科技创新直接产出、成果转化能力和产业化产生的经济效益。科学技术成果和专利授权数量是科学技术创新活动最直接的产出，它们是基础研究阶段成效的最明显衡量标准，专利不仅是保障科技创新成果的重要法律手段，而且是一项科技成果得到市场认可和接受的重要标志。因此，专利授权量可以很好地反映创新主体的科技创新成果，同样被授权的科技成果也是被市场所认可的，说明这样的科技成果存在转化为科技产出的潜力。所以我们选取科技成果量、专利授权数来衡量科技创新基础阶段的创新产出效果。技术市场是科技成果交易的场所，它反映科技创新产出市场适应能力，体现科技成果潜在的的市场竞争力。因此，一项科技成果在技术市场的受欢迎的程度反映出了其转化为经济效益的能力。所以我们衡量成果转化阶段创新产出的指标为技术市场的成交额。对于产业化阶段的创新水平我们通过高技术产品出口额来进行刻画，因为搞技术产品出口是科技成果产业化的重要体现，它反映了科技创新的经济效应。对于财政科技的刻画相对比较简单，我们通过每年的财政科技支出资金额来衡量其对科技创新的支持力度。这里分析的数据来源于《中国统计年鉴》和《中国科技统计年鉴》，我们采用的数据时间跨度为 1986—2010 年。根据上述变量构建五元结构向量自回归模型，即 SVAR（5）模型如下。

$$BY_t = \Gamma_0 + \Gamma_1 Y_{t-1} + \Gamma_2 Y_{t-2} + \cdots + \Gamma_5 Y_{t-5} + \varepsilon_t$$

式中变量和参数矩阵为

$$Y_t = \begin{bmatrix} LF_t \\ LT_t \\ LP_t \\ LM_t \\ LE_t \end{bmatrix}; \quad B = \begin{bmatrix} 1 & -b_{12} & -b_{13} & -b_{14} & -b_{15} \\ -b_{21} & 1 & -b_{23} & -b_{24} & -b_{25} \\ -b_{31} & -b_{32} & 1 & -b_{34} & -b_{35} \\ -b_{41} & -b_{42} & -b_{43} & 1 & -b_{45} \\ -b_{51} & -b_{52} & -b_{53} & -b_{54} & 1 \end{bmatrix};$$

$$
\Gamma_0 = \begin{bmatrix} b_{10} \\ b_{20} \\ b_{30} \\ b_{40} \\ b_{50} \end{bmatrix}; \quad \Gamma_i = \begin{bmatrix} \alpha_{11}^{(i)} & \alpha_{12}^{(i)} & \alpha_{13}^{(i)} & \alpha_{14}^{(i)} & \alpha_{15}^{(i)} \\ \alpha_{21}^{(i)} & \alpha_{22}^{(i)} & \alpha_{23}^{(i)} & \alpha_{24}^{(i)} & \alpha_{25}^{(i)} \\ \alpha_{31}^{(i)} & \alpha_{32}^{(i)} & \alpha_{33}^{(i)} & \alpha_{34}^{(i)} & \alpha_{35}^{(i)} \\ \alpha_{41}^{(i)} & \alpha_{42}^{(i)} & \alpha_{43}^{(i)} & \alpha_{44}^{(i)} & \alpha_{45}^{(i)} \\ \alpha_{51}^{(i)} & \alpha_{52}^{(i)} & \alpha_{53}^{(i)} & \alpha_{54}^{(i)} & \alpha_{55}^{(i)} \end{bmatrix}, \quad i = 1, 2, \cdots, p;
$$

$$
\varepsilon_i = \begin{bmatrix} \varepsilon_{1t} \\ \varepsilon_{2t} \\ \varepsilon_{3t} \\ \varepsilon_{4t} \\ \varepsilon_{5t} \end{bmatrix}
$$

式中，Y_t 是 κ 维内生变量向量；B 为特殊的五阶方阵，其对象线元素全为 1，对角线元素全为 1 的五阶方阵；其反映的是内生变量在当期的结构关系；Γ_i 表示各内生变量的常系数矩阵；LF_t、LT_t、LP_t、LM_t 和 LE_t 分别代表财政科技、科技成果数、专利授权量、技术市场成交额和高技术产品出口额序列；ε_i 表示作用于五大内生变量的结构性冲击，即结构残差项，其是协方差，为白噪声向量。

2. 实证分析财政科技支持科技创新的动态特征

我们对 5 个内生变量做对数处理以剔除时间序列可能存在的异方差现象。通过 ADF 检验对数据平稳性状况进行检验，结果显示在一阶差分后的各变量具有平稳性。进一步进行协整关系检验，我们发现在 5% 的显著性水平之下，财政科技与科技创新效果的组合至少存在两个协整关系，这说明财政科技内生变量与科学技术创新相关变量之间可能存在持续平稳的均衡关系。然后，我们通过格兰杰因果关系检验发现，财政科技较好地表现出是科技成果数、专利授权量、技术市场成交额的格兰杰原因，除了财政科技不是高科技产品出口额这一内生变量的格兰杰原因。此外，在科技创新各阶段活动之间也存在着格兰杰因果关系：专利授权量为科技成果的格兰杰原因，高技术产品出口额是技术市场成交额、专利授权量的格兰杰原因，技术市场成交额与科技成果数互为因果关系。

此外，通过上面检验发现原有数列建立的 VAR 模型不能够通过稳定性检测，因此需要对原始数列进行一阶差分后重新建立新的 VAR 模型，然后对模型施加约束条件再构建 VAR 模型，经检验单根均小于 1 是稳定的，可以进行脉冲响应分析。

根据计量方法，我们对模型进行约束条件限制，然后进行参数估计，我们发现在财政科技与科技创新不同阶段的关系方面，财政科技对科技成果数的当期系数为 0.5614，z 统计量 P 值小于 0.05，具有统计的显著性，说明从科技成果数的角度考虑，财政科技在同期对科学技术创新中的基础研究阶段具有正的推动效应；另外，在专利授权数量及技术市场成交额方面，财政科技对它们的当期系数分别为 0.3271 和 0.0179，只是因为 P 值大于 0.05，在5% 的显著性水平下，两个当期系数不具有统计显著性，即财政科技对当期的专利授权量和技术市场成交额并没有大的影响，这也反映出了财政科技的效果具有一定的滞后性。从长远角度来看，财政科技在专利授权量与技术市场成交额的增长方面的影响具有很大的弹性。

在此基础上，我们进行脉冲响应分析财政科技的随机变动对其他内生变量的冲击。我们发现科技成果对财政科技的变动反应敏感，但正向作用持续时间会很短暂，同时专利授权量的响应与科技成果数的响应性具有一致性，但前者的水平更高；技术市场成交额的总体响应程度较弱，这反映了财政科技在科技成果转化方面的作用不是十分明显；而对于财政科技高技术产品出口的冲击效应是很小的。

根据以上分析，我们可以看出：

第一，科技创新需要长期稳定、持续的财政科技支持。上面计量模型的当期系数检验表明，总体而言科学技术的创新发展与财政科技成正相关，财政科技能够推动科技创新活动的发展，这也说明了近年来我国科技创新水平的提高的原因是我国财政科技的长期持续性支持。同时，脉冲分析表明：财政科技对科技创新的冲击具有一定的时间滞后性，数据显示财政科技冲击对科技成果数、专利授权量与技术市场成交额的显著影响一般要推迟到第二年，而对高技术产品出口的显著影响则推迟的时间会更长，一般会到第 3~6 年。考虑到滞后期的存在，科技创新能力提升效果不能立即显现，存在 2~6 年的滞后期。在构建创新型国家、提升自主创新能力的大背景下，政府需要建立长期的科技创新支持计划，要着眼科技创新的长效机制，给予科技创新的持续长期的财政支持，构建能够保障科技创新正常进行的财政科技投入，真正落实以科技创新驱动经济发展的战略规划。

第二，财政科技对科技创新的支持作用是十分显著的。计量模型分析显示，我国财政科技对科技创新的在一定时期内促进效果较为明显，超过一定的临界点其作用效果会减弱，尤其是对专利授权的促进效果显著，这也从侧面印证了科技创新具有类似于公共物品的非竞用性和非排他性的特点。

第三，继续增加在科技基础研究阶段的财政科技资金支持力度对科技创新活动推动效果最为明显。SVAR 模型内生变量系数分析显示，财政科技对基础研究阶段的支持效应最为显著。财政科技与科技成果数量呈正相关，且这种关系十分显著。另外，科学技术的三个阶段是一个完整的链条，加大财政科技对科技创新的基础阶段的支持，可以带动科技成果的转化及产业化的形成与发展。

（二）财政科技支持区域自主创新能力特征分析

我国以创新带动经济发展战略中对自主创新能力建设提出了更高的要求，自主创新能力对于我国经济长远发展有着十分重大的作用。财政科技在提高自主创新能力方面起到关键性的作用，特别是在区域经济发展存在地域差异的情况下，财政科技在提高区域科技创新能力方面发挥着特殊的作用，对于支持科技自主创新方面具有关键性的作用。所以，探索财政科技在区域科技创新能力方面的支持效应对于我们提高自主创新能力具有不可忽略的作用。一般而言，衡量一个地区科技创新能力方面的标准主要为科技人才规模、专利数量、科技产值等。在这些指标中，专利是最为重要的，是指具有知识产权的技术、产品及对应的改进方案。一个国家的专利授权量是反映国家自主创新能力最直接的指标，它代表一个国家自主创新水平的高低以及自主创新成果的多少。显然，我们在分析区域科技创新能力的方面，专利数量是一个重要的技术指标。在这里，我们将东部、中部、西部三大地区的专利授权数量作为衡量这些地区的科技创新能力的指标。

1. 地区财政科技与专利授权量绝对规模的关系

我们采用 2007 年到 2011 年数据统计分析得出了东部、中部、西部三个地区的专利授权量的绝对规模，如表 5-1 及图 5-1 所示。

表 5 - 1 　　　　　东部、中部、西部专利授权量的绝对规模比较　　　单位：万件

年份	东部	中部	西部
2007	22. 1160	3. 3933	2. 8611
2008	25. 9554	4. 0118	3. 3353
2009	38. 1552	5. 4181	4. 7633
2010	56. 2521	8. 4010	7. 2877
2011	67. 3008	11. 4719	7. 6200

资料来源：根据 2007—2011 年《专利统计年报》各区域所含省份的数据统计得出。

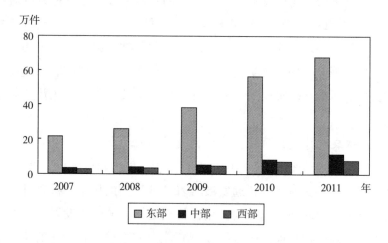

图 5 - 1　东部、中部、西部专利授权量绝对规模的对比

从表 5 - 1 和图 5 - 1 可以看出，近年来我国东部、中部、西部三个地区的专利授权总量都呈现逐年上升的趋势。从规模来看，东部占有绝对优势；从增速来看，中部地区增长速度比东部及西部地区都要快，数据表明，在这五年内，中部地区专利授让权增长了 3.38 倍，其要高于东部的 3.04 倍及西部的 2.0 倍。这些数据表明，我国的专利授让权的增长速度东部、中部、西部三大地区都十分迅速。另外，在专利授权数量快速增长背后是我国地区财政科技投入的迅速增加。通过表 5 - 2 及图 5 - 2，我们发现，在 2007—2011年期间，我国三大地区的财政科技投入绝对规模都实现了快速增长，基本上保持在 20% 的增速，到 2011 年末，各大地区的财政科技投入在 2007 年基础之上翻了一番。这在一定程度上反映出财政科技在支持区域科技创新方面所发挥的作用是十分显著的。同时，财政科技发展趋势与区域自主创新能力的

发展具有一致性，这在一定程度上说明了财政科技区域自主创新能力具有一定的推动作用。

表5－2　　　　2007—2011年我国区域财政科技投入绝对规模比较　　单位：亿元

年份	东部	中部	西部
2007	604.94	133.54	119.96
2008	729.89	166.14	155.83
2009	941.19	196.88	172.63
2010	1 133.08	252.97	202.84
2011	1 302.31	322.67	260.90

资料来源：根据2007—2011年《专利统计年报》各区域所含省份的数据统计得出。

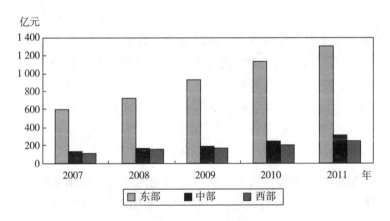

图5－2　2007—2011年我国区域财政科技投入绝对规模比较

值得我们注意的是，由于各区域经济发展起点不同，区域经济条件的差异及对科技创新重视的程度差别导致各区域财政科技投入力度的存在差距，最终导致东部、中部、西部各地区的专利授权数量的绝对规模差异很大。历年来，东部是我国经济发展速度最快的地区，经济实力在显著增强，从而致使该地区有足够的财政收入用于支持地区的科技创新事业，促进东部科技创新水平的提高，这样也扩大了我国区域科技创新能力的差距。数据表明，在财政科技支出规模方面，东部区域的财政科技投入处于领先地位，要明显优于中部、西部地区，2011年其总额为1 302亿元，这比中西部投入总和还要高出718.74亿元。2007年，东部财政科技与中西部总和的差距仅为

351.44 亿元，这说明五年的时间导致差距扩大了两倍之多。这充分反映了地区间的财政科技投入存在的差距十分巨大，而且这种差距还在加速扩大。我们再来看在这样的财政科技背景下的地区科技创新水平情况。2011 年，东部在专利授权数量方面也占有绝对的优势，其数量达到了 67 万件，而中西部两大区域的数量之和仅为 19 万件左右，这之间相差了约 48 万件，2007 年，这两者之间的差距刚刚 15 万件，在五年的时间里，东部与中西部在专利授权数量方面差距扩大了 3 倍以上。这一情况基本上与财政科技的现状呈现趋同的特点。

我们对比图 5 - 2 和图 5 - 1 可以发现，财政科技的绝对规模与专利授权的绝对规模在选取 2007—2011 年的期间具有一致的发展态势：经济发展水平相对较高的东部地区由于可观的财政收入支持，财政科技投入力度很大，在财政科技的支持下专利授权数量的绝对规模增速较快，即这一区域的科技创新能力得到了很好的提高；而经济实力稍微欠缺的中部、西部地区，由于财政实力的限制，财政科技规模相对较小，专利授权数量上的绝对规模也比较小，并跟经济发展快的东部地区差距十分明显。我们可以发现东部的专利授权数量基本上是中西部的 7 倍左右。从这一点来看，财政科技对科技创新的支持作用是十分显著的。其能够促进区域专利授权数量绝对规模的增加，即可以提高区域的自主创新的能力。但是，我国的经济发展水平在各个区域存在很大的差异，从而导致财政科技投入的极不均衡，最终致使我国的东部、中部、西部的自主创新能力的水平具有区域性。

2. 区域财政科技与专利授权量相对规模

上面我们分析了财政科技与区域专利授权数量的绝对规模的关系，发现东部、中部、西部地区的总体实力差距很大。接下来分析区域财政科技与专利授权量的相对规模的情况。这里的相对规模主要是指各大区域的专利授权数量在全国年度授权数量总额中的比例。这一概念主要体现我国专利水平在三大区域的分布状况。表 5 - 3 和图 5 - 3 反映的是各年份区域专利授权量的相对规模及其变化趋势。我们发现我国三大地区的专利授权数量相对规模在五年时间里没有发生很大的变化，东部地区维持在 78%，中部地区有小幅度的上升，而西部却呈现缓慢下降的态势。从图 5 - 3 我们可以看出，2007—2011 年期间，东部地区的专利授权量相对规模基本上维持在 78% 左右，中部

表5-3　　　　　东部、中部、西部专利授权量占年度授权总量的比重　　单位：%

年份	东部	中部	西部
2007	77.95	11.96	10.09
2008	77.94	12.05	10.01
2009	78.94	11.21	9.85
2010	78.19	11.68	10.13
2011	77.90	13.28	8.82

资料来源：根据表5-1中各年份的数据与各年份授权总量相比得出。

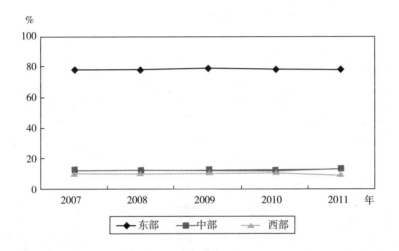

资料来源：区域财政投入相对规模为区域财政科技投入占财政支出比重，其中区域财政支出总额根据各年份的《中国统计年鉴》各省份财政支出加总得出。

图5-3　东部、中部、西部专利授权量占年度授权总量的比重

地区的专利授权数量的相对规模则由2007年的11.96%上升到13.28%，而西部却下降到8.82%。这说明这段期间我国东部地区作为我国专利最大产出区域的局面并未改变，虽然中部地区的科技创新环境在不断的改善，中部崛起战略正在逐步实施，科技创新水平有了一定的提高，但是与东部相比还存在较大的差距。同时西部地区科技创新水平与东部、中部的差距在这几年里不但没有缩小而且还存在逐步拉大的趋势。接下来我们分析区域财政科技支出相对规模的分布情况，在我们所考察的五年里，这方面也出现了差异化的变化。从表5-4来看，经济相对发展更快的东部区域财政科技投入在总财政支出中的比重为 3.2%，中部地区则保持在 1.3% 的水平，西部地区则维持在 1% 的水平，且呈现一种不升反降的态势。结合表 5－4 与图 5－4 我们可以了解到，我国三大区域的专利授权数量相对规模发展趋势与财政科技投入相对规模发展趋势具有一致性。2007—2011 年，东部地区的专利及财政科技相对规模都基本上保持不变；中部的财政科技投入相对规模与专利授权量的相对规模都有小幅的升高；西部地区财政科技投入与专利的相对规模都呈现出下降的趋势。

表 5－4　　　　2007—2011 年我国区域财政科技投入相对规模的比较　　　单位：%

年份	东部	中部	西部
2007	3.23	1.37	1.22
2008	3.19	1.32	1.32
2009	3.41	1.24	0.98
2010	3.39	1.32	0.95
2011	3.16	1.33	0.95

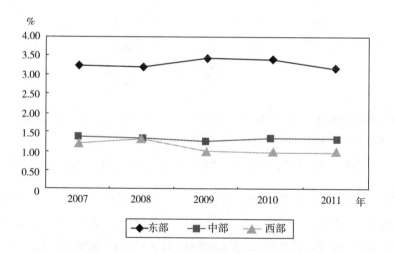

图 5－4　东部、中部、西部财政科技投入相对规模的比较

综合来看，区域专利授权数量的相对规模与财政科技的支出相对规模呈正相关，即在某种程度上可以证明财政科技投入相对规模的增加可以推动地区专利授权数量相对规模的增加，反之则相反。所以，无论是从相对规模还是从绝对规模角度出发，区域财政科技投入规模都与地区专利水平的发展呈正相关的对应关系，财政科技的发展趋势与专利授权量的发展具有一致性的特点。财政科技投入的规模在某种程度上决定了一个区域的专利授权数量的规模大小，即区域自主创兴能力的提高必须以一定的财政科技投入为基础。良好的财政科技支持能够带动区域自主创新能力的提高，能够扩大专利授权数量的规模。

3. 中央与地方财政科技对区域自主创新能力的作用特点

我们考察了2000—2010年的财政科技的支出情况，图5－5反映了中央与地方财政科技投入具体情况。从图5－5中我们可以了解到，我国地方财政科技投入在支持地区科技创新能力方面的作用越来越重要，其投入规模在不断地扩大，在总体财政科技投入的比重中从39.3%上升到50.3%，相对应的中央财政科技投入的规模在逐渐下降，其比重由2000年60.7%下降到49.7%。这说明我国的财政科技支出与中央财政科技支出在比重上已经基本持平，同时地方财政科技投入规模逐渐会超过中央财政科技投入的规模。

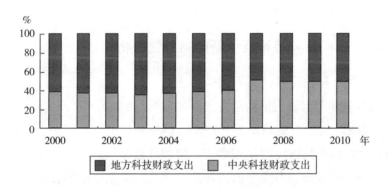

图5－5　2000—2010年中央和地方财政科技支出

前面我们已经分析了财政科技对区域自主创新能力具有促进作用，而在中央财政科技规模逐渐下降与地方财政科技规模逐渐上升的背景下，区域创新能力的提升逐渐更多地取决于地方财政科技的支出水平。显然，经济实力强的地区会不断地扩大财政科技的投入，从而在提高区域自主创新能力的同时促进地方经济的持续发展。相反，在经济实力相对欠缺的地方，由于财政科技投入力度的不足，很难提高自身的创新能力，致使科技创新带动经济发展的作用难以发挥。因此，地方财政科技的作用也越来越重要了，我们地方政府必须思考如何来利用财政科技来支持科技创新，从而带动经济发展。

第二节　我国财政科技发展存在的主要问题

随着科技创新在经济发展中的作用逐渐体现，我国顺应经济发展的客观规律在我国的"十二五"规划纲要中提出了以科技创新驱动经济发展的发展战略，并提出制定了以自主创新为核心的"十六字"方针。在这样的政策背景下，科技创新事业的发展，自主创新能力的提高，已经成为当前我国的重要任务。而为了适应科技创新事业的发展我国的财政科技必须得到相应的发展。因为科技创新能力的提高离不开政府力量的支持，财政科技是政府支持我国科技创新的主要手段和途径，其对我国自主创新能力的提高具有十分重要的作用。因此，研究我国财政科技发展的问题对于我们落实"十二五"规划纲要的要求具有很重要的积极作用。我们要着力于财政科技总体规模、结构层次、管理体制、效率水平方面的研究，这样才能真正改变当前财政科技发展的被动局面。

一、财政科技支持科技创新的重要性分析

（一）财政科技是科技创新的必要支持

1. 科技进步是经济发展的动力源泉

长期以来，经济持续稳定增长都是各国所追求的目标，主要是因为经济的快速发展可以提高国民的收入水平，增加社会福利。这也就增加了各个经济学家探寻经济增长动力源泉的兴趣。毫无疑问，生产率的提高是经济增长最为直接的原因所在，然而推动生产效率提高的因素是多样化的。根据新经济增长理论，推动经济持续发展的动力主要归结于科技进步（外生的）与资本积累。因此，在不考虑技术进步这一因素的情况下，各国的经济增长最终都会处于稳定状态，即趋于劳动力平均资本量水平，所以要想实现本国的经济持续发展必须利用外生的技术因素。19世纪80年代，经济学家们在新的经济增长理论中进一步探讨推动经济持续发展的新的因素。例如 Paul Romer 在他创建的经济增长模型中增添了知识因素，将知识作为一种生产力要素探索其作用性。它认为知识具有非竞争性，同时具有正的外部性，正是知识正的外部性使得知识的边际收益持续递增并同时导致生产过程中的其他要素也具

有收益递增的特点，从而致使经济长期增长成为可能。在 Paul Romer 用知识的边际收益递增原理来解释经济长期增长效应之后，Crossman 和 Helpman 进一步提出了研发（Research&Development，R&D）活动是经济增长的主要源泉，他们认为只要有目的的研发活动能够持续进行，那么经济增长率将持续保持大于零。另外，卢卡斯也致力于用人力资本理论来解释长期经济增长效应，他认为人力资本和一般知识是有本质上的区别，人力资本是通过教育和培训等投入而形成的。人力资本同时具有内部性和外部性，这里的内部性是指人力资本对投资与投资者本身的生产率的影响，外部性是因为人力资本可以在人与人之间互相传递并同时提高人力资本自身的生产率以及劳动要素、物质资本要素的生产率，从而实现生产的边际收益递增。总而言之，上述经济增长理论告诉我们，技术进步是实现经济长期增长的重要动力源泉，技术进步是产生于人类的科技活动。因此，从推动经济可持续快速增长的角度来看，财政科技支出具有必然性。

2. 科技创新的特点决定了财政科技支持的必要性

第一，技术创新具有正的外部性。正如前面提到的科技创新具有正的外部性，在这里科学技术活动主要是指人类在自然科学、人文科学、社会科学等领域开展的新知识、新技术的探索、传播和应用活动。创新作为科技活动的核心，指的是以企业、高校、科研机构为代表的创新主体，充分发挥自身的资源获得优势探求新的科学发现或者取得自主知识产权的技术、产品、品牌的探索过程。创新一般包括新的科学发现与技术，融合汇聚各种相关技术成果而形成的集成创新，对既有的各种技术的消化、吸收和加工的再创新。技术创新具有重要的正外部特性，正外部性是指某一社会主体的一项经济行为在给自身带来经济利益的同时也对其他社会主体产生积极的影响，而这种积极影响没有得到相应的补偿。简单来讲，个体经济行为所带来的社会利益要大于个体利益。在这种情况下，根据经济主体利润最大化原则，此种经济主体的生产规模会控制在个体的边际成本等于个体的边际收益的水平上，从而导致产品的供应不足。此时则需要政府对该项经济行为作出补贴，从而实现该项产品的有效供给。譬如政府对各领域有突出贡献的科研人员发放各类津贴就属于该种范畴。因此从科技创新活动的正外部性特点来看，财政科技对科技创新是不可或缺的。此外，科技研发的成果普遍具有非排他性的公共物品特性，例如科技论文及著作可以在图书馆和互联网上实现共享，不存在排他性。另外，增加的消费者也不会产生新的边际成本，所以此类成果也不具备竞争性特点。因此，我们可以讲科技创新归属于公共物品的范畴，根据公共财政理论，公共物品的生产与供给必须有政府财政部门的介入。所以从这两个方面我们可以知道：财政科技是支持科技创新的必要工具。

第二，科技创新具有高风险特点。虽然技术创新可以给创新主体带来技术上的垄断地位，创新主体在一段时间内可以通过技术垄断获得垄断利润，这也是创新主体愿意进行技术创新的最大的动力，但是市场的产品需求具有不确定性、创新产品的竞争具有不确定性以及技术创新的成败也具有不确定性，这些不确定因素将大大地增加科技创新的风险。一项技术创新所耗费的成本是巨大的，一旦失败，对于个体而言很难承受巨额的投资损失。这种高投入、高风险的问题势必会影响创新主体的积极性。因此，需要用政府财政科技投入的方式积极引导社会创新活动的开展，推动我国科技水平的不断提升，扎实地推进创新驱动发展战略的实施。

（二）我国财政科技支持科技创新是国家发展战略的必然要求

当前，党和国家提出了创新驱动发展的战略，党的十八大报告对我国财政科技提出了明确的方向和重点要求。首先是财政科技支出规模应该要符合创新驱动发展战略的要求，其次是财政科技支出的结构应该与创新驱动发展战略相适应，并进行优化。具体体现为：（1）鼓励自主创新；（2）推动科技与经济紧密结合；（3）推动知识创新体系的完善；（4）对国家科技重大专项加大投入；（5）推动新技术、新产品、新工艺研发应用；（6）促进科技创新评价体系、激励机制、转化标准的完善；（7）加强对知识产权的研究及保护。

二、财政科技支持科技创新的主要问题分析

（一）财政科技投入总体水平偏低，研究开发经费不足

1. 研发经费占 GDP 的比重较低

研发即科技研发活动，它是指科技工作者为了探索新知识、新应用而进行的一系列创新活动。一般而言，科技研发活动可以分为三个类型，基础性

研究，应用性研究和试验发展。通常情况下，我们将研发经费在 GDP 中的比重作为判断科技创新事业所处的发展阶段的主要标准。当研发经费投入在 GDP 中的比例小于 1% 时，我们将其视为使用技术的阶段，当比重处于 1% ~ 2% 之间的时候，我们视为改造技术阶段，而比重大于 2% 时，则为创造技术阶段。如图 5－6 所示，我们可以知道，我国研发经费在 GDP 中比重多年来一直处于增加的趋势中，但是截至 2012 年，我国研发经费在 GDP 中的比重一直低于 2%，即我国的科技创新水平停留在改造技术的发展阶段。所谓改造技术就是在现有的技术设备基础上进行改造和优化从而达到改良现有设备及生产技术的目的，而这并非真正意义上的创新。为了达到在科技竞争中处于主动地位的目的，必须依靠自主创新形成自主知识产权。而这正是我国尚未达到的，回看世界创新最为领先的瑞典，其研发经费的比重达到 3.27%，综合国力最强大的美国 2011 年这一数据也已经达到了 2.77%。这说明我国在这方面与国际水平存在的差距比较大，我国需要借鉴外国的发展经验，在科技创新研发经费方面加大投入，支持科技创新事业的发展。我国 2003—2012 年间科技创新研发经费在 GDP 中的比重情况如图 5－6 及表 5－5 所示。

表 5－5　　　　2003—2012 年我国研发经费在国内生产总值中的占比

单位：亿元、%

年份	研发经费	国内生产总值	研发经费/ 国内生产总值
2003	1 539.60	135 822.76	1.13
2004	1 966.30	159 878.34	1.23
2005	2 450.00	184 937.37	1.32
2006	3 003.10	216 314.43	1.39
2007	3 710.20	265 810.31	1.40
2008	4 616.00	314 045.43	1.47
2009	5 802.10	340 902.81	1.70
2010	7 062.60	401 512.80	1.76
2011	8 687.00	473 104.00	1.84
2012	10 298.40	518 942.10	1.98

资料来源：《2013 年中国科技统计年鉴》。

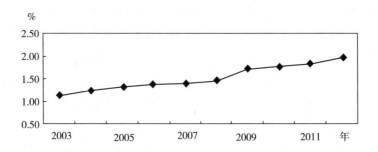

资料来源：根据 2013 年《中国科技统计年鉴》整理。

图 5 - 6　2003—2012 年我国研发经费在国内生产总值中的占比

2. 财政科技在研发经费中占比偏低

我们通过对研发经费近几年数据进行整理得到表 5 - 6，我们发现在经费主要的四个来源中，政府资金仅占四分之一左右，而且存在逐年下降的趋势。从 2012 年来看，研发经费总额达 10 298.4 亿元，其中财政科技资金为 2 221.4 亿元，仅在总额中占了 21.6%，与企业投入相对规模过小，仅为企业资金的 1/3，具体内容见表 5 - 6。

表 5 - 6　　　　　　　　**2003—2012 年我国研发经费筹集情况**　　　　单位：亿元

年份	政府资金	企业资金	国外资金	其他资金	研发总额
2003	460.6	925.4	30.0	123.6	1 539.6
2004	523.6	1 291.3	25.2	126.2	1 966.3
2005	645.4	1 642.5	22.7	139.4	2 450.0
2006	742.1	2 073.7	48.4	138.9	3 003.1
2007	913.5	2 611.0	50.0	135.7	3 710.2
2008	1 088.9	3 311.5	57.2	158.4	4 616.0
2009	1 358.3	4 162.7	78.1	203.0	5 802.1
2010	1 696.3	5 063.1	92.1	211.1	7 062.6
2011	1 883.0	6 420.6	116.2	267.2	8 687.0
2012	2 221.4	7 625.0	100.4	351.6	10 298.4

资料来源：根据 2013 年《中国科技统计年鉴》整理。

对比世界发达国家英国、法国、美国，从图 5 - 7 我们可以看到，这些主要发达国家的政府科技投入均高达 30% 以上，跟企业资金一起作为研发经费的两大主体来源服务着科技研发活动。这说明无论是从我国自身角度，还是跟国际水平相比都反映出我国财政科技支出在研发经费中的比重偏低，这也是我国科研经费投入不足的一个重要原因。科研经费国际对比具体情况见图 5 - 7。

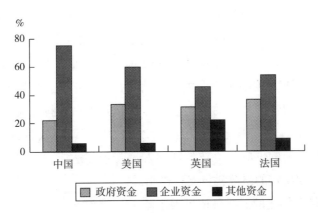

资料来源：根据《中国科技统计年鉴》整理。

图 5 - 7　研发经费来源的国际比较

根据世界先进国家的发展历程，企业大力进行科技研发活动的资金投入一般出现在工业化的后期，这是因为工业化后半段许多企业才发展成熟，让其有足够的实力来进行科技创新的投入，同时，在工业化的后期，企业进一步的发展和生存只能依靠科技创新，所以在工业化的后期企业有足够的实力与动力来投资于科技创新活动。研究发现，在工业化的后期，研发经费的构成中政府科技投入的比重与企业资金投入的比重基本上维持在 35：60。而在工业化中期由于企业投入资金不足，财政科技方面的投入应该保持在 40% 的水平。当前，我国尚处于工业化中后期，企业在研发阶段的资金投入不足问题非常突出，政府财政应进一步增加对科技创新经费的支持力度。

根据上述分析，我们要想改变研发经费不足的现状，总体来讲必须增加财政科技支持力度，充分发挥政府财政政策作用促进科技创新的发展，具体措施有以下几点。

（1）构建财政科技稳健增长机制

相比与国际科技创新型国家的科技创新经费支出，我国长期存在资金投入不足的问题，其在 GDP 中的比重较低，我国财政科技投入在研发中的比重过低，这导致了我国科技研发经费的不足，并严重制约着我国科技水平的提高。这对于我国科技创新处于发展阶段尤为不利，对于我国经济的长期持续发展形成了困难。因此，扩大研发经费支出，提高财政科技投入已经势在必行。另外，政府是克服市场缺陷、推动经济发展的重要力量，政府应该承担支持科技创新的主要任务，应该充分发挥财政科技支持科技创新的重要作用，扩大财政科技投入，为科技创新的发展提供资金保证，为基础性研究、技术革新与开发以及重大核心科技提供必要的支持。近年来，世界各国都逐渐认识到了科技创新对本国发展的重大意义，认识到了财政科技支出在发展科技创新方面的重要作用，因此，我国必须以此为鉴，以财政科技支出为支撑，着力保证科研经费的供应与科技创新的发展步伐相适应，建立与经济发展水平相一致的长期稳定的财政科技支持机制。

（2）开拓多样化的财政科技投入途径

支持科技创新的资金是一个长期供应的问题，科技创新的经济效益具有一定的时间滞后性，因此，单靠简单的财政划拨款项是很难满足科技创新持续性的资金需求的，同时这种方式也无法做到资金规模无限的扩张，所以要解决科技创新经费问题就必须开拓财政科技的投入方式。从国外来看，美国等发达国家在利用财政科技拨款同时也开展了例如贷款国家担保的多样化的财政科技支持形式。因此，考虑到我国当前特殊的发展阶段，国家在制定财政科技支持科技创新策略时除了应该考虑直接的拨款方式，更多地应该考虑直接拨款以外的间接方式，例如制定财政担保机制以政府信用为基础，对极具市场空间的，能够支持科技创新的科技项目提供国家信用担保，使其更多地获得银行贷款支持。这样可以发挥财政资金的杠杆效应，不仅减轻财政方面的资金压力，而且满足更多的科技研发经费需求。

（3）协调好中央与地方财政的科技支出

前面在分析中央财政科技与地方财政科技对区域自主创新能力的影响时，提到了我国这些年地方财政科技投入的力度在不断增强，财政科技拨款在整个财政科技拨款中比重逐年提升，已经由 1999 年的 35% 上升至 2012 年的 53%。有关研究表明，地方财政科技支出平均每增加 1% 可以带动 GDP 增长 0.14% 左右，这说明地方财政科技规模不断扩大在一定程度上通过科技创新的进步带动了经济的发展。然而，前面已经分析到了财政科技投入对经济促进作用具有一定滞后效应，一般而言，财政科技投入的经济效益会滞后两年到三年的时间。因此，为了进一步地发挥财政科技对科技创新的支持和引导作用，中央财政部门与地方财政部门在科技投入方面应该通力合作，积极开展公共基础研发活动，鼓励区域间展开协同合作，降低科技创新外溢效应对区域自主研发的消极影响。同时对于具体的科研项目，我们要明确资金的时效性，使财政科技投入的经济效应达到最佳状态，提高资金的使用效率。

（二）财政科技结构性问题

1. 财政科技投向部门结构分析

在财政科技投向部门结构方面，我国与国际上一些发达国家的策略十分相似，其主要财政科技支出都集中于政府研究机构及高校这两大块。我国在2007年对政府研究机构科技经费支持达到了财政科技支出总额的65%，同时将近20%的财政科技支出投向给了高校，这说明财政科技对企业及其他科研机构的财政支持资金仅占到15%左右。同样，美国的科研活动经费的分布也体现出了集中性的特点，例如2008年其将40%的科研经费输入到政府研究机构，其次是高校，最后才是营利性科研机构。这是一种趋势，在财政科技方面各国逐渐将其支持的重心向基础性研究方面进行了转移，各国都逐渐注意到自身经济潜在增长点的挖掘。而高校在基础性研究中承担十分重要的任务，这已经引起了各国的关注。从我国自身角度来看，我国跟世界各国相比，虽然在结构发展方面来与其他发达国家具有类似的特征，但是我国的科技经费总体水平与国际水平还存在一定的差距。我国应该注重结构的调整，在一定程度上提高高校的科研经费的比重，适当降低政府研究机构财政科技支出的比重，从而促进科技经费的合理分配，带动基础性研究的发展。

表5－7　　　　2009年我国研发经费支出活动类型分类结构　　　单位：%

投入部门	基础研究	应用研究	试验发展
研究机构	11.10	35.20	53.70
高等学校	31.10	53.40	15.50
企业	0.10	2.00	97.90
总体合计	4.70	12.60	82.70

资料来源：根据2010年《中国统计年鉴》整理。

2. 科技支出地区结构分析

在这里，科技支出地区结构分析主要从财政科技支出总体规模和财政科技支出在地方总财政中比重两个方面进行。我们通过科技指标数据库得到数据分析出了我国各地区地方科技支出的情况，经过比较发现各地的差异十分明显。这里以广东省和西藏自治区为例，广东省的财政科技拨款总额是西藏自治区的 46 倍，广东省 2008 年的财政科技拨款额为 132.52 亿元，西藏自治区仅为 2.9 亿元。同时，财政科技支出在地方财政支出中的比重也存在很大的差距，2008 年北京市的比重占到了 5.73%，而西藏自治区仅为 0.76%。总而言之，地方财政科技支出结构中，东部地区优势十分明显，无论是总体规模还是财政科技的比重，东部地区都明显要超过中西部地区，其次是中部，最后为西部。这一状况恰恰与我国的地域经济综合实力趋于一致。

因此，针对财政科技的机构性问题我们提出以下应对措施。

（1）加强对企业科技创新事业的支持

上面我们已经分析了我国财政科技投向主要集中于研究性机构和高校，而对营利性企业支持较少。企业在国家经济发展的作用是举足轻重的，企业在追求自身经济利益的过程中也极大地推动了经济的发展及社会的进步。在社会主义市场经济体制下，企业是市场经济活动的重要参与主体。当然，在科技创新领域，我们同样必须重视企业推动作用。现代企业的生存与发展在很大程度上取决于企业自身是否掌握核心科技，是否拥有自主知识产权。因此，企业必须通过科技创新来求生存，并成为科技创新活动的重要主体。然而，由于企业受到资金力量的限制，其投入科技研发的经费毕竟有限，因此，国家财政科技相关政策应该给予企业更多的支持。国家财政部门可以通过激励政策鼓励企业自主创新，可以对企业的特定科技项目给予财政支持，鼓励形成自主知识产权，对一些主要行业如汽车、通讯等行业的企业的技术研发给予适当的财政拨款，促使企业积极进行技术研发，从而壮大我国的民族企业，进而推动我国经济的持续发展。

（2）调整财政科技的支出结构，增加基础研究投入

基础研究是技术创新的理论基础，技术创新必须以基础研究成果为指引，这样才能做到有的放矢，因此基础研究是一个国家科技进步、经济发展和社会进步的动力源泉及潜力所在。因此，其对国家发展是十分重要的，得到各

个部门的重视也是理所当然的。但是由于基础研究的公共产品属性及基础研究的经济效应滞后性的特点，导致社会各界往往不够重视这方面的投入，甚至作为基础研究主要力量的科研机构及各大高校在这方面的投入不是特别充分，他们将更多的财政科技拨款应用于见效快的试验性研究方面。因此，单方面扩大财政科技的支出规模成效并不明显，而且国家也不具备无限扩大财政科技支出规模的可能性。鉴于此类情况，我国各级财政部门不仅要在财政科技总体规模上加大投入力度，而且要鼓励基础研究，禁止科研执行部门将资金用于其他方面的研究。例如，可以采取科技成果奖励制度，给予适当的资金激励；成立基础研究支持基金，给予基础研究项目经费；构建基础研究科技成果运用收费机制。通过这些措施彻底改变基础研究不受重视的现状，克服基础科研成果非排他性特点的限制，真正提高我国基础研究的水平。

（3）统筹协调财政科技支出，缩小地区差异

地区财政科技水平的差异已经存在了很长时间，如何改变这种局面成为一个难题。面对这一问题，首先，中央财政在进行财政科技拨款规划的时候可以适当地对中西部进行倾斜。加大对中西部地区的科技支持，促进中西部地区科技创新能力的提高，从而发挥促进地区经济发展的作用。其次，应该加强东部地区与中西部的科技项目的合作，克服中西部对口科技项目研发资金缺乏的困难，从而实现东部科技创新带动中西部科技创新协调发展的良好局面。最后，可以鼓励部分大型企业集团与中西部科技研发活动进行项目合作，以企业的资金支持中西部科研活动，企业获得科研活动成果，形成真正的科技创新与产业化发展的协同发展。

（三）财政科技管理体制的问题分析

财政科技支出管理主要是指对财政部门用于科技事业发展部分的规划、决策、组织、协调及监督活动。其主要内容涉及科技经费的划拨、预算、监督及效果评价，可以归结为其宏观和微观两个方面的内容。其主要目的是通过对财政科技支出的积极组织、协调、监督，实现财政科技的正常发展，正确引导科技经费的流向，使其更好地服务于科技创新的发展。而管理体制方面，其核心内容主要是管理主体的权限、管理区域划分以及管理主体之间的相互关系等内容；预算管理方面主要包括预算方案的制定、方案的审核、执行的监督及绩效的评价等。

1. 财政科技资源统筹协调机制不完善

目前，我国财政科技资源统筹协调能力十分欠缺。财政科技各部门之间相互分离很难做到各部门科技资源的相互协调。各级科技资金管理单位分割十分严重，行政区域隔离严重，决策环节联系缺乏，严重限制了科技资源的有效配置。同时，由于各部门之间取缺乏必要的联系，从而使得各部门之间缺乏有效沟通，导致各部门之间无法实现相关信息的共享。这种信息的封闭状况很容易造成各部门为了同一项目重复计划，造成科技资源的浪费。因此，在这种缺乏协调机制的情况下，各部门之间很难做到相互协作，优势互补。这种现状对科技经费相对紧张地区的影响尤为严重，其本身已经存在财政科技支持力度限制，如果无法减少重复建设等问题，会严重加剧各地区及各领域之间财政科技水平的不平衡。另外，在财政科技管理体制中，社会公众参与的较少，其财政科技信息透明度不是很高，导致社会监督的作用很难发挥。

2. 财政科技资金预算管理不规范

我国财政科技资金预算管理不规范的问题主要表现在以下几个方面：一方面，预算编制不合理。目前，很多政府官员还没有彻底摆脱粗放型观念，在编制预算过程中政绩色彩很浓厚，对一些项目并没有进行科学论证，从而导致科技预算编制的随意性及不合理性。存在虚假预算，人为地提高预算资金，造成科技资源的浪费。同时，由于对预算内容的划分不够具体，从而造成预算管理的困难，预算执行的随意性也增加，导致预算分配的不合理。另一方面，预算执行不规范。预算执行的不规范在一定程度上是由于预算编制的模糊性造成的。比如，某些部门对科技研发项目经费没有设置明确的支出类别及开支标准，从而导致预算执行时存在一定的调整空隙，造成资金运用的混乱。另外，未经授权私自挪用资金、超规模使用资金等现象十分严重，这必然会导致资金的低效使用，造成科技资源的无形流失。

3. 科技经费监管制度不够完善

我国目前财政支出监管方面，虽然制定了相关的政策，实行了财政支出的公示制度。但是财政监管一直处于缓慢发展的阶段，特别是财政科技经费支出方面的监管还存在很多问题：首先，科技经费的监管主体单一。目前我国的财政监督主要以自主监督为主，很多部门即承担着经费分配的任务，同时又肩负着财政监督的责任。不仅如此，在科技经费监督中，还存在监管主体跟经费使用主体及项目执行主体"三者合一"的现象，即所谓的自我监督。这样会导致科技经费监督出现自我监督的现象，难以避免一些科研经费的低效利用，从而其监督效果甚微。其次，财政科技经费监督中，各部门的监管职责不明确。这会使一些科技项目经费存在漏查现象及重复监督的问题。严重造成科技经费监管不力，造成科技经费使用的无监管真空，从而滋生各种违规违章行为，导致科技经费使用的低效率，制约科技创新的进步与发展。最后，有关财政科技监管的法律制度比较缺乏，这会导致财政科技的监管行为没有可靠的法律保障，造成财政科技监管行为的混乱，而且缺乏权威性。

4. 财政科技支出绩效评价体系不健全

目前，我国的财政科技评价体系有待健全，虽然最近几年来其有了一定的完善，但是问题依然存在：首先，财政科技评价体系缺乏全国性。我国学者在财政科技评价体系领域进行了深入的研究，而这些研究也为我国财政科技绩效评价体系的建设提供了一定的理论基础和思路指引。但是，由于我国财政科技的探索时间较晚，大部分的研究主要是着眼于局部思考，距离完备的财政科技评价体系构建还需一定的时间。其次，地区间的绩效评价结构并不统一。在已有的财政科技评价体系中，各个地区针对各自不同的科技项目制定了相关的政策，只是对自身的绩效执行机构作出了一些规定。但是，这些相关规定和条文并没有形成统一的标准和体系，一个地区的规定并不适用于其他地区。这样会导致一些科研项目在涉及不同的地区时出现绩效评价的差异性，无法形成统一的、明确的结果。这必然会导致这种评价结果可参考性的价值不大，也会影响财政科技支出在这方面的分配，不利于科技项目正常进行。最后，非系统性因素难以避免。我国地区发展水平的差异性和各个地区自身目标的特殊性，导致绩效评价体系的非系统性因素存在，使得不同区域的评价体系不可避免地存在不同。这对于国家宏观分析各地科技项目的绩效状况十分困难，难以摆脱非系统性风险的干扰，从而不利于从全国的战略高度来考察科技经费绩效情况，不利于进一步的财政科技规划与决策。

针对财政科技管理体制的上述缺陷，我们给出下列参考性意见：

（1）健全财政科技资源协调机制

鉴于科技资源管理部门分散的问题，国家可以建立科技创新联合会议制度。建立由财政部、发改委、科技部及相关部门联合大会制度，定期召开科技经费研讨会议，实现各方面的信息资源的共享，加强重点科技项目的交流，共同协调科技经费预算及相关管理，统一整合各部门的科技投入，做到科技资源与科技创新需求真正的相适应，真正实现科技资源的有效利用。与此同时，促进各部门深入了解各级科技计划、资金定位及重点方向，做到科技经费运用的有的放矢及透明公开。各部门之间应该充分整合资源，携手推动大型科技项目，减少因重复建设造成的资源的浪费。

（2）规范科技资金预算管理制度

首先，部分政府官员必须转变执政的观念，彻底摒弃粗放性的发展观，避免政绩性项目上马，避免科技资源的浪费。在编制预算过程中遵循科技发展的客观规律，着眼全局，以发展的眼光看问题，从而保证科技资源科学运用。同时各部门在预算编制过程中，必须做到思路清晰，严格把关项目资金审批，抓住重点项目，细化预算内容，明确各项范围及标准。其次，在预算执行中，必须严格控制资金运用，避免资金挪作他用，严格遵循资金启用程序。特别是要加强对零星支出的管理，例如加强对人员费、会议费、差旅费等容易出现漏洞的相关费用的控制，避免造成科技经费的无形流失。同时，可以对一些重大项目优先考虑资金支持，必要时可以进行一定的经费调整。

（3）完善科技经费的监管制度

针对科技经费监管主体单一的现象，我国可以考虑参照国外经验，实行自主监督和社会监督结合的方式。成立内部监督小组和社会监督小组，前者主要是以事中监督为主，对科技经费的预算及执行情况进行监督管理，而后者主要是事后监督，对科技经费使用的事后效果进行评价。与此同时，对于科技经费的监管要充分发展审计部门及财政部门的审查监督职能，定期对各机构的科技经费进行核查。再者，要充分发挥社会公众的监督作用，实行科技经费支出的公开制度，让社会公众来对其支出情况进行监督。只有这样才能够避免"监守自盗"现象的出现，才能够充分发挥财政科技支持科技创新的作用。另外，针对监管主体职权责任模糊，我国应该对监管活动实行分工，明确监管主体的职权范围及监管责任，建立监管问责制，做到谁监管谁负责。避免重复监督和真空监督，加强科技经费监管的力度，提高监管的效率，使科技经费服务于科技创新的机制正常运转。

（4）建立健全财政科技绩效评价体系

首先，为了建立全国统一的科技支出绩效评价体系。国家应该鼓励国内学者加强这方面的研究，为我国建设统一的财政科技支出绩效评价体系提供可行性方案。国家可以出台相关课题研究项目，鼓励更多的学者参与其中，通过探讨及借鉴国外的经验来制作出方便可行的评价方案。其次，中央财政部门及其他部门应该努力协调各地区的评价体系及相关政策，做到统领全局、协调地方。特别是在科技经费预算中，应该适当根据各地区的各自科技创新的特点给予合理的财政科技支持。同时，地方各部门应该增进沟通，在建立科技经费评价体系的过程中相互协调、相互借鉴，尤其地理位置毗邻的地区间更应该增进合作，通过合作打破地域限制消除财政科技支出绩效评价的地域障碍，保证整个评价体系的可靠性、科学性及适应性。

（四）财政支持科技的方式不科学

关于财政科技支出方式，我们将其主要分为两大类：第一类是通过行政拨款的方式的直接支持方式，第二类是通过财政担保、政府贴息及采购的间接支持方式。不同的财政支持方式适用于不同的科技活动。一般来说，对于理论性强、公共性特殊的基础性研究更多地采用直接财政科技拨款。而对于应用性强、见效快的试验性研究更多地采用间接财政科技支持。所以，大多数西方国家采用结合两种财政科技支出的方法来促进科技创新的发展。以美国为例，美国的财政科技的支出方式在很大程度上结合两种财政科技支出，其不仅在财政投入方面加大了力度，而且结合了财政担保、政府贴息等间接支持方式。在财政担保方面，美国为了支持高新技术产业的发展，尤其是为了解决中小企业的资金问题，1953年成立了美国中小企业管理局，该部门承担了中小企业90%的贷款担保。在贷款担保中，其实行了差额担保，对不同的贷款额度进行了不同比例的担保，对小额贷款提供更高的贷款担保从而积极促进小额贷款的迅速发展，这在很大程度上适应了中小企业的融资特点。在政府贴息方面，美国有明确的法律制度对政府贴息进行了相关的规范，例如《小企业法》对小企业的政府进行了规定，其指出：对研发经费超过1亿美元的小企业，政府必须划拨一定的经费给予支持。在政府采购方面，美国政府采取的策略是运用政府采购的大部分经费来采购国内的高科技产品，以此来促进高科技产业的发展。在克林顿执政的时候，为了支持计算机技术的发展与应用进行了高达 90 亿美元的政府采购。这极大地促进了计算机技术的发展。综合可以看出，美国在科技创新支持方面采取了多样化的财政科技支持，并进行了大规模的财政支持。这也为美国成为世界科技强国作出了巨大的贡献。

对于我国来说，科技创新的经费来源仍然停留在以财政科技预算的直接投入为主，致使我国长期科研经费不足使得科技创新受到限制。我国自 2000 年以来进行了大规模的改革，但是并未改变这一被动局面。当然，这种机械的财政支持科技的方法是无法适应灵活的市场经济模式的。在市场经济条件下，对我国科技创新的需求是多元化，仅仅依靠单一的财政科技拨款方式已经无法适应现实情况的需求。而且，我们应该注意到，单一的直接财政拨款方式不仅无法满足科技发展的需求，而且其大大地限制了其他部门（金融机构、企业、民间资本）投身于科技创新的积极性。因此，为了更好地发挥财政对科技发展的促进作用，我们有必要对我国现行的财政科技进行完善，具体来说，我们在考虑科技支持方式时，应该加以区别对待。对于那些基础性研究，可以考虑以财政拨款方式为主、其他融资为辅的形式，拓宽资金来源渠道。对应用性强的试验性研究，则采用逐步减少财政拨款甚至不进行财政拨款、鼓励和吸引其他投入方式对其进行资金支持，具体来讲可以从以下几个方面着手。

1. 实行财政担保制度

基于科技创新的风险性，考虑到核心科技的高成本，我国政府应该考虑采用政府信用担保的形式，对具有一定前景的科技项目给予财政担保，充分保证其科研活动的顺利进行。同时，面对高新技术中小企业贷款信用问题，政府更应该鼓励财政担保，以保证科技创新的积极性，促进科技创新形成"百花齐放"的局面，促进科技立体式发展。同时，财政担保制度的另一大优点，是可以通过杠杆效应充分利用好有限的财政资金来引导其他金融机构参与科技创新事业的发展，进而最大化地发挥财政科技应有的作用。

2. 实行财政资助制度

这里的财政资助既包括直接的财政补贴，又包括提供各种设备、设施及服务的实物资助。财政补贴包括对科技人员的津贴，也包括对高新技术企业及科技项目的财政贴息。财政津贴可以给予科技创新人才心理慰藉、精神鼓励，从而让其致力于科技创新活动。财政贴息可以为企业提供低息贷款，为高新技术企业解决融资困难，降低其融资成本，激励更多的企业参与科技创新活动。同时，增加金融机构给予企业科技创新活动资金支持的信心，使其更好地为科技活动服务。

3. 实行政府采购制度

政府采购制度更多是强调政府部门对高科技产品的采购力度，从市场需求的角度来拉动高新技术产业的发展。同时，保护我国民族企业的发展。这是充分利用市场经济的运行机制，其比直接的财政拨款的指引效果更为明显。在政府采购过程中，应该考虑在技术层次相当、价格水平相仿的情况下，优先购买本国产品，这也是国际上的一大惯例，有利于本国企业的成长及科技的进步。因此，政府采购制度的实行在促进科技创新方面发挥着十分重要的作用，其意义是十分重大的。

【专栏】国务院决定设立国家新兴产业创业投资引导基金

据新华社北京 5 月 21 日电　国务院总理李克强 2014 年 5 月 21 日主持召开国务院常务会议，决定大幅增加国家创投引导资金促进新兴产业发展。

会议指出，我国已进入必须依靠创新驱动发展的新阶段。推动结构调整和产业升级，需要创业投资的助力和催化。改革政府投入方式，更好发挥中央财政引导资金"四两拨千斤"作用，带动各方资金特别是商业资金用于创业投资，完善竞争机制，让市场决定创新资源配置，支持战略性新兴产业和高技术产业处于成长期的创新型中小企业发展，这对激励创新创业、扩大社会就业、促进创新型经济加快成长，具有重要意义。会议决定，成倍扩大中央财政新兴产业创投引导资金规模，加快设立国家新兴产业创业投资引导基金，完善市场化运行长效机制，实现引导资金有效回收和滚动使用，破解创新型中小企业融资难题。会议要求，要营造宽容失败、敢于开拓的氛围，抓紧建立健全体制机制，鼓励创业投资向创新型企业起步成长的前端延伸。使全社会创业投资生机盎然，让各类创新创业人才大展身手，促进新兴产业蓬勃发展。

第六章　我国科技贷款支持金融创新现状及存在的主要问题

我国科技贷款在支持金融创新方面也起到十分重要的作用。其为金融创新开辟了新的途径与领域，有助于促进金融创新的多样化发展。我国科技贷款起步于 20 世纪晚期，是伴随着我国改革开放的步伐逐渐发展起来的，经历了长达三十年的发展已经取得了一定的成就。但是，由于我国市场经济起步较晚，金融体系不够完善，科技贷款发展也存在一定的问题。鉴于科技贷款对金融创新的重大意义，对科技创新的重要作用，以及科技贷款发展存在一些问题的现状，我们有必要对其发展情况进行分析与研究。充分发挥科技贷款对金融创新的支撑作用，为科技事业的发展提供必要的动力。

第一节　我国科技贷款发展的现状和特点

一般而言，科技贷款主要是指对高新技术企业的贷款，当然这是一个狭隘的概念。广义的科技贷款除了包括给高新技术企业的贷款外，还包括对科研院所、科技中介服务机构等事业单位的贷款，以及对非高新技术企业获得的用于技术改造、设备更新的专项贷款。

一、我国科技贷款发展的现状

（一）我国科技贷款经历的几个发展阶段

在考察一些具有标志性的历史事件及科技贷款发展的规模等要素后，学者们将我国的科技贷款发展过程大致划分为了五个阶段："萌芽阶段（1980年至 1984 年 7 月）、初步发展阶段（1984 年 8 月至 1989 年）、高速发展及风险累积阶段（1990 年至 1997 年）、调整发展阶段（1998 年至 2005 年）和再发展阶段（2006 年至今）"。

1. 萌芽阶段：1980 年至 1984 年 7 月

中国科技贷款萌芽最早出现在资金资源极其匮乏及科技水平相对薄弱的地区，从 1980 年 4 月开始，我国科技贷款有了一定的发展。科技贷款项目先后在湖南湘潭、浙江义乌及湖北襄樊等地区进行了初步探索，开创了科技贷款的湘潭模式、义乌模式及襄樊模式。

"1980 年是科技贷款的元年。当年 7 月，浙江省进行了科技贷款第一次探索，试行有偿科研经费"。浙江省财政厅联合科委等有关部门颁布了《浙江省有偿科研经费管理办法》，该办法规定科委通过中国人民建设银行浙江省分行向个别科研院所有偿发放科研经费。在该模式下，银行只负责贷款的发放、监管与回收，而贷款的审批事项是由科委裁决和执行。信贷的资金的来源也更为广泛，其来源主要有两大类：第一，科技系统有偿科研经费，由科技三项经费中提取一定的比例组成；第二，财政系统的有偿科研基金，主要由地方财政机动筹划出一部分构成。这一模式创造性地引入了银行机制，其进行的有偿经费做法虽然在一定程度上约束了科研经费的使用状况，但是有利于科研经费的正确使用。

1983 年 3 月，继浙江省义乌市创造了科技委托贷款的模式之后，湖南省湘潭市也进行了相关方面的探索。湖南省湘潭市科委和中国人民银行湘潭市中心支行共同颁布了《关于银行贷款支持科技发展的试行办法》，规定了商业银行可以对企业科技的推广及金融产品的研发进行贷款，其中放开了对银行贷款范围的限制，有利于企业的科技成果的产业化发展。与浙江模式相比较，在湘潭模式中银行不仅负责贷款的发放、监管和回笼，还必须负责信贷资金的筹措。同样，科技项目放贷的审核工作还是由科委执行。同时，湘潭模式的另一创新在于其还本付息的模式。在这一模式中，还本付息的方式不再是一种固定的方式，而是根据科技项目的社会效益及企业的利益不同进行调整。这里主要存在三种还本付息的方式：（1）还本付息，二者均由企业承担；（2）企业还本，科委付息；（3）企业部分还本，科委承担剩余本金并且偿还利息。我们可以看出湘潭模式部分继承了浙江模式的风格，在一定程度上具有科技委托贷款的特征。

1983 年，经中国人民银行授权，湖北省在襄樊市也进行了科技信贷项目试点。中国人民银行襄樊市中心支行联合襄樊市科委和财政局制定并颁发了

《襄樊市科技贷款试行办法》，规定了从中短期设备贷款项目中划出一部分额度作为科技贷款资金。与湘潭模式不同，这里的科委职能发生了转变，科委不再是审核职能的主要执行者，而是协助银行审核，襄樊市科委设立了科技开发中心，专门从事科技项目的经济技术论证，为银行科技贷款进行参考，银行部分与湘潭模式不同，银行成立了专门从事审核工作的机构——科技开发信用部。总体来讲，这一模式已经十分接近科技贷款的形态。

继此之后，我国很多地区也进行了科技贷款的相关研发。但是萌芽阶段的科技贷款的规模相对较小，主要都是区域性的试点。据估计，这一阶段的科技贷款规模没有突破 1 亿元。而大规模的科技贷款主要是从 1984 年开始，从这一时期起，科技贷款的发展逐渐从地方开始向全国推开，而我国的科技贷款的发展也从此进入了初步发展阶段。

2. 初步发展阶段：1984 年 8 月至 1989 年

在这一阶段，中国工商银行异军突起，摇身变为了"科技银行"，科技贷款逐渐由地方性探索向全国性展开转变。为金融创新的发展提供了强大的资金保障。在这一阶段里，科技贷款的规模不断扩大，科技贷款的主体逐渐多元化，科技贷款的种类逐渐增多。当然，科技贷款能够有如此高的发展速度也离不开国家层面的政策支持。这段时间里，国家相继颁布了四个极为重要的全国性的文件。

首先，1984 年 8 月 30 日颁布的《中国工商银行关于科研开发和新产品试制开发贷款的暂行规定》，这个文件的颁布标志着中国工商银行正式在全国范围内开展科技贷款业务，其代表着我国科技贷款发展由地方性探索向全国性展开。同时，它也为中国工商银行成为"科技银行"奠定了坚实的基础。其次，1985 年 10 月 7 日发布的《中国人民银行、国务院科技领导小组办公室关于积极开展科技信贷的联合通知》，此文件是中央颁布的第一个关于科技贷款的正式文件，其规定"各大专业银行及其他金融机构要在其核定的信贷计划总量中，调剂一部分贷款，积极支持科技事业的发展"。这标志着科技贷款具有了国家层面的政策支撑，极大地促进了科技贷款在全国范围内的发展与壮大，其不仅扩大了科技贷款的规模，而且推动了科技贷款主体的多元化发展。最后，第三个、第四个文件分别为 1986 年颁布的《中国工商银行关于科技开发贷款的若干规定》和《中国工商银行关于科技开发贷款几个问题的通知》。

这两个文件，加快了中国工商银行在全国范围内推行科技贷款的进度，具体情况可以见图 6 - 1，从图 6 - 1 中可以看出，中国工商银行 1992 年的科技贷款规模在 1990 年的基础上增加了 140% 。

总体而言，在我国科技贷款初步发展阶段里，科技贷款规模处于不断增长的状态。在这里，我们仅以科技贷款的主要提供者——中国工商银行为研究对象。我们整理了 1985—1997 年的数据，见图 6 - 1，图中表明我国的科技贷款规模处于不断增加状态。

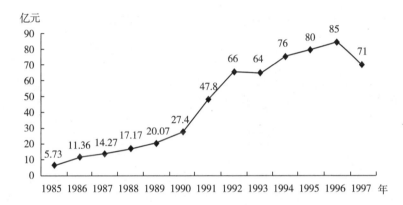

资料来源：根据 1986—1998 年《中国金融年鉴》整理。

图 6 - 1　1985—1997 年中国工商银行科技贷款

另外，在这一时间段除了科技贷款的总体规模在不断扩大外，我国科技贷款的种类也在不断地丰富。科技贷款在初步发展之初只有三个贷款类别，分别是技术开发、电子计算机技术及科研贷款。在这一阶段末，科技贷款的种类由最初的三类增加到了七类。新增的四个科技贷款类别分别是在 1985 年增加的"军转民"技术开发贷款，1986 年的"星火"计划技术开发贷款，1988 年的科技成果推广贷款和"火炬"计划技术开发贷款。科技贷款实现了信贷主体的多元化。在商业银行方面，除了中国工商银行外，中国农业银行、中国银行、中国建设银行等其他商业银行也开办相关业务。科技信托公司、科技信用社等其他金融机构也逐渐成为科技贷款的重要主体。

3. 高速发展和风险累积阶段：1990 年至 1997 年

在初步发展阶段结束后，我国科技贷款进入了高速发展和风险积累阶段，这一阶段从 1990 年开始到 1997 年结束，总共持续了七年时间。在这个阶段，由于中央银行在国家信贷综合计划中单独设立了科技开发贷款项目，科技信贷无论是在质量上还是数量上都有了高速发展，该项目主要目的是为了支持国家级科技项目的开发和地方各级科技创新成果的转化。当然，这一政策的出台会引致各大商业银行积极扩大贷款规模，从而促进科技贷款的规模不断扩大。数据统计显示，1996 年中国工商银行的科技贷款为 85 亿元，较 1990 年增长了 2 倍多。表 6 - 1 为各大银行开展科技贷款的时间及相关文件。

表 6 - 1　　　　　　　　　科技开发贷款开办银行及大规模开办年份

银行	中国工商银行	中国人民建设银行	中国农业银行	中国银行	交通银行
大规模开办年份	1984 年	1990 年	1990 年	1991 年	1991 年
政策依据	《中国工商银行关于科研开发和新产品试制开发贷款的暂行规定》	《中国人民建设银行、国家科学技术委员会关于办理科技开发专项贷款有关事项的通知》	《中国农业银行、国家科学技术委员会关于办理科技开发贷款的若干规定》	《国家科学技术委员会、中国银行关于办理科技开发贷款的若干规定（试行）》	《交通银行、国家科学技术委员会关于办理科技开发专项贷款有关事项的通知》

这一阶段是科技贷款高速发展的阶段，也是科技贷款风险累积的阶段。虽然关于风险积累的数据很难找到，但是我们从其他方面的数据可以探寻到一些痕迹。以中国工商银行天津市分行为例，1991 年末，其科技贷款的余额增加了 2.11 倍，科技贷款发放额增加了 2.26 倍。同时，同期的逾期贷款增加了 3.67 倍，这充分说明科技贷款存在过度放贷、信用风险递增及银行资本充足率下降的风险。银行在科技贷款方面的潜在风险也在逐渐增加。

同样，中国工商银行湖南省分行也存在这方面的问题。从 1985 年开展科技贷款业务以来，累计发放贷款 8 亿元，共扶持科技开发项目 640 多个。到 1994 年上半年末，其科技开发贷款余额达 42 032 万元，其中不良贷款为 12 109 万元，涉项目多达 240 个，占同期科技贷款余额的 28.81%，占未还清项目的 54.05%。这说明银行在科技贷款方面的潜在风险十分严重。因此，总体来讲，这一阶段是科技贷款快速发展、风险积累的阶段。面对科技贷款风险的急剧累积，银行进行科技贷款的意愿也逐步被削弱，严重地阻碍了科技贷款的可持续发展。科技贷款的发展面临着一个调整的过程。

4. 调整发展阶段：1998年至2005年

在经历了1990—1997年的高速发展及风险累积阶段后，科技贷款的诸多问题逐渐呈现，严重阻碍了科技贷款的进一步发展。加之受到国际经济不良环境的影响，我国的科技贷款进入了一个调整的阶段。而这一过程一直持续到2005年末。在这一阶段，首先是银行业进入了改革的阶段，防范和化解金融风险逐渐成为银行重点考虑的问题，因此，在此期间，科技开发贷款项目由于风险累积的原因也被叫停，科技贷款的发展进入了调整及停滞的阶段。但是，缘于国有商业银行不断地创新与改革，科技贷款累积的巨大风险才得以在改革的进程中得到慢慢化解，这样才使得科技贷款得以在新的道路上轻装上阵。这一阶段的调整除了在科技贷款的规模上进行调整，还对科技贷款体系、科技贷款的内涵、科技贷款供求方三个方面也进行了调整。在科技贷款的机制方面，银行开始全面负责科技贷款业务，科技贷款的风险约束机制得到不断地完善，科技部门对科技贷款的影响力得到削弱，其逐渐扮演起一个顾问的角色。在科技贷款的内涵方面，在此之前，科技贷款的主要项目集中于科研活动，涉及科研院所及国有企业；而在这一阶段，科技贷款的重点逐渐向科技型中小企业方向转移，其关注点不仅局限于重大科技项目，也涵盖了与科技开发相关联的科技服务、配套设施建设等方面的内容。在科技贷款供给主体方面也作出了调整，商业银行的主体位置在逐渐被削弱，而政策性银行国家开发银行在科技贷款方面的支持力度却在不断增强。国家开发银行在这一阶段与科技部签署了《支持自主创新开发性金融合作协议》，在2005年开始向科技型中小企业提供在"统借统还"的贷款模式。

5. 再发展阶段：2006年至今

科技贷款在经历调整阶段后，从2006年开始进入了新的发展阶段。2006年初先后颁布了《国家中长期科学和技术发展规划纲要（2006—2020年）》和《国务院关于印发实施〈国家中长期科学和技术发展规划纲要（2006—2020年）〉若干配套政策的通知》。这两项文件的颁布标志着科技金融创新发展步入了高速发展时期，同时也使得科技贷款进入了新的高潮。自此以后，一系列支持科技贷款发展的政策陆续出台（见表6-2），科技贷款得到长足的发展，但是商业银行进行科技贷款的意愿存在明显的滞后性。

表6-2　　　　　　　　科技贷款相关政策文件（2006—2010年）

政策名称	颁布时间	颁发部门
《科技型中小企业贷款平台建设指引》	2006年3月	科学技术部、国家开发银行
《关于加强知识产权资产评估管理工作若干问题的通知》	2006年4月	财政部、国家知识产权局
《国家开发银行高新技术领域软贷款实施细则》	2006年11月	国家开发银行
《关于商业银行改善和加强对高新技术企业金融服务的指导意见》	2006年12月	银监会
《关于对创新型试点企业进行重点融资支持的通知》	2007年6月	国家开发银行、科学技术部
《关于进一步加大对科技型中小企业信贷支持的指导意见》	2009年5月	银监会、科学技术部
《关于开展科技专家参与科技型中小企业贷款项目评审工作的通知》	2010年2月	银监会、科学技术部
《关于加快推进中关村国家自主创新示范区知识产权质押贷款工作的意见》	2010年8月	中关村国家自主创新示范区
《关于加强知识产权质押融资与评估管理支持中小企业发展的通知》	2010年8月	财政部、工业和信息化部、银监会、国家知识产权局、国家工商行政管理总局和国家版权局

【专栏】广发银行小企业批量授信案例

广发银行与武汉市科技局合作，采取信用和股权质押回购的模式，为入选"瞪羚计划"优质小企业批量办理用于短期资金周转的授信业务。武汉市科技局负责推荐重点企业，其下属公司作为股权回购方，在授信企业无法偿还贷款时对质押的企业股权进行回购。

【专栏】建设银行"助保贷"模式

产品简介：小微企业"助保贷"业务，是指在企业提供一定担保的基础上，由企业缴纳一定比例的助保金和政府提供的风险补偿资金共同作为增信手段，建设银行向"小微企业池"中的企业发放贷款的信贷业务。具体来说就是由入选"小微企业池"的企业提供40%的抵质押或保证，并缴纳2%的助保金，政府成立风险补偿金，建设银行按照政府风险补偿金放大10倍提供贷款。1 000万元财政资金在银行杠杆效应下为企业解决1亿元的资金来源，实现了政银企三方合作共赢。

产品特点：（1）搭建政府、企业、银行三方合作平台：由政府的风险补偿资金、企业缴纳的助保金共同组成"助保金池"为企业贷款增信，银行向企业提供贷款支持，三方共享信息资源，协同控制风险。（2）扩大企业可贷款额度，降低融资成本：企业最少仅需提供40%的担保，有效破解了小企业因保证和抵押不足而面临的融资困境。（3）支持区域实体经济发展：利用资金的杠杆效应，扶持更多当地优质的中小微企业，拓宽政府财税收入的来源，创造更多就业机会，培育良好的金融信用环境。

适用对象：经国家工商行政管理机关核准登记的小企业。小企业的划分标准按照建设银行最新的客户认定标准执行。

贷款额度：采取评分卡评分的企业"助保贷"额度最高不超过500万元（含）；采取小企业客户信用评级办法进行评级的企业，贷款额度最高不超过2 000万元（含）。

贷款期限：贷款期限最长不超过1年。

杠杆效应：政府提供风险补偿资金1 000万元，银行提供贷款1亿元。

【专栏】宁波"小贷险"模式

自2009年，宁波开展"小贷险"试点，取得良好的社会效益和经济效益。在该模式下，科技型中小企业融资成本由银行贷款利率、保证保险费率及附加性保险费率三部分组成，借款人融资成本一般在 10% 左右，贷款银行与保险机构按照 3:7 比例分摊贷款本金的损失风险。宁波市政府对保险公司赔偿额度超出保费一定比例的超赔部分，纳入小企业贷款风险补偿资金的补贴范围给予合理补偿。政府提供每年 1 000 万元的超赔财政资金，并建立叫停机制。

【专栏】民生银行"投联贷 + PE 增信"

对 PE 拟投或已投的中小企业，采取信用、股权质押、PE 增信（PE 保证、PE 股权保购、PE 持有的其他公司股权质押）模式发放贷款。"投联贷 + PE 增信"的融资方式解决了企业在股权融资时股权被过多稀释的问题，通过 PE 增信，能够提高企业融资额度，避免可抵押、可担保措施不足企业的信贷融资。

（二）现阶段的科技贷款的状况

1. 科技贷款的需求存在差异性

目前，由于不同科技型企业在科技项目中的差异性，以及不同企业自身资金状况的水平不同，不同科技型企业对科技贷款的需求也存在着不同。总体来讲，我国高新技术企业对科技贷款的需求一直十分旺盛的，大型企业由于其科技项目的研发周期长、资金需求量大，对科技贷款的需求偏好于期限长、利率低的贷款；而对于中小型企业来讲，其科技贷款的期限可能倾向于期限短、利率适中，其融资规模相对而言也比较小，金融产品的研发和运用属于高新技术产业，其研发周期长、资金要求高、风险性大，但是收益率高，对资金的吸引能力强。

2. 银行在科技贷款中面临不同的问题

由于自身金融资源、经营理念及职能定位上的缺陷，政策性银行的放贷功能受到限制，使其在科技贷款中的作用十分有限；大型商业银行虽然规模庞大、资金充足，但是在科技贷款方面的意愿表现并不积极，出于风险控制，在支持金融创新方面存在一定的"惜贷"现象，所以在科技贷款供给中的作用非常有限；中小银行由于自身规模、风险水平及信息不对称等因素的影响，使其在科技贷款中难以充分发挥其应有的作用，科技贷款的供给不足造成金融创新资金的缺乏，也在一定的程度上影响了金融创新的发展。

3. 民间借贷在科技贷款中的作用

在科技贷款方面，由于科技贷款的特殊性及银行"惜贷"现象的存在，从而民间借贷成为了科技贷款的重要补充。很多企业为了解决暂时性的融资困难都选择民间借贷。对于中小型科技企业来说，科技贷款需求的特点使得其更倾向于民间科技信贷，因为民间借贷存在手续简单、资金到位快等优势。所以，民间科技贷款在科技贷款中的作用十分重要，同时对金融创新资金来源提供很好的补充，推动了金融创新的发展。

4. 企业普遍存在科技贷款的困难

首先，不同时期、不同行业的企业获得科技贷款的难易程度不同。例如，从事 IT 行业的企业要比从事生物科技行业的企业获得贷款难度要大；规模较小的企业比规模大的企业获取贷款的难度要大；处于初创期的企业比成长期的企业获取贷款的难度要大；金融环境差的地区企业获得科技贷款的难度要大，而金融环境较好的地区获取贷款相对比较容易。其次，企业获取科技贷款困难的原因总体上来讲是由科技贷款自身的特点所造成的。科技贷款针对的对象是风险性较大、不确定因素多的科研项目，尤其是金融产品的研发。所以，无论国有银行还是商业银行为了弥补对支持金融创新所承担的科技贷款风险，对利率的要求一般较高，也迫使金融产品研发的成本上升，所以科技贷款的融资成本一般要高于其他贷款的成本，不利于金融创新的长效发展。这是企业贷款的难的主要原因，特别是中小科技企业。接下来，我们具体分析中小企业科技贷款困难的原因，具体从四个方面来看：

第一，从企业自身角度。科技型中小企业既拥有高新技术企业的特征，又具有中小企业的特点。所以相对于一般的企业，科技型中小企业具有更高的市场风险和技术风险；其企业规模较小，组织结构简单，管理不够完善，财务体系不健全，抗风险能力差；资产结构方面，固定资产比例较小，无形资产比重较高，可供抵押的资产较少，从而使其信用等级较低。这些自身的局限性是科技型中小企业贷款困难的内在主要原因。

第二，从银行角度。近年来，随着科技型中小企业成为推动科技创新的中坚力量，国家也越来越重视解决科技型中小企业的融资难的问题。2009年国务院专门出台了《关于进一步加大对科技型中小企业信贷支持的指导意见》，积极引导中小企业的科技信贷向着正确的方向健康发展。在这种的环境下，各类银行在对中小企业信贷方面作出了积极响应，很多银行为此成立了中小企业贷款部，负责中小企业贷款项目的审核、发放、服务及监管，并不断进行了信贷产品的优化升级，针对不同的资金需求者提供合适的信贷产品。所以，科技型中小企业的融资难问题在一定程度上得到了有效的缓解，但是商业银行出于对自身金融风险控制和贷款的监督成本的考量，贷款条件和要求要普遍高于其他同等条件下的信贷业务，从而致使很多具有良好前景的中小企业很难获得信贷支持。

第三，从金融体制角度。目前，我国国有企业在经济发展中仍然处于主导地位，中小企业的地位依然不高，在这样的背景下，我国大多数商业银行在考虑信贷的时候优先考虑的是国有企业，在这种金融体制下，我国的中小科技企业将会处于科技贷款的边缘地带。与此同时，我国的中小金融机构发展相对不足，不利于我国信贷多元化的发展需求，金融市场的竞争力度不够，这也致使我国科技贷款的低效率。

第四，从金融创新自然环境角度。目前，我国在信用体系构建方面相对滞后，我国工商、公安、司法、税务、银行等行业部门信息无法实时共享，部门隔离严重，银行很难及时掌握企业的财务状况及信用水平。银行在这样的情况很难作出正确的信贷决策。同时，信用担保体系也有待于在实践中不断完善，虽然近几年中小企业信用担保机构不断兴起，在一定程度上弥补了银行与企业之间的信用缺失，其为中小企业的融资开辟了新的路径，但是目前金融创新的自然环境仍不容乐观。中小科技企业的信贷局面依然很严峻，许多金融产品的研发活动由于资金的匮乏而中断，不仅阻碍了金融创新的发展，还造成了大量资金的浪费。

二、科技贷款发展的特点

总体而言，科技贷款跟银行开办的其他各类贷款业务相比具有独特的特点：（1）信贷周期长，信贷规模大。科技研发活动一般需要采用新技术、新材料、新工艺、高精尖仪器设备，其研发活动是一个长期的过程。从事这类科研活动的企业则需要更多的资金支持，相对一般贷款而言，金融创新项目需要额度相对较高的融资。（2）科技贷款需求具有一定的灵活性。技术市场不同于一般的商品市场，不仅仅局限于买卖技术产品。它需要通过技术成果向技术市场转让及技术承包、技术引进、技术吸收等多种形式展开交易活动，科技成果的推广要求资金供应链灵活，供应数量和供应时间具有伸缩性。（3）科技贷款的风险性要高于一般信贷业务。科技研发活动是一项高风险的经济活动，其研发过程是一个探索性的过程，其成功与失败是很难预测的，未来科研成果的市场需求状况我们也是无法预测。因此，银行在支持科技创新中承担着很大的经济风险。（4）科技贷款对信息的要求更为严格。首先，要实现技术进步必须掌握先进、准确的科技信息，才能顺利进行科技创新，在创新中获得科技进步；其次，技术市场的开拓也需要及时掌握需求信息，市场是一个瞬息万变的场所，了解买方的需求信息，对于我们科技成果实现经济利益的转化尤为重要，它关系到我们科技贷款的风险转移问题，对于我国科技创新的发展起到了导向性的作用。（5）科技更新时间在逐渐缩短。科技成果自然寿命越来越短，这要求我们必须及早实现科技成果的产业化，及早投入到产品市场中去。这要求企业必须有更多的资金投入到金融产品的试用和新技术的开发，因此，为了适应这一发展趋势，银行必须在科技贷款方面承担更多的资金供应的责任。

（一）科技贷款在支持金融创新的发展方向和速度受制于金融环境和科技环境构成的大背景

一方面，金融环境对科技贷款的发展有很大的影响。例如科技贷款的萌芽产生于金融体制的改革，其在 1984 年到 1997 年之间的发展很大程度上得益于中国工商银行的科技贷款业务的开展。另一方面，科技环境也对科技贷款的发展产生重要的影响。在其初步发展阶段里，"火炬"计划、"星火"计划的实施直接推动了科技贷款类别的不断丰富，促进科技贷款的多样化发展。

同样，1991 年发布的《中华人民共和国科学技术发展十年规划和"八五"计划纲要（1991—2000）》，1995 年颁布的《中共中央、国务院关于加速科学技术进步的决定》，这些都促成了 1991—1997 年科技贷款高速发展局面的出现。再者，在金融环境与科技环境出现冲突时，金融环境对科技贷款起着决定性的作用。在 1998—2005 年的调整阶段，虽然国家在科技方面实行了"科教兴国"战略，科技环境总体水平得到改善，但是受到金融环境恶化的影响，科技贷款发展受到一定程度的遏制，科技贷款始终处于一个不断调整的过程。只有金融环境出现好转的时候，科技贷款能够得到很好的发展。例如，我国在 2006 年之后，《国家中长期科学和技术发展规划纲要（2006—2020 年）》和《国务院关于实施〈国家中长期科学和技术发展规划纲要（2006—2020年）〉若干配套政策的通知》的发布，以及银行业改革之后，科技贷款进入了新一轮的发展阶段。

（二）科技贷款支持金融创新的演进受市场化过程的影响呈现出发展、调整、再发展的"N 型"路径特征

我国经济的发展经历了从计划经济到市场经济的过程，在这样的大背景下，我国的银行业也在金融改革的过程中经历了市场化的演变。在市场化的前期，我国的银行信贷是通过配额来分配的，银行并没有风险约束的完备机制，仅通过计划信贷规模来控制市场风险。在这样的信贷体制下，我国的科技贷款虽然存在高风险的特征，但是由于国家政策支持成功地避开了银行信贷风险约束的机制的限制，保持了一种较快的发展状态。此时，我国的科技贷款保持持续增长的态势。这正是我国科技贷款 1984—1997 年初步发展的阶段特征。

伴随着市场化的推进，银行的风险约束机制也逐渐完善。我国科技贷款中在高速发展的过程中的风险累积问题逐渐显现出来。银行在风险意识加强的情况下，逐渐在科技贷款中更多地考虑风险控制问题。银行在面对复杂的科技研发项目很难作出正确的风险估量，大多数都采用了不作为或少作为的方式来控制自身的经营风险。这导致科技贷款的规模有所下降，科技贷款的发展进入了调整的阶段，1998 年到 2005 年间成为了我国科技贷款的调整阶段。但是伴随着我国银行业进一步的成长，其风险防控能力不断加强，在市场经济逐渐完善的情况下，银行业的竞争更加激烈，银行为了扩大自身的市

场竞争力，必须考虑科技贷款业务，通过扩大信贷业务来保持自身的竞争力。同时，随着银行业务的不断发展，也使得银行在科技项目审批方面的能力增加，这也为银行开展科技信贷业务创造了一定的条件。因此，我国的科技贷款在 2006 年开始进入了进一步发展的阶段，信贷规模逐渐扩大，科技信贷的种类也在金融创新的发展中不断多样化。

（三）政策支持驱动着科技贷款的发展

政府政策支持是科技贷款发展的另一重要推动因素，它直接关系到各银行经营业务的发展方向，尤其是在市场经济发展水平不高的时候，国家政策对经济发展的影响是直接性的，所以在这样的环境中，国家对于科技贷款的政策支持会推动科技贷款的迅速发展。在科技贷款发展的历程中，我国的政策支持起到了很大的推动作用。1985 年 10 月 7 日《中国人民银行、国务院科技领导小组办公室关于积极开展科技信贷的联合通知》，1990 年中国人民银行在国家信贷综合计划中增设科技开发贷款项目，2006 年初颁布的《国家中长期科学和技术发展规划纲要（2006—2020 年）》，这些都掀起了科技贷款发展的新热潮。目前，科技贷款发展得较好的区域都有政策的强有力支持，如苏州、北京、义乌等地区。

（四）金融创新是推动科技贷款发展的重要力量

科技贷款与金融创新是一种相互促进的关系，金融创新在科技贷款发展中起着重要的作用，另一方面，科技贷款本身就是一种金融创新。科技贷款发展的各个阶段都包括了大量的金融创新。金融创新在科技贷款方面主要是金融机构的创新（科技贷款供给主体的创新）和科技信贷产品的创新。关于金融机构的创新主要有中国工商银行襄樊市分行在 1984 成立的专门机构："科技开发信用部"；1987 年 9 月由国家科委牵头筹办的第一家科技信用社在湖北省黄石市挂牌；1992 年中国工商银行在湖南省长沙市成立了第一家股份制科技支行——长沙高新技术产业开发区支行；1992 年第一家科技信托投资公司——武汉科技信托公司成立；2009 年成立的新型科技支行；2010 年江苏省筹建了科技小额担保贷款公司等。在科技贷款产品创新方面，主要有知识产权抵押贷款、"统借统还"模式、投贷联动贷款和科技型中小企业贷款担保等。科技贷款方面的金融创新一方面推动了信贷资金供给主体的多元化，并促进了信贷规模的扩大；另一方面，通过不断的信贷产品创新优化了科技贷款的机构，有利于降低科技贷款的信贷风险，从而提高科技贷款的质量。因此，金融创新不断地推动了科技贷款的发展。

第二节　科技贷款存在的主要问题

一、科技贷款的项目评价指标体系有待进一步完善

科技贷款的发展相对迟缓，银行在科技贷款方面存在"惜贷"现象一部分原因在于科技贷款具有风险大的特点，更重要的原因我们应该归结于银行在科技贷款方面缺乏完善的项目评价指标体系。在商业银行深化改革大背景下，商业银行的风险防控意识逐渐加强，许多银行把"安全性"作为首要目标，对科技贷款更多地持谨慎态度。这样的保守态度致使我国当前法人科技型企业在资金保障方面存在严重的问题，特别是许多新的项目因为缺乏资金而难以上马，这样严重制约了我国科技事业的发展。究其原因，很大程度上是因为我国商业银行在科技信贷方面没有形成完善的项目评价指标体系。这会导致银行在贷款决策方面没有可靠的评价参考，严重制约了我国商业银行信贷业务发展。因此，我国迫切需要从以下几个方面建立一套比较完备的科技贷款项目指标评价体系。

（一）环境分析

考察一个科技项目的发展前景首先要考虑的是该项目发展的外在环境状况，这里的外在环境主要包含两个方面内容：第一，国家相关政策走向。经济发展的方向在很大程度上取决于国家政策导向，同样，一项科技项目的发展前景也与国家政策密不可分。一个好的项目是符合国家经济发展方向的，国家也会在信贷方面给予一定的政策支持。在国家政策方面，产业政策对于科技项目的发展起到基础性的作用，金融政策则是对科技项目的良好支撑。所以我们在考察项目的发展前景的时候，首先要考虑其是否符合国家政策内容。第二，市场动向。科技项目的终极目标是经济效益，而经济效益是由市场因素所决定的。我们考察科技项目的发展空间必须参考市场的动向。考察科技项目的市场环境可以从需求和前景两个方面考虑。（1）需求程度。市场需求决定了科技项目的市场适应能力，直接关系到科技成果的产业化水平，

关系到科技项目经济效益的高低。因此，科技项目的好与坏在很大程度上取决于其市场需求的迎合度。（2）市场前景。市场前景是指一项科技项目在瞬息万变的科技进步时代中保持持续市场竞争力的能力。具有良好市场前景的科技项目，能够通过不断的科技创新及技术革新长期保持市场生命力，能够避免在短期内被市场淘汰，从而持续创造经济价值。

（二）筹资能力分析

通常而言，一项科技项目的科学性可以通过项目的筹资能力来体现，因为科技项目的筹资水平在一定程度上反映了其自身被社会认可的程度。同时，良好的筹资能力是科技项目得以顺利开展的基本前提。通常来讲，项目筹资能力一般用自有资金比率来进行衡量。国家科委在这方面进行了规范，其在《科技开发贷款项目管理暂行规定》中提出了"项目的自有资金一般不低于项目总投资额的30%"的硬性要求，这也是提高其防范市场风险能力的一种举措，不仅保证了科技项目的正常运行，也提高了科技项目化解市场风险的能力。因此，我们在进行科技项目评价时应当考虑其筹资能力，即自有资金比率。

（三）偿债能力分析

偿债能力反映了一项科技项目的信用风险的高低，我们在进行银行信贷时，首先考虑的就是其偿还债务的能力，所以在科技项目评价体系中必须具备偿债能力指标。同时，对项目偿债能力的考察也是商业银行提高信贷质量，保证自身资金安全的重要手段。所以，我们要全面考虑科技项目的偿债能力，主要从以下方面来综合评价：

第一，现金流量状况。主要考察贷款现金净流量率，其为借款人的现金流量剩余额与全额清偿本息和的比值，其代表了借款人用现金流量清偿贷款的能力，比值越大代表其能力越强，反之则越弱。

第二，自身资产状况。主要考察借款人的自有资本及资产的状况，包括两项指标：债务有效资产率（借款人的现金资产及可变现资产和不动产现值总数与项目全部债务总额比值）、贷款有效抵押率（借款人用自有资产作为抵押的有效抵押贷款额度在总贷款中的比重）。

第三，外担保状况。主要考察其贷款的有效担保情况，通过贷款有效担保率来反映。贷款有效担保率是指由第三方担保的有效担保贷款总额在总贷款中的比重。这一指数越高，说明具备第三方担保的贷款的比例越高，银行信贷的信用风险压力就越小，全额收回贷款的几率就越大，相反则越小。

（四）盈利能力分析

盈利能力反映了一项科技项目其获得经济效益的能力高低，其关系到科技项目开展的可行性，也关系到其未来偿还债务的能力。所以，我们在评估科技贷款项目的时候，出于防控金融风险的目的，必须考虑资本盈利能力和偿债能力，在科技项目评价指标体系中，我们必须建立完善的盈利能力偿债能力的分析技术指标。考虑到科技项目的长期性、实效性，我们在这里采用动态指标评价法。其主要包括三个重要参考指数，分别为财务内部收益率、财务净现值和投资回收期。

财务内部收益率（FIRR）是指项目在整个计算期内各年净现金流量现值累计等于零时的折现率，它反映项目所占用资金的盈利率，是考察项目盈利能力的主要动态评价指标。在财务分析中，将计算出来的比率与行业的基准收益率或预设的折现率（Ic）进行比较，只有前者大于后者时，该项目才具有开展的可行性，这些这也是在盈利方面的最低要求，仅仅证明从财务的角度可以被接受。

财务净现值（FNPV）是指按行业的基准收益率或设定的折现率，将项目计算期内各年净现金流量折现到建设期初的现值之和。它是考察项目在计算期内盈利能力的动态评价指标。其主要参照财务报表中的现金流量表来计算，当财务净现值大于或等于零时，该项目才考虑被接受。

投资回收期（Pt）是指以项目的净收益抵偿全部投资（固定资产投资、投资方向调节税和流动资金）所需要的时间。它是考虑投资回收能力的主要静态指标。在财务分析中，主要是将其与行业的基准水平（Pc）进行对比，如果 Pt < Pc，则表明该项目可以在正常的回收期内收回投资资金，其信用风险较低。

（五）项目开发的管理能力分析

项目开发的管理水平是项目研发成功的关键所在，项目开发主要取决于技术人员的专业知识水平，项目的管理主要取决于科技项目管理人员的管理知识及管理理念。因此，我们考虑项目开发管理的能力要综合管理人员及技术人员的综合能力。在这里，我们可以从以下几点进行分析：第一，整体综合水平评价。整体综合水平的评价主要是一种定性分析，可以通过管理人员从事本行业及相关行业的时间长短、经营能力以及其业绩、诚信水平、经营道德等方面作出宏观的判断，这项指标我们可以通过调查和实地考察的形式来进行。第二，学历水平。学历水平的计算既可以采用简单的比例法来计算，即考察高学历的管理者及技术人员的比重，也可以考虑采用工作量较大，计算相对复杂的文化程度统计值来计算。

（六）技术水平分析

科技项目的发展前景起到决定性作用的是科技项目的技术水平，同时，科技贷款主要运用于科技成果转化领域，因此，科技贷款是否发放重点在于考察该项目的科技含量水平的高低。其在进行贷款的时候必须重点关注项目的技术水平。显然，技术水平评价指标在科技项目评价指标体系中的地位十分重要。但是，技术水平的评价对专业水平要求很高，在银行方面由于行业的限制，其缺乏专门的技术人员，很难作出准确的评价。在这方面，信贷部门应该联合科技部门建立专门的科技项目评价机构，专门负责科技项目的技术水平的评价。关于科技项目技术水平的评价内容，这里主要依据国家科委颁布的《科学技术成果鉴定方法》第二十三条关于科技成果鉴定的主要内容的规定：（1）科学性，主要是指该课题的选题正确性，课题设计的严密性，数据资料的正确性、可靠性和完整性等。（2）先进性和创造性，主要是指某项科技成果所达到的先进和创新程度。（3）技术的独占性，主要是指该项技术只有少数几个企业所拥有和掌握，并非大多数企业。（4）成熟性和适用性，主要是指该成果的成熟程度、应用价值、是否适用于企业的生产条件等。（5）经济效益和社会效益，主要是预测该科技成果在未来时间内所能取得的经济效益或社会效益的大小。

二、科技贷款发展的财政政策有待进一步加强

（一）科技贷款发展的财政扶持的必要性

我们首先分析关于科技贷款发展的财政扶持的必要性，主要从以下三个方面来考虑。

一是从科技贷款的风险性特点来看财政扶持的必要性。在所有的科技发展活动中，科技成果的开发、产业化是科技贷款的重点扶持对象。科技成果

的转化受市场的影响很大，其经济效益的取得是一个长期的过程，然而市场的变化是十分迅速的，有可能在科技项目发展的初期，其市场的前景十分广阔，市场的需求很大，但是随着科技研发的发展，市场可能出现新的替代产品致使该项科技项目的市场需求前景达不到预期效果，以致难以获得预期的经济效益。这说明科技项目的市场风险性很大，因此，科技贷款也存在高风险的特点。面对科技贷款的高风险，政府有必要介入，并给予一定的财政支持。这样才能适当地降低银行开展科技贷款业务的经营风险，提高其经济收益，提高银行科技贷款的积极性。这样才能推动科技研发开展和企业科技成果的转化。所以，从科技项目高风险的角度考虑，我国的科技贷款顺利发展必须要有国家财政政策的支持。

二是从科技创新领域的市场失灵角度看财政扶持的必要性。对于银行科技贷款而言，其主要收益来源为贷款利息，其收益不会随着科技项目的收益的增加而增加，这一点不同于风险投资。银行科技开发贷款的收益主要来源是贷款的利息收入以及部分中间收入，它所获得的收益并不会完全随项目收益的逐渐增大而增加。因此，其不同于风险投资。但是科技贷款的资金收回却与科技项目的风险密切相关。这说明银行在科技贷款方面的收益与风险存在不对称现象。不对称导致银行在科技信贷方面存在"惜贷"现象，从而导致科技研发领域资金不足，制约科技创新的发展。所以面对科技信贷市场的市场失灵，政府必须采用必要的财政手段来弥补市场缺陷，维护科技信贷市场的正常秩序。同时，政府通过对科技贷款方面的财政干预也可以创新政府财政政策措施，有利于发挥政府财政政策的乘数效应支持科技进步及经济持续发展。

三是从科技贷款信息不对称角度来看财政扶持的必要性。信息不对称现象在现实市场中是普遍存在的，同样在科技信贷市场上，这一现象更为严重。由于科技贷款项目的专业化程度要求高，银行对科技贷款项目的专业知识掌握程度不可能达到此要求，这样就会造成银行与科技企业之间严重的信息不对称，银行会在科技信贷中处于明显的劣势地位。在不能够充分了解科技项目的质量及科技项目本身存在高风险的特性的情况下，银行进行科技贷款业务的风险会大大增加。同时，由于某些企业的不诚信行为，例如企业刻意美化财务数据，以及先前项目失败案例的存在都严重恶化了科技企业与银行的关系，从而导致科技贷款市场的紊乱。再加上我国现阶段缺乏完善的信用评级机制，加大科技信贷的风险，这些不利因素极大地影响了科技贷款的积极性。因此，在这样的现状情况下，政府的介入有助于改善企业与银行的信息不对称的状况，能够利用政府信用改善银行对科技企业的信任度，从而促进科技贷款的正常发展，帮助更多的符合条件的科技企业顺利获得银行贷款的支持，进而促进科技研发和创新活动的开展，实现科学技术推动经济的可持续健康发展。

（二）推动科技贷款发展的主要财政政策

1. 加大财政对科技贷款的贴息力度

前面分析了科技贷款"惜贷"现象的存在，一个很重要的原因是科技贷款的风险与收益不对称。商业银行以不高于普通贷款的利率水平放贷给科技企业，却要承担更大的风险。显然，银行出于金融风险控制及经济收益的角度考虑这并不是明智之举。因此，通过对科技贷款提供财政贴息，增加银行的利息收益，促使风险与收益相适应，从而调动银行开展科技贷款业务的积极性，并促进科技贷款事业的正常发展。

2. 加强财政担保体系建设

为了降低科技贷款的信用风险，改善银行与科技企业的信贷关系，强化财政担保体系是一种很好的举措。财政担保体系的建设可以通过政府信用的介入，很好地建立起企业与银行的沟通，提高银行开展科技贷款的积极性。构建与完善我国科技贷款的财政担保体系可以从下面两个方面着手：

一是构建政府信用担保机制。一方面，政府财政部门应该制定相应的政府担保的相关政策，突出重点扶持的项目，从政策上引导科技贷款的方向，并给予科技贷款的制度支持。另一方面，政府可以运用财政资金并广泛吸收社会资金成立科技信贷信用担保的公益性基金，为科技型企业提供科技贷款的担保，对科技贷款因科技项目的失败造成的损失给予一定比例的补偿。

二是建立风险分散机制。信用担保本身就是一个具有风险性的行业，而对于高风险的科技贷款信用担保，建立风险分散机制是极有必要的。政府在通过政府信用提供担保的同时可以鼓励市场担保机构积极参与，这样有利于担保风险的分散化。同时，也有助于信用担保体系的不断完善，增强担保机构的抗风险的能力，促进科技贷款的良性发展。

3. 鼓励科技贷款保险业务的发展

为了降低科技贷款的风险性，我们除了可以进行财政担保外，可以鼓励保险业务向科技贷款方面拓展。保险行业本身就是在于风险的分散化，其具有承担风险的独特优势，因此，鼓励开展科技贷款保险业务可以有效地降低科技贷款的高风险，使科技贷款的风险充分的分散化。因此，政府应该利用财政政策鼓励科技贷款保险业务的发展。政府可以通过对保险公司减少税收的形式鼓励科技保险公司开展科技贷款保险业务；可以对保险公司科技贷款的赔付额给予一定的财政补贴；同时，政府还可以利用财政资金奖励积极参与科技贷款保险的企业，从而实现科技企业与保险公司在科技贷款保险方面的互动。以此来提高科技型企业的信用水平，增加银行对科技企业的信用评级，促进科技贷款的顺利进行，保证科技企业科技项目的正常开展。

4. 提供税收优惠政策

前面我们已经提到了政府财政贴息是解决隐含在科技贷款方面风险与收益不对称问题的重要手段，同样，税收也是一种可行的工具。国家通过税收手段可以实现风险与收益的均衡化。我国税收主要涉及营业税及企业所得税等。在营业税方面，国家可以降低银行开展科技贷款的营业税税率，从而鼓励银行积极拓展科技贷款业务；在企业所得税方面，国家可以对银行开展科技贷款的利息收入减免所得税，或者扩大银行在科技贷款方面费用列支的范围，如银行内部从事科技贷款业务的资料费、培训费、食宿费等费用扩大其扣除的口径，增加银行因科技贷款业务的收入，鼓励银行更多的组织开展科技贷款业务，促进科技创新事业的发展，带动经济和谐发展。

5. 扶持科技信息服务平台建设

前面已经分析了银行与科技企业之间存在严重的信息不对问题，为了解决这一问题，我们有必要扶持科技信息服务平台建设。政府部门应该利用财政资金积极引导高等院校、科研机构以及企业等科技知识水平高的机构积极参与科技信息服务平台建设。通过服务平台实现科技成果信息的共享，提高科技信息在拥有者和使用者之间实现低成本的流通，促进科技信息的公开化及透明化。因此，让商业银行更多地了解科技项目的相关信息，例如科技项目的市场适应性、企业的发展空间等。同时，其还便于银行与企业之间的信息沟通，解决银行与科技企业之间的信息不对称难题，帮助科技企业获得科技贷款，促进银行科技贷款业务的发展。

6. 建立扶持科技贷款发展的财政资金绩效评价体系

科技信息服务平台是科技贷款发展的一个服务型的平台，而财政资金绩效评价体系则是科技贷款的另一个重要的辅助性服务体系。由于科技贷款方面的财政支持力度会受到财政支出总量的限制，我们必须考虑财政资源使用的效率问题，因此，建立相关的绩效评价体系是十分必要的。通过财政科技贷款扶持经费的实际支出额与所扶持的科技项目的科技成果数的比值、实际支出与科技项目的市场占有率的比值以及成功率等来综合考察财政资金的绩效水平，从而根据绩效情况对未来的财政资金使用进行调整，以此提高财政资金的使用效率。

三、科技贷款市场失灵现象十分严重

科技贷款市场存在严重的市场失灵现象，"贷款难"问题已经成为制约我国科技型中小企业发展的重要瓶颈，但是这一点已经在我国金融创新领域得到一定的重视。科技贷款市场失灵的原因是多方面的，既有科技贷款特殊性、科技企业自身缺陷等内在原因，也有信贷机构、金融机制及金融生态环境等外在原因。但是从更为深层次的角度分析考虑，科技信贷市场上存在的信用风险缺口是科技贷款"惜贷"现象的主要原因之一。科技贷款信用风险缺口指的是科技型中小企业的信用风险状况与商业银行等贷款机构信用风险容忍度之间的差额。银行在开展贷款业务的过程中重点考察的是贷款对象的信用风险问题，特别是在科技高风险的科技贷款领域，科技企业的信用风险评级是商业银行最主要的参考指标，如果一个企业的信用风险超过商业银行对信用风险的容忍程度，那么商业银行出于控制经营风险的目的则会选择对该企业放贷，甚至是拒绝贷款。所以面对科技信贷市场上的信用风险缺口问题，我们应该着力改变这种局面。

（一）立足信用风险控制增强企业信用建设

科技企业由于其自身科技开发活动的特殊性决定了其具有比普通企业更高的信用风险，这是阻碍企业通过贷款融资的重要原因。因此，加强科技型中小企业信用体系的建设，降低其信用风险，都有助于缩小科技型中小企业的"信用风险缺口"，有助于推动科技贷款的健康发展。科技企业的信用建设可以从以下三个方面进行。

第一，提高自身的盈利能力，盈利能力是企业提高信用风险评级的关键所在。它直接关系到企业能否偿还贷款。在提高企业自身盈利能力方面，首先应该明确定位，其科技项目应该定位于市场的潜在需求，其次，企业应该努力形成自主知识产权，从而更大效率地获得经济效益，最后，企业应该不断地更新自身的科技成果，维持市场的持续竞争力。

第二，完善公司治理结构。公司内部治理是企业健康发展的重要保证。企业要想提高信用评级，就必须完善公司治理结构，健全公司财务体系，改善公司运转机制，促使公司持续健康发展。因此，要建立现代型公司治理结构，必须要解决好所有者与经营者之间的委托—代理问题，完善好监督与激励机制，为企业的高效运转提供必要的组织结构。只有完善公司治理结构，建立行之有效的权力制衡与风险分担机制，规范财务管理，才能确定企业未来的发展方向，减少企业公司未来的不确定性，增加贷款机构对其的信任程度。这样才能从根本上解决好科技企业的信用缺口问题，真正解决好企业"贷款难"的瓶颈。

第三，实行企业所有人的连带责任担保。通过实行企业所有人的连带责任担保可以有效地控制企业管理层的推卸责任行为，可以有效地激励企业在经营中控制自身的风险。对于银行科技贷款来讲，企业所有人连带责任担保不仅保证了其还款的资金来源，而且使企业的信用风险与企业所有人的利益紧密相连，敦促企业增强风险防控意识，促使企业不断地提高自身信贷偿还能力。除此之外，在科技贷款中可以实施第三方担保、知识产权质押、其他资产抵押等措施来实现风险的分散和转移，从而降低企业的信用风险。总之，只有建立相应的激励约束机制，促进科技企业注重风险的控制，才能真正从源头上减少信用风险缺口，从而促进科技贷款的发展。

（二）信贷机构信用风险控制的调整

前面已经提到了信用风险缺口主要由企业的信用风险评级和银行的信用风险的容忍度两个方面的因素决定的。所以，为了缩小科技企业信用风险缺口，除了需要企业自身提高信用风险评级外，还需要信贷机构提高其对科技贷款的信用风险的容忍度。在这里，信贷机构信用风险容忍度的提高并不是单纯的扩大自身的经营风险，而是通过科技金融的创新，重新塑造科技贷款供给的激励约束机制，增加信贷机构提升信用风险容忍度的动力，提供必要的保障，增强实施的信心，进而促进科技贷款的资金供给。

第一，打造科技信贷市场的竞争氛围。以引入市场竞争机制的手段来激励信贷机构提升自身的信用风险容忍度。实际上，造成科技企业贷款困难的原因除了企业自身缺陷外，银行的"惜贷"行为也是重要一环。虽然我国目前在金融领域实行了改革，国有银行实现了股份制改造，众多民营银行逐渐兴起，城市商业银行在各大城市陆续发展，以及外资银行的引进，这些都使我国的科技贷款的供给主体不断多元化，银行业的竞争也不断增强。但是银行在科技市场高端领域其竞争仍然不足，很多民营银行及外资银行很难涉及，在低端市场上贷款供给严重不足，造成我国信贷结构与需求结构的不对称。科技型中小企业在贷款融资领域始终处于不利地位。因此，改变科技型企业的信贷融资服务体系必须要彻底打破银行在信贷市场上的垄断地位，充分引入竞争机制，要完善银行的进入机制和退出机制，通过市场机制实现银行资源的合理分配；改善金融生态环境，降低信贷机构进入的门槛要求，鼓励股份制商业银行、民营银行、外资银行及其他信贷机构进行科技贷款业务，实现科技贷款供给主体的多元化，让科技贷款进入一个充分竞争的市场环境，改变银行的垄断地位，这样才能促使整个科技信贷市场中，信贷机构提高其科技贷款信用风险容忍度，并创新信用风险防控技术，使得科技贷款更好地服务于科技创新事业的发展。

第二，优化科技贷款的收益与风险结构，增加信贷机构提高其信用风险容忍度的动力。根据风险收益相匹配的原则，低收益与高风险的现实会导致银行等信贷机构在科技贷款方面缺乏提高信用风险容忍度的内在动力，所以我们应该构建可以推动信贷机构提高科技企业信用风险容忍度的激励机制：首先，在一定范围内，给予银行等信贷机构自主定价的权利，增强科技贷款利率的市场适应性，推动其市场化，这样贷款机构才能够通过利率水平的调整来扩大自身的收益，实现风险与收益的协调化；其次，积极开拓科技贷款收益途径，引导科技贷款的收入与科技型企业的收益挂钩。例如可选择权贷款、期权贷款等都是很好的发展模式，不断地改善科技贷款的风险与收益结构。

　　第三，加强科技贷款信用风险防控技术研发，促使银行等信贷机构有能力提高信用风险容忍度。由于我国的金融发展较晚，加之我国的金融处于一个探索发展的过程，所以国家对金融业特别是银行业控制的相对较严格，虽然近些年来我国的金融逐渐实现自由化，但是我国信贷机构经营的信贷产品的种类还是相对较少。特别是在科技贷款领域，在没有充分考虑科技企业资金需求特点的情况下，我国的科技信贷产品无法符合科技创新活动的特点，从而在信用风险控制方面也缺乏相关的技术。基于这一问题，信贷机构及国家相关部门应协调合作，加强科技型中小企业的贷款融特点的探索，并在此基础上研发信用风险的防控技术，给银行机构提高其风险容忍度提供充足的机制保障。例如，现在一些信贷机构已经在科技贷款业务中实施了无形资产质押贷款、银保合作贷款、自然人担保贷款、仓单质押贷款等贷款业务，这些贷款类型不仅丰富了我国科技贷款的种类，促进了科技贷款的产品的多元化，同时这些也为我们提供了宝贵的实践经验，推动了我国创新信用风险防控技术。因此，相关部门及信贷机构应该着重研究这些实践经验，努力创新风险防控技术，从而更好地为科技贷款服务。

　　第四，积极进行科技贷款信用风险防控的配套体系建设，保障信贷机构增加信用风险容忍度。由于我国科技金融发展的时间较短，金融环境不是十分稳定，关于信用风险防控配套体系建设步伐较慢，导致了信用机构过多地承担科技贷款风险的问题出现，必然会造成我国科技型中小企业的贷款困难局面的出现。完善的风险控制体系主要包括征信、审计、评级、担保以及二级市场等体系，其涵盖的内容十分广泛，而且完善的信用风险防控体系对于风险控制的作用是十分重要的，具体从三个方面来看：首先，审计机构及征信系统的完善有助于规范科技企业的经营行为，防治其不诚信的作为，有助于增加科技企业的经营信息的透明，便于银行等信贷机构对其进行有力的监督，从而便于银行防范和及时化解科技贷款方面的信用风险。其次，评级评估机构的建立有助于银行了解企业的信用风险状况，降低了银行科技信贷的决策成本。最后，健全的担保机构和发达的资产交易二级市场有助于缓解科技企业科技贷款的担保压力，便于无形资产的转移，从而增加了科技企业抵御市场风险、防范信用风险的能力，提高商业银行对科技企业的信用评估，推动科技贷款的增加。

四、科技贷款市场供需关系严重失衡

科技贷款市场存在严重的供需失衡的现象。根据资料显示，在科技贷款方面，大多数银行会出于贷款安全的考虑选择向成长期、扩张期的企业发放贷款，对于创业初期的科技企业则相对更加谨慎。然而，在科技贷款市场中，前者拥有的资源相当丰富，本身不缺乏资金供应渠道，相对而言，其贷款需求不是很大，而处于初创期的企业往往资金缺口比较大、融资难度大。在中国人民银行南京分行的一份调研报告显示，在其被调查的八家银行中，所有的银行都对向成长期的科技企业提供贷款产生极大的兴趣，愿意向扩张期企业进行贷款的银行达到了75%，但是有意向对创业初期企业发放贷款的银行不足40%。这充分说明我国科技贷款市场存在严重供求失衡。究其原因主要是科技贷款市场供求双方风险与收益存在不对称。而传统科技信贷模式是造成了银行信贷供需主体之间缺乏紧密的联系，必然会导致信贷双方各自的优势无法充分结合、无法产生集聚效应。但是股权融资可以将信贷主体密切地联系起来，促进两者之间经济利益的统一。融资主体通过股权融资的形式实现了强大的资源优势和技术优势的强强结合，从而实现资源的优化配置，促进整个社会经济效应的帕累托改进。

（一）股权融资背景下科技信贷创新的实现途径

第一步，立足于实现对科技企业的科学甄别，充分利用风险投资的比较优势。风险投资相对于银行的比较优势在于其具有专业的技术团队，可以参与科技企业的项目决策，能够对科技企业进行科学的甄别。在股权融资模式中，风险投资者根据风险与收益对称的原则，在对科技企业投资的时候可以获得相应比例的股权，并在科技企业以后的收益分配中按持股比例进行分红。因此，风险投资这可以利用自己专业知识对科技项目进行甄别，并参与企业的科技进而决策。这在一定的程度上解决了企业与银行之间信息缺失的问题。同时，在这种融资模式里，银行科技信贷的信用风险可以得到转移，这也有利于银行在维持经营风险不变的情况下扩大科技贷款规模。

第二步，引导和鼓励投资主体的多元化，拓宽风险投资资金来源。一般而言，国内的风险投资资金来源包括民间资本、政府资金、金融机构筹措的资金三大类。作为高信用的政府及金融机构的风险投资资金并没有大规模地进入科技融资市场，而民间资本的规模是十分有限的，很难满足科技研发活动的需要。因此，必须积极引入政府及金融机构的风险投资资金去科技融资领域，与民间资本相结合形成合资风险资金投资基金，弥补民间风险投资资金不足的缺陷，逐步扩大风险投资的规模。通过壮大风险投资机构的规模来扩大科技方面的融资，促进科技创新事业更好地发展，实现科技带动经济发展的伟大战略。

第三步，吸引银行科技信贷资金，应对风险投资现金流问题。虽然政府信用能够为资金融通提供无限期担保，但是由于政府的财政资金和金融资本支出范围的广泛性，致使其不能满足风险投资资金长期性需求，同时也不能够形成大规模的资金支持。因此，风险投资的现金流问题必须借助科技信贷资金。但是，必须注意到，在这样的模式下，银行科技贷款的方式发生了转变，银行贷款发放的对象由以前的科技企业转化为风险投资机构，通过科技信贷方式的改变，银行可以利用大规模的资金实现对风险投资机构的长期资金支持，这样既可以发挥风险投资机构的专业优势，也能降低银行的信贷风险，并实现资金的有效利用。

（二）股权融资模式的银行科技信贷创新相对于传统科技信贷的优势

首先，股权融资模式下信贷业务与风险投资业务有机统一。在融资过程中引入股权机制，其不仅提高了风险投资者的融资收益，而且有助于促使科技贷款的融资风险分散化。与传统科技信贷相比，其能够更好地发挥科技信贷对科技企业的推动作用，同时，由于银行是对风险投资机构开展贷款银行，仍然属于传统的信贷业务，所以这样的贷款业务是不影响银行的风险与收益结构的。

其次，股权模式下科技信贷风险对冲作用增强。从风险投资机构角度来看，在存在政府财政担保的情况下，风险投资机构可以从银行信贷机构获得更多的资金，其规模要远大于传统风险投资基金。更大规模的风险投资资金可以在更大范围内实现风险对冲，并取得股权收益和持续发展，进而更好地支撑科技企业的发展。

再次，股权融资模式下科技贷款的规模扩大。由于股权融资模式的不断创新，致使银行科技信贷模式也随着转变，银行科技贷款的对象转变为风险投资机构，因此，科技信贷的风险被风散化，银行所承担的风险大大降低。

在这种情况下，银行在风险防控要求范围内可以增加科技贷款，更大程度地支持科技事业的发展。

最后，股权融资模式下科技贷款的交易成本降低。在新的科技贷款模式中，风险投资公司将承担具体科技项目的资金综合预算，并且进行合并之后统一向银行提出资金需求，而银行只需负责对风险投资机构集中授信，这将极大地降低科技贷款的放贷成本，从而实现资源的合理化配置，促进科技贷款的顺利进行，为科技创新提供优质的服务。

第七章 中国创业风险投资发展的现状及存在的主要问题

案例导读：

1999 年在牛根生带领下白手起家的蒙牛乳业，先做市场，后建立工厂，6 年销售额增长了 200 多亿元，投资获得的收益率高达 5000%，创造了整个中国企业的成长神话。

蒙牛的急速成长与其选择的资本投资战略密不可分。蒙牛在认真对比分析国内外投资机构之后，选择了在上市前接受世界上投资实力最强，经济背景最好的美国、英国和中国香港的投资机构作为自己的战略合作伙伴。

摩根士丹利作为世界级的顶尖投资银行，选择的合作伙伴通常都是行业内最顶级的企业。确定把蒙牛作为投资对象，就意味着摩根士丹利第一次涉足乳业，也意味着其第一次将投资的目光转向中国西部。

从 2002 年 1 月开始，摩根士丹利、英联投资和鼎晖投资三家投资机构，对蒙牛公司进行了历时 11 个月，先后 11 次的尽职调查、考核。经过前前后后 20 轮谈判，在 2002 年 12 月 19 日，在内蒙古呼和浩特市，蒙牛与这三家投资公司最终达成了协议，并举行了隆重的投资人入股签约仪式，向蒙牛一次性共投资了 2 600 万美元。此次入股使得此三家投资机构共持有蒙牛乳业股份的 32%。1 年后，这三家机构又再次向蒙牛增资 3 500 万美元，但蒙牛仍占有最大的股份。

至此，内蒙古蒙牛乳业成为美国摩根士丹利投资银行在亚洲地区最大直接投资额的企业。2004 年 6 月 10 号，蒙牛公司在香港成功上市，募集国际资本 13.74 亿港元，折合人民币 14.56 亿元。

英国、美国和中国香港的三家投资银行在这样一个投资过程中投入共计约 5 亿元人民币，蒙牛中方投资机构仅投入约 0.46 亿元人民币，分别创下了

500%和5 000%的投资收益率，可获得投资回报各20多亿元。作为中国乳业目前唯一一家与国际投资银行合作，登陆国际资本市场的企业，蒙牛成就了它极具影响力的财富传奇。在国际市场中，蒙牛慢慢走出了一条独一无二的新路子：用全球资源，兴民族工业，铸中国品牌，成为民族产业顺应世界经济潮流的经典案例。[①]

第一节　我国创业风险投资发展的现状和特点

一、我国创业风险投资的发展历史

我国早在1985年3月就开始了对创业风险投资的初探。当时针对北京、广州、上海、深圳等经济发达城市的经济环境做了实地考察，创业风险投资筹备组的组员认为我国成立科技创业风险投资公司的条件已经成熟，在我国的现实经济条件下可以开展创业风险投资活动。因此，国家颁布了《关于科学技术体制改革的决定》，第一次提出了"创业风险投资"这个概念，认为："对于变化迅速、风险较大的高科技开发工作，可以设立创业投资给予支持。"给我国创业风险投资实业提供了政策依据和保障。[②] 因此，同年9月，我国第一家创业风险投资机构——中国新技术创业投资公司成立。随后各级政府纷纷鼓励当地企业家成立创业风险投资机构，一大批风险投资公司建立起来，如中国招商技术有限公司、中国高技术有限公司、江苏省高新技术风险投资公司、广州技术创业公司等。

但是由于我国创业风险投资市场的不成熟，相关的法律法规不健全，退出机制不通畅，导致了很多创业风险投资机构不能正常运行，纷纷倒闭。

到了20世纪末，社会主义市场经济体制逐步成型，经济高速发展，这种情况才得以改善。创业风险投资市场在我国的发展达到了一个高潮，在各级

---

① 资料来源：蒙牛拓展市场的案例集锦［EB/OL］. http://wenku. baidu. com/link? url = g3AdGsOXXFwZRmvfaYyvclH3g09B_10XeUbnWQcXvGJu99_yEtxCMvlxZJxvqLPsCFYQn3KeGM3ENLZ16w0- sHft9VIRHdbf1EHNTwZ7MSN3http：//blog. sina. com. cn/s/blog_3f5d304d0100vjw0. html.

② 吴中超. 论发展风险投资的政府支持比较［J］. 浙江工商职业技术学院学报，2015（1）：10～12.

政府的政策扶持下，风险投资企业受到了全社会的关注，越来越多的民间资金投入进来。1999 年，我国政府颁布了《中共中央　国务院关于加强技术创新、发展高科技、实现产业化的决定》，更表明了我国政府想要发展创业风险投资的决心。

纵观我国创业风险投资市场发展的这几十年，大体经历了四个阶段：

第一阶段（1985—1996 年）：萌芽期。以 1985 年 3 月《关于科学技术体制改革的决定》为标志，第一次提出了"创业风险投资"这个概念。但由于我国创业风险投资市场相关的法律法规不健全，退出机制不通畅，导致了创业风险投资事业发展极为缓慢，举步维艰。

第二阶段（1997—2001 年）：成长期。随着经济全球化的逐渐深化，中国经济也得到了飞速的发展，我国创业风险投资事业也逐渐成熟。1996 年，党中央国务院颁布了《关于"九五"期间深化科技体制改革的决定》，该决定再次提出要大力发展创业风险投资事业，各级政府和相关机构都在积极地探索和实践。1998 年 3 月，在全国政协九届一次会议上民建中央郑重提出"一号"议案，即《关于加快发展我国风险投资事业的几点意见》，受到广大人民的关注，是我国的创业风险投资发展达到了一个顶峰时期。虽然相关的法律法规、制度、观念等都不太完善，但创业风险投资事业在这个阶段还是得到了相当大的发展。

第三阶段（2002—2003 年）：调整期。国际经济环境自 2001 年开始逐渐冷却下来，国际风险投资市场发展减缓，因此，中国的创业风险投资事业也受到了消极的影响，进入发展缓慢的调整期。

第四阶段（自 2004 年以来）：回缓期。中国创业风险投资市场经过了两年多调整期，逐渐从低迷的发展状态中缓和过来，我国相关部门和机构颁布了一些利好政策，例如《证券法》、《公司法》、《创业投资企业管理暂行办法》、新《合伙企业法》，创业风险投资事业即将迎来一个新的发展机遇。

二、我国创业风险投资的发展现状

在我国，风险投资发展得比较晚，属于新兴产业。因此各级政府和相关机构特别重视风险投资产业在各地区的发展，也投入了大量的人力和物力，同时从国外吸收了很多宝贵的经验。近十多年来，我国政府鼓励风险投资市场的大力发展，已经在 20 多个省、市创建了共计 90 多家风险投资机构，包含各种类型，例如科技风险投资公司、科技信托公司和科技信用社等创业风险投资机构。[①] 其中，作为政府扶持和孵化高新科技产业载体的创业中心在全国各地的高科技园区中有 96 家。

通过对各省市高新区管委会、科委所了解和掌握风险投资机构的调查分析得到，这部分的发展情况可代表我国风险投资机构的平均水平，反映全国的总体情况。下面，通过对我国创业风险投资的机构数量、资金规模、退出机制等方面进行分析。

（一）中国创业风险投资机构数量分析

截至 2011 年底，我国的创业风险投资机构总数达到 860 家，较 2010 年相比增加了 140 家，增幅约为 19.5%；管理的资本总额高达 3 198 亿元，相比 2010 年增长了 791 亿元，增长幅度约为 33%。[②] 图 7 - 1 显示了中国创业风险投资 2002 年至 2011 年募资总体情况：

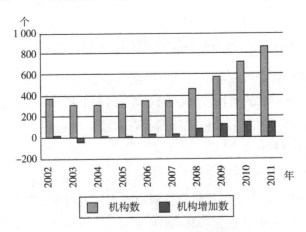

图 7 - 1　中国创业风险投资机构数变化趋势

从图 7 - 1 我们可以看出，2002 年到 2004 年，我国创业风险投资机构出现了缓慢下降的情况，但从 2004 年开始到 2011 年，我国的创业风险投资机

① 石盈，韩慧平. 我国创业投资存在的几个问题［J］. 南京经济学院学报，2001（1）：69～72.
② 资料来源：《2012 年中国科技统计年鉴》，20～35 页。

构呈现稳定增长的态势，并且有望继续增多。

（二）中国创业风险投资资本分析

近几十年来，随着我国改革开放的日益深化，我国创业风险投资市场的机制和法律法规日趋规范。图 7－2 显示了中国创业风险投资管理资本总量的变化趋势。

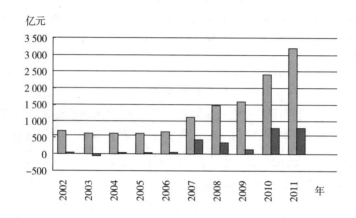

图 7－2　中国创业风险投资管理资本总量变化趋势

从图 7－2 中我们可以看出，创业风险投资管理资本总量虽然在 2002 年到 2006 年间没有明显的增长，但在 2007 年到 2011 年有一个很大的提升，截至 2011 年底，中国创业风险投资管理的资本总额已达到 3 423.11 亿元，是 2007 年近 3 倍的总量。

（三）中国创业风险投资的投资情况

据统计，2011 年中国创业风险投资机构当年新增投资项目 1 894 项，累计投资金额高达 2 036.6 亿元。其中已完成投资的约有 400 项，待投资的约有 120 项。这些项目大多集中在高新技术产业，例如电子信息占比约为 30%，机电一体化约占 20%，生物医药约占 25%，新材料约占 14%，环保占比为 8%，新能源大约仅占高新技术产业的 2.8%。① 表 7－1 是近几年中国创业风险投资市场的投资情况。

————————

① 资料来源：《2012 年中国科技统计年鉴》，20～35 页。

表 7 - 1　　　　　　　　2004 年至 2011 年中国创业风险投资情况

年份	2004	2005	2006	2007	2008	2009	2010	2011
累计投资项目数（项）	3 172	3 916	4 592	5 585	6 796	7 435	8 693	9 978
累计投资高新技术企业（项）	1 628	2 453	2 601	3 369	3 845	4 737	5 160	5 940
累计投资金额（亿元）	219.9	326.1	410.8	495.5	769.7	906.2	1 491.3	2 036.6
累计投资高新技术企业（亿元）	134.4	149.1	215.9	295.2	427.4	405.1	808.8	1 038.6

（四）中国创业风险投资退出机制的分布情况

风险投资的退出机制也是非常重要的环节，主要包括上市、并购、回购、清算等方式。据目前统计，到 2011 年中国共有 356 家企业在全球范围内上市，总退出项目中通过上市退出的比例约为 29.4%，与 2010 年持平；通过并购退出约占 30%，较 2010 年的 28.6% 有所上升；回购退出约占 32.3%。同 2010 年相比也略有上升，渐渐成为退出的主要方式（见表 7 - 2）。[①]

表 7 - 2　　2003 年到 2011 年中国创业风险投资主要退出机制分布情况　单位：%

年份	2003	2004	2005	2006	2007	2008	2009	2010	2011
上市	5.4	12.4	11.9	12.7	24.2	22.7	25.3	29.8	29.4
收购	40.4	55.3	44.4	28.4	29.0	23.2	33.0	28.6	30.0
回购	36.3	27.6	33.3	30.4	27.4	34.8	35.3	32.8	32.3
清算	14.9	4.7	10.4	7.8	5.6	9.2	6.3	6.9	3.2
其他	3.0	0	0	20.6	13.7	10.1	0.1	1.9	5.1

三、我国风险投资发展的特点

总体而言，中国创业风险投资行业在 2002 年至 2011 年的十年里数量和规模持续增长，蓬勃发展。从研究分析中可以看出，我国风险投资的现状有以下几个特征。

---

① 资料来源：《2012 年中国科技统计年鉴》，20～35 页。

（一）呈现良好的发展态势

随着风险投资产业的逐渐发展，各地政府越来越深入地认识到发展高新技术产业的必要性，因此也非常鼓励风险投资在当地的发展。一些企业同时非常重视科技技术较强的竞争性，纷纷投身于风险投资的行业当中，例如，清华同方、宝钢、四通、海尔、希望、实达等公司都投入了大量的资金，联合或者独自成立风险投资公司，结合政府出台一系列鼓励风险投资发展的相关优惠政策，进行战略性投资。因而全国风险投资呈现了良好的发展态势。

（二）我国的风险投资地区相对集中

这主要集中在两个地区：一个是高新技术开发区。据统计，约90%的投资公司都会选择高新区的科技项目进行投资，其中很多高新区与风险投资机构保持着非常密切且稳定的长期合作关系。另一个是东部地区。据统计，东部地区拥有四十多家风险投资机构，相比之下，西部地区仅不到十家，因此，风险投资公司在我国大多分布在东部地区。东西部风险投资产业发展不平衡的现状主要是由于经济发展的不平衡导致的，这也与科学技术的发展水平和区域环境密切相关。

（三）创业风险投资专业人才队伍逐渐壮大

随着风险投资产业的发展，各地的风险投资专业人员得到了更多的锻炼，积累了很多宝贵的经验，投资分析能力大幅提高。

深圳的风险投资是我国发展典范。虽然起步比较晚，1993年才慢慢发展起来，但深圳市政府的态度非常明确，一开始就要求各级官员不插手风险投资的发展，要求风险投资严格按照经济市场的规律运作，鼓励企业机构发展风险投资产业。除此之外，1999年10月，深圳市在境外成立了风险投资基金，规模约为5 000万美元，从此走上了外向型的道路。更重要的是，深圳市的风险投资发展历程对我国的风险投资产业的发展起到了非常重要的借鉴意义，其中一些宝贵的经验包括：（1）风险投资机构将自身70%的资本金投入高新技术企业，即可享受类似于高新技术企业的待遇。（2）逐年增加风险投资机构的可用资本金。

此次调查的风险投资公司有47家，拥有超过800人的从业人员，这些从业人员通过长期吸收借鉴国外风险投资的成功经验并运用到实际当中，使得整体的工作能力和素质都得到了大幅提高。

（四）政府在风险投资市场的作用举足轻重

改革开放三十多年来，我国经济得到了极大发展，国民收入整体提高，政府的经济能力也得到了很大的提高。在国家实施积极的财政政策和创立风险投资机构初期，由各级政府出资建立创业投资基金。政府起着"制定政策、创造环境、加强监管、控制风险"的作用。然而随着我国风险投资市场的逐步发展，各投资机构逐渐成熟，政府应当逐步退出，将风险创业投资机构的决策权和管理权让给民间企业家，减少对市场的干预。政府过多的干预只会弱化市场这只"看不见的手"的作用，使得创业风险投资市场不能正常运行。

因此，我国各级政府应当着重扶持处于种子期的初创企业，对于其他阶段企业的发展应当顺其自然，主要发挥规则制定者和监督管理者的角色作用。

（五）外国风险投资公司逐渐进入我国风险投资市场

在我国的风险投资市场中，相对于政府创立的风险投资机构数量，外资的风险投资还是处于绝对劣势，仅占比为百分之八，但是它们起到的影响作用却是极大的，表现在以下几个方面。

首先，外资的风险投资机构大多都拥有资金雄厚，规模巨大的母公司做后盾。

其次，这些外资风险投资机构有自己的一套行事规则，即在作出投资决策之前就要设计好退出的通道，如果所投资的项目不能退出，即使这个项目的预期利润再高，也绝对不会投资。因此，在行事风格和管理经验上，这些外资风险机构都有自己的习惯性做法。

最后，这些外资风险投资机构行事非常谨慎，在投资之前会进行项目评估，经过严格的项目审查程序，再量化项目指标，然后才作出严谨的决策。

目前，风险投资公司主要以公司制和有限合伙制两种形式存在，在国外运行得比较成熟的是有限合伙制，进入我国的国际风险投资机构也都采用这种形式。而在我国，多年以来由于我国法律环境和税收政策的不完善，本土的风险投资公司都采用公司制的形式。国外的成功案例已经证明在运行方面有限合伙制才是适合风险投资的有效运作形式。

第二节　目前创业风险投资存在的主要问题

近十多年来，我国政府鼓励风险投资市场的大力发展，已经在 20 多个省、市创建了共计 90 多家风险投资机构，包含各种类型，例如科技风险投资公司、科技信托公司和科技信用社等创业风险投资机构，作为政府扶持和孵化高新科技产业载体的创业中心在全国各地的高科技园区中有 96 家，但投资额度仅为 74 亿元。其中超过 80% 的风险投资机构资金来源于政府的投资，而民间的投资者很少参与其中。目前相对于国外风险投资的发展，特别是西方发达国家的发展情况，我国的创业风险投资主要存在以下六个方面的问题。

一、目前我国学者对创业风险投资的认知还存在分歧

（一）创业风险投资是否可以将资金投往有风险的项目

创业风险投资是指把资金投放在有风险的项目上，对于这一理解存在着严重的分歧。我们在上一节中介绍到了创业风险投资的几个特征。

第一，高风险和高回报。风险投资的投资对象一般是充满高风险但又具有成长潜力的新兴创业企业，据统计，国外的风险投资项目投资的成功率为 30%。而这 30% 的回报率，不仅可以弥补投资其他项目失败而蒙受的 70% 损失，还可以给风险投资者带来较高的回报。[①]

第二，分散投资。分散投资是指在风险投资机构可以选择投资于新兴科技型企业的项目不同阶段，并综合多个项目进行组合性投资，以此来达到分散风险的目的。

第三，长期投资。一项高新技术的产业化过程一般包括发明创新、技术创新、技术推展和大规模生产四个时期，不同的阶段需要投资者进行不同的投资资金组合，因而创业风险投资的投入过程也分为种子期、导入期、成长期、成熟期四个对应的时期。

第四，风险投资的过程是高度程序化和专业化的，其投资的最终目的是

---

① 石盈，韩慧平. 我国创业投资存在的几个问题 [J]. 南京经济学院学报，2001（1）：69～72.

为了获取利润，即使投资的项目是对社会的科技发展具有推进作用的发明，风险投资家也不会选择，因为它不具有市场的发展前景，因此更不具备投资的必要性。

第五，风险投资是一种注重权益增长类的投资活动。投资者着眼于股票权益的增长而不是仅仅获取短期的利润，通常情况下新兴企业在创业发展初期都属于资金亏损的状态，现金流基本为负数。创业投资者的目的并不是简单的获取短期的股息，而是想要通过企业上市之后，在创业板市场或者其他市场中安全退出，以自身持有的股份增值作为投资的回报利润。一旦风险投资家发现了具有发展潜力的创新型项目，就会针对该企业的情况设计出一份科学详尽的发展方案，在作出投资决策之后，不仅给予该企业大量的资金支持，也会参加其董事会，对于该企业的财务或者人事等重大问题给予建议和决策，等时机成熟后，帮助该企业上市和融资，必要的时候进行重组。总之，创业公司从最初的设立到最后成功的整个过程都需要创业投资者的参与和帮助。①

综上所述，风险投资并不只是简单地将资金投入风险项目，而是要具备以上五个特点，并拥有完整退出渠道的投资行为。

（二）应该在创业企业的哪个阶段进行创业风险投资

我国学术界目前最具有争议的点是：风险投资家应该选择在创业企业发展的哪个阶段进行风险投资。目前，学术界普遍赞同应该重点投资于信息技术，尤其是其中的生物工程和网络信息技术，但是对于哪个阶段进行创业投资最好存在着不同的看法。

通过美国风险投资的成功经验总结可以发现：创业风险投资主要的投入时期是在导入期和成长期。因为，在创业企业发展的种子期，面临着诸多风险，其中管理风险、市场风险和技术风险是最大的三类风险。创业投资的比例较小，一般不超过资金的10%，此时投资的不确定性因素过多，而且不易评估，又离投资收获的时间较长，投资的风险最大。而在企业成熟期，即指创新技术成熟并大规模的生产阶段，此阶段资金的需求量非常大，但创业投资者也很少再增加投资金额。一方面，因为创业企业的产品销售已具备产生

---

① 石盈，韩慧平. 我国创业投资存在的几个问题 [J]. 南京经济学院学报，2001（1）：69~72.

相当多现金流的能力；另一方面，此时创业企业的市场状况、生产和技术良好，企业已经具有足够的资信能力来吸收银行的贷款，通过发行债券或者发行股票的途径来筹集资金，这时创业投资者就可以以较高的价格退出该企业，不仅收回了投资本金，还获得了较高的资本增值利润，进而转入另一个投资项目。因此，风险投资在导入期和成长期进入是比较科学的。

首先，导入期是指创新企业技术创新和产品试销的阶段，此阶段所需要的费用明显增多，因为企业此时只要少量生产产品，进入市场试销，同时又要解决在生产和销售初期所遇到了技术难题和营销难题。如果创业企业的项目需要大量的风险投资资金，则可以组织多个风险投资机构形成投资集团共同出资，既满足项目资金的需要，又达到了分散风险的目的。

其次，成长期是指企业的技术成熟发展和扩大生产的阶段。在这个阶段，企业的生产和销售已初具规模，要想进一步扩大市场，就要扩大生产规模，企业就会需要更多的资金支持，而一些新的风险投资机构也会争相进入。

最后，第三个分歧是为何我国风险投资事业发展势头缓慢。对于这个原因，有人认为是我国没有足够的资金，但这不是问题的根源。一方面，很多国外的创业投资基金对中国庞大的市场有着浓厚的兴趣；另一方面，对于风险投资这样一个新鲜产业，我国的民间风险投资机构不敢贸然进入，而且进入渠道也过于狭窄。从我国目前的情况来看，居民存款余额已经达到 8 万亿元。总体上来说，约20%的人拥有着80%的存款，只要把储蓄金额中的1%用于风险投资，就是一个可观的数目，难点还是在我国居民的投资观念上。

第一个观念上的错误是拥有技术的创业者非要自己当老板，而创业投资同一般的投资方式不一样，创业投资是一种股权或债权的投资，投资者需要参与企业经营和管理的决策讨论。中国的创业企业拥有者对于风险投资所拥有的权利难以接受，例如，有权对企业遇到的人事和财务等重大问题作出决策，必要时有权更换企业的管理者，甚至有权终止企业的发展。

第二个观念上的错误是我国民间投资普遍接受的是短期投资，对于风险投资所需要的 5~10 年难以接受，虽然到时会获得超额利润，但短期内没有任何回报。

第三个观念上的错误是个人投资者不信任创业投资机构，而这种不信任，极大地影响和限制了创业投资行业的发展。

总的来说，目前我国的创业者和投资者在观念上与国外相关人员相比还存在着比较大的差距。

二、我国政府对风险创业投资在法律方面的支持政策不够完善

首先，解决企业创业资本的来源问题是风险投资的首要任务。在创业投资行业发展相当成熟的欧美国家，创业资本机构拥有许多渠道来筹集资金，主要是来自银行、养老基金、保险公司等各大公司的投资机构和一些个人投资爱好者。而在我国，根据社会保障法规的要求，只允许养老保险基金存入银行专户和购买国债，严禁该部分资金从事经营性和金融性等活动；而《保险法》规定保险公司资金的运用必须遵循安全性原则，其资金的运用只限于银行存款、政府债券的买卖、金融债券和国务院规定的其他资金运用形式。保险公司的资金不得用于设立证券经营机构，不得用于设立保险业以外的企业。①《商业银行法》第四十三条严格规定，商业银行不得向非银行金融机构和企业投资，禁止任何商业银行以任何方式向创业投资基金融资。②

其次，我国政府对创业投资基金没有颁布任何税收优惠政策来鼓励风险投资产业的发展。借鉴国外运作的成功经验来看，大多数国家通过制定或修改相关的税法，目的是为了给创业投资公司实行减免税收的政策，这些税法和政策的修订都很大程度上鼓励了风险投资机构的发展，也刺激了新兴企业的发明创新。而我国目前现行的税法当中，没有能够给予创业投资者足够的税收激励政策。另外，由于我国新兴企业发明创造的产品附加值很高，而原材料的消耗又比较少，因此针对企业增值税而言，我国允许抵扣的进项税本来就比较少③。再加上不能抵扣技术转让费等，造成了创业企业的创新产品高税负等负担。而就风险投资机构投资收益的所得税而言，我国的税收政策对企业进行了双重所得税征收，没有给予任何优惠政策。而风险投资机构在项目投资中所获得的收益不仅不能享受任何抵扣和减免政策，还必须缴纳各项

---

① 陈勇峰：对我国《保险法》中保险资金运用规定的反思［EB/OL］. http://www.doc88.com/p-9095704715861. html.

② 李秋茹. 管理层收购融资策略的对比研究——结合我国上市公司、非上市公司 MBO 的融资案例分析［J］. 管理科学文摘，2004（12）：9～11.

③ 张鸿，张帆. 我国发展风险投资的法律障碍及其对策［J］. 企业经济，2000（6）：37～38.

规定的企业所得税。股东所获得的个人分红也不得抵扣和减免,必须按规定比率缴纳个人所得税。因此,我国的各项税法不仅不能鼓励风险投资产业的发展,一定程度上还抑制了民间投资者的投资热情。

虽然我国政府明确表示,要大力支持我国创业投资行业的发展,但支持的力度还不够。美国政府积极参与的领域并不多,创业风险投资是其中之一。在这一领域当中,美国政府不仅充当着主体培育者、制度建设者和交易监督者的角色,还在一定意义上也充当着直接投资者,[①] 其投资的主要形式有三种。

第一,设立种子基金。在一份名为《创业投资与创新》的研究报告中,世界经合组织科技政策委员会将创业风险投资定义为是一种投资行为,主要目的是为成长性好的新兴科技型企业提供股权资本。政府往往介入阶段是在创新企业风险比较大的阶段,但也是溢出效益最多的种子期阶段,为了推动创业投资企业的起步与发展,或者刺激和鼓励商业性创业投资的活动,美国政府设立一些资金量较少的种子基金。

第二,提供信用担保业务。美国中小企业管理局可以提供一些担保服务,如果创业企业的贷款逾期未还,那么未偿债务中的90%由该局偿还给贷款机构或者是地方性银行,此贷款的期限可以高达25年。由于中小企业管理局的介入,大幅度提高了风险投资机构的商业信用,也吸引了大量商业银行和民间投资者参与和投资。

第三,提供债务融资业务。在美国,中小企业可以低于市场的利率从联邦政府那儿取得远多于自有资金的融资贷款,融资金额一般是三倍于自有资金,当中小企业的风险投资金额超过其总资本的三分之二,那么融资倍数可以高达四倍。除此之外,国会还对中小企业管理局授权,可以向中小企业直接提供协调、优惠和长期贷款。

总而言之,风险投资机构的投资方向和成败与政府的行为密不可分,政府正确的引导和示范可促进风险投资获得成功。政府的支持和鼓励作用在风险投资机构的发展初期显得尤为重要,尤其是在初期风险投资机构不能完全依靠市场的时候。目前我国高新科技的创业投资人才、服务水平以及核心技

---

① 石盈,韩慧平. 我国创业投资存在的几个问题 [J]. 南京经济学院学报, 2001 (1): 69~72.

术等方面相对匮乏的情况下，我国尚不具备能使创业投资大规模发展的条件，因而政府充分发挥其主导和扶持职责，对我国的创业投资发展起着至关重要的作用。

三、投资资本来源不足

一项创新科技成果从开始的一种想法到最终的实现产业化，期间要大致历经四个时期：种子期、创立期、成长期以及成熟期。创业企业在成熟期所承受的风险最小，因此可以向商业银行或者其他金融机构贷款来获得资金支持。而前三个时期，创业企业的风险性过大，很大程度上只能通过风险投资机构来进行融资。

种子期的资金需求量相对较小一些，一般通过创新科研开发者自己就可以解决，但如果项目过大，则科研需要得到来自社会的资金支持；创立时期的资金需求量比较大，单靠创业者自身的力量是难以完成的，而且这一时期创业者面临非常多的不确定性因素，风险性很大，因此注重投资安全性的商业银行或者其他金融机构不会冒险投资，因此，这一时期的融资最为困难；而在成长时期的创业企业因为已经具备了一定企业基础、产品市场和技术，因此可以从商业银行等金融机构处获得贷款支持，但由于大多数贷款需要抵押品和担保品，所以相对于企业较大规模的资金需求量与其自身的融资能力还存在着较大的差距，需要依赖于风险投资者的资金支持。

在欧美的发达国家，从投资方向的选择上看，风险投资家更多地偏好前两个阶段，即种子期和创立期。目前，我国的风险资金者更多地投向于创新企业的成长时期，即我国更偏好于投资已经具备一定规模的企业。虽然这可以帮助企业扩大规模并实现发展，但并没有解决高新技术产业发展的实质性问题，最终难以改变我国科技成果转化率低，大量专利技术闲置的现状。

就我国现状来说，虽然存在着大量的民间投资资本，但由于政府缺少高效的支持和激励政策，民间投资者的观念也偏好一些短期的投资，不敢贸然参与周期过长的投资，而且风险投资的风险和收益也是难以预测的，因此我国的风险投资产业受到了很大的资金限制，大量资金无法进入风险投资产业。

四、创业投资的运作不规范

创业投资的运作不规范主要表现在以下几个方面：

（一）资金循环

任何一个时期的创业投资过程必须由创业投资公司、投资者和创业企业三方组成。投资资金先由风险投资机构从多个投资者处筹集，再整合经过严格的筛选和慎重的决策投入到创业企业中，再由创业企业进行资本运作和产品的推广，使得对应的权益资本增值，创业投资公司适时退出该企业，获得投资本金和利润，再将所得收益分配给各投资者。这就形成了一个完整的资金循环链。

（二）投资者

在风险投资产业发展的早期阶段，主要由一些富裕的家庭和个人来充当投资者，他们拥有大量闲置的资金和投资的欲望，因此他们把一部分自有资金投入到风险投资中，以期获得高额利润。随着后来风险投资行业的发展，政府对这一领域给予了种种政策支持，吸引了更多大的投资者，如退休金、养老金、企业、外国资本、保险公司、共同基金等。

而在我国，无论是以 20 世纪 80 年代中期设立一大批科技型投资公司，还是近阶段各地纷纷涌入的民间资本，冠以"风险"、"高科技"、"创业"等词的新型公司，实际上都是由各地政府直接或者间接投资组织建立起来的。目前，这类公司才刚刚开始运作，其投资效果还未显现，但由于政府是直接参与，并控制着商业活动，有着种种弊端，慢慢开始有些人认为风险投资的前景不太乐观。

（三）创业投资机构

风险投资是一项长期的高风险投资活动，其中资金的运作者是创业投资活动的中心环节，其职责范围包括：发现项目、选择机会、筛选对象、投资决策、参与管理和退出决策等环节，每一个过程都至关重要，都关系到整个投资项目的成败。

目前世界上，创业投资公司主要有两种组织形式：公司制和合伙制。其中合伙制使用的更为广泛，合伙制主要包括两种：有限合伙人和普通合伙人，即负有限责任和负无限责任的两种股东。有限合伙人一般出资比较多，大概占总投资额的99%，但只能分到75% ~85%的利润；而普通合伙人只需要出资1%左右，便可分到利润的15% ~ 25%，并且还对公司拥有经营管理权。他们就是我们多次提到的创业投资家。创业投资家自身具备的素质修养、知识水平和业务能力对整个投资过程至关重要。

借鉴国外的投资经验，组成创业投资机构的经营管理者必须具有较强的业务综合性，不仅要有大量技术、工程、法律、管理乃至宣传方面的人才，还要有证券、基金、信托投资等方面的金融管理人才。其中拥有不止一种能力的创业投资管理者是最为重要的人才。从目前我国拥有的几十家创业投资机构的情况来看，他们都未能达到这一要求，一些从业人员过去从事信托、证券、基金等金融行业，甚至还有一些不具备相关专业知识，他们都是从各个投资方抽调而来的企业、机关、事业单位的一般工作人员，对投资项目的选择具有很强的主观随意性，更谈不上在投资之后对创业企业的营销起管理辅助作用。中国的创业投资行业缺乏一批高素质高质量的创业投资专业人才。

针对这一问题，我国相关机构可以在国内选择一些已有一定经验的创业投资管理人员把他们送到国外参加培训，或者聘用一些在国外从事相关创业投资管理人员的专家来我国工作。[①] 同时政府还需建立创业投资家的激励措施，这种激励机制不仅体现在工资薪酬上，更体现在人力资本的股权分配制度上，通过这些方式来培养创业投资家的积极性。希望未来我国创业投资的基金管理制度既能够约束投资行为，又能够激励投资活动，实行有限合伙制。创业投资家即普通合伙人的股本只占创业投资基金总额的1%便可以100%的管理投资资金，成功后可分得大约20%的收益，但是一旦投资失败，则普通合伙人必须承担全责。

（四）创业企业

如果说创业投资家是价值发现者，那么创业企业家就是价值的创造者。创业企业家是发现新思路和新技术的开拓者。在整个创新过程中，他们不仅需要创业投资家在资金方面的支持，在市场分析、管理技能上也需要帮助。但要想获得创业投资者的资金，创业企业除了需要具备产品的市场前景和技术等硬性条件之外，企业家的软性素质也很重要，包括企业家的管理才能、

---

① 王永梅，吴潮华. 风险投资政府"补位"［J］. 大经贸，2002（8）：50 ~51.

经营水平和投融资的心态。风险投资家宁可选择一个二流的项目，只要它被一个一流的企业家经营管理，如果一个一流的项目被一个二流的企业家经营管理，投资者是绝对不会选择的。

在我国风险投资的实际运营中，创业企业者往往好高骛远、急功近利，仅以"圈线"为目的与创业投资方合作。[①]若是企业创业成功，企业家不愿意向创业投资者让利。如果创业投资公司获得了巨大利润，创业企业的相关科技人员一般会认为当初所订立合同不公平，造成多种利益纠纷，进而影响创业企业进一步发展。

企业家应当清楚，自己只是一个新兴企业，既无规模，又无市场。风险投资家在整个投资活动中充当的不是慈善家，而是企业家，机会与创业企业风险共担，也会与创业企业利润共享。而且对于创业投资家自己来说，他们进行的是组合投资，同时投资于多个创新企业，在这个企业赢得的利润，还要补偿在其他企业所蒙受的损失。如果双方无法认识到这一点，合作就很难进行下去，创业投资行业也无法得到的发展。

五、风险投资的构成主体错位且单一

资料显示，在我国目前现行的风险投资机构主体中，政府拥有约 90% 以上的股权，外资约占 8%，而纯民营只占 2%。这种单一的投资主体构成模式导致我国风险投资产业的资金来源规模小、渠道窄，难以形成大规模的风险投资体系。我国大量科技成果、专利技术闲置，科技成果转化率只有 10% ~ 15%，从这些现状中可见我国的风险投资问题所在。再者，政府过多地参与风险投资，充当投资主体这一角色，也同风险投资的市场化相抵触，运转风险投资项目、保护高新科技知识产权以及规避风险都需要依靠市场机制的力量来发挥作用。若政府过多地参与风险投资，则会失去市场这只"看不见的手"的力量，把行政方面的因素强加给市场。

政府应该在风险投资的过程中仅发挥其引导和鼓励的作用。在风险投资行业发展的初期，政府可以提供启动资金和担保来吸引越来越多的社会资金。由于我国现行的风险投资没有充分利用金融机构、非金融机构、企业和个人

等方面的投资力量，而是仅依靠国家政府的投资，投资的风险和利益均集中在国家身上，没有实行多元化主题投资、分散投资风险的职能，这种现象最终只会导致风险投资运转低效的结果。

六、我国风险投资行业的退出渠道不通畅

不同于一般的实业持股公司，退出渠道是一项风险投资活动中至关重要的条件，关系到是否能够畅通完成整个资金的循环链。

借鉴西方发达国家的成功经验，风险投资机构在创业企业成熟后有三种退出渠道：转让给其他公司、挂牌上市或者回售给创业企业家。而其中，挂牌上市是最有效的退出形式。创业板市场是创业投资产业赖以生存的场所。创业投资的投融资行为好比是一个国家的"进出口"，而创业板市场就是风险投资进出口的场所。所谓的创业板市场概念是相对于主板市场而言的，也可以称为中小企业市场、二板市场（Second Board）或者小盘股市场。它是主板市场的充分补充，也是资本市场的必要组成部分，特指除主板市场以外的新兴资本市场，专门为具有良好发展潜力的中小企业和新兴公司提供融资和创业资本退出渠道。

从海外的成功经验来分析，美国、英国、日本、法国、中国香港、比利时、马来西亚等国家和地区纷纷建立了自己的创业板市场，特别是纳斯达克市场是美国成立最早的创业板市场，对完善资本市场、建立健全风险投资机制起到了至关重要的作用，目前运作已经相当规范，它的存在不仅培养出了一大批高质量高素质的创业企业家，还催生出类似于"索罗斯量子基金"这样大规模的创业风险投资基金。有进有出的市场，资金才能运转起来，市场才具有吸引力和流动性，才能成为一个完整的风险投资市场。

风险投资的目的不是为了控股，而是以股权形式投入，成功之后适时地带着丰厚的利润从创业企业中退出。一个完整的风险投资周期的最后一个环节就是退出机制，没有有效的退出机制，就会造成风险投资者资本流动性差，无法再投入到新项目。

早在20世纪80年代，我国在探讨如何促进科技成果产业化的时候，就有人提出了风险投资的相关概念，并且清楚地认识到风险投资对于扶持我国的高科技产业、对于建立我国的国家知识创新体系、对于参与国际竞争，均

具有重大的现实意义。但是，由于当前我国多层次资本市场存在着发展不完善和不健全等问题，使得这些追求高收益的风险投资不能及时得到变现，无法实现"投入—资金获利回收—再投入"的良性循环，最终导致许多风险投资公司难以融入到新的投资基金进而无力进行相应的风险投资，也不愿再进行风险投资。致使大多数投资资金被投资项目"套牢"，能进不能出，能买不能卖，资本流动性差，风险投资的性质也变为一般的实业投资，无法实现"投入—资金获利回收—再投入"的良性循环。

第八章 我国多层次科技资本市场支持科技创新现状分析

第一节 我国多层次科技资本市场发展现状和特点

一、我国多层次科技资本市场发展现状

科技资本是一种能够创造价值的特殊商品，并且能够在一定阶段的社会循环中实现价值增值与自我复制。科技资本市场的形成和发展是社会生产力发展与市场供求、市场演化共同作用的产物。

从西方发达国家经济历史来看，以美国、英国等为主的发达国家的高新技术企业，在每经历一次重大的历史性技术创新时，都会借助强大的资本市场推动力使得自身得到快速发展，成为市场的主导者。所以，资本市场的经济发展模式在当前我国转变的过程中，能够主导我国的经济发展方向，是我国实现自主创新战略的必由之路。资本市场将在探索经济发展道路的进程中以及实施独立自主创新战略的过程中，必将大有作为。当前我国在加快经济发展模式转变的进程中，中国要想在新一轮自主创新竞争日益激烈的环境下赢得更多机会，就应该更加重视科技进步的力量，从而实现我国独立自主创新战略的目标。因此，在国家科技部的带领下，八部门共同商讨制定了《关于促进科技和金融结合加快实施自主创新战略的若干意见》明确提出：加快科技与金融结合"是我国提高自主创新能力和建设创新型国家的战略选择，是满足我国自身社会经济发展和赶超先进国家的客观需要"。

自 2008 年金融危机全面爆发后，中国的资本市场发生了巨大的变化，中

国的 IPO 市场资金充足，规模已超过美国。[①] 中国上市公司想要做到全球范围内的扩张，可以通过股票增发，以及用资金和股票来购买海外高新科技企业的方式。据统计，到 2011 年底，中小板上市公司平均营业收入增长率为22.8%，相比 2010 年增长了 20%，净利润增长率为 8.9%，同比增长 6.9%。创业板市场上市公司平均营业收入增长率为 26.3%，净利润增长率为12.8%。上市公司总体净资产收益率达到 11.5%，总体收益情况良好，同2010 年相比基本不变。[②] 具体情况如表 8-1 所示。

表 8-1　　　　　　　　2011 年各级市场上市公司基本业绩情况　　　　单位：%、元

板块	平均营业收入增长率	平均净利润增长率	平均每股收益	净资产收益率	平均销售毛利率
主板	15.8	5.0	0.4	11.6	18.2
中小板	22.8	8.9	0.5	11.9	22.5
创业板	26.2	12.8	0.5	9.5	35.2
全部公司	18.0	6.9	0.5	11.5	20.0

资料来源：《中国科技金融发展报告（2012）》。

其中，高新技术产业中具有较高成长性和高技术含量的企业在上市公司中占有非常重要的地位，在中小板市场中有 423 家，在创业板市场中有 270家。高新科技企业在我国资本市场的推动下，我国科技资本市场进入快速发展的新时期，一些业绩优秀的高新科技企业已经成为行业的领头羊，给其他创业者起到了很好的模范带头作用，具体情况如图 8-1 所示。

近年来，我国区域经济的整体发展趋势为：中部发展势头强劲，东部经济发展弱势，西部和东北地区迅速发展。东部地区经济发展依靠科技资本的主要支撑项目，受 2008 年金融危机的影响，科技创新发展缓慢，进口的专项科技技术发展受到严重负面影响，东部地区的科技资本受到重创。当技术创新的财富贡献增长率大于金融泡沫化的速率时，金融危机的影响会被大量吸收。当战略性高新技术产业处于边际收益递增阶段时，财富贡献也会以爆发式的速

---

① 中国证券网：中国超越美国成全球最大 IPO 市场［EB/OL］. http://news. cnstock. com/news/sns_bwkx/201506/3453517. htm, 2015-06-05.

② 资料来源：《中国科技金融发展报告（2012）》。

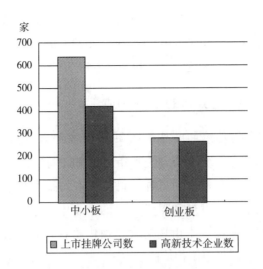

图 8-1　科技板块在资本市场中上市公司、高新技术企业数量

度增长，资本市场获得的回报速度总是低于产业财富的增长速度，即使会出现一些创新失败和财产损失，也可以被创新成功企业的高额回报弥补。宏观上总体的金融危机影响被对冲或吸收掉，但也可能出现因产业链的发育阶段断裂从而导致整体产业链投资失败，进而引发更为严重的局部或全局的金融危机。总之，科技进步和创新作为资本市场的重要支撑，这是转变我国经济发展模式的方向，以绿色、智能和可持续为特征的高新科技企业，将在技术方面将迎来新一轮革命，在现代通信技术产业和新能源产业方面拥有巨大的潜力。

　　事实上，科技创新可以推动我国的经济增长和发展，科技是第一生产力。技术改变世界，技术成就梦想，科技创新离不开资本市场强有力的支持。因此，要想科技成果能够迅速地转化为生产力，必须使技术要素和资金要素有机融合起来，带动相关科技创新要素向资本市场主体有效集聚。我国资本市场清楚地认识到这一点，因此，我国上市公司的研发投入成本大幅度提高，其中研发提高幅度最高的就是中小板和创业板。截至 2011 年，以上两个市场研发投入总额约为 992.3 亿元，相对于 2010 年提高了 27.7%，平均到每家上市公司约为 0.7 亿元。尤其是创业板市场的研发投入占自身营业收入高达 5.04%，高居首位，而主板市场只有 3.05%，创业板市场只有 2.53%。①

---

①　资料来源：《中国科技金融发展报告（2012）》。

总的来讲，经过这些年的持续发展，我国多级资本市场逐渐形成了科技含量较高的科技板块，推动了新兴产业战略性的发展，促进了高新科技企业的进步，成为了中国经济增长的支柱和未来发展的风向标。

二、我国企业科技资本的市场构成

科技资本市场是在传统的商品市场和新兴的资本市场有机结合和发展中得到深化的，它既具有传统市场和资本市场的基本特征又形成了其自身的特点。资本结构是指科学和技术的总称。科技资本的技术和市场构成并不是一成不变的，而是在市场的发展和科学技术的进步中不断调整、不断变化。从市场供求角度来看，科技资本市场通常是由供给者、需求者、管理者、中介机构和辅助性机构五部分组织构成的。

（1）科技资本的供给者是指能够向市场提供科技资本的个人、企业、经济组织或政府机构。它们是科技资本市场的生产者、初创者和所有者。

（2）科技资本需求者是指对科技资本具有较强的需求欲望和市场支付能力的个人、企业、政府组织或国际机构。科技资本需求者可以通过购买科技资本，进行科技创新，来改变自身的经营状况，使得自身的企业价值得到实现，如高新科技创新企业的技术发明与创造者。

（3）科技资本管理者是指具有专业的资本经营和管理能力的优秀管理者。他们在科技资本市场中占据着灵魂和核心的地位。正是由于他们的存在，才使得科技资本在市场中以一种重要商品的身份得到顺利的交易和流动的配置，从而实现资本的价值增值。

（4）科技资本市场的中介机构是指在科技资本市场中负责信息披露与沟通、资本供需情况介绍、及时公证与科技资本交易相关的各种机构信息，如会计师事务所、审计师事务所、信息中心等。中介组织的参与是科技资本信息交流的有效保证。

（5）科技资本市场辅助性机构组织是指在科技资本交易活动中，辅助交易完成的组织，如监管部门、公证机关、法律部门、市场管理部门和治安管理部门等。

三、我国企业科技资本交易的形式

由于各种科技资本本身所具有的性质不同，也导致了科技资本交易的形式也各有不同。有些科技资本的交易形式可以同普通商品的交易形式一样，在市场上大批量销售，如一些计算机应用软件的交易。但是大部分科技资本的交易形式需要特殊的形式处理再进行交易。例如，技术专利转让、产品配方交易等。目前这几种科技资本的交易具有两种形式：科技资本的转让和许可证贸易。

（一）科技资本的转让

科技资本的转让是从卖方的角度来说的，而对资本的接受方而言则叫作技术引进。科技资本的转让既体现现代先进技术和经验的纯粹转让，也包含与先进科技技术相关的设备转让，主要有以下四种形式。

1. 合作生产

该种方式所运用的科学技术可以由双方合作共同交流和研发，也可以由双方自行开展研究，或者由其中一方研究并与另一方共享。这种方式最重要的特点就是交易的技术所生产的商品是由买卖双方共同研发、合作生产的。在生产过程中，如果由其中一方提供给另一方的机械设备、专有技术、零配件和许可证等，通常情况下应该根据已定的买卖关系来处理。

2. 合资经营

合资经营是由买卖双方共同投资和经营，收益共享、风险共担这样一种技术产品生产模式。通常情况下，资金、土地、厂房、动力由买方提供，以此入股，而卖方则负责提供技术培训、专利技术、技术诀窍机器设备和资金入股。同时也有合作经营的契约式合资经营方式，买方则以销售产品、专卖权或者利润交换作为条件，采取租赁或承包卖方科技资本的转让和引进等方式。在技术转让的过程中，往往同时引入先进的经营管理方面的科技资本。

3. 补偿贸易

补偿贸易具有以货易货的性质，是一种以产品返销的方式给技术或设备供应商以补偿货款，国外也称其为产品返销。具体操作流程为：先有买方在双方协商的原则下，通过借款购买卖方的技术或设备，投入生产从而得到产品。买方以生产的产品或由双方协商用其他商品偿还卖方本金并支付利息。

4. 成套设备的转让

买方凭借科技资本从卖方购买全套设备用来生产某种产品，不仅包括成套设备、工程设计技术，甚至包括生产、产品销售、管理以及培训技术人员等服务。这种引进方式在非常短的时间内可以形成生产能力，具有省事、风险小、见效快等优点。但是这种方式一般产生的投资费用都比较大，而且对买方不利，往往掌握不到关键的技术，还需要不断从卖方购买零配件，因此买方一般会产生对卖方的一种长期依赖性。购买成套设备主要通过四种方式：一是招标，即技术引进方由委托咨询公司办理公开招标，通过投标竞争选定中标人，向中标人购买；二是自购，即买方直接向设备制造商采购；三是代购，即由技术引进方委托承包商代理采购；四是承包，即委托承包商或咨询公司承包，双方经过谈判定价签订合同。

（二）许可证贸易

许可证贸易包括专利、专有技术、技术诀窍三个类型的科技资本。专利许可证贸易的交易对象是专利。在一定期限内，专利权的所有者即可以选择独自使用其发明成果，进行生产和销售，也可以将该项专利成果出售给他人。专利许可证按照标准有五种类型：普通许可证，又称非独占许可证；独占许可证，特指一定地域和时间内，只有买方具有使用权；独家许可证，指只有买卖双方在一定地域和时间内拥有使用权；分许可证，是指被许可的一方有权再向第三方签订许可证，同时收取使用费，但被许可方不承担分许可证签订后被许可一方行为的法律责任；交叉许可证，是指许可证协议双方都可以使用对方的专利技术，协议双方往往采取互换专利使用权来抵消相互支付使用费的方法。

专有技术是指除了包含申请的专利技术以外的，还包括保密的专有知识和专门技术。专有技术许可证贸易不仅具有专利许可证贸易的相关规定以外，还具有关于允许掌握专有技术的范围、专有技术保密部分、保密期限等条款。技术诀窍许可证贸易：技术诀窍是指在尚未公开的、在工业上比较先进的、虽然已经被使用的、但却没有申请专利的相关知识和技术。技术诀窍许可证贸易由几个步骤组成：首先是初步揭示阶段即技术优点的介绍；其次是对具体保密资料的介绍及保密协议的签订；再次是选购权协议的签订，是指在对该项技术进行评估而结果尚未得到之前，引进方与许可方签订的保密协议，从而避免许可方可能授予第三方；最后是双方技术诀窍许可证合同的签订。该合同通常包括技术诀窍的内容和范围，以及使用或制造被许可产品所需的充分技术资料同时列出技术资料所需清单，同时协议中还应包括实施范围、有效期限、保密义务和支付方式等。

第二节　不同类型的资本市场对科技创新的影响研究

中共中央《关于完善社会主义市场经济体制若干问题的决定》提出：应进一步扩大直接融资，构建宽领域的资本市场体系，优化资本市场结构；丰富资本市场产品、规范和发展主板市场，加快风险投资和创业板市场建设。首先，规范发展产权交易需要从市场体制建设方面满足不同资本和投资对象的差异性需求。其中，建立这个多层次资本市场体系的主要驱动力在于风险型资本的投资需求和科技型中小企业直接融资，这两个需求都与发展高新技术产业联系紧密。其次，区域性资本市场和高新技术产业组合发展，既是运用市场手段持续性调整地区经济产业结构的宏观需要，也是资本追逐最大利润和科技企业超常规发展的内在微观要求。

借鉴西方国家资本市场的发展经验，多层次的资本市场从结构上应分为主板、二板、三板市场和产权交易市场。经过 20 多年的不懈努力，我国的资本市场结构得到了很大的完善。自 2009 年创业板的成功创立，我国的多层次资本市场体系虽然还不完善，但已基本成形，主要包括主板、创业板和三板市场，其中主板市场含中小板块。

一、主板市场对科技创新的影响

主板市场又称一板市场，就是指传统的证券市场，是一国或地区证券发行、上市以及交易的主要场所，例如，美国的纽约证券交易所、英国的伦敦证券交易所、日本的东京证券交易所、中国的上海证券交易所和深圳证券交易所（以下简称上交所和深交所）。

对拟上市的公司在营业期限、资本规模、股本结构和盈利水平等方面，主板市场的要求非常高。因此，能够上市的公司多为大规模的成熟型企业，具有雄厚的资本和稳定的盈利能力。

上交所和深交所分别成立于 1990 年 11 月 26 日和 1990 年 12 月 1 日，均属中国证监会管理，采用集合竞价和电子竞价两种交易方式，所有证券的买卖均有电脑主机公开申报竞价，按照"价格优先、时间优先"的交易原则自动撮合成交。

经过多年的稳定持续发展，上交所的上市公司数量、股票数量、市场价值总量、流动市值和成交总额等指标均在我国名列前茅，上交所成为我国内地首屈一指的证券交易市场。而深交所的多层次资本市场也逐渐完善，推动了大批中小板企业特别是高新技术产业的发展。

虽然主板市场促进了一大批优秀的高新技术企业的发展，但事实上，主板市场并不是主要为科技创新型企业服务的，而是服务于那些大规模、资金雄厚、成长稳定的国有企业，主要有两个方面的原因。

一方面，主板市场的上市条件非常苛刻，大多创业型的科技企业不能达标。例如，在股本方面，主板市场要求上市公司发行不得少于 3 000 万股，股本总额不得低于 5 000 万元人民币。而大多数创业型科技企业都只属于中小企业发展时间段，资本积累不够多，盈利能力尚未体现，根本无法达到主板市场的上市条件，因而无法通过主板市场得到科技融资。

另一方面，现有的发行审核标准过于苛刻，科技创新型企业不便进入主板市场。上市过程过于漫长、发行证券的成本费用高以及审核通过的可能性不确定等原因，导致我国的主板市场依旧以大中型国有企业为服务的主要对象，而对以科技创新型企业的支持力度不够。这是主板市场目前存在也将继续存在的问题。

二、中小企业板块对科技创新的影响

随着资本市场制度的不断创新和国家自主创新战略的实施过程中，衍生出以支持企业自主创新为目的的两个重要资本市场——中小板市场、创业板市场。通过近几年间的实践经验充分表明，支持高新技术企业发展方面，中小板市场和创业板市场发挥了巨大的推进作用。创业板我们将在下面讲到，本部分主要分析中小企业板块对科技创新的影响。

深交所数据显示，中小板企业主要集中于高科技企业和相关的细分行业。

截至 2011 年底，国家级高新技术企业已经达到 730 家左右，在整个中小板市场企业数量中约占 80% 的比重。其中国家"火炬计划"项目的企业达到 327 家，占比约 35.89%；拥有国家"863"计划项目企业 102 家，占比 11.2%；获得国家创新基金支持的企业为 155 家，占比约 17%。随着资本市场的支持力度越来越强大，研发方面的资本投入也越来越多，因此自主创新能力越来越强，最终形成越来越壮大的中小板市场。根据权威机构统计，在我国，中小板公司上市之前，平均每家企业研发人员仅约为 130 人，而企业上市后，每家公司相关的研发人员就增加到约 210 人，增长了 61.1%；中小板公司整体研发投入也大幅度增长，上市前只有年均大约 1 500 万元，上市后增加到年均大约 2 200 万元，部分公司的研发投入都达到 5 000 万元以上，如太阳纸业、思源电气、天马股份、金风科技等公司。

在国际金融危机的大形势下，由于我国资本市场对自主创新企业的强大支撑，一大批具有高新技术自主知识产权的企业不但能够很好地生存，而且形成了良好发展的态势，众多高新技术企业承载着应对金融危机、化解危机的责任。

三、创业板对科技创新的影响

据银河证券报道，在创业板市场推行两年中，对战略性高新科技产业的促进作用逐渐显现。在创业板上市企业中，绝大部分分布在先进技术制造业、信息技术、社会服务业、文化传播业等高技术行业。其中先进技术制造业占 66.29%，信息技术业占 18.73%，社会服务占 5.24%，传播文化业占 3.37%，以上四个技术含量高的行业占 93.63%。

一大批优秀企业在创业板上市并获得了直接融资，克服资金短缺的困难，进入规范的发展轨道。2011 年，在我国内外经济情势复杂的情况下，多数企业增长速度逐渐放缓的大背景下，创业板公司仍然发展势头良好，净利润增长高达 12.83%，而深交所主板仅为 4.89%；创业板营业收入增幅超过 26%，显然高出深交所主板市场的营业收入 15% 的增幅。创业板市场充分体现了科技创新"助推器"的功能，通过创业板上市公司，不仅使科技成果顺利转化为生产力，而且还在我国的经济市场产生了显著的社会效益和经济效益。

四、新三板市场对科技创新的影响

2012 年 9 月 7 日，我国有八家企业同时举行了新三板挂牌仪式，标志着新三板的发展迎来了实质性的发展。此八家企业分别来自于中关村园区企业、上海高新园区、天津高新园区以及武汉高新园区。业界人士对新三板的扩容进度评价说，"新三板扩容一小步，资本市场建设前进一大步。"新三板的发展使得我国在资本市场中自主创新能力得到了进一步提升，更好地服务于高科技企业。

截至 2012 年 9 月 1 日，中关村代办转让系统试点企业数已达 209 家，已挂牌和通过备案企业数为 137 家。9 月 8 日，随着中关村园区外其他七家公司的正式挂牌，新三板挂牌园区由试点初期的中关村园区一家迅速辐射到上海张江高新技术产业开发区、武汉东湖及天津滨海高新区，挂牌公司涵盖了电子信息、生物制药、新能源环保、新材料、文化传媒等新兴行业领域。

随着试点的推进，代办转让系统所具有的高效低成本、按需融资的优势得到发挥，累计有 44 家企业启动或完成了 52 次定向增资，融资金额达 23 亿元、平均市盈率 23 倍。挂牌企业中久其软件、世纪瑞尔、北陆药业、佳讯飞鸿、紫光华宇等八家企业已在中小板和创业板上市，另有多家企业在等候转板。自代办转让系统启动以来，登录代办转让系统公司所财务数据显示，上市公司的营业收入总额和净利润出现较大幅度增长，整体业绩保持增长态势，一大批具有自主创新能力的报价公司正在成长。截至 2012 年 8 月 31 日，126 家披露半年报的挂牌公司中，125 家公司合计实现营业收入 59.44 亿元，同比增长 22%，平均每家公司实现营业收入 4 755 万元；合计实现归属于母公司股东净收益 3.3 亿元，同比增长 6.1%。

六年多的试点发展经验表明，新三板逐步成为科技型非上市股份公司股权流转的平台、创业投资与股权私募基金的聚集中心、多层次资本市场上市资源的"孵化器"和"蓄水池"、准上市公司信息披露的演练场。如果把中关村代办股份报价转让系统比作高科技企业创立期成长的摇篮，那么我们有理由相信，资本市场将会随着新三板市场规模扩增的实质性推进，切实地推动科技创新的进度，更高效地促进高新企业发展，成为我国科技创新能力登上新的顶峰最有利的助力。

【专栏】三类企业适合上新三板

新三板试点扩容正式启动。中国证监会 8 月 3 日表示，扩大新三板试点已获得国务院批准，按照总体规划分步推进、稳步推进的原则，首批扩大试点除中关村科技园区外，新增三个开发区，分别为上海张江高新产业开发区、东湖新技术产业开发区和天津滨海高新区。

新三板扩容获批，一定程度上缓解了一些高科技的小微民营企业的资金压力，特别是园区类企业也将受益于新三板的扩容。下面，我们来分析一下哪些类型企业适合上新三板？企业上新三板的条件、凸显出的价值以及需要注意的风险。

一、什么是新三板

新三板可以说是真正名副其实的创业板，也就是不符合主板和中小板上市的企业，可以到这个板块上来进行融资，企业在新三板上市的动力有这么几个：一是方便融资，二是可以提高企业知名度，三是可以得到政府的政策支持，四是有利于 PE 退出等。暂时上不了主板的企业才选择新三板作为过渡，像久其软件、北陆药业、世纪瑞尔、佳讯飞鸿都是先在新三板上市后才到主板上市的。并且场外市场的发展为企业提供了更大的选择空间，在企业不同的成长阶段，可以选择一个真正适合自己的资本市场平台，不用把 IPO 上市作为进入资本市场的唯一选择。

二、新三板与创业板的区别

目前，新三板的市场定位是：为非上市公众公司提供股权交易平台，从而形成一个高效、便捷的企业投融资平台。多层次资本市场中的创业板与代办股权转让系统，都是服务于创新性、科技型中小企业。这两个市场的服务对象上虽然有交叉，但也有差异。按生命周期来划分，企业可分为初创期、成长期和成熟期。创业板面向成长后期、接近成熟期的中小企业，新三板针对初创后期、有产品、有一定盈利模式、接近于成长初期的中小企业。

三、三类公司适合上新三板

第一类：处在成长早期阶段的小企业，尤其是科技型中小企业，这些企业规模小、风险大，难以被交易所市场投资者认可和接受，适合进入场外市场。

第二类：适合进入新三板的，是那些自认为无必要，也不愿意采用相对较高的公司治理、信息披露标准的企业。

第三类：有些企业自身特点难以支持一个交投活跃的市场，或者企业对股份流动性没有特别的偏好，也适合进入新三板市场，比如中小金融机构。

四、挂牌须具备的条件

非上市公司申请股份在代办系统挂牌，须具备以下条件：（1）存续满两年。有限责任公司按原账面净资产值折股整体变更为股份有限公司的，存续期间可以从有限责任公司成立之日起计算；（2）主营业务突出，具有持续经营能力；（3）公司治理结构健全，运作规范；（4）股份发行和转让行为合法合规；（5）取得北京市人民政府出具的非上市公司股份报价转让试点资格确认函。

五、新三板的信息披露标准要低于上市公司的标准

（1）只需披露资产负债表、利润表及其主要项目附注，鼓励披露更为充分的财务信息；（2）年度财务报告只需经会计师事务所审计，鼓励其聘任具有证券从业资格的会计师事务所审计；（3）挂牌时只需披露最近两年的财务报告；（4）只需披露在发生对股权转让价格有重大影响的事项时披露临时报告，而无须比照上市公司，在发生达到一定数量标准的交易就要披露临时报告；（5）新三板实行什么制度还有待观察，上选是推行市场化的备案制，以免重蹈中小板与创业板审核造富的覆辙。

六、新三板企业抗风险的能力

（1）无形资产权清晰。创业型高科技企业和创意型文化企业往往对专利和非专利技术有较大依赖，公司的无形资产不能存在纠纷，核心技术人员保持稳定；（2）所处行业市场前景较好，符合政策导向。处于创业期的中小企业，由于依赖于独特的技术或者商业模式，盈利规模比较单一，在行业出现不景气或者政策发生变动时，难以抵御这种系统性风险；（3）公司规模和盈利性较好。历经两年多金融危机的洗礼，不少中小企业受到重大影响甚至破产倒闭。作为挂牌公司，自身应当具备一定的规模和独立的盈利能力，避免严重依赖于政府补贴和税收优惠的情节。

七、新三板能给企业带来什么

企业在新三板市场挂牌后，给企业带来的直接变化有两点。第一，形成了有序的股份退出机制；第二，企业的运作将在证券监管部门、主办报价券商的监管之下，在公众投资者的监督下进行。具体而言：

便利融资：有利于完善企业的资本结构，促进企业规范发展。挂牌后可实施定向增发股份，也可提高公司信用等级；

股份转让：股东股份可以合法转让，提高股权流动性；

转板上市：转板机制一旦确定，可优先享受"绿色通道"；

价值发现：公司股份挂牌后的市场价格创造财富效应，提高公司对人才吸引力；

公司发展：有利于完善企业的资本结构，促进企业规范发展；

宣传效应：新三板市场聚集一批优质高成长性高新技术企业，成为高新技术企业便利高效的投融资平台，有利于树立企业品牌，促进企业开拓市场，扩大企业宣传。

八、四家进入新三板的高新产业园区介绍

（1）中关村科技园区。中关村科技园区是1988年5月经国务院批准建立的中国第一个国家级高新技术产业开发区。中关村科技园区管理委员会作为市政府派出机构对园区实行统一领导和管理。中关村科技园区覆盖了北京市科技、智力、人才和信息资源最密集的区域，园区内有清华大学、北京大学等高科院校39所，在校大学生约40万人，中国科学院为代表的各级各类的科研机构213家，其中国家工程中心41个，重点实验室42个，国家级企业技术中心10家。2006年1月16日，中国证监会批复同意中关村科技园区非上市股份有限公司股份进入股份转让系统，进行股份报价转让试点，为三板市场注入了新鲜血液，至此，新三板横空出世。

（2）上海张江高新区。上海高新区始建于20世纪90年代初，1991年3月，上海漕河泾新兴技术开发区成为首批国家级高新区之一；1992年上海的国家级高新区更名为上海高新技术产业开发区，张江高科技园区成为其组成部分；之后，上大科技园、中纺科技园、金桥园、嘉定园等其他四个园区陆续成为其组成部分，于1998年形成了目前"一区六园"的格局。2006年3月，经国务院批准，上海高新技术产业开发区更名为上海张江高新技术产业

开发区（以下简称上海张江高新区）。经过全国开发区用地清理整顿，上海张江高新区"一区六园"的规划面积获国家批准，由原来的22.1平方公里扩大为42.1平方公里，其中张江核心园规划面积由原来的5平方公里扩大到25平方公里，另外5个园区仍维持原规划面积不变。

（3）武汉东湖新技术产业开发区。武汉东湖新技术产业开发区，简称东湖新技术开发区、东湖高新区等，是中国湖北省武汉市下辖的一个经济开发区。武汉东湖新技术产业开发区于1988年成立，1991年成为国家级高新技术产业开发区。2001年成为国家光电子产业基地，并称为"武汉·中国光谷"。位于武汉市东南部的三湖六山之间。关东光电子产业园、关南生物医药产业园、汤逊湖大学科技园、光谷软件园、佛祖岭产业园、机电产业园等园各具特色，2 000家高新技术企业分类聚集，以光电子信息产业为主导，能源环保、生物工程与新医药、机电一体化和高科技农业竞相发展。目前，高新区形成了以光电子信息为龙头、生物工程与新医药、环保、机电一体化、高科技农业等高新技术产业竞相发展的产业格局。

（4）天津高新区。天津高新区前身为"天津新技术产业园区"，2009年3月5日《国务院关于同意天津新技术产业园区更名为天津滨海高新技术产业开发区的批复》（国函〔2009〕25号）同意将"天津新技术产业园区"更名为"天津滨海高新技术产业开发区"。"天津滨海高新技术产业开发区"简称"天津滨海高新区"或"天津高新区"。天津高新区的前身天津新技术产业园区1988年经天津市委、市政府批准建立，1991年被国务院批准为首批国家级高新技术产业开发区，总体规划面积为97.96平方公里。天津高新区由华苑产业区、滨海高新区、南开科技园、武清开发区、北辰科技工业园、塘沽海洋科技工业园六部分组成。其核心区域华苑科技园、滨海科技园位于天津市西南和东部，是天津经济发展的双子星座。天津高新区是天津滨海新区八大功能区之一。

资料来源：博实资本，2012 - 09 - 13。

第三节　我国多层次科技资本市场
存在的主要问题

一、科技资本运营的体制与制度障碍

虽然客观上在科技活动和经济活动中，我国的科技资本正在发挥巨大的作用，但在意识上我们还是没有足够地重视科技资本的运营，以至于目前存在并运用的运行机制、管理机制以及相关的制度和政策都有很多与现实不相符的地方，重点表现在以下三个方面。

（一）科技资本运营的最大问题就是科技资本的产权制度建设不完善，科技产权不明晰

科技产权不明晰主要表现在三个方面：第一，科技投向主体后，所形成的知识产权和科技资本产权关系不明确。随着产权结构多元化，国有科技逐渐投向了包括民营机构（乃至外资机构）在内的一切所有制竞争主体。在当前情况下，至今仍没有一个规范的法律来界定国有科技投向所形成的知识产权和科技资产的使用权和所有权。第二，产权主体不明晰。例如，由国家投资的知识产权和相关的仪器、设备，名义上虽然归属于国家，但是实质上并没有实际的产权拥有者，导致国有资产的产权被虚化。第三，产权结构多元化的结构下形成的知识产权和科技资产关系不明确。现行的多部门管理制度、多资金来源渠道以及投资主体的多元化结构，同一个科技项目的投资主体包括国家（多部门）投入、地方投入、企业（科研机构）自身投入、金融机构投入，科研人员自身智力投入等，都导致了各主体之间对项目成果的所占产权和知识产权缺乏法律方面的规范界定（有关部门笼统地规定国家计划投资项目形成的知识产权归国家所有，使用权归项目承担单位所有）。

产权明晰是各类科技资本资源进入市场，实现成果转化、产权流动和优化配置的基础，科技资产投资主体不明、产权关系不清，将导致产权约束和激励机制缺位。容易产生以下弊端：（1）由于产权虚置、权责不分以及"内部人控制"造成国有科技资产大量闲置与浪费。近年来，随着部分国有企业竞争力下降、国有科研机构机制不灵活、分配制度不合理等因素影响，造成

不少企业科研管理人员及科技知识产权的流失。当前，我国正在建立现代企业制度，实现国有科研机构优化重组的企业化、民营化发展方向。而国有科技资产责任主体缺位，一方面会导致因管理不善造成国有科技资产的流失。另一方面可能由于担心资产流失和浪费而障碍改革、延缓改革进程。（2）由于缺乏利益保障机制，造成管理者和科技人员的超短期行为。科研机构缺乏自我积累、自我发展的动力，注重"短、平、快"项目而轻科研后劲的积累，以至呈现"空壳化"趋势。（3）科研人员的智力劳动尤其是职务技术成果等相关权益缺乏法律确认和保障，科技成果转化的动力不足。（4）科技资本资源流动性不强，流动与流失不分，导致科技资本资源的使用效率低下。

（二）现行的科技资产管理制度改革程度不能适应科技资本运营的要求

目前我国科技资产管理体制大多存在以下深层次的矛盾。第一，政府既是科技资本的所有者，又是科技资本的管理者，既宏观调控着全社会科技进步的步伐，又行使着国有资产所有者的职能。所有者与管理者职能混合在一起的管理体制，导致了相关政府部门重投资项目审批，轻视项目收益和效果；重微观投资管理，轻宏观调控。第二，政府的科技投资中资本性和非资本性项目混淆。政府无偿投资一些资本性的项目，但缺乏有效激励与约束措施，使得科技投入效果无法体现，经费项目有时会移作他用，浪费了有限的科技资本。第三，中央政府与地方政府在科技资本投入上出现交叉重复的情况，尤其是在支持目标项目和功能定位上界限模糊。中央政府科技投入理应重点资助非资本性领域的项目（包括基础性研究、应用基础性研究以及具有国家战略意义的关键技术、公共技术、前沿技术以及不能通过市场机制获得的社会公益性领域的技术等）。而实际却过多地介入了资本性领域的项目，如一般性应用开发性项目、产品和工艺开发项目、创新基金项目，从而使得有限的财力被分散，科技领域研发财力投入不足，无法产生重大的创新型研究成果，中央政府部门面对千变万化的市场和量大面广的科技投资项目，在信息不完全的情况下很难进行有效的监管。

尽管经过近20年的科技体制改革实践，但科技领域的行政计划体制壁垒依然存在。在改革过程中，各级政府部门凭借其控制的财政资源推出各自部门计划，但由于部门之间以及部门内部缺乏有效的协调、衔接机制，造成各部门计划交叉重叠、项目低水平重复从而造成资源严重分散。同时，由于国有科技资产管理组织等相关职能不到位，一方面使得国有科技资产管理因部门分割而弱化。另一方面，传统的国有资产管理模式滞后于经济改革和科技发展实践，不利于从整体上盘活科技资源、提高科技资源的使用效率。

（三）相对于市场经济体制改革和变化，相关的政策和制度创新严重滞后，使得科技资本无法进行合理有效的配置和高效运行

主要表现在以下几个方面：第一，鼓励创新、有利于科技成果转化相关制度和法律规范形成严重滞后，例如知识成果价值的合理分配制度、智力劳动分配的股权制度、知识产权保护制度、科技人才在产学研之间的交流制度以及为提供科技创业或中介服务为主旨的非营利性机构制度。第二，我国以实物形态管理为主的科技资产管理制度，太过保守、因循守旧，导致一些本应该进入资本市场的科技资源被浪费、被闲置，无法产生盈利，而相关国有科技资源机构的使用权没有得到合法的保护，没有对科技资产的处置权。以往形成的行政配置科技资源情况下单位所有、部门所有、地区所有的体制和制度进一步加大了对科技资产合理流动与配置的束缚。与此同时，在制度建设方面，与科技自身发展和市场经济规律相适应的科技资产管理制度，如公共科技资源共享、促进市场化或资本化的科技资源的合理流动和配置、非资本性或非营利性科技资源进入的产权管理等制度的建设严重滞后。第三，与以上相关制度相配套的国家政策也缺乏完整性、系统性和配套性，例如科技企业的税收优惠和财政扶持政策，以至于科技营运资本过程中的一些环节出现运行不通畅或扭曲的现象。如风险投资征税的双重性问题；以科技创业服务、中介服务为主旨的非营利性机构，由于法律主体地位不明确，从而沿用企业财税制度，引起税负不当或过重；另外目前我国技术市场的主要矛盾表现为需求动力不足，政策的导向本应为"买方激励"，即刺激需求。而当前实行的却是卖方激励政策，即对卖方技术转让收入给予税收优惠。由此使得税收优惠政策未能对技术市场产生有效的拉动作用。第四，对于高新科技企业发展相关的激励政策和扶持政策的建设严重滞后。

二、科技资源的配置与使用效率低下

党的十一届三中全会之后，经济体制逐步实现由计划经济向市场经济的过渡，我国科技体制也随之进行了改革。改革的基本内容主要有：一是通过

技术市场的培育推动科技成果向商品化和市场化转化；二是通过科技拨款制度的创新推动科研机构市场化和企业化；三是逐步放开对科技人员的束缚，鼓励科技人员的自由流动和自主择业、创业，探索多种科研劳动分配形式；四是调动社会各阶层的力量推动科技投入多元化发展。

我国科技资本从微观层次上来看，相关的生产关系和组织结构已经发生了巨大的变化，主要表现为：第一，技术商品观念普遍确立，大多数科技成果基本实现由非价值形态、非商品形态向价值形态、商品形态的转化，并开始作为重要的生产和资本要素并入现实的生产过程，成为物质财富生产的主要推动力量。主要表现为大量科技成果作为商品进行产权转让与交换，科研机构或科技人员以其科研成果作为资本投资、入股、参与分配等；此外，一些基础研究、公共事业领域的研究以及用于军事目的的研究成果，由于其商业价值凸显，从而转化为资本要素进入商业竞争市场领域。第二，国有独立科研机构全面转制（企业化、股份化、民营化），大大地加速了与社会主义市场经济体制相适应的现代科研体系的形成。与此同时，由于转制的影响，使得科技生产资料由公益性投入大规模地转向营利性、经营性和竞争性领域，成为生产资本的重要组成部分。其表现为大部分应用开发性科研机构通过将其科研仪器、科研设备、科研经费、科研设施等作为资本，对科技型企业或产学研联合体进行投资。第三，科技资本尤其是知识资本的产权主体系统正在发生深刻变化。改革开放之前，科研实体机构特别是科技人员还不是"资本"的拥有者，产权主体主要局限在科技劳动者以外的"业主"领域。现阶段科技人员不仅作为资本的一个要素，而且成为资本的主体或资本的所有者。作为资本要素，他们凭借自身的智力、经验、技巧及专利等直接参与价值创造，并通过各种直接与间接的股权、分红权、期权等形式参与价值分配。作为科技资本的所有者，逐步摆脱了先前那种作为产业资本的"产权依附者"的地位，开始以产权主体身份，直接参与企业的决策、管理和运营，并正在或已经成为企业特别是高科技创业企业创设和发展的中坚力量。第四，科技投入突破了单一的国家所有制的限制，初步形成了多元化投资体系格局。首先科技投入在投入性质、方式和结构方面发生了深刻变化，由过去的公益性投入或仅局限为公益性投入转变为现在绝大部分科技经费投入到了经营性、营利性和竞争性领域。其次，过去作为无偿投入的全部科技经费在科技体制改革后，科技投入开始实行部分项目（市场竞争性弱的项目）无偿、部分项目（市场竞争性强的项目）有偿的投资格局，随着科技体制改革的创新，目前科技投入正在向投资方向转化（如各级政府建立科技风险投资公司、科技投资基金等）。最后，过去国有科技投入方向仅限于国有企事业单位，随着国有企事业单位产权结构的变革（产权主体多元化），国有科技投入已不仅也不可能局限在传统意义上的国有企事业单位，而是投向了包括民营机构（乃至外资机构）在内的一切所有制竞争主体。

但依旧在资源的配置和使用上存在的问题，主要表现在两个方面：一方面是科技资本投入不足，另一方面是科技资本的使用效率低下。究其原因是在高度集中的计划体制下，我国的科技资本长期依靠政府来分配科技资源，而忽视科技资源的本质属性和市场机制的调节作用，使得相关科技人力和经费只能视作公共资源，从生产到使用、从投入到产出，都必须将投入的科技资源作出详尽的计划，如何分配人员，如何配置科研经费。然而，中国改革开放的经验告诉我们，计划经济排斥市场经济，因而也排斥相关的市场关系、商品关系，使得科技资源在内的所有社会资源被虚设，原本的资本属性和商品属性被忽视，以上现象导致的结果就是形成单一的全民所有制，单一的科技投入经费渠道，创新力、创造力被压抑，科技研究与生产过程脱节，造成科技资源的浪费。

三、高新技术产业科技融资困难

发展高新技术产业问题是如何满足科技成果项目规模化、产业化生产的资金需求。由于高新技术企业一般期望要在保持技术领先的情况下实现超常规的发展，仅靠企业内部利润留成、设备折旧等内部资本积累是不够的，因此主要依靠外部资金的介入。高新技术企业的特点使得它难以通过借贷方式获得资金。一是投资期限长，一项技术成果从研发到市场化，往往需要3~5年的时间，而银行贷款种类以短期、流动性贷款为主。二是技术成果项目风险性高。一项技术成果能够顺利实现产业化不确定性因素非常大，因此，高新技术企业的预期偿债能力不确定，这不符合银行贷款安全性第一的原则；另外，对于中小型高新技术企业来说，财务实力较弱，信用度较低，难以满足担保贷款的要求。三是处于不同发展阶段的高新技术企业对资金的需求量难以预测，完全根据当时的情况而定。显然，借贷资金不能及时满足高新技术企业发展的各个阶段对资金的需求。高新技术企业投资所需的资金只能通过投资关系确立，在资本市场中募集。

站在投资者的角度看，对于投资中小型科技企业来说，非常缺乏可供参考的财务指标。在这种情况下，吸引投资者愿意投资的因素更多体现在企业所拥有的技术以及技术所依赖的人力资源上。因为高新技术往往具有垄断性和控制性的特征和壁垒，并在一定时期内有垄断市场和市场高速膨胀的潜力，因此投资者愿意承担较大的投资风险而投资于中小企业。

科技资本面对知识经济和经济全球化的新时代，在现代再构造新兴的产业中科技资源成为了非常重要的资本，而且因为在整个经济市场中的投入比率越来越高，科技资本拓展出了更为宽阔的发展空间。在 2001 年，我国加入世界贸易组织的情况下，国际间抢夺科技资源与人才的行为更加激烈、科技与经济的合作和交流也因为经济全球化而更加频繁。为了维护企业竞争力、地区竞争力和国家竞争力，我国非常注重科技资本运营意识的树立，大力强调了科技资本市场理念的形成，对于企业、地区和国家科技资源，我国加强了战略性运营的策略，表现在：保护和维护了企业、地区和国家的科技知识产权，加强相关的运营和监管。

第九章 中国科技担保支持科技创新现状及存在的主要问题

第一节 中国科技担保发展现状

中国的科技担保实践活动 1992 年正式启动，最具代表性的是源于重庆的私营中小企业互助担保基金和位于中国经济中心地带的上海工商企业互助担保基金会，以及位于改革开放前沿的广东省所成立的各类型服务于地方的区域性商业担保公司。国家相关机构出台了一系列的指导文件，其中以原国家经济贸易委员会在 1999 年 6 月下发了《关于建立中小企业信用担保体系试点的指导意见》最具划时代的意义。该文件首次明确提出要积极推动我国中小企业的发展，尤其是科技型中小企业的发展，发展以科技型中小企业为代表的高新技术产业群，增强我国的科技创新力，要积极推动中小企业信用担保体系建设，争取早日建立起完善的中小企业信用担保体系，服务于我国科技型中小企业的快速发展，这标志着我国科技型中小企业信用担保体系的建设正式拉开了序幕。与此同时，我国各级地方政府积极配合中央政府相关部门的工作，各级地方政府的相关部门积极组建了一批科技担保公司，主要是由各地方科技部门、高新区出资组建。据 2012 年底我国科技部在全国范围内所做的一份调查所得出的统计数据显示：我国国内目前处于营业状态的科技担保机构大约有 200 家。其中，我国各级地方政府科技部门出资组建成立的有44 家，由国家高新区出资组建的科技担保机构有 70 家，其余的则是一些民营的科技担保公司和其他机构出资组建的科技担保公司。据统计数据显示，由各地方政府科技部门出资组建的 44 家科技担保机构注册资本高达 35.5 亿元人民币，共为 8 014 家科技型中小企业提供过高达 198.5 亿元的担保服务，担保资本金放大倍数为 5.58，平均每家科技担保机构共为 182 家科技型中小企业提供过担保服务，平均担保金额为 248 万元；而由国家高新区出资组建的 70 家科技担保机构已累计为 10 641 家科技型中小企业提供过高达 685.2 亿元的担保服务，而其注册资本为 93.6 亿元，担保资本金放大倍数高达 7.31，平均每家科技担保机构共为 152 家科技型中小企业提供过担保服务，平均担保余额 644 万元。[①] 现存的这 200 家各种类型的科技担保机构，在一定程度上缓解了我国科技型中小企业融资难的问题，有效推动了我国科技型中小企业的快速发展。

一、中国科技担保发展所取得的主要成就

在国家政策的支持下，自 1999 年试点至今，以中小企业信用担保机构为主体的科技担保行业得到极大发展。目前，全国中小企业信用担保机构逐渐呈现结构越来越优化、实力越来越强、信用功能逐步放大和服务能力显著提高的良好发展态势。这对帮助我国科技型中小企业在发展中克服国际金融危机影响从而平稳发展发挥了重要作用。

（一）科技担保数量逐年增加，担保业务规模逐渐增大

从 20 世纪 90 年代我国开展中小企业信用担保试点以来，担保机构数量逐年增多。截至 2012 年底，我国登记备案的担保机构数量达到了 4 374 家。担保业务规模从试点探索扩大到如今的迅速发展，担保机构业务规模逐年扩大。截至 2012 年底，4 374 家担保机构为中小企业提供的贷款担保额达 66 200 亿元，占中小企业贷款余额的 9.2%，为中小企业融资发挥了巨大的作用。

（二）担保机构规模逐渐增大，实力逐渐增强

随着市场的不断完善以及担保业的发展，担保机构不仅数量逐渐增多，其规模也不断扩大，实力逐渐增强。截至 2012 年底，4 374 家担保机构实收资本总额达 4 868 亿元，比上年增加 1 667 亿元，比上年增加 277 亿元，户均注册资本 1.11 亿元，比上年增加 700 万元。与此同时，亿元以上的担保机构数量的逐年增多，说明担保机构的实力越来越强。在 4 374 家担保机构中，注

---

① 李希义，郭戎. 我国科技担保行业存在的问题及对策分析 [J]. 科技创新与生产力度，2013（9）：1.

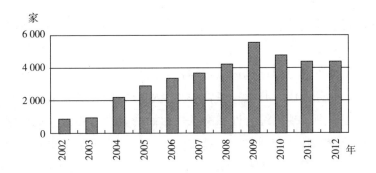

资料来源：根据 2002—2012 年度《全国中小企业信用担保行业发展报告》整理。

图 9－1　2002—2012 年我国担保机构数量

册资本超过 10 亿元的 54 家；超过 2 亿元的 566 家，占比 12.94%；1 亿~2 亿元的 1 749 家，占比 39.98%；5 000 万~1 亿元的 1 103 家，占比 25.21%；5 000 万元以下的 956 家，占比 21.85%；即过亿元担保机构 2 369 家，已过半壁江山，担保业梯队分布初步形成。[①]

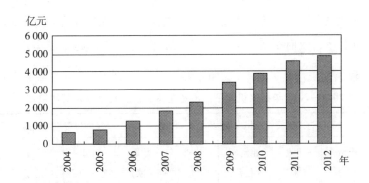

资料来源：根据 2004—2012 年度《全国中小企业信用担保行业发展报告》整理。

图 9－2　2004—2012 年我国担保机构资本金总额

（三）信用担保机构逐渐多元化

首先，信用担保机构种类越来越多元化。信用担保机构包括政策性信用

---

① 赵爱玲. 中国中小企业信用担保体系研究 [M]. 北京：中国社会科学出版社，2012：75 ~ 85.

担保机构、商业性担保机构和互助性的信用担保机构。政策性信用担保机构是由政府出资组建的非营利性担保机构，体现政府的政策导向，政策性信用担保机构在经营上追求保本微利，担保费是主要收入，有些信用担保机构的保费收入甚至很难满足担保机构正常运营与发展需要，导致一部分担保机构开始寻求扩大业务范围，其中一些朝中小企业以外的领域发展，一些担保机构的业务范围逐渐呈现出综合性和交叉性；而商业性信用担保机构则是遵循市场化运作的营利性担保机构，它是以企业、社会个人为主出资组建；互助性信用担保机构也是非营利性担保机构，它由中小会员企业自己出资组建，其组建目的是为缓解中小会员企业自身贷款问题，遵循"自我服务、自担风险、独立法人"的原则。其次，信用担保机构资金来源多元化。信用担保机构资金来源包括民间资本、政府财政专项发展资金、会员基金、合作基金。最后，信用担保机构组织形式多元化。信用担保机构有信用担保公司、信用担保协会和信用担保中心三种组织形式。在法律形式上，分别表现为企业法人、事业单位法人和社团法人。民间出资的担保机构数量占比从 2004 年的 57.18% 上升到 2012 年的 73.26%，资本金占比在 2012 年达到 65.86%，民营担保机构已经成为担保业主体。① 担保体系建设已经由政府主导型向市场主导、政府引导型转变，非政府出资的主体越来越多地进入担保机构。

表 9-1　2004—2012 年担保机构不同出资主体数量、资本金及其比重

年份	国有及国有控股担保机构				民间出资担保机构			
	数量（家）	比重（%）	出资额（亿元）	比重（%）	数量（家）	比重（%）	出资额（亿元）	比重（%）
2004	937	42.82	192.80	29.30	1 251	57.18	465.22	70.70
2005	1 153	37.03	217.02	26.62	1 961	62.97	598.23	73.38
2006	1 317	39.13	357.44	29.00	2 049	60.87	875.12	71.00
2007	1 385	44.02	425.02	23.96	1 761	55.98	1 348.85	76.04
2008	1 245	29.31	615.40	26.30	3 002	70.69	1 718.90	73.70

---

① 信贷宝. 担保机构实力日益增强　担保额不断增加 [EB/OL]. http://bj.xindaibao.com/News/detail/id/2889.shtml.

续表

年份	国有及国有控股担保机构				民间出资担保机构			
	数量 （家）	比重 （%）	出资额 （亿元）	比重 （%）	数量 （家）	比重 （%）	出资额 （亿元）	比重 （%）
2009	1 501	27.06	866.50	25.50	4 046	72.94	2 523.00	74.50
2010	1 427	23.67	—	—	4 603	76.33	—	—
2011	1 072	24.15	1 380	30.00	3 367	75.85	3 211	70.00
2012	1 170	26.74	1 662	34.14	3 204	73.26	3 206	65.86

资料来源：根据2004—2012年度《全国中小企业信用担保行业发展报告》整理。[1]

（四）信用放大功能和服务能力大幅提高

2012年4 373家担保机构担保业务总笔数近71万笔，2011年为66万笔，同比上升7%。全年新增担保金额达1.58万亿元，其中小微企业32.03万笔，占42.67%，中型企业6.7万笔，占8.93%，中小微企业合计占51.6%。2012年新增担保额1.7万亿元，其中小微企业新增占比58.87%，中型企业新增占比30.87%，中小微企业新增额度占比89.74%。本期新增担保户数63.55万户，其中，中小微企业新增户数占比46.7%。4 374家担保机构户均放大倍率为3.08倍。担保机构信用放大功能逐步增强，服务能力显著提升，为缓解中小企业担保难、融资难，促进中小企业快速、平稳发展发挥了重要作用。[2]

（五）担保机构投资主体多样化，覆盖区域广泛化

随着担保机构的迅速发展，担保机构形式逐渐多样化，从以政策性担保机构为主，逐步过渡到以商业性担保机构为主，互助性担保机构、政策性担保机构共同发展的多样化发展格局。同时，担保机构的投资主体也逐渐多样化，投资主体包括政府、企业、个人以及境外投资，而且民间出资额逐年增多。截至2012年底，全国4 374家担保机构的担保资金总额为4 868亿元，其中民间出资总额为3 206亿元，民间出资总额达担保资金总额的68.56%。随

---

① 赵爱玲. 中国中小企业信用担保体系研究［M］. 北京：中国社会科学出版社，2012：75～85.

② 2011年、2012年《全国中小企业信用担保行业发展报告》，担保机构联席会议网站。

着担保机构数量的增多，其覆盖区域也越来越广泛，省、市、县三级担保机构相互配合，层层深入的担保层次体系。[①]

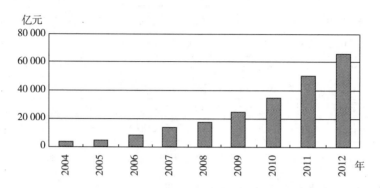

资料来源：根据2004—2012年度《全国中小企业信用担保行业发展报告》整理。

图9-3 2004—2012年我国担保机构累计担保总额

（六）风险分散机制不断完善，再担保风险增信作用明显

随着担保机构的发展完善，担保机构的风险分散机制不断完善，成立了为担保机构提供担保的再担保机构。再担保机构的成立增强了担保机构的担保能力。全国首家再担保机构——安徽省信用担保集团有限公司成立于2005年，自此再担保机构数量迅速增加，规模不断发展壮大，尤其在2008年东北中小企业信用再担保机构成立以后，北京、上海、江苏、山东、广州等省、直辖市也相继成立再担保机构，随后烟台、无锡、杭州等市的再担保机构也陆续成立。[②] 截至目前，全国已有15个省设立了省级再担保机构并覆盖18个省，有3个市设立了再担保机构。再担保的增信、分险、导向、整合功能日益增强，由项目到机构，再到产品的合作模式不断升级，担保再担保体系建设日趋完善。

二、中国科技担保的发展历程

从1992年开始起步，经过不断的探索实践，再到今天快速健康发展，我

---

① 李文，程柯强，解天鹅. 中小企业信用担保体系现状研究 [J]. 全国商情，2014（1）：54.

② 韩文静. 我国信用担保机构存在问题及规范发展政策建议 [D]. 东北财经大学硕士学位论文，2011：22.

国科技担保行业总体上经历了五个不同的发展阶段。

（一）探索起步阶段（1992 年起）

从 1992 年开始，我国各地方的中小企业以为摆脱企业融资难的问题所带来的中小企业企业发展困境，积极探索新的出路，推动了我国民营中小企业担保实践活动的出现和不断发展。1994 年 5 月开始，我国一些地方政府部门为推动中小企业发展，积极与银行合作，组建了一批中小企业信贷担保基金，不得不说，在当时的社会背景，这已经是担保行业发展的一大创新。但是这一时期的中小企业担保实践活动还局限在企业互助的领域，主要是以开展企业互助活动为主，地方政府财政部门也会划拨一定的资金给予支持。由于当时的社会主义市场经济体制尚未完全建立，我国的股份制商业银行和地方性商业银行尚未得到发展，国有专业银行的绝对垄断地位尚未被打破，国有专业银行处于绝对的"卖方市场"，中国整个银行业的竞争机制还没有有效建立，这在一定程度上弱化了中小企业信用担保机构担保作用的有效发挥。

（二）试点建设阶段（1998 年起）

原国家经济贸易委员会在广泛征求保险、财政、银行等行业以及专家学者、中小企业家等相关方面意见基础上，总结我国科技担保实践自身经验教训，并积极吸收相关国家的成功经验，根据国务院相关文件要求，在 1999 年 6 月 14 日颁发了《关于建立中小企业信用担保体系试点的指导意见》。该文件对我国下一阶段中小企业信用担保体系建设提出了相关的指导意见。为响应这一文件精神，原国家经济贸易委员会在 1999 年 7 月 22 日主持召开的全国中小企业信用担保体系建设试点工作会议上指出：要贯彻落实党中央、国务院的相关政策要求，并对下一阶段我国的中小企业信用担保体系建设作出了具体的部署，指明了下一阶段我国中小企业信用担保体系建设的新方向。在 1999 年 11 月 15 日召开的中央经济工作会议上又明确提出了我国中小企业信用担保体系建设的相关要求，提出要加快建设的步伐，争取在尽可能短的时间内建立起完善的服务于中小企业的信用担保体系。在同年 12 月初召开的中小企业融资工作座谈会上，再一次提出要积极推动中小企业信用担保体系建设，并进一步提出：要积极探索我国的信用再担保体系建设、积极探索直接和间接融资渠道建设，化解中小企业的融资困境。与此同时，中国人民银行也下发了《关于加强和改善对中小企业金融服务的意见》，对我国的商业银行在中小企业信用担保体系建设的过程中所扮演的角色提出了建设的意见，明确提出各商业银行要积极配合我国中小企业信用担保体系的建设。这一时期，各类型的担保机构不断涌现，还组建成立了科技担保公司，进一步完善了中小企业信用担保体系。

（三）政策推进阶段（2000 年起）

2000 年 8 月 24 日，国务院相关部门又出台了文件，文件明确提出要加快中小企业信用担保体系建设的步伐，组建中央、省、地（市）三级中小企业信用担保体系。明确提出：中小企业信用担保体系要明确自己的目标定位，不能出现"不务正业"的现象，要以科技型中小企业为主要服务对象，拓展科技型中小企业的融资渠道，促进科技型中小企业的快速发展。同时，在加快建立科技担保机构的过程中不能一味地追求数量的增加，应该严格遵循市场规律的客观要求，不能盲目推动，要在建立完善的科技担保机构准入制度的基础上，严格控制科技担保机构的质量，同时，在科技担保体系建设的过程中，要注意推动政策性担保机构、信用担保机构、互助担保机构的协调发展。明确规定：各级政府部门一律不得介入到科技担保机构的操作过程当中，对于政府出资的中小企业担保机构，必须实行政企分开的市场化运作模式，一切都要遵循市场的运行规律。

（四）快速发展阶段（2004 年起）

在这一段时间，国内外科技担保事业快速发展，涌现出了一批具有创意的科技担保模式，促进了科技担保事业的快速发展，在一定程度上有效解决了科技型中小企业融资难、贷款难的问题，归纳起来主要有以下几种模式。

1. 信用担保共同体

信用担保共同体是指由农村商业银行、政府部门、市场管理机构、行业协会等共同组织，信用程度较高、资信情况良好、经营管理较好的企业自愿申请加入而组成的，具有资金融通共同担保功能的相关组织或信用共同体。信用担保共同体是我国微观经济主体在信用制度上的一项非正式制度安排的创新，取得了很好的效果，最为典型的代表就是由我国天津鑫茂科技投资集团在 2005 年 8 月与天津农村合作银行、驻鑫茂科技园小企业共同发起的鑫茂科技园信用共同体。由天津鑫茂集团负责对相关的申请企业进行评定登记，并对中小企业的信用贷款本息提供全额担保；信用贷款商户必须按相关规定用途使用贷款并按时还本付息；天津农村合作银行为中小企业提供信用贷款并承诺不附加任何保证条款，并实行利率优惠，信用贷款当日申请当日发放。信用担保共同体这一组织形式本身具有的信息优势、团体成员间的自我选择、横向监督、惩罚约束机制能够有效降低银行的逆向选择、道德风险和契约执行难题，有效弥补了银行低风险偏好与中小企业高风险特性之间的差距。[①]

2. 担保换期权

以往的科技担保方式通常是担保公司通过收取低廉的保费收入而为科技型贷款提供担保，承担风险较大，当企业取得较好发展时，担保企业却无法享受其发展成果，而当企业发展失败时，担保企业却要100%的承担风险，低廉的保费收入与所承担的风险不成正比。针对这一情况，深圳市高新技术风险投资公司率先在全国推出了一种新的担保方式，提出在为企业提供信用担保的同时，双方签订一份期权协议，深圳高新技术风险投资公司可以选择在适当的时机通过行权或回购等方式投资该企业，享受企业发展所带来的成果。这实际上是现代期权理论在担保行业的有效运用，将信用担保与风险投资业务相融合。当企业取得较好发展时，深圳市高新技术风险投资公司可以分享其发展取得的成果；如果企业失败，深圳高新技术风险投资公司承担为其担保的风险。这一创新使得担保企业用少许可确定的代价来控制损失，同时又可以使获利最大化，有效克服了以往的科技担保收益与风险不成正比的缺点，可以说是一种分散担保风险、实现共赢的方式。担保换期权主要针对的是具有高成长性的科技型中小企业，期权的有效期一般为五年。

3. 贷款担保基金

近年来，我国民营科技企业的发展具有止步不前的趋势，并伴随有"跑路潮"等一些不良趋势，为促进我国民营科技企业的健康发展，解决民营科技企业融资难、贷款难等一系列问题，构建优良的融资平台，更好地推动民营科技企业实现跨越式发展，浙江温州市科技局创建了民营科技企业贷款担保基金会，由各级政府按一定比例出资设立，并成立专业性担保基金会，对基金进行管理。担保基金重点支持具有高科技含量、高附加值、高效益的民营中小型科技企业。这是最早也是最普通的科技担保方式。

---

① 夏太寿，褚保金. 科技金融创新与发展 [M]. 南京：东南大学出版社，2011：81～86.

4. 桥隧担保模式

桥隧担保模式是指以专业性担保公司为运作载体，以区域内的产业政策为导向，将地方政府部门提供的担保资金委托给专业机构进行市场化运作管理的一种新型的科技贷款担保模式。同时，有关商业银行提供配套启动资金，以科技型中小企业为主要服务对象。"桥隧模式"主要适用于具有较好发展前景、商业模式尚未得到有效验证或远期价值尚未得到充分挖掘的、具有较高成长性的科技型中小企业。

（五）规范整顿阶段（2009 年起）

中国科技担保行业经过十余年的发展，有效发挥了其风险分散机制的作用，缓解了高新技术企业存在的融资困境，产生了巨大的社会效益，推动了我国科技型中小企业的快速发展。但与此同时，我国的科技担保机构在发展过程中也暴露出一些问题：基础较弱、盈利能力弱、社会信用体系尚未有效建立、资本不足、担保业务经营不规范甚至经营混乱、违规操作。有些机构甚至以科技担保的名义进行着非法吸收存款、非法发放贷款以及过度投资等违规行为。担保行业披露出的最令人吃惊莫过于"中科智"事件。2008 年，由于宏观经济的突变，中科智的业绩急转直下，中科智账面上突然多出了 14 亿元的损失拨备，使得中科智上半年就陡然巨亏 12. 2 亿元人民币，这是明显的财务造假，接着又被披露出高管涉嫌欺诈、虚假出资、挪用资金，引发严重的信用担保危机，这一系列事件彻底将中科智拉下了中国科技担保行业的神坛。之后中国科技担保行业又相继爆发出"华鼎担保骗贷案"、"郑州诚泰事件"、"金邦事件"等，这一系列事件的爆发，严重损害了中国科技担保行业的形象，引发了严重的信用担保危机，扰乱了中国金融行业的正常秩序。鉴于科技担保行业对推进我国高新技术产业发展中的重要作用，针对我国科技担保行业存在的各种乱象，2009 年 2 月国务院下发《关于进一步明确融资性担保业务监管职责的通知》（国办发〔2009〕7 号），指出将建立由八部门组成的融资性担保业务监管部际联席会议，负责制定相关的监督与管理制度，指导与规范科技担保行业的健康发展，这意味着我国已经开始了对科技担保行业的整顿规范，指引科技担保行业的健康与可持续发展。

三、我国中小企业科技担保体系

我国科技担保行业经过近 20 年的探索实践，目前已经建立起具有中国特色的"一体两翼四层"的科技型中小企业信用担保体系（如图 9 - 4 所示）。①

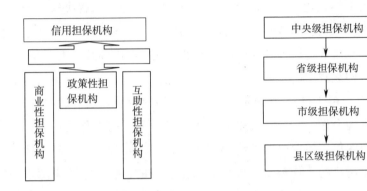

图 9 - 4　"一体两翼四层"的科技型中小企业信用担保体系

在"一体两翼四层"的中小企业科技担保体系中，居于主导地位的是政策性担保机构，政策性担保机构大多是由国家控股或国家参股的企业法人或事业法人。政策性担保机构是指按照法人模式设立、实行市场化公开运作、接受政府相关部门的监督、不以盈利为目的的独立担保机构，是我国中小企业信用担保体系建设的核心环节，是推动我国科技型中小企业发展的重要力量，也是我国政府在社会主义市场经济条件下扶持科技型中小企业发展的重要举措。② 政策性担保机构推动了我国科技担保行业的快速发展，但其自身也存在着许多的问题：（1）担保机构的独立性与政府干预的矛盾；（2）缺乏相关的激励机制；（3）公司治理机构出现虚设；（4）缺乏可持续发展的机制保障，担保机构难以做大。③ 互助性担保机构则是由中小企业自愿组成的、由以会员企业出资为主、以参与组建担保机构的会员为主要服务对象，一般设立

---

① 文学舟，梅强. 中小企业信用担保机构的现状、问题及对策 [J]. 科技管理研究，2007（10）：42.

② 丁武鹏，李贵荣. 发挥科技担保对科技型中小企业融资的撬动作用 [J]. 金融实务，2011（9）：68.

③ 赵爱玲. 中国中小企业信用担保体系研究 [M]. 北京：中国社会科学出版社，2012.

在县（区）和社区，主要以企业法人或者社团法人的形式存在。互助性担保机构在特殊的历史背景下诞生的担保模式，我国中小企业尚在发展初期，由于没有足够的原始资本积累，中小企业面临着严重的资金短缺，而当时的政府部门又尚未对这一情况引起足够的重视，没有给予中小企业发展足够的政策支持，广大中小企业普遍面临严重的资金短缺现象，为解决这一矛盾，中小企业突破性地自发组建成立了中小企业互助性担保机构。互助性担保机构在长三角、珠三角等沿海经济发达地区发展较快，在内陆地区发展相当缓慢。互助性担保机构在我国的发展呈现出三大特点：（1）互助性担保机构的规模相对较小；（2）由于自身发展的限制，互助性担保机构会积极寻求与区县级同业公会的密切合作；（3）互助性担保机构自身风险分散能力有限，只有通过省级中小企业信用担保机构的再担保来分散信用担保风险。商业性担保机构是指采用市场化的运作模式，以盈利为主要目的，资本主要来源于民间投资，依据公司模式设立的独立企业法人，商业性担保机构可同时兼营投资等其他相关业务，我国商业性担保机构主要由私营协会、工商联、开发区、科技部门和企业等组建，个别政府相关部门也有出资。我国中小企业商业性担保机构虽然起步较早，但是由于其自身在经营上存在着固有的缺陷，特别是担保风险与担保收益不成正比、担保机构与银行风险分担不明确严重制约了商业性担保机构的发展，导致我国商业性担保机构发展缓慢，不能满足我国科技型中小企业的发展需求。我国现存的商业性担保机构既有民营性质的企业法人，也有国有独资形式中小企业商业性担保机构，同时，我国法律也允许个人独资、合伙企业形式的商业担保公司存在。从商业性担保机构在我国的发展现状来看，潜力依然巨大。目前商业性担保机构占我国全部担保机构的比例约为 5%，主要是由各级工商联、行业协会、科技部门、地方财政部门出资组建。从商业性担保机构的未来发展趋势来看，将主要呈现出以下四个特点：一是商业性担保性机构的商业化和市场化运作水平将会越来越高；二是仍将会选择那些发展比较成熟的产业和行业开展担保业务；三是将会积极寻求与信用担保机构的合作，利用信用担保机构的再担保来推动自身的发展；四是将会积极发展投资与咨询业务作为担保业务的补偿。①

---

① 夏太寿，褚保金. 科技金融创新与发展［M］. 南京：东南大学出版社，2011：81~86.

四、我国科技担保机构的运作方式

目前，我国科技担保机构主要有两类运作方式：一类是直接征信方式，另一类是授权保证方式。

（一）直接征信方式

直接征信方式是指由担保机构首先选定协作银行，然后与协作银行就担保比例、担保规模等达成相关协议。当中小企业有资金需求时，就会向担保机构提出担保申请，由担保机构对中小企业的资信状况进行调查，符合相关条件后，向其选定的协作银行签发担保证书，具体地运作流程如图9-5所示。

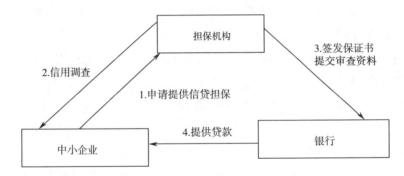

图9-5　直接征信方式

（二）授权保证方式

授权保证方式是指在中小企业向银行提出贷款申请时，首先由银行对客户的资料进行详细调查，符合相关条件后，再将客户资料递交给与银行有长期合作关系的相关担保机构进行再次审查，担保机构审查符合相关条件签订担保证书，银行发放贷款。

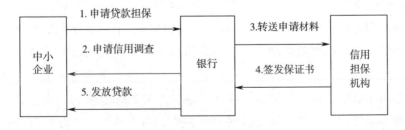

图9-6　授权保证方式

五、我国各地科技信用担保体系建设进展情况

近十年来，我国各地的信用担保体系建设不断发展，科技信用担保体系日趋完善，但是各地发展水平存在着巨大差异差异，下面将对部分具有代表性的省市进行详细介绍。

（一）浙江省信用担保概况

浙江省是我国较早进行中小企业信用担保实践设点地区之一，浙江省从1996年就开始了中小企业信用担保机构组建工作，起步较早，并取得了较大成就。截至2012年底，浙江省正常开展业务的中小企业信用担保机构共有600余家，已经累计提供总额高达3 454亿元人民币的担保服务。2011年底在保责任余额为943.87亿元，同比增长率也达到了60.6%。2011年全省担保机构共为3万户中小企业提供了5.89万笔合计512.31亿元的贷款担保，户均担保金额169.74万元，笔均贷款担保金额87万元，担保金额在10万~100万元间的担保有32 720笔，占总笔数的55.6%，担保总额达到了119亿元，占总额的23%，担保笔数多，平均担保金额小，这反映了浙江省信用担保机构提供担保服务的业务特点，担保费率大致维持在年费率1%~3.5%（大部分2%左右），增加的融资成本相对较低。受益企业中的绝大多数都是科技含量较高、发展潜力较大、市场前景广阔的广大科技型中小企业，这对浙江省广大科技型中小企业发展的推动作用是十分明显的，充分发挥了科技型中小企业发展的助推器作用，有效缓解和解决了广大科技型中小企业的融资困境。目前浙江省现存的信用担保机构主要采取了公司、社团法人的组织形式，也有部分信用担保机构以事业单位的形式存在，各担保机构主要采取以政府扶持为基础，市场化、法人化的管理模式，并取得了快速发展。

（二）苏州市：构建专业性科技担保公司

苏州市地处我国经济最具活力的长三角地区，中小企业发展迅速，已成为当地经济发展的重要推动力量。以苏州市高新区为代表的科技型中小企业的快速发展，得益于其不断发展、完善的科技型中小企业信用担保体系。目前，苏州市融资担保业务量占到江苏省融资业务担保总量的三成左右，科技型企业的融资担保业务总量也占到25%左右，有力地推动了苏州市高新技术企业的快速发展，有效发挥了中小企业发展助推器作用。

2012 年 12 月 24 日上午，在苏州市高新区东沙湖股权投资中心，苏州市首家专业性科技担保公司——苏州融创科技担保投资有限公司正式挂牌成立。苏州融创科技担保投资有限公司主要以科技型中小企业为主要服务对象，积极寻求推动苏州市科技型中小企业的发展，在不断推动公司传统担保业务发展的同时，逐渐寻求公司业务结构的调整，把主要精力放在科技担保领域的开拓上，围绕科技金融创新积极拓展新的业务模式，力争把融创科技担保发展成为具有一定行业影响力的专业科技担保公司，推动苏州市科技型中小企业的快速发展。

（三）武汉市：中小企业信用担保基金

近 10 年来，武汉市中小企业发展也十分可观，以武汉光谷软件园和东湖高新区为典型代表的高新技术产业园区发展十分迅速，在国内相关产业中已经处于举足轻重地位，有力地推动了武汉市经济的快速发展，这一切都离不开武汉市中小企业信用担保机构的有力支撑。2005 年，武汉市财政局、武汉市经济委员会联合下发了《武汉市中小企业发展专项资金管理办法》，提出要进一步加强了武汉市中小企业发展专项资金的规范化管理，使其成为推动武汉市科技型中小企业发展的重要力量。2006 年 2 月初，武汉市科技担保公司向青山区的四家科技型中小企业承诺，将向这四家企业投入总额高达 100 万元的中小企业发展专项资金，并将以该专项资金为基础提供总额高达 500 万元的信用担保。2009 年，中共武汉市委武汉市人民政府下发了《武汉市人民政府机构改革实施意见的通知》，提出设立武汉市经济和信息化委员会即武汉市中小企业发展局，主抓武汉市中小企业发展工作。

为了充分调动各级部门的积极性，积极扶持武汉市科技型中小企业的快速发展，充分推动以武汉光谷软件园和东湖高新区为典型代表的高新技术产业园区的快速发展，武汉市科技局结合武汉市本地区科技型中小企业的发展实际，制定了一系列的相关政策出，积极鼓励武汉市各区以联动方式建立科技型中小企业信用担保基金，该基金将主要为武汉市科技型中小企业以及关键技术领域的重点企业（或有较大影响的支柱性高新技术企业）提供贷款担保。武汉市科技型中小企业信用担保基金以非法人封闭式的方式设立，并且委托给专业的基金管理公司进行管理。科技型中小企业信用担保基金的主要资金来源是武汉市科技局划拨的专项科技资金，该资金在信用担保基金期限届满后将由武汉市科技局统一收回。与此同时，该担保基金每年将按照约定比例抽取一部分资金成立风险补偿基金，风险补偿基金主要用于弥补信用担保基金在运作过程中因各种原因造成的代偿损失。其中，该信用担保基金产生收益的一部分将作为管理费用支付给科技担保公司，剩余部分将会作为补偿金继续留在该基金专用账户里。

（四）广东省信用担保概况

广东省政府从 2004 年开始就从中小企业发展专项资金中安排一定数额的资金扶持中小企业信用担保体系建设。此外，广东省各级地方政府也根据自身的发展需求和财政承受能力，不同程度地安排一定数额的专项资金或其他资金支持本地区中小企业信用担保体系建设以及补充中小企业信用担保机构担保风险准备金。

2005 年广东省开始加快了中小企业信用担保体系建设的步伐，信用担保平台初具雏形，融资担保平台建设初见成效。广东省政府在 2005 年印发了《关于加快我省中小企业信用担保体系建设的若干意见》。之后，2005 年省财政厅联合十七部门共同制定了《关于优化中小企业信用担保机构开展业务的政务环境的若干意见》，明确提出有关部门要为中小企业信用担保机构开展业务提供优质服务，促进中小企业信用担保机构的快速发展。珠海、东莞、清远、梅州等市也先后出台了加快中小企业信用担保体系建设的若干实施意见。广东省各级政府部门都采取了切实而有效的措施，加快推进中小企业信用担保体系建设的步伐。

在中小企业信用担保机构数量不断增加、规模不断扩大的同时，广东省也开始了建设全省性信用再担保机构的试点工作。2009 年 2 月，广东省政府组建成立了广东省中小企业信用再担保有限公司，该公司是第一家覆盖广东省全省范围的中小企业信用再担保公司，公司注册资本金 20 亿元人民币。2009 年 2 月 18 日，广东省中小企业信用再担保有限公司与首批 9 家银行及 8 家担保机构签署了战略合作协议，打造一个由政府、银行、中小企业、担保机构、再担保公司组成的覆盖全省范围的生态联盟系统，构建起完善的中小企业信用担保体系。广东省中小企业信用再担保有限公司依托市场化运作的经营模式，实现了推动中小企业发展的政策性目标与自身的可持续发展，进一步完善了广东省中小企业信用担保体系，推动了广东省中小企业群体和担保行业的健康发展。

（五）北京中关村科技担保

北京中关村科技担保以中关村科技担保有限公司为主体。1999 年 12 月 16 日，北京中关村科技担保有限公司成立，注册资本金 4.23 亿元，是政府出资的政策性信用担保机构，是中关村科技园区专项融资担保优惠政策执行机构，是国家发改委选定的全国担保机构创新孵化培训基地，是高新技术企业和创业企业的融资中介，是连接商业信贷资金、投资机构资本资金和高新技术的重要桥梁。

中关村科技担保以市场化运作为原则，依靠强有力的政策支持，建立起科学、严谨的评审与监管体系，同时还建立起了完善的制度保障，形成了较强的风险识别能力，能够有效弱化我国担保行业不完善所带来的巨大风险。北京中关村科技担保的优势在于提供准公共信用资源，这一资源是以财政出资额为限的有限资源，保证效能最大化的运作机制是以政策为导向的企业化运作。这种机制能够有效地避免低效率，防止权力寻租现象的出现，又能够充分发挥政府的监督制衡作用。在能够有效控制风险的前提下，还能够推动担保规模的不断扩大，这充分说明了北京中关村科技担保自身信用能力的不断增强、政府的财政杠杆作用得到充分发挥，信用资源使用效能得到不断提高。[①]

六、我国科技担保发展特点[②]

目前，我国科技担保行业的发展还处在初级阶段，在科技担保迅速发展的大背景下已经呈现出一些基本的特点。

第一，在我国科技担保发展的初期，资金基本来源于国家财政的直接拨款，再到现在实现了资金来源多元化的转变，这是一条符合我国当前社会主义市场经济体制发展现状的必由之路。

第二，科技担保行业发展服务于国家政策。政府依据市场经济的发展现状和发展规律制定相关政策，政府认为需要扶持什么行业发展就扶持什么行

①　夏太寿，褚保金. 科技金融创新与发展 [M]. 南京：东南大学出版社，2011：81 ~ 86.

②　郑贤尧. 运用担保杠杆促进高新科技产业化 [J]. 高科技与产业化，2000 (1)：24 ~ 25.

业发展，可以说，科技担保行业的发展是听政府的，这体现出了我国科技担保行业发展具有政策性的一面。

第三，科技担保行业的发展坚持市场化原则。虽然科技担保机构的资金主要来源于国家财政拨款，科技担保行业发展也受到一定政策扶持，但政府不论是在制定相关政策，还是对担保机构的经营管理都是坚持市场化原则，科技担保机构自主经营、自主决策、自负盈亏，尽量避免政府行为和行政干预，一旦承保就必须承担相关的法律责任。

第四，不以盈利为主要目的自主经营、自负盈亏的非金融机构。这样设置有利于担保机构的经营管理，增强自身实力，接受市场的检验，推动我国担保行业的发展。

第二节　中国科技担保支持科技创新存在的主要问题

经过近 20 年的发展，我国的科技担保行业取得了较快的发展，经历了从无到有、从规模小到不断扩大的历程，很好地推动了我国科技型中小企业的快速发展，但是也存在许多的问题。从我国目前正常开展担保业务的科技担保公司发展现状来看，虽然很多地区都纷纷成立了各种不同性质的科技担保公司，但不论是企业法人型、事业法人型，还是社会团体性质的科技担保公司，其实际担保能力都是非常有限的，科技担保公司的发展呈现出"小、少、散、弱"的特点，无法有效满足我国当前科技型中小企业的融资需求，其主要问题表现在以下几个方面。

一、地区分布不均衡

当前国内科技担保公司的地区分布极为不均衡，主要分布在北京、天津、浙江、江苏、福建、广东等沿海经济发达地区，其科技担保机构总数竟然达到全国的 49% 左右；中西部等经济欠发达地区的科技担保机构相对较少，规模也相对较小，并且也主要集中在湖南、湖北、重庆等经济相对发达地区；而这些地区的科技担保机构也主要集中在武汉、长沙这样的省会城市；有些地区甚至只有一两家科技担保机构，有些地区则几乎没有，这在一定程度上严重地制约了我国科技型中小企业的发展。①

二、科技担保机构发展不平衡，发展情况参差不齐

在中国整个中小企业信用担保体系中，政策性和商业性担保机构占绝大多数，而互助性担保机构的数量则相对比较少，并且发展趋势并不明朗。② 近年来，政策性担保机构在整个中小企业信用担保体系所占比重逐渐下降，而商业性担保机构则急剧发展，但是却呈现出无序发展状态，良莠不齐。只有少数几家担保公司的发展较好，大多数是一些管理不规范、经营不完善、资本水平低的担保机构；同时每年都会有一大批新的科技担保机构设立，但又会有一大批规模较小、经营不完善的科技担保机构倒闭。一些地区甚至存在着担保机构过多泛滥的现象，导致担保机构之间的恶性竞争，同时也严重损害了我国科技担保行业的信用水平，导致银行不认可担保机构的担保业务，从而失去了担保机构应有的融资服务功能，一大批担保机构走向倒闭。

三、科技担保机构盈利能力较弱

目前，我国大多数科技担保机构的收入主要来源于受担保企业提供的保费收入以及由政府提供的金额相对较少的的担保风险补助，③ 对于我国目前现存的大多数科技担保机构，由于受自身规模及实力的限制以及担保杠杆作用有限的制约，担保业务量较少，担保业务创造收入较少，再加上我国科技担保行业的担保费率较低，担保业务利润较低，担保收入和利润④无法满足担保机构日常经营需要，严重影响到担保公司的正常运行和发展，更何谈担保机构的未来发展，担保规模的扩大和担保杠杆作用的发挥更像是"水中月"，无从谈起。利润率低，盈利能力不足已经严重制约了我国科技担保机构的正常发展，促使有些科技担保机构将经营重点转向担保业务之外的投资及委托贷

①　李希义，沈文京，付剑锋，黄福宁. 我国科技担保行业存在的问题及对策分析［J］. 科技创新与生产力，2013（9）.

②　薛庆瑞. 中小企业信用担保体系研究［D］. 山东大学硕士学位论文，2006：24.

③　张莉. 城市商业银行与中小企业信用担保机构合作模式研究［D］. 湖南大学硕士学位论文，2006：25.

④　韩文静. 我国信用担保机构存在问题及规范发展政策建议［D］. 东北财经大学硕士学位论文，2011：28.

款等非主营业务，甚至进行非法集资、非法放贷等活动。

四、资本不足，担保机构规模小

由于我国科技担保机构成立的时间相对较短，同时在其发展的过程中缺少必要的原始资本积累，导致目前我国现存的大多数担保机构都面临着资本金不足、担保公司规模较小、杠杆作用无法有效发挥等问题。我国科技担保公司的资本金主要来源于各级政府划拨的中小企业信用担保专项发展资金，并配以一部分资产划入，但是我国政府机构对科技担保公司的资金注入大多是一次性的，并无后续性资金安排，这导致科技担保机构一旦出现资金不足，就直接面临着倒闭的命运，这在一定程度上严重制约了我国科技担保机构的持续性发展。① 另外，出于降低我国科技型中小企业融资成本的考虑，我国相关政策对科技担保机构收取的保费收入有明确的规定，科技担保机构收取的保费不得超过这一规定。一般保费收入维持在 1%～2% 之间，单靠保费收入是难以补充科技担保机构的资本金和支持科技担保机构的可持续发展。另外，根据我国相关政策的规定，科技担保机构在开展担保业务时，必须足额提取赔偿准备金和未到期责任准备金，以提高科技担保机构的代偿能力，这在一定程度上稀释了科技担保机构的资本金，制约了科技担保机构担保规模的扩大和担保能力的提高。资本金的不足和担保贷款放大倍数的限制，严重影响了我国科技担保机构规模的不断扩大和业务水平的不断提高。目前，我国大部分科技担保机构的平均担保金额都在 800 万元以下，担保机构担保规模太小，资本金不足，导致我国科技担保行业的发展远远不能满足国内近 30 万家科技型中小企业的发展需求。②

五、与银行的议价能力低

根据国际担保行业的惯例，一般担保机构要承担 70%～80% 的贷款责任风险，而参与贷款的商业银行需承担余下 20%～30% 的贷款责任风险。但是由于我国担保行业的发展相对比较滞后，相关方面的制度建设尚处于起步阶

---

① 梅诗晔. 中国中小企业融资问题研究 [D]. 武汉科技大学硕士学位论文，2004：28.
② 高万东. 中小企业信用担保机构功能缺陷分析 [J]. 当代经济研究，2004（10）：74.

段，再加上我国科技担保机构大多数规模较小、实力较弱，在与银行议价过程中处于绝对的弱势地位，不少担保机构被迫承担高达100%的贷款责任风险。据成都高投融资担保有限公司反映，在与其合作的15家银行中，国有商业银行都会明确要求担保公司承担100%的信用贷款风险，并且还要求担保公司缴纳10%左右的保证金，这一现象已基本成为该行业的"潜规则"，[①]担保机构所承担的风险与其所获得的收益明显不对等，这严重制约了我国科技担保机构的持续发展，同时也在一定程度上弱化了银行对信贷风险的考察和评估，进一步加大了担保机构所承担的信贷风险，严重制约着科技担保机构的发展和担保业务的开展。[②]

六、缺乏相关的项目评价和技术评估的专业性人才

由于科技担保行业在我国的起步较晚，知识复合型较强，而目前我国尚未建立起有效的科技担保人才的培养机制；又由于科技型中小企业的科技含量高、管理不规范的特点，使得既熟悉科技型中小企业特点又掌握科技项目和技术评价的专业人才严重短缺，制约了科技担保行业在我国的快速发展。

七、担保期限过短，担保品种过于单一

虽然科技担保行业在我国已经走过了二十余年的发展历程，科技担保在我国从无到有并取得了快速的发展，但是目前我国的科技担保业务品种过于单一，担保期限过短，提供的贷款担保期限从三个月到半年不等，最长也不能超过一年，这就基本上将科技担保局限于中小企业的流动资金需求。反观国际上大多数国家，担保机构均对科技型中小企业提供长期贷款担保，担保期限通常在两年以上，并且提供的担保业务品种也十分丰富，囊括了科技研发贷款、设备贷款、技术改造贷款、创业贷款等。

八、信息不对称

科技担保主要是为解决科技型企业在融资过程中出现的信息不对称问题，

---

① 张莉. 城市商业银行与中小企业信用担保机构合作模式研究［D］. 湖南大学硕士学位论文，2006：26.

② 李增流. 担保公司发展战略研究［D］. 西南交通大学硕士学位论文（MBA），2004：26.

但是在实践过程中，又出现了另一种现象：科技担保机构与被担保企业之间存在着信息上的不对称。担保机构为了有效控制经营风险，对被担保企业提出了极为严格的担保条件，几乎与银行贷款一样，这就使得担保失去了原有的意义。①

九、科技担保放大倍数不足，担保能力有限

通常，科技担保机构是以其自有资本和自身信用为基础，并通过科技担保杠杆作用的发挥对被担保企业进行信用提升和信用增级。担保额的放大倍数是担保机构信用能力标志，按照国际惯例，担保机构的信用放大倍数通常是在 18 倍左右，而目前韩国担保机构的信用放大倍数约为 20 倍，美国高达50 倍，日本的担保放大倍率更是达到了 60 倍。在我国，担保公司的平均担保放大倍数却只有 2 倍多，有的担保公司只能以自己的资产全额抵押给银行，为担保企业贷款，一直等到客户归还贷款，担保机构的担保能力十分有限，担保放大作用无法得到有效发挥。自 2008 年以来，伴随着我国科技担保机构数量不断增加的同时，担保机构的信用放大倍数总体上却呈现出不断下降的趋势，严重制约了我国科技担保行业的发展。

表 9 – 2　　　　　　2006—2012 年全国信用担保机构平均放大倍数

年份	2006	2007	2008	2009	2010	2011	2012
担保机构信用放大倍数	4.93	5.24	6.48	2.92	3.46.	3.27	4.04

资料来源：根据 2006—2012 年《我国中小信用担保行业发展报告》整理。

十、科技担保机构风险防范机制不健全

保前、保中、保后的风险防范机制尚未健全，一些防范措施尚未有效发挥其风险防范作用。目前，广泛应用于担保机构的保前风险防范措施主要设立反担保，但由于申请贷款担保的企业绝大多数是缺乏抵押物、同时自身的

---

① 赵洪江. 高新技术创业企业融资——融资契约与创业金融体系 [M]. 成都：西南财经大学出版社，2009：176 ~ 178.

现金流状况也不是很好的中小企业，这在一定程度上加大了担保机构的保前贷款责任风险。此外，由于我国政府出台的相关政策的限制，担保机构的部分抵、质押权利受限，无法开展类似于银行、典当行相关的抵、质押行为，导致担保机构的事前风险防范措施不能得到有效落实，担保机构开展担保业务的保前贷款责任风险无法得到有效的控制。[①]

提取足额的风险准备金是当前我国科技担保机构预防保中风险的主要措施，包括提取担保赔偿准备金和未到期责任准备金。2010 年 3 月中国银监会、保监会联合颁发的《融资性担保公司管理暂行办法》明确规定：担保机构应按照不低于当年年末担保责任余额 1% 提取赔偿准备金，同时，担保公司还必须按照当年保费收入的 50% 足额提取未到期责任准备金。但是，目前我国现存的科技担保机构普遍存在着盈利能力弱，利润水平低，资本金不足的问题，科技担保机构在提取担保赔偿准备金和未到期准备金后保费收入所剩无几，这导致我国现存的科技担保机构大多数是没有足额提取风险准备金的，而风险准备金的提取不足则会引起担保机构不能有效防范保中风险，出现突发情况则直接面临破产的境命运。[②]

我国科技担保机构的保后风险防范措施则主要是依赖于已经初步建立的再担保体系。但是再担保体系在我国还只是初步建立，许多方面还有待完善。截至目前，我国尚未建立一个全国性的信用再担保机构，不能够为各地区的担保机构提供所需的再担保业务；另外，在现存的设立经营的 15 家省级信用再担保机构中，其再担保业务经营范围总共覆盖全国 18 个省、直辖市、自治区，业务覆盖地域范围过窄，远不能满足当前担保行业的发展需要。另外，我国现已初步建立的信用再担保体系还存在着一系列的问题：担保机构市场定位不准、经营业务复杂多样化、风险分担比例偏小、再担保保费收入缺乏相关政策依据的支持，再担保制度还有待完善。

---

① 韩文静. 我国信用担保机构存在问题及规范发展政策建议 [D]. 东北财经大学硕士学位论文，2011：29.

② 丁武鹏，李荣贵. 发展科技担保对科技型中小企业融资的撬动作用 [J]. 金融众横，2011（9）：68.

十一、法律法规滞后，担保机构开展担保业务缺乏相关制度保证

截至目前，我国尚未出台一部专门针对科技担保机构设立、管理与规范化运营的法律法规，《公司法》虽然对科技担保行业的设立和规范经营作出过一些笼统的规定，但是却没有对担保机构的设立、经营管理与规范化运营作出专门的详细规定，我国科技担保行业存在严重的法律缺失现象。目前，在我国设立担保机构只需到工商管理部门进行注册登记即可，无须进行前置审批。我国在1995年颁布了《担保法》，虽然《担保法》对科技担保机构的担保行为作出了明确的规定，但是并没有涉及到担保机构的设立、经营与规范化管理，对于科技担保机构权益的保护也缺少相关法律条文的支持。有关部门曾经出台过一些政策文件对政策性担保机构的设立、经营和规范化管理作出过一些规定，但仅仅适用于政策性担保机构，范围过窄，同时也缺少必要的法律依据。法律法规建设的滞后，带来了科技担保行业的不规范经营以及各种违规操作情况的出现。

第十章 中国科技保险支持科技创新现状及存在的主要问题

2006 年底，科技部联合中国保监会发文，就中国科技保险工作的未来进行了详细规划，以大力推进科技保险事业的发展。如今，中国科技保险事业已经取得瞩目的成就，有力地推动了我国科技型中小企业的发展。科技保险作为现代金融与服务的重要力量，其作用主要通过两个方面表现出来：一方面能够为科技创新型企业提供风险保障，有效分担科技创新型企业的经营风险；另一方面，通过科技、保险、国家政策三者的综合运用，有效分担高新技术企业在科研创新过程中的风险，提高其科研创新的积极性，从而推动高新技术企业把更多的资源投放到科研创新活动中来。但是，目前由于我国保险市场的发展还不够充分，其中的科技保险市场尚处于起步阶段，科技保险对科技创新型企业的支持力度还不够，风险分担的作用没有得到有效发挥，不能有效地推动我国高新技术企业的快速发展，从一定程度上来讲，科技保险市场的不完善严重制约了我国高新技术企业的发展。①

第一节 我国科技保险发展现状和特点

一、我国科技保险发展现状

（一）我国科技保险试点的主要险种

科技部和中国保监会在经过长时间实践调研的基础上，积极听取各方的意见，吸取西方发达国家相关方面的经验教训，在 2007 年初联合发布了《关于加强和改善对高新技术企业保险服务有关问题的通知》，该通知明确提出将

---

① 陆春燕，彭振江. 我国科技金融理论研究综述［J］. 科技进步与对策，2013（16）：156.

开始推行高新技术企业保险的试点工作，将第一批高新技术企业保险分为六大险种，并进行推广。① 同时指出，中国出口信用保险公司经营政策性出口信用保险，华泰保险对其他险种进行试点经营。②

一年后，第二批科技保险创新险种则是在原有六大险种的基础上又新增了高新技术企业财产保险，产品责任保险，产品质量保证保险，董事会、监事会、高级管理人员职业责任保险，雇主责任保险，环境污染责任保险，专利保险，小额贷款保证保险和项目投资损失保险九类险种。并且，国内新增一家获准试点经营科技保险的保险公司——人保财险获得试点经营科技保险业务的资格。

1. 第一批科技保险创新险种

（1）高新技术业品研发责任保险

投保该险种后，如果由于高新技术企业的研发成果存在设计缺陷而给应用方或其他第三方带来财产损失或者人身伤害，该民事赔偿责任将由保险公司代为承担，这就是高新技术企业产品研发责任保险。其内容包括：①投保该险种的高新技术企业销售的产品（包括出口国外）因存在设计缺陷而给消费者或其他第三方造成财产损失或身体伤害的，则由保险公司负责相关损失的赔偿。②事故发生后，投保该险种的高新技术企业为尽量避免或减少给消费者或其他第三方造成财产损失或身体伤害而发生的合理施救费用，则由保险公司负责赔偿投保人相关补救措施而发生的费用。③ ③事故发生后，投保该险种的高新技术企业因保险公司的原因而导致自身合法权益得不到及时维护而发生的必要且合理的相关费用，因由保险公司负责赔。④

研发责任保险是以高新技术企业的研发成果为投保对象，用以规避高新技术企业在研发过程中和产品应用初期所面临的风险，有利于促进科技研发成果的应用和推广。如若产品的研发设计方由于其设计存在缺陷给产品的制造商造成损失而被制造方要求赔偿时，研发设计方就可以通过产品研发责任

① 赵湜. 科技保险险种创新研究 [D]. 武汉理工大学硕士学位论文, 2010: 1.
② 曹颢, 何大军, 孙权. 我国科技保险项目规划简论 [J]. 上海保险, 2009 (2): 52.
③ 张华. 宁、锡、苏三地高新技术企业科技保险需求研究 [J]. 中国科技论坛, 2008 (10): 87.
④ 赵湜. 科技保险险种创新研究 [D]. 武汉理工大学硕士学位论文, 2010: 56.

险获得相应的赔偿，这就是研发责任保险与产品责任保险的不同之处。

研发产品的理赔报告期可以在为期一年的基础上再延长三十天的保险期。另外，投保人和保险公司可根据需要自行商定保险事故的追溯期和赔偿限额。通过由保险公司、被保险人和国家技术监督部门共同选定的技术鉴定机构及仲裁机构或者由法院指定的技术鉴定机构被我国的保险公司指定为产品研发成果设计缺陷的认定机构可以认定研发成果的设计缺陷。高新技术企业在产品研发过程中普遍面临着高风险，而研发责任保险的低费率理论上对高新技术企业具有很大的吸引力，市场对产品研发责任保险理应有较大的需求。但是由于目前我国各大保险公司提供的产品研发责任保险只对处于研发过程中的相关产品提供保障，而对已经上市的产品则不提供保障服务，但是目前相当一部分企业需要保障的是处于应用阶段的产品所面临的风险，这使得研发责任险对高新技术企业的吸引力大打折扣，调动不了企业投保该险种的积极性。2013 年华泰保险公司科技保险试点的业务统计证实了这一现象：产品责任保险在包括武汉市的某些试点城市无人问津，其经营的五个科技保险险种中只有四家企业购买研发责任保险，有六分之五的企业没有购买研发责任保险。

（2）营业中断保险

投保该险种后，被保险人由于自然灾害或意外事故造成关键研发设备损毁、丧失使用功能以及导致存储于其中的科研资料丢失，致被保险人研发工作中断，保险公司负责赔偿被保险人恢复研发工作至损失发生前状态的追加研发费用，这就是研发营业中断保险。其主要包括以下五个方面的主要内容：①保险公司负责赔偿投保人研发机构相关人员的工资损失，以恢复损失发生前的状态所必要的支出为限；②保险公司负责赔偿投保人新产品（包括工艺规程）设计费，以恢复损失发生前的状态所必要的支出为限；③保险公司负责赔偿投保人委托其他机构或个人进行科研试制而发生的相关费用，以恢复到损失发生前的研发状态所发生必要支出为限；④保险公司还需要赔偿投保人消耗的原材料和半成品的试制费、技术图书资料费，以恢复损失发生前的状态所必要的支出为限；⑤保险公司负责赔偿与新产品的试制、研究等相关的其他直接相关费用，但必须在保险合同中事先约定。①

---

① 赵湜. 科技保险险种创新研究［D］. 武汉理工大学硕士学位论文，2010：57.

被保险人由于自然灾害或意外事故，导致其中断研发工作，那么被保险人恢复研发工作至损失发生前状态的追加研发费应由保险公司负责赔偿，这就是营业中断保险的功能所在。①

高新技术企业通过投保营业中断险可以规避高新技术企业从研究项目正式启动到结束期间的相关风险，投保项目的总研发经费就是保险金额。保险公司为了便于保险金额的确定和提供充足的保障，在研发营业中断保险的设计上选择了工期制设计，以符合高新企业研发项目的特点。据华泰保险公司2013年的数据统计显示，该险种在2013年的签单量只有两笔，这反映出研发营业中断保险市场有效需求不足，绩效低迷的现状。

（3）关键研发设备保险

目前在我国推行的关键研发设备保险包括两种：关键研发设备物质损失险和关键研发设备物质损失及一切险。关键研发设备物质损失险的保障范围包括保险人所有、租用或管理的用于研发项目并且是研发项目中不可或缺的机器设备、机械装置及相关附属设施所面临的风险等，而关键研发设备物质损失及一切险则囊括了关键研发设备所面临的一切风险。关键研发设备保险主要包括六个方面内容：①因自然灾害或意外事故导致关键研发设备损坏，赔偿设备的维修费用或更换费用；②拥有财产所有权的自用的供电、供水、供气设备因为自然灾害或意外事故遭受损坏，引起停电、停水、停气以致造成关键研发设备的损坏，赔偿设备的维修费用或更换费用；③为抢救设备或防治灾害蔓延，采取必要的、合理的措施而造成的关键研发设备的直接物质损失，赔偿设备的维修费用或更换费用；④为防止或者减少事故的损失所支付的必要的合理的施救费用，由保险公司给予赔偿；⑤因为设计、制造或安装错误、铸造和原材料缺陷导致关键研发设备损坏，赔偿设备的维修费用或更换费用；⑥工人、技术人员操作错误、缺乏经验、技术不善、疏忽、过失行为导致关键研发设备损坏，赔偿设备的维修费用或更换费用。

关键研发设备物质损失险可以规避投保人投保的关键设备因自然灾害和意外事故造成的损失，如火灾、雷击、暴雨、洪水、突发性滑坡、地面突然塌陷等自然灾害以及空中运行物体坠落、设计、制造或安装错误、铸造和原

---

① 曹颢，何大军，孙权．我国科技保险项目规划简论［J］．上海保险，2009（2）：53．

材料缺陷、工人、技术人员操作错误、缺乏经验、技术不善、疏忽、过失行为、离心力引起的断裂、碰线、电弧、漏电、短路、大气放电、感应电及其他电气原因导致投保人造成损失，修复或重置的费用由保险人负责赔偿。①

关键研发设备保险的两大险种即关键研发设备物质损失险及一切险的险期均为一年，并且关键研发设备投保当时的重置价值是保险金额的依据。关键研发设备物质损失险、物质损失一切险有两大优点：其一，由于综合了传统财产险和机器损坏险的保险保障范围，这能促使科技企业全面的转移风险；其二，"二合一"的模式能够简化流程，为客户理解条款和索赔带来极大便利，同时投保费率在首批科技保险险种中较低的特点，为投保企业减轻了经济负担。这两大优点使关键研发设备保险受到以新材料、生物医药技术、新能源领域高新企业为主的各领域的广泛欢迎。

（4）高管人员和关键研发人员团体健康保险

高管人员和关键研发人员团体健康保险包括两种保险产品，即高管人员和关键研发人员住院医疗费用团体保险 A 款、B 款。其中，高管人员和关键研发人员住院医疗费用团体保险 A 款提供的保障包括基本保障和可选保障，基本保障覆盖境内住院医疗费的补偿，该医疗费用指被保险人在中国境内（不含香港、澳门、台湾地区）因疾病住院治疗期间发生的可索赔医疗费用，可选保障则在原有的保障范围内新增了境外住院医疗费的补偿，该医疗费用指被保险人在中国境外（含香港、澳门、台湾地区）工作期间患病住院治疗期间发生的可索赔医疗费用。此外，疾病住院津贴、重症监护津贴、手术定额津贴则由 B 款提供保障。②

（5）高管人员和关键研发人员团体人身意外保险

高管人员和关键研发人员团体人身意外保险是针对高管人员和关键研发人员因意外事故造成的身亡和伤残所提供的基本保障。同时，该产品还设置了可供客户选择的包括医疗费用补偿、住院津贴、重症监护津贴、烧烫伤保险金和家庭关爱金等意外伤害增值保障，满足不同投保人的个性化需求。③

---

① 闫芳. 推进科技保险试点工作，促进高新技术产业发展 [J]. 人口与经济，2011 年增刊：148.

② 刘恕. 科技保险，高新技术企业的"避风港" [N]. 科技日报，2008 – 09 – 25，B（002）.

③ 刘汉辉. 论 WTO 与我国中小企业技术创新的战略定位 [J]. 工业技术经济，2003（1）：10.

在意外保险一年的理赔期内，如果被保险人因遭受意外伤害事故导致身亡或伤残可以得到的赔偿金额最高可达被保险人年收入的 5 ~ 10 倍。投保可选增值保障的保险金额则由投保人和保险公司事先协商确定。①

高管人员和关键研发人员由于其工作的特殊性，长期处于紧张的工作状态，面临着较大的工作压力。另外，有些高新技术企业为了满足科研工作的需要会聘用一些老年科研专家，这在一定程度上又加大了高管人员和关键研发人员的人身意外风险，所以常规的意外险和健康险已经不能满足高新技术企业对此类人员所面对的较高意外风险和健康风险所进行的有效规避，这使得高新技术企业对团体健康保险和人身意外保险有着较大的需求。根据 2013 年底华泰保险的数据显示，2013 年度华泰公司团体健康保险的签单量为 25 笔，人身意外保险的签单量为 45 笔，已经超过了总签单量的一半。重庆市和武汉市有不少企业购买此类保险，其中，重庆市的 6 家企业斥资 25 160 万元投保这两个险种，仅武汉市就有 16 家企业为高管人员及关键研发人员购买了团体健康保险和团体意外保险。这些数据进一步反映出，高管人员和关键研发人员团体健康保险和人身意外保险是具有较大市场吸引力的两大险种，经过进一步的推广和宣传，还能取得更好的市场业绩。

(6) 出口信用保险

中国政府在 2001 年 12 月 18 日成立了中国出口信用保险公司，专门负责本国的出口信用保险业务，以此来保障我国出口企业的收汇安全，促进中国对外贸易的快速增长。出口信用保险是一项由国家财政提供保险准备金的非营利性的政策性保险业务。现阶段我国主要有两种出口信用保险被广泛运用：短期出口信用保险和中长期出口信用保险。②

通常，如果出口信用保险涉及的贸易合同约定的放账期不超过 180 天，我们就称为短期出口信用保险，在经过本公司同意的前提下可以增加一倍的放账期。其承保的风险包括商业保险和政治保险，其中如果出现由政治风险造成的损失以及由破产、无力偿付债务、拖欠等其他商业风险造成的损失，

① 赵湜. 科技保险险种创新研究 [D]. 武汉理工大学硕士学位论文，2010：55 ~ 56.
② 刘洪福. 中国出口信用保险研究 [D]. 天津大学硕士学位论文，2007：4.

最高可获得比例为 90% 的赔偿，如果由买方拒收货物，对供货方造成损失的，最高可获比例为 80% 的赔偿。

如果出口信用保险涉及的贸易合同约定的放账期超过 180 天，我们就称为中长期信用保险。中长期出口信用保险对于调动我国高新技术企业参与国际竞争的积极性、增强我国高新技术产业的国际竞争力、推动具有高技术含量及高附加值的产品走向国际市场具有十分重要的作用。投保中长期出口信用保险，能够使出口型高新技术企业有效规避商业风险和政治风险，保障出口型高新技术企业的收汇安全。[①]

出口信用保险可以为高兴技术企业提供两大便利：其一，它可以促使高新技术企业改善结算方式，抓住贸易机会，不断开拓新型市场，扩大出口规模；其二，使得高新技术企业的出口融资变得更加便利。企业投保了出口信用保险，信用条件得到提升，利于申请融资，对缓解出口企业尤其是中小型高新技术企业的资金紧张状况起到了极大作用。因此，各领域高科技企业对出口信用保险格外关注，特别是在苏州、深圳等一些外向型经济地带，出口信用保险的需求量很大。[②]

2. 第二批科技保险创新险种[③]

（1）高新技术企业财产保险

高新技术企业财产保险以投保人存放在固定地点的财产和物资作为保险标的，对高新技术企业具有较强的针对性。一切险和综合险是高新技术企业财产保险的两大产品。其中，由于自然灾害或意外事故造成的被保险财产直接物质损失或灭失，以及由于供电单位或意外事故导致的突然断电、电器短路及其他电气原因造成的计算机设备本身的损失均由一切险承保；由于火灾、爆炸、雷电、暴雨、洪水、暴风、龙卷风、冰雹、台风、飓风、暴雪、冰凌、突发性滑坡、崩塌、泥石流、飞行物体及其他空中运行物体坠落、水箱、水管爆裂等造成保险标的直接物质损失或灭失，以及由于供电单位或意外事故导致的突然断电、电器短路及其他电气原因造成的计算机设备的损失由综合

---

① 李少霞. 贸易环境变更与我国出口信用保险发展研究 [D]. 中国海洋大学硕士学位论文，2006：8.

② 牛真真，梁枫. 中国出口信用保险：现状、问题与对策 [J]. 经营管理者，2010（4）：286.

③ 刘骅. 科技保险的理论与实证研究 [D]. 武汉理工大学博士学位论文，2010：30.

险承保。①

（2）产品责任保险

产品责任保险是以产品制造者、销售者、维修者等面临的产品责任风险为承保对象的保险险种，各国相关的产品责任法律制度是产品责任的基础。高新技术企业通过购买产品责任险，可以有效规避其所生产、出售的产品在承保区域内发生事故的风险，保险人需在约定的赔偿限额内承担赔偿义务，依法赔偿事故给消费者、使用者、第三者或其他任何人造成的人身伤害或财产损失。以产品质量法为基础，针对生产性企业，采取"索赔发生制"，设立追溯期，强调续保的连续性和保险长期性，合理确定责任范围，其中，分类厘定费率是产品责任保险的特点。

（3）产品质量保证保险

产品质量保证保险又称为产品保证保险，保险公司负责赔偿投保人制造或销售的产品达不到相关合同规定的质量标准而给使用者所带来的相关损失。高新技术企业以其在一定时期内制造或销售的产品为投保对象，当相关产品存在质量缺陷并给使用者带来经济损失时（包括因产品的修理、更换或退货引起的应由被保险人承担的鉴定费用、运输费用和交通费用），由保险公司负责赔偿相关损失。

产品质量保证险可以保障因产品质量问题造成的自身经济损失；与产品责任险形成互补、相互搭配，达到全面化解产品风险的目的；另外，产品质量保证险还可以起到防范企业经营风险的目的，调动企业产品创新积极性。

（4）董事会、监事会、高级管理人员职业责任保险

以董事会、监事会、高级管理人员在从事职业技术工作时因疏忽或过失造成合同对方或他人的人身伤害或财产损失所导致的经济赔偿责任为承保对象的责任保险称为董事会、监事会、高级管理人员职业责任保险。

根据约定，保险公司负责赔偿高新技术企业的董事、监事及公司章程中规定的其他高级管理人员在履行职务时，因不当行为致使第三者受到损失时、依法应由被保险人承担的经济赔偿责任，但这仅包括依照中华人民共和国法律（不包括香港、澳门、台湾地区）设立的、仅在上海证券交易所或深圳证

---

① 刘汉辉. 论 WTO 与我国中小企业技术创新的战略定位［J］. 工业技术经济，2003（1）：9.

券交易所上市的股份制上市公司。

（5）雇主责任保险

以被保险人的雇员在受雇期间因从相关事业务而遭受意外导致伤、残、死亡或患有与职业有关的职业性疾病而依法或根据雇佣合同应由被保险人承担的经济赔偿责任为承保对象的一种责任保险称为雇主责任保险。

在保险期间内，保险公司根据劳动合同和中华人民共和国法律、法规，对投保本保险企业的工作人员在中华人民共和国境内受雇期间从事保险合同中所载明的业务工作而遭受意外或患有与业务有关的国家规定的职业性疾病，导致伤、残或死亡理应由被保险人承担的医疗费用及经济赔偿责任按照保险合同中的规定在约定的赔偿限额内予以赔付。

（6）环境污染责任保险

以企业发生污染事故对第三者造成损害，企业依法应承担的赔偿责任为承保对象的险种称为环境污染责任保险。随着环境污染事故和环境侵权行为的频繁发生以及公众环境保护意识的不断增强，环境污染责任保险在原有公众责任保险、第三者责任保险的基础上应运而生。

当投保企业在保险期内从事相关的生产活动，由于遭遇突发意外，致使生产企业的某些化学原料和有毒气体的泄漏、溢出、排放、渗漏，给保险合同条款规定的第三方带来直接财产顺势或者人身伤害的，并给当地造成极大的生态环境污染而被环保管理部门认定为环境污染事故的，当受害人在保险期间内首次向被保险人提出损害赔偿请求，且人民法院依照中华人民共和国法律判定由被保险人承担的经济赔偿责任，应按照保险合同条款的约定由保险公司依法承担相关的赔偿责任。

（7）专利保险

在被保险人投保专利保险后，如果在保险期内其专利权受到第三方侵权并给被保险人造成损失的，其损失将由保险公司负责赔付。专利权作为知识产权的一种，代表着企业的重要经济利益，一旦专利权遭到损害，很有可能会给企业带来重大的经济损失。而专利保险能够有效预防企业的专利权遭到损害所带来的巨大损失。另外，专利保险有着保障针对性突出、保障范围全面、产品创新性强、费率厘定科学等一系列优势，这使得专利保险在我国具有较大的市场吸引力。

（8）小额贷款保证保险

小额贷款保证保险是指合同约定的保险事故发生，且被保险人需在约定的条件和程序均达到要求时方能获得赔偿的保险方式。投保人、被保险人和保险人是小额贷款保证保险的三大主体。投保人是贷款合同的借款方，被保险人是贷款合同的贷款方，依据保险法取得经营小额贷款保证保险业务的商业保险公司则是保险人。

根据监督管理部门相关规定与商业银行签订的借款合同，符合相关投保条件的高新技术企业在投保该险种后，其在连续三个月完全未履行与商业银行所签订的借款合同中约定的还款义务，即认定为发生保险事故。在被保险人依据借款合同约定向借款人及其担保人进行追偿后，仍不足以清偿借款银行的本金和利息的，对于剩余的本金和利息部分，保险公司需按照合同的约定负责向银行赔偿。

（9）项目投资损失保险

在投保人向保险公司交付保险费用对相关项目投保该险种之后，根据保险合同约定，因自然灾害或其他意外事故给投保人相关投资项目造成的损失，应由保险公司负责赔偿相关损失。

（二）我国科技保险试点的基本情况

1. 我国各级政府、各保险机构发展科技保险的主要措施

（1）坚持政府引导和政策支持的发展模式和原则

科技研发活动高投入、高风险、高价值的特点使得科技保险经营与科技研发活动类似，具有较大的经营风险，单纯依靠保险市场的力量无法推动科技保险在我国的快速发展。我国政府相关部门广泛征求保险机构、科技企业意见，在反复调研的基础上，面对科技保险在我国还是新生事物，使得现阶段费率厘定缺乏相关数据支持，并且科技保险的公益性和高风险性使其具备了一定准公共产品属性的事实，各方一致认同在启动阶段应坚持政府引导与市场推动相结合的道路，探索出"政府引导、商业运作"的模式，推动科技保险的发展，分担高新技术企业的经营风险，为科技创新服务。

（2）各级政府通过积极出台相关扶持政策，不断优化政策环境

在保险启动阶段，各级政府必须明确通过法律制度建设、财政支持、政

策优惠来激发保险机构和科技企业的积极性。科技企业在产品开发、业务经营、机构设立、财政支持、税收优惠等方面均会享受一定的优惠政策。例如，国家税务总局在与相关部门、科技型企业协商后，明确提出将科技保险费用支出纳入企业技术开发费用范畴，享受国家规定的税收优惠政策，并可以加计50%扣除企业应纳税所得额。①

（3）积极推进科技保险产品的研发工作

中国保监会和科技部一直积极推进我国科技保险的不断创新，在2007年第一批试点的六大险种的基础上，科技部和中国保监会结合我国科技保险市场的发展需要，在2008年又积极推出了第二批共九大险种，有效发挥了科技保险的风险分散功能，满足了我国高新技术企业的发展需求，积极推动了我国高新技术产业的快速发展。②

（4）探索试点创新城市，以各地方财政科技投入来引导业务发展

政府有关部门决定通过地方财政科技投入来引导和推动科技保险的快速发展。同时，在各高新技术开发区、保险试点城市积极探索科技保险发展模式的创新，这是政府部门为了更好地发挥科技保险的风险保障作用而作出的不断探索。③在科技保险试点推行之初，科技部和中国保监会就出台相关文件，对科技保险试点城市（地区）的申报条件和程序做出了明确的规定，有效调动了各地政府的积极性，保证科技保险试点工作的顺利推进。④

（5）进行广泛宣传，提高科技保险在我国社会的认知度

科技保险作为一个舶来品，在我国还只是一个新生事物，社会各界对科技保险缺乏相关了解，科技保险在我国社会的认知度不高，严重制约了科技保险在我国的快速发展，为破解这一难题，有关政府部门和保险机构在启动科技保险创新工作以来，通过各种方式对科技保险进行广泛宣传，扩大科技

---

① 王香兰，李树利. 对我科技保险发展中几个重要问题的探讨［J］. 华北金融，2009（8）：29.

② 刘如海，张宏坤. 我国科技保险发展问题研究［J］. 苏南科技开发，2007（10）：32.

③ 刘如海. 科技保险：为自主创新保驾护航——我国科技保险发展问题研究［J］. 中国科技投资，2007（11）：46～47.

④ 邵学清. 政府在科技保险中扮演什么角色［J］. 创新科技，2011（1）：20～21.

保险的知名度，提高科技保险在我国社会的认知度。科技部联合中国保监会，积极利用各种社会资源、通过各种社会渠道推进科技保险的推广工作，并在2006年底成功举办了"科技保险研讨会"；为统筹科技保险的开发和经营，科技部还成立了科技保险领导小组，统筹科技保险的各项工作。①

2. 我国科技保险的发展历程②

我国科技保险试点工作经历了四个关键阶段。

（1）汇聚各方力量，开展理论探讨和模式设计

科技保险在国内是一个新生事物，在20世纪90年代，我国才把科技保险单独作为一个保险细分市场的概念提出来，所以说科技保险在我国还尚处在萌芽阶段，缺乏相关理论与实务的积累。众所周知，科技保险是一个较完整的保险体系，虽然国内外的保险公司均推出了一些与科技有关的保险产品，同时也积累了很多实践经验。但是，就目前的探索与尝试来讲，仍然不能满足科技保险自身的发展需求。

2006年召开的全国科技大会首次提出了自主创新、建设创新国家的发展战略，并颁布了《国家中长期科学和技术发展规划纲要（2006—2020年)》，标志着中国的科技事业迎来了又一个新的发展时期，科技创新行业将迎来更多的发展机遇。为落实纲要提出的促进国家高新技术行业快速发展，建设创新型国家的要求，科技部联合中国保监会积极推动中国科技保险的试点工作，加快完善体制机制创新，支撑我国高新技术企业快速发展。

2006年，我国科技保险的探索进入了一个全新的阶段，中国科技保险就此进入了快速成长期。为了尽快让科技保险走出学术殿堂，真正地进入到社会实践，推动科技保险行业的快速发展，这一年，引领科技保险的纲领性文件在国家相关机构的支持和引导下相继出台，拉开了我国科技发展的大幕。

（2）各方协同合作，联合推动我国科技保险的首批试点工作顺利开展

开展试点工作，可以边学边干，边干边学，在科技保险的试点工作中吸

---

① 蔡永清. 政策性科技保险发展及财政补贴问题研究［D］. 重庆大学硕士学位论文，2011：45～46.

② 邵学清. 科技保险的理论与实务［M］. 北京：科学技术文化出版社，2011：152.

取经验教训，有效化解我国科技与保险发展出现的诸多问题，更好地适应我国科技保险市场的发展需求，积极探索新的发展模式。因此通过推动试点来探索我国科技保险的新模式成为当下的共识。

科技部与中国保监会在经过 2006 年初到 2007 年上半年的调查研究的基础上，正式决定启动我国科技保险的试点工作。包含试点的目的和任务、参加主题、试点险种以及试点期内试点单位的责任与义务的科技保险试点备忘录于 2007 年 7 月 20 日在京签署。

科技部和财政部对这次试点工作给予了高度重视，对试点工作的每一个方面都进行了仔细的调查、研究和分析，综合考量各个方面的因素，对有关方面进行了周密的部署，主要体现在以下三个方面。①在创新试点城市的选择上：首先，考虑申请参与试点地区或城市的经济发展水平和高新技术企业科研创新的发展；其次，要考虑到当地政府对科技保险试点工作的支持力度，优先支持那些对科技保险工作积极支持的城市或地区；最后，要考量试点地区财政部门和税务部门能否给予科技保险工作一定的政策支持，主要包括财政部门的资金支持和税务部门的税收优惠。综合考量上述因素，中国保监会和中国科技部最终推选出北京市、天津市、深圳市、苏州高新区、武汉市、重庆市为首批试点城市。②对于科技保险试点险种的设计，中国科技部和保监会也是在实地调查达成一致的基础上，在综合考量中国现阶段保险市场的发展水平和中国高新技术企业发展需要的基础上，吸取国外的相关经验，采用最先进的保险精算理论所设计出来的科技保险险种。所推出的第一批六大险种基本囊括了高新技术企业所面临的一部分关键风险，有力地推动了高新技术企业的发展。③对于参与试点工作的保险公司的选择，则是在综合考虑保险公司的风险管理水平、产品创新能力、社会责任感的基础上，最终选中中国出口信用保险公司、华泰保险、中国人民保险、中国平安养老保险作为参与科技保险试点工作的四家保险公司。

同时，试点地区各部门也积极配合科技保险试点工作的推行，在结合本地区发展实际的基础上积极扶持科技保险试点工作的顺利推进，推进科技保险试点工作的顺利开展。例如，深圳市制定了《深圳市科技保险补贴资金管理暂行办法》、苏州市高新区出台了《关于支持科技保险试点补贴企业保费的通知》、重庆市颁发了《重庆市科技保险补贴资金暂行管理办法》等。①

在各地政府部门积极出台相关文件的同时，参与试点工作的四家保险公司也积极配合科技保险试点工作的推行，针对企业自身的发展情况，制定了一些相关的规章制度和政策，以支持科技保险试点工作的顺利开展：中国出口信用保险公司与财政部联合推出《关于进一步发挥信用保险作用，支持高新技术企业发展有关问题的通知》、中国人民保险公司制定下发了《科技保险产品奖励方案》等。

与此同时，科技部、参与试点工作的保险公司也积极开展科技保险试点的宣传与推广工作。其中，科技部以全国科技系统和部分科研院所为对象展开了科技保险相关知识的普及、教育工作，同时，科技部还出版了《科技保险研讨会文件汇编》，华泰保险公司编写了《科技保险概览》等科技保险宣传手册；科技部、出口信用保险公司为了让人们详细了解信用保险的功能与作用，合作出版了《出口信用保险（科技专题）》。②

（3）扩大试点范围，逐步完善科技保险市场

在总结科技保险试点工推行以来所取得的阶段性成果的基础上，科技部和中国保监会开始部署下一阶段试点工作。中国科技保险工作座谈会于2008年3月27日在京召开，参加这次座谈会的有来自科技部门、保监局、保险机构和有关科研院所的百余位代表。与会各方在总结第一阶段试点工作经验的基础上指出：第一，科技保险的发展离不开政府与市场的联合推动的发展模式；第二，地方各级政府的高度重视与政策支持是科技保险试点工作顺利推进的重要因素；第三，有关单位的积极参与密切配合是我国科技担保试点工作取得巨大成效的关键；第四，保险中介机构的风险管理与服务功能是我国科技保险行业快速发展的关键一环。同时，与会各方还就科技保险下一阶段的工作方向达成共识。在肯定成就的同时，也指出一些制约科技保险开展的问题，例如科技保险的险种范围小，企业对科技保险的理解程度不够，地方的有关政策不到位等。

---

① 王香兰，李树利. 对我国科技保险发展中几个重要问题的探讨 [J]. 华北金融，2009（8）：29.

② 楼新民. 大力发展科技保险业，为自主创新保驾护航——加快发展我国科技保险的对策研究 [J]. 金融科技，2009（2）：28.

科技保险作为高新技术企业发展的"安全保护伞"，其对高新技术企业发展的推动作用正日益凸显，科技保险在中国社会的认知度不断提高，科技保险也逐渐被大家所了解、认可。2008 年，科技部、中国保监会决定进一步扩大科技保险的试点范围，以使科技保险的"安全保护伞"作用得到更加充分的发挥，更好地促进高新技术企业的发展。第二批科技保险试点工作将主要突出两个方面的特点：首先，强调跨地区跨部门的协调合作能力；其次，加强对各地区科技企业、科技保险的政策环境以及科技保险的培训活动。

上海、成都、沈阳、无锡国家高新区、合肥国家高新区在经过科技部和中国保监会的严格审核、程序认定后，成为了我国第二批科技保险试点城市（区），顺利推进了我国第二批科技保险试点工作的顺利开展。这一阶段的科技保险试点工作与第一阶段相比，不仅体现在试点单位增多，还体现在科技保险险种的进一步创新与丰富上，服务于我国高新技术企业的快速发展需求。经过一年多的试点工作，中国科技部、中国保监会、各保险公司对科技保险的认识得到不断地深化，新险种的认定程序得到简化，保险公司只需将新险种报中国保监会备案即可，这有利于科技保险产品的不断创新，以便于保险公司设计出更多更好的新产品来满足市场需要，以有效地规避科技创新企业的风险，促进科技的发展进步。

（4）结合市场需求，进一步推动科技保险的常态化

两年的试点工作既体现了科技保险的优势所在，也暴露了现行的科技保险行业实际存在的一些弊端：一方面，科技保险产品的品种不断丰富，承包范围逐步扩大，投保企业增加，高新技术企业在研发、生产和经营过程中都将得到科技保险的支持，科技保险的风险范防机制正逐步凸显，为高新技术企业有效规避风险发挥了重要的作用，成为了高新技术企业的"安全保护伞"；另一方面，中小企业的风险意识不强、部分地区政策落实不到位、保险理赔程序过于繁琐都不利于科技保险的进一步发展。因此，中国科技部和保监会在总结经验教训的基础上推陈出新，部署了下一步的工作。①

中国科技部与中国保监会于 2010 年 3 月 1 日联合颁发了包含八条实质性

---

① 蔡永清. 政策性科技保险发展及财政补贴问题研究［D］. 重庆大学硕士学位论文，2011：19.

政策的《关于进一步做好科技保险有关工作的通知》，为了给予科技保险的后续快速发展提供有力的政策支持，该通知第六条明文规定：研究在重大专项、国家科技计划经费中列支项目的科技保险费给予财政补贴。

与此同时，各地方科技主管部门也通过相关制度措施的不断完善，规范和创新科研经费的使用方式，将已推行的税收优惠政策与和保费补贴制度相结合，提高企业购买科技保险的积极性。[①]

3. 我国科技保险工作所取得的主要成效

2007 年，我国正式推动了科技保险试点工作，现如今已走过了近七个年头，在参与各方的共同努力下取得了阶段性的成果，主要体现在以下五个方面。

（1）为高新技术企业分担风险，服务于企业的科研创新

在科技保险试点工作推行近七年后，我国高新技术企业的风险防范意识不断增强，购买科技保险的积极性得到了极大提高，商业性科技保险和政策性出口信用保险都取得了快速的发展，风险投保额和保险机构理赔额都得到了快速增长，真正做到了为高新技术企业的快速发展保驾护航。科技型中小企业都是创新的重要源泉，是推动经济发展的不竭动力，但是科技型中小企业一直以来都是高风险、高投入、高成长性的行业，企业经营面临着巨大的风险，特别是 2008 年爆发的国际金融危机，又在一定程度上扩大了这种风险，科技型中小企业的生存和发展环境依然严峻。在这种情况下，科技型中小企业就应该采取科技保险这种积极主动的风险防御措施，积极发挥科技保险这一科技型中小企业发展的助推器与保护伞的作用，化危机为动力，积极推动自身的快速发展。

（2）保险机构科技保险业务的快速发展

华泰财产保险公司。华泰财产保险公司（以下简称华泰财险）成立于2011 年，是华泰保险集团下属的全资子公司，于 2013 年 1 月完成增资后，注册资本高达 20 亿元。华泰财险具有业内公认的一流的承保经验和较强的高额承保能力，承保品种丰富，有着较强的差异化竞争优势。经过近年来的发展，华泰保险已经培养出了一批业务水平高的保险人才，拥有专业规范的理赔队

---

① 邵学清. 政府在科技保险中扮演什么样角色［J］. 创新科技，2011（1）：21.

伍，在各地区已经建立起了覆盖全国的客户服务网络与机构网络，并在全国百余座城市设有分支机构。华泰财险以华泰保险集团为依托，积极推动自身的快速转型与变革；以经纪人、EA、电子商务为主渠道，积极朝着"细分市场领导者"这一战略目标前进，特别是成为科技保险这一极具发展潜力领域的新兴领导者。提升自身的创新能力，努力将华泰财险打造成一家"专业化、国际化、高品质"的金融保险服务企业。

中国出口信用保险公司。中国出口信用保险公司（以下简称中国信保）的资本来源于出口信用风险基金，经由国家预算统一安排。中国信保是目前我国唯一一家能够承办政策型信用保险的金融机构，公司于 2001 年 12 月 18 日正式挂牌成立。中国信保自成立以来，就积极响应国家政策号召，服务于高新技术企业的产品出口及科技企业"走出去"战略，为相关企业提供信用保险和担保。如今，中国信保已经成功发展成为在全国各大主要城市均设有服务机构且成功组建了覆盖全国的服务网络的大型政策型保险公司，并在英国伦敦设有代表处。同时，中国信保不断降低对高新技术产品短期信用保险的保险费率，减少企业投保成本，并与银行合作，推动银行在信用保险的条件下为高新技术企业提供融资支持，拓展高新技术企业信用保险的融资渠道。此外，中国信保分布在全国各地的服务机构还积极与当地的科技部门合作，扩大出口信用保险在当地高新技术企业中的认知度，提高他们投保出口信用保险的积极性，推动高新技术企业积极投保口信用保险；中国信保山东分公司特地针对海尔集团的业务特点而提供全球保单项下贸易融资服务，而浙江分公司则以优质服务不断获得高新技术企业的认可。

中国人民财产保险股份有限公司。自 2008 年 2 月获得科技保险试点经营资格以来，伴随着高新技术投保意识的不断增强，中国人民财产保险有限公司（以下简称中国人保）取得的保费收入与风险保额均实现了飞速的发展，承保高新技术企业数目与日俱增。由公司主要领导牵头的人保科技保险工作组成立后，下发了《关于积极推进科技保险的指导意见》。中国人保凭借其良好的信誉、雄厚的财力和优秀的业务团队弥补了其开展科技保险业务时间较短的不足，在科技保险市场得到了高新技术企业的认可和支持，确立了其他保险公司难以比拟的优势。

（3）社会对科技保险的认知度不断提高

从科技保险开展的近年来看，科技保险不再被束之高阁，而是逐步被大众所了解，甚至发展到了今天科技保险已经成了社会大众十分重视的新型科技金融工具，能够在百度中搜索出一亿多条与"科技保险"有关的结果，在著名的万方数据库可搜索到 12 381 篇与之相关的论文。这体现了有关科技保险的学术研究在经过 2007 年、2008 年的试点以后变得十分活跃，人们对科技保险的认知达到了一个新的高度。

启动试点工作以来，为了增加社会各界对科技保险的了解，促进科技保险的发展，科技部和中国保监会一方面积极组织科技保险研究人员在相关公共刊物上发表科技保险专栏文章，另一方面，委托参与试点的华泰保险公司编印了《科技保险概览》以此来普及科技保险知识。

为了给科技保险打造良好的社会环境，试点地区组织开展面向企业的科技保险培训活动。相关宣讲人员还通过进行深入的实践调研，了解科研企业的发展现状，以便掌握企业的科技保险需求，制订针对性更强的培训方案，从而提高培训工作的质量。参与试点的保险公司还根据企业的需求特点为企业设计独一无二的咨询服务。江苏省科技厅大力支持苏州、无锡等的科技保险研究，为此专门安排专项课题。无锡市开展了"高新技术企业科技保险调查"工作，将相关法规政策文件、管理办法、险种介绍等信息编撰成册，在社会各界对科技保险开展全面而且深入的宣传。重庆市科委为宣传科技保险有关政策、经营单位、保费补贴方案等内容，在科技信息网站上开辟"科技保险"专栏。此外，两部委还借助中央电视台新闻联播栏目等媒介窗口对科技保险试点工作的进展及成效进行了特别报道。

经过三年的推广和宣传，科技保险的社会反响逐渐加大，促进了试点工作的继续开展和后续推广。但是科技保险仍处于初期阶段，要想被社会各界广泛接受还需要继续努力。

（4）带动了一批既懂科技又懂保险的人才的成长

随着我国科技保险试点工作在市场上的顺利推动，我国科技保险行业相关方面的人才也经历了一个从无到有再到快速发展的过程，逐渐培养出了一大批科技保险方面的专业型人才，积极推动着我国科技保险行业的进一步发展。人才是一个行业发展的核心，特别是像科技保险这种行业，涉及学科众多，复合性较强，又具有很强的专业性，所以相关人才的培养就显得极为重要。早在我国科技保险工作的试点初期，科技部就联合中国保监会、保险公司和中介机构，进行相关资源的整合，积极推动科技保险相关方面专业人才的培养，体现出了科技部和保监会对人才培养给予了极高的重视。在科技保险试点工作的最初三年里，通过从社会各个领域筛选出一大批具备相关业务基础，又对科技保险行业又具有较大热情的人才接受专业的培训和业务指导，广泛参与各种交流和研讨，通过实践的不断磨练，在干中学、学中干、边干边学，逐渐成长为科技保险行业理论基础与实战经验具备的拔尖性专业性人才，推动了我国科技保险行业的快速发展。

（5）初步形成了多部门协调合作的工作机制

科技保市场参与主题众多，在科技保险试点工作之初，由于各种原因导致各参与主体之间缺乏必要的沟通协调，造成不必要的资源浪费，在一定程度上阻碍了科技保险试点工作的顺利发展。在之后的工作中，科技部、中国保监会、保险公司以及地方政府吸取前期的经验教训，相互之间通过各种渠道，建立起良好的沟通、交流机制，推动科技保险试点工作的顺利推动。在科技保险的各试点地区，均成立了类似于科技保险促进会的类似机构，负责科技保险各参与主体之间的沟通、协调，为科技保险参与各方搭建良好的沟通平台；同时，有些地方政府还指定专门的机构负责本地区科技保险补贴的申请和审查。除此之外，我国科技保险行业还推出了一个极具创新的制度——联络人制度，即要求科技保险的参与各方均设立一位专门的科技保险联络人，负责各方之间的联系沟通，并能及时、全面地向相关部门反映我国科技保险试点工作的实时情况。

由此可见，我国科技保险试点工作的全面推动不能只靠单方面力量。在试点工作开展的过程中，建立起良好的沟通、交流机制和联合工作机制是科技保险以及其他工作开展的重要保障，单独依靠某一个部门或机构的力量是不可能顺利推动我国科技保险试点工作的开展，科技保险也很难取得长久的发展。

二、中国科技保险发展的特点

（一）政府支持和市场推动相结合的发展模式

我国的科技保险试点工作是在政府的大力推动下进行的，通过各级地方政府的政策扶持、财税优惠等手段来积极扶持科技保险行业的顺利发展。同时，在我国当前信用体系尚不完善、科技保险试点工作又刚刚起步的情况下，以政府信用补充商业信用，既能调动商业保险机构承保的积极性，又能使广大高新技术企业放心参保，推动了科技保险行业的快速发展。这一切都离不开政府的强力支持，可以说，没有中国政府的支持，单靠市场的力量，就没有中国现在科技保险试点工作的顺利开展，更谈不上中国科技保险行业长远的发展。同时，在科技保险的试点工作中，市场始终积极主动地满足高新技术企业的发展需求，在保险险种的设计、保险工作的试点推动、保险市场中介作用的发挥、保险理赔等环节都积极迎合企业的需求，推动中国科技保险行业的健康发展。

（二）有关单位和机构积极参与、密切结合

我国科技保险试点工作，从一开始就是在社会各界的广泛参与配合下推行的，我国各级地方政府部门、各保险公司充分发挥合力的作用，积极配合，建立起有效地沟通协调机制和联动工作机制。2009年，天津市科学技术委员会在多家商业保险机构及天津市科技成果转化中心的协助下成立了天津市科技保险试点工作小组，主要负责科技保险在天津市的宣传与推介工作，提高科技保险在天津市高新技术企业中的认知度，推动天津市科技保险试点工作的顺利开展。①

（三）财政资金的引导为科技保险局面的打开提供了原动力

在日本、德国、美国等发达国家，虽然经济基础较好，信用体系比较完善，科技保险目前也只是停留在发展的初级阶段，未能够发展成为常规性的商业保险。科技保险的发展状况表明：没有国家相关政策的支持，单纯依靠市场的原动力，科技保险行业是很难取得长足发展的。于是，在我国科技保险试点工作的推行之初，就积极引入财政资金，着重强调政府的财政补贴尤其是保费补贴对于提高高新技术企业参与科技保险积极性的重要作用，充分发挥财政专项资金的推动作用。在科技保险试点工作推行半年之后的相关数据统计显示，在中国科技保险行业，几百万元的财政资金拉动了约1.2亿元的保费和将近156亿元的风险保障，为科技企业带来了几

---

① 王立军，徐梦周. 科技保险：为中小企业发展撑起保护伞 [J]. 杭州科技，2011 (2)：49.

百倍甚至上千倍的风险保障，这充分体现了财政资金在科技保险行业中的放大效应。

（四）具有中国特色的科技保险服务

我国科技保险试点工作一开始就是在各级地方政府的积极参与配合下推行的，与传统商业性保险业务相比，科技保险起点高，机制健全，显得更加规范与高效。同时，在科技保险的试点之初，政府就积极地引入了北京中金保险经纪有限公司等市场中介机构，使得中介机构积极参与到科技保险的试点工作中来，在科技保险的推行过程中发挥着重要的媒介作用，为各参保企业提供优质的咨询服务，扩大了高新技术企业对科技保险的认识，一定程度上消除了高新技术企业与保险机构的隔阂，弱化科技保险行业所存在信息不对称，有利于我国科技保险行业的可持续发展。

（五）出台政策扶持和税收优惠措施

除了直接的财政资金补贴之外，我国各级政府还出台了许多税收优惠政策，例如明确规定科技保险保费支出纳入到企业研发支出，除按照常规的企业所得税税前抵扣的政策，还在此基础上加计50%企业所得税税前抵扣。

（六）积极培育保险业中介机构，依托中介机构，充分发挥保险业中介机构的风险管理与服务功能

2007年初，科技保险试点工作开始推行，相关政府部门就通过积极培育保险业中介机构，特别是引入了已经发展得比较成熟的北京中金保险经纪有限公司，依托中介机构，积极协调政府机构、保险公司、高新技术企业三者之间的关系，构成三者联系的桥梁与纽带，形成了以商业信用为依托、以政府信用为补充、以中介机构的服务为纽带的创新发展模式，充分发挥了保险中介机构的风险管理与服务功能，促进科技保险试点工作的快速发展。同时，在科技保险的发展过程中，保险公司也充分发挥其中介职能，接受试点地区有关部门的委托，深入高新技术企业，了解高新技术企业的发展需求，提供保险经纪服务，提高科技保险在高新技术企业中的认知度。[①]

---

① 邵学清. 科技保险的理论与实务 [M]. 北京：科学技术文化出版社，2011：152.

第二节　中国科技保险支持科技创新
存在的主要问题

中国科技保险市场自 2007 年推行试点工作以来，取得了巨大的成就，科技保险已经初步发挥了高新技术企业风险防范机制的作用，科技保险作为高新技术企业"安全保护伞"的作用已经得到凸显，有力地促进了我国高新技术企业风险管理水平和研发能力的提高，一定程度上满足了我国高新技术企业的发展需求。但是，我国的科技保险行业无论从理论还是实践上来讲仍处于起步阶段，还远远不够支持创新型国家建设的需要。[①] 我国的科技保险行业的发展还存在许多的问题，主要表现在以下几个方面。[②]

一、对科技保险行业的认识还有待提高

在中国的第一批科技保险的试点工作中，参保的高新技术企业仅有 1 100 多家，这还不到全国高新技术企业总数的 3%。参保企业数量小，同时参保品种少，使得我国的科技保险还不足以支撑我国高新技术企业的快速发展，科技保险作为风险防范机制的作用尚未得到有效发挥。出现这种情况的主要原因是由于社会对科技保险的认识不足，科技保险在我国还没有引起社会的广泛关注。企业管理者把科技保险视为一种不必要的业务开销，认为科技保险是对企业员工的一种福利，或者将科技保险视为常规保险的一种"不必要"的补充；另外，我国目前的科技保险行业发展还很不规范，保险条款还不完善，使得许多高新技术企业望而却步。另外，保险理赔周期长、赔付难的问题，也在一定程度上阻碍了科技保险行业的健康发展。

二、高新技术企业投资风险大，投保成本高，企业参保欲望不足

首先，高新技术企业本身就是一个高风险、高投资、高回报的行业，企

---

① 王香兰，李树利. 对我国科技保险发展中几个重要问题的探讨 [J]. 华北金融，2009 (8)：28.

② 王维. 西欧国家的中小企业政策 [J]. 世界经济与政治论坛，1999 (6)：14～15.

业需要把大部分的资金投入到科技研发中去，这对于资本金本来就不是很充足的高新技术产业本身就是一笔高昂的负担，企业根本就没有多余的资金来购买科技保险。科技保险在我国尚未尚未引起足够的重视，同时，科技保险费率偏高、科技保险险种较少、技术含量较低，这都在一定程度上抑制了企业的投保积极性，导致科技保险市场的有效需求不足。

三、科技保险行业存在供给不足的问题

目前科技保险在我国还处于起步阶段，科技保险产品比较单一，科技保险产品创新严重落后于实际的市场需求，现有的科技保险产品还远不能满足我国科技保险行业的发展需求。在 2007 年我国首批科技保险试点推出的六大科技保险险种，除高新技术产品研发责任保险是紧密结合高新技术企业的发展需求外，其余的五大险种都这是传统保险险种的简单改良，与传统保险还存在某种重叠，缺乏专门针对高新技术企业发展面对的特殊科技风险的险种，远远不能满足高新技术企业的风险分散需要。同时，在科技保险的实际运用过程当中，占据绝对主导地位的是已经相对成熟的出口信用保险。高新技术企业风险有其特殊性，现有的险种还不能满足高新技术企业的发展需要，部分风险尚未得到有效保障，科技保险尚未有效满足高新技术企业的发展需求。[①]

四、科技保险相关方面的专业人才异常匮乏

专业人才是我国科技保险试点工作成功与否的关键因素，尤其是目前我国科技保险尚处于起步阶段，在社会的认知度较低，那么相关的专业人才的推动就显得十分重要了。但是目前我国在科技保险方面的学科建设还处于空白阶段，尚未有高等院校进行专门的科技保险学科建设，科技保险行业的人才输出源头还有待开发。目前，我国科技保险行业相关人才的培养主要依托现有的保险公司，通过边学边用、边用边学，在现有的保险团队里培养出了一批科技保险行业相关的专业人才，但是无论是在质量上还是在数量上都无

---

① 冯海昱，任丽. 我国科技保险市场存在的问题及对策研究 [J]. 世界经济与政治论坛，2010 (1)：68 ~ 69.

法满足我国当前科技保险行业的发展需求，不能从根本上解决我国科技保险人才供给不足的矛盾。

五、我国政府尚未对科技保险引起足够的重视，对科技保险的支持力度有待加强

虽然我国科技保险的发展很大程度上是由我国各级政府推动的，但政府在推动手段与力度方面还有待改进，特别是政府职能部门与各商业保险公司之间还没有形成有效的合作机制和交流沟通的渠道，协作能力不强等。另外，部分试点地区的地方政府对参与科技保险的高新技术企业的财政补贴表现出补贴额度低、政策不稳定、补贴范围窄、补贴申请程序繁琐以及补贴资金不能完全到位的问题，这不仅损害了政府推行科技保险工作的威信，也极大损害了高新技术企业参与科技保险的积极性，致使部分高新技术企业对科技保险持观望态度，在某种程度上阻碍了科技保险行业的顺利发展。

六、保险市场中介的作用还未完全发挥

目前，在国科技保险行业引入的主要中介机构是北京中金保险经纪有限公司，中金保险经纪有限公司充分发挥了科技保险市场中介的作用，有力地推动了科技保险行业的发展，收效明显。但是保险市场中介作用的发挥还有待挖掘，中介机构对科技保险行业发展的推动作用还十分有限，一是科技保险市场的中介机构数量有限，二是中介机构在科技保险市场的参与深度还不够，在对高新技术企业的信用评估、风险测评等环节几乎看不到中介机构的影子，中介机构的作用尚未得到充分挖掘。究其原因，一方面是中国市场经济体系的培育还很不完善，整个社会的信用体系尚未完全建立起来，在这个大背景下，科技保险市场也就难以幸免了；另一方面，科技保险在我国尚处于起步阶段，科技保险市场中介的培育还很不完善，缺乏必要的激励手段。①

---

① 苏维娟，周红丽. 科技保险试点工作情况及思考 [J]. 武汉金融，2009 (12)：24.

七、保险公司与高新技术企业的信息不对称在一定程度上阻碍了科技保险行业的快速发展

投保人投保时，保险公司对企业相关信息缺乏了解，有些高新技术企业甚至故意隐瞒不良信息，同时，保险企业又不能对投保企业的行为进行有效的监督与约束，特别是难以监督投保科技企业购买科技保险后对风险规避和控制的程度，为了获得保险赔偿金，不排除参保科技企业骗保的可能性。在我国的科技保险行业，信息不对称现象确实没有得到有效地弱化，甚至有不断强化的趋势，这将不利于我国科技保险行业的健康发展。

八、科技保险市场的秩序仍需要进一步的规范

目前，我国科技保险行业的发展状况呈现出"政府引导，市场化运作"的原则，但在推进科技保险行业的发展过程中存在一些问题：一是存在不规范竞争的现象，在科技保险的个别试点地区，出现了保险公司为承揽业务故意压低竞争的现象，严重破坏了我国科技保险试点的市场秩序。二是有些保险公司打着科技保险的旗帜扩张传统保险业务，存在违规骗取国家科技保险财政补贴的现象，而且挤压同行。这些都不利于我国科技保险形象的维护和科技保险行业的可持续发展。[①]

九、数据收集等基础性工作仍有待完善

在我国，科技保险行业尚处于起步阶段，一方面，我国的高新技术企业对其自身的风险水平、保险公司的风险理赔能力还缺乏科学而深入的了解，对于投保险种的选择以及保险费与理赔额之间的关系还缺乏全面的认识；另一方面，保险公司对科技保险行业也缺乏数据积累，在保险承保、理赔、费率厘定等环节都存在一些问题，有关保险费率的科学性、合理性还有待实践检验。这些问题不是短期内就能解决的，它需要我们不断规范我国现存的科技保险行业的相关制度，经过长时间的数据积累、整理与分析。首先，从我

---

① 李希义，郭戎. 中国科技担保行业存在的问题及对策分析 [J]. 科技创新与生产力，2013 (9): 1.

国目前现有的统计数据来看，不论是从时间分布还是从空间分布来看，都缺乏统一的计算口径，数据相当零散，缺乏实用性与可比性；其次，科技担保行业相关的学科建设滞后，特别是统计学科，尚未建立起有效地、专门针对科技担保行业的数据统计体系，有关的统计指标尚未完全建立，需要统计的相关数据还存在巨大的漏洞；最后，对数据的管理比较分散、凌乱，缺乏一个覆盖全国的统一的数据库。

【专栏】辜胜阻：亟需重构支持实体经济的金融体系

为深入了解当前金融业深化改革和金融服务实体经济的问题，根据全国人大常委会工作要点，2014 年全国"两会"前夕，全国人大常委会委员、人大财经委员会副主任委员、民建中央副主席、经济学家辜胜阻教授在湖北省人大负责同志的陪同下，先后到湖北荆州、宜昌、武汉等地就金融业发展与改革相关问题进行了实地考察，与小微企业主就融资问题进行了座谈，视察了武汉多层次资本市场的建设，听取了省政府有关部门、金融监管机构、相关银行等金融市场主体对金融工作的汇报，与金融领域的相关学者进行了研讨。辜胜阻认为，政府要高度重视金融市场结构失衡问题，严格控制结构性风险源头，优化金融资源配置，特别是要加大对小微企业、创新型企业、"三农"领域等薄弱环节的支持力度，更好地发挥金融支持实体经济的作用。防范金融风险亟需重构支持实体经济的金融体系，形成良好的金融生态环境，促进金融领域主体多元化，建立和健全多层次的资本市场体系、银行体系、股权投资体系、金融担保体系、政策金融体系以及财政扶持体系。

辜胜阻表示，在当前金融改革的过程中，要高度重视金融市场结构性风险。我国金融市场的结构失衡有以下五种表现：一是货币资产与实体经济比例失衡，容易引发流动性陷阱。截至 2013 年 12 月末，广义货币（M_2）余额为 110.65 万亿元，比上年末增长 13.6%，而去年 GDP 增速为 7.7%，货币资产总量与经济总量的差距进一步拉大。这种结构失衡既容易引致通货膨胀，又容易引发流动性陷阱。"金融热、实体冷"所导致的"资金空转"蕴含着巨大的金融风险。从宏观上看，流动性过剩使得大量货币充斥社会，多余的货币资金需要在市场上寻找出路；银行利率长期倒挂，导致大量低利率资金从体制内流向体制外，从银行流向民间借贷市场，以寻求高额回报，金融"脱媒"现象随之大量发生。二是社会融资规模增长较快，融资结构失衡。2013 年我国社会融资规模达 17.29 万亿元，再创历史新高，比上年增加 1.53 万亿元。社会融资规模的四大部分中，表外融资在 2013 年增速明显加快，合计 5.17 万亿元，占同期社会融资规模的 29.9%，比上一年高 7 个百分点。对比之下直接融资规模有所收缩，占同期社会融资规模的 11.7%，比上一年低 4.2 个百分点。直接融资渠道不畅导致融资需求大量转向表外渠道。融资结构失衡的另一个表现是社会融资相对较多地进入房地产行业和部分产能过剩行业，相对较少地进入新兴产业、集约型经济和高新技术行业，导致金融对科技创新和经济结构转型的支持力度不足。三是市场利率过高，小微企业融资难、融资贵十分严重。下行的经济周期和物价周期在客观上要求实施低利率政策来刺激经济增长，而我国贷款利率约为成熟国际市场的 2~3 倍。面大量广的小微企业很难从银行得到贷款，绝大部分小微企业靠民间融资，而民间融资的利息可能高达银行贷款的 3~4 倍以上。从湖北省的调研情况来看，小微企业融资难、融资贵的问题较为突出，企业界普遍反映融资困难且成本较高。湖北省约 50 万户小微企业中，能够获得小微贷款的企业占比仅为 5.99%。四是社会负债率居高不下，影响金融市场稳定。我国非金融企业部门杠杆率已达 113%，超过经合组织国家 90% 的阈值。其中，钢铁行业全行业负债超过 3 万亿元，产能跨越 10 亿吨，利润却直线缩水，几乎全行业亏损。将非金融企业、居民部门、金融部门以及政府部门的债务加总，全社会的债务规模将达 111.6 万亿元，占当年 GDP 的 215%。国际清算银行的研究报告表明，企业债务与 GDP 之比高于 90% 时，就会伤害经济增长。五是我国货币政策与全球货币政策的差异，使得境内外利差不断拉大，热钱大量涌入，致使人民币外升内贬。在全球普遍保持低利率或零利率环境下，国内利率却出现大幅上升，国内的钱变得更贵了。

辜胜阻提出，防范和化解金融风险，形成良好的金融生态环境，一方面需要重构多层次金融体系，实现金融领域的市场主体的多元化和利率市场化，使金融回归服务实体经济的本位。多层次的金融体系不仅能为实体经济发展提供必要的资金支持，更重要的是可以有效引导实体经济转型升级，推动我国经济创新发展。另一方面要努力使金融去杠杆化，化解高债务引发的金融风险。他建议从五个方面入手重构竞争高效的多层次金融体系。

第一，构建多层次"正金字塔型"的资本市场体系，大力发展场外交易。十八届三中全会指出，要提高直接融资比重，其中非常重要的是构建和完善我国的资本市场体系，使其更好地服务于实体经济。随着实体经济的复杂化和多样化，资本市场固有的多层次性表现更为明显，对于金融创新提出了相应的制度要求，从既有分层市场中创新出新层次，满足融资者和投资者的需求。这种资本市场体系，不仅可以满足不同性质、不同规模的企业的融资需求，促进实体经济较快平稳发展，还能最大限度地提高资本市场的效率，增强抵抗金融风险的能力。目前我国的资本市场则是倒金字塔式，主板多，中小板少，创业板少，场外交易更少，金融改革的重点就是要改变这种形态，让"倒金字塔"变为"正金字塔"。要稳步推进"新三板"市场的扩容，大力发展"四板"市场和"五板"市场，以满足大量无法上市企业的需求，使具有创新能力的优质企业与资本市场对接，缓解企业的融资困局。辜胜阻对湖北省多层次资本市场和场外交易的发展给予充分肯定。新三板和区域性的股权交易市场将是未来的改革重点之一。2012 年 8 月国家批准武汉东湖高新区三板试点，武汉市通过多种政策手段将新三板政策红利惠及全市，目前已有 36 家企业挂牌，重点后备企业 209 家，186 家企业正式与券商签订"新三板"辅导协议，44 家企业启动改制。规范的区域性股权转让市场（四板市场）也是多层次资本市场体系的重要组成部分，对于服务小微企业、拓展资本市场体系覆盖面有重要意义。根据调研，湖北省区域性股权转让市场发展迅速。武汉股权托管交易中心（四板市场）是湖北省首批通过国家清理整顿各类交易场所部际联席会议验收的 11 家要素市场之一，也是中部地区唯一首批通过验收的区域性股权交易市场，不但为小微企业提供了直接融资的渠道，而且在促进企业股份制改制、完善公司治理结构、吸引民间资本投资、丰富资本市场层次等方面起到了重要作用。目前武汉股权托管交易中心（四板）已有 160 家企业挂牌，交易中心推出"企业挂牌展示区"，为湖北省未上市、未挂牌交易的 50 万户小微企业提供面向资本市场的"低门槛、零收费、公益性"展示平台。长江证券券商柜台交易（五板市场）获准试点资格，其设计的固定收益回购、结构化股权交易互换等六大类交易创新品种已上报证监会。此外，湖北省还发展了其他多种形式的资本要素市场，比如金融资产交易所、农村综合产权交易所等。武汉市农村综合产权交易所共组织完成农村产权交易 1 669 宗，涉及农村土地面积98.16 万亩，惠及了 16 万农户。

第二，建立多层次的"门当户对"的商业融资体系，形成多元竞争的银行市场主体，在利率市场化、特别是贷款利率市场化过程中重视从供给端发力。有专家认为我国应构建"十百千万"四个层次的商业融资体系，即国家层面十家大型金融机构，地市级层面数百家中心金融机构，区县层面数千家金融机构，然后在街道、社区、乡镇上万家的微型金融机构。解决小微企业融资难题，关键在于突破我国金融体系的最大"短板"，大力发展与小微企业相匹配的民间金融、草根金融和普惠金融。要在明确民间金融市场定位的基础上，鼓励更多的民间资本进入金融领域，引导民间资本发展社区银行，立足于服务小微企业。近年来，湖北省金融改革不断深化，金融组织体系不断完善。从现有金融机构的规模数量来看，湖北省现有城市商业银行2 家，外资银行8 家，农村合作金融机构77 家，村镇银行和贷款公司41 家，小额贷款公司345 家。对于促进民间资本进入银行业，湖北省也做了许多积极的尝试，目前民间资本在全省辖区内城市商业银行、农村商业银行及村镇银行的占比分别达到49%、92%和73%。省内金融机构从自身实际和本地特点出发，在金融服务模式及产品创新等方面也做了许多积极有益的尝试。据调研，湖北银行在探索银行与社区共建模式、提供属地化服务方面取得了一系列进展，并计划在武汉城区开设更多的支行；汉口银行则将科技金融创新和民生金融创新作为差异化、特色的发展路径，针对科技型企业提供专门的科技支行——光谷支行，并成立小微企业金融服务中心和小微企业金融服务专业支行，紧抓市场细分，以专业化社区服务赢得发展。

第三，完善多层次的天使投资、风险投资、私募股权投资体系，大力发展直接股权投资，让更多的"闲钱"和"游资"进入实体经济。天使投资、风险投资、私募股权投资等股权投资具有要素集成功能、筛选发现功能、企业培育功能、风险分散功能、资金放大功能，能够在企业成长的不同阶段支持企业的创业和创新，对于解决小微企业的融资难题作用显著。湖北省最大的优势是科教资源的优势，要使潜在的科教优势转化成现实生产力，需要发展多层次的股权投资体系，实现科教优势与金融资源的对接。近年来，武汉市股权投资机构增长迅速，2013 年新增 66 家，总数已达到 221 家。未来要通过完善创业投资产业链体系，让更多的"闲钱"和"游资"进入实体经济支持企业创业创新。首先，要完善天使投资信息平台，规范政策法规体系，通过培育区域创新文化、发挥政府资金的杠杆作用等方式壮大天使投资家队伍，促进天使投资发展。其次，要通过减免税费、建立风险投资引导基金、跟进投资等方式，培育、优化股权投资参与主体结构，引导风险投资改变重晚轻早、急功近利的行为，更多关注早期创新型企业的发展，进而改变股权投资的短期逐利性，营造长期投资的氛围。拓宽风险投资基金的来源，让保险资金、银行资金、社会资本都可以参与风险投资基金的设立，使其拥有一个新的资金汇聚渠道。最后，丰富股权投资的多元化退出方式，通过对接新三板和区域性股权交易市场、培育并购市场的发展，构建资本的多重退出机制，让早期投资能够有充分的退出渠道。

第四，构建多层次的金融担保体系，推进政府金融公共服务。加快推进中小企业信用担保制度和包括政策性信用担保、商业性信用担保和互助型担保"三位一体"的多层次信用担保体系建设，特别是加强对小微企业的融资担保。逐步放大担保倍率，增强中小企业信用担保服务功能，发挥信用信息服务在中小企业融资中的作用。不断完善信用担保行业的法制环境，明确加强行业监管，培育和扶持信用担保公司发展，提高其规范运作能力和风险管理水平，建立中小企业金融服务风险分担和补偿机制。2012 年湖北省共有融资性担保公司 415 家，注册总资金 414 多亿元，全年担保总额达到 1 074 多亿元，年末在保余额 800 亿元，大大缓解了中小企业融资难的困境。要完善中小企业信用体系建设，加快中小企业在工商、国土、税务、质检等部门公共数据的整合和共享，完善信用信息征集机制，减少金融机构与中小企业之间的信息不对称。据不完全统计，湖北省已有 33 万户企业纳入征信数据库，为银行了解企业提供了重要的渠道，有效地缓解了金融机构与企业之间的信息不对称。要建立政府部门、金融机构和小微企业的信息沟通机制，积极推进政、银、企之间的合作，成立相应工作部门，负责筛选并通报有融资意愿和偿还能力，具备持续发展条件的小微企业名单，为银行提供便利条件；定期通报小微企业基本情况、政策支持情况和融资需求情况等，增强企业信息的透明度和共享性。担保体系要回归公益性，公益性担保体系要成为政府为当地小微企业征信的平台。通过降低国有及国有控股融资性担保机构的担保收费，发挥国有担保机构公益性和引导性作用，让利于企业，降低企业融资成本。

第五，完善多层次的财政扶持体系和政策金融体系，应对市场"无形之手"失灵的问题。面向小微企业群体的金融业务是一种"弱势金融"，这种金融往往具有高成本、高风险和低效益的"两高一低"的特点，单靠市场这只"无形之手"难以解决中小企业融资难问题。因此政府应当加大政策支持力度，利用"有形之手"为金融服务中小企业营造良好环境。小企业贷款对银行利润贡献低，处于"规模不经济"状态，更要通过利用税收优惠政策对金融企业行为予以激励。应在现有所得税、营业税、印花税等减免政策的基础上，进一步定向对金融机构服务于小微企业，尤其是创新型和创业型小微企业的相关业务给予优惠，建立小微企业、"三农"贷款风险补偿基金，减免其税收用于核销小企业贷款坏账，弥补贷款风险损失。落实"对商业银行开展中小企业信贷业务实行差异化的监管政策"，对向小微企业贷款达到一定比例的银行，人民银行要从下调准备金率、增加信贷规模等方面给予支持。要借鉴发达国家经验成立专门面向小微企业的政策性金融机构，推动现有三大政策性银行运营机制创新和业务模式创新，增进对小微企业的支持力度。世界上大多数国家都通过设立专业金融机构对中小企业提供信贷支持，如法国的中小企业设备贷款银行、加拿大的联邦企业发展银行、韩国的中小企业银行等都是政府设立的专门用于支持中小企业融资的金融机构。同时，要注重产业政策、财税政策、金融政策的联动机制，最大限度降低资产评估、抵押担保等中介收费水平，有效影响企业经营和投资预期。

辜胜阻最后强调，缓解小微企业融资贵、融资难，需要通过金融改革与创新重构我国的金融体系，使大中型金融机构和草根金融机构、正规金融和非正规金融、商业金融和政策性金融、直接金融和间接金融共生互补，形成多元化、多层次的金融生态系统。未来的金融改革要借鉴我国经济改革的经验，从供给端发力，先市场主体多元化，后利率市场化。因为在供给不充分的情况下，先行利率市场化将使银行处于强势地位，增强大型银行的定价能力，这对于面临融资贵的小微企业是不利的。只有在竞争主体多元化的环境下，推出利率市场化才不会导致融资贵，在主体多元化形成以后，才能保障有效的利率市场化。

资料来源：人民网，2014 - 02 - 20。

第十一章　我国科技创新与金融创新
结合的路径与对策建议

第一节　财政科技创新路径与政策建议

一、我国的财政支持科技创新政策分析

（一）我国财政支持科技创新政策综述

长期以来，我国一直高度重视增加财政科技投入推动科技进步对经济社会发展的重要作用。

1. 通过财政科技投入形式对科技创新的政策支持

从新中国成立到经济体制改革正式启动的这段时间里，我国的科技金融资源配置形式主要依靠行政系统安排的财政科技拨款。1982年，自我国科技攻关计划（第一个国家科技计划）实施以来，我国的财政科技拨款以国家自然科学基金、星火计划、火炬计划、863计划、科技型中小企业技术创新基金等财政专项资金的形式发放，有效解决了国民经济和社会发展中关系到国计民生的重大技术难题，并培养了大批科技人才。

1989年12月，江泽民在国家科学技术奖励大会上的讲话中强调"坚持把科学技术放在优先发展的战略地位，坚持依靠科技进步来提高经济效益和社会效益。"党的十四大报告第一次以党的文件的形式，把科技和教育优先发展的战略地位作为全党的共识确定下来。我国从1995年正式实施的"科教兴国"战略到1998年开始试行的国家科技创新体系政策期间，相继出台和实施了一系列科技计划的政策，有效加强了我国的科技服务平台建设。在《科技进步法》中明确规定，"国家逐步提高科学技术经费投入的总体水平；国家财政用于科学技术经费的增长幅度，应当高于国家财政经常性收入的增长幅

度"，以法定的形式确保财政科技投入的不断增长。在国务院发布的《关于实施〈国家中长期科学和技术发展规划纲要（2006—2020 年)〉若干配套政策的通知》（国发〔2006〕6 号）中，明确提出要"大幅度增加科技投入、确保财政科技投入的稳定增长、优化财政科技投入结构，发挥财政资金对激励企业自主创新的引导作用"。要求各级政府部门要把科技投入作为预算保障的重点，发挥地方财政促进科技创新的职能，出台相关政策对重点扶持的科技企业予以财政补贴，我国的直接财政科技投入在此期间一直保持增长的态势。

2. 政府采购政策对科技创新产品的购买支持

我国的政府采购制度首先于 1996 年在上海开展试点工作后，在 1998 年正式建立。从 1999 年开始，我国已基本形成通过政府采购制度支持科技创新的制度，将政府采购作为激励科技创新、推动高科技产业发展的主要政策工具之一。1999 年 8 月 20 日，中共中央、国务院《关于加强技术创新、发展高科技，实现产业化的决定》（中发〔1999〕14 号）中提出："实行政府采购政策，通过预算控制、招投标等形式，引导和鼓励政府部门、企事业单位择优购买国内高新技术及其设备和产品"，标志着政府采购正式成为我国激励科技创新的一项重要政策工具。同年 4 月 17 日，《政府采购管理暂行办法》正式印发。2003 年 1 月 1 日，《政府采购法》正式实施，标志着我国全面实施政府采购制度。2006 年，国务院发布的《关于实施〈国家中长期科学和技术发展规划纲要（2006—2020 年)〉若干配套政策的通知》（国发〔2006〕6 号）中明确提出："建立财政性资金采购自主创新产品制度"，对自主创新产品进行扶持。并对采购自主创新产品提出了明确的要求："在国家和地方政府投资的重点工程中，国产设备采购比例一般不得低于总价值的 60%"。"政府部门对于涉及国家安全的采购项目，应首先采购国内自主创新产品，采购合同应优先授予具有自主创新能力的企业或科研机构。"2009 年，《国务院关于进一步促进中小企业发展的若干意见》（国发〔2009〕36 号）中提出："完善政府采购支持中小企业的有关制度。制定政府采购扶持中小企业发展的具体办法，提高采购中小企业货物、工程和服务的比例。"在过去的十几年的时间里，我国政府相继出台和实施了一系列关于支持科技创新的政策法规，政府采购制度体系基本形成。我国政府对科技型中小企业的产品采购的规模也在不断扩大，并明确了我国政府采购的发展方向。

3. 财政科技对科技创新的税收减免

为了通过税收杠杆提高高新技术企业创新研发活力，1991年3月6日，国务院《关于批准国家高新技术产业开发区和有关政策规定的通知》（国发〔1991〕12号）对国家高新区内企业实行了包括所得税在内一系列税收优惠政策和规定，对开发区内企业"减按15%的税率征收所得税"。"开发区企业出口产品的产值达到当年总产值70%以上的，经税务机关核定，减按10%的税率征收所得税。"对于区内新办的企业，"从投产年度起，2年内免征所得税"等。1996年4月7日，财政部、国家税务总局发布的《关于促进企业技术进步有关财务税收问题的通知》（财工字〔1996〕41号）就企业技术开发、产学研合作联合开发、企业成果的产业化和商品化以及企业设备更新等方面的税收抵扣、税收优惠和财政科技进步的投入等政策作出了明确的规定。为了有针对性地对国家重点支持的高新技术产业发展进行扶持，2000年，财政部、国家税务总局、海关总署联合发布的《关于鼓励软件产业和集成电路产业发展有关税收政策问题的通知》（财税〔2000〕25号）就软件产业和集成电路产业实施的财税优惠政策做了明确规定。2003年，财政部、国家税务总局联合发布的《关于转制科研机构有关税收政策问题的通知》就享受转制科研院所税收优惠范围做了明确的规定。《科技进步法》中明确规定了关于科学研究、技术开发与科学技术应用领域和企业技术进步领域享受税收优惠的活动范围。《关于实施〈国家中长期科学和技术发展规划纲要（2006—2020年)〉若干配套政策的通知》中规定以税收优惠的形式间接投入加大对企业自主创新的支持，主要措施包括：在企业所得税方面，规定企业用于新技术的开发、新产品和新工艺的研发有关的费用，可在计算应纳税所得额时加计扣除，例如，在关于企业自主创新投入的税收激励方面，"允许企业按当年实际发生的技术开发费用的150%抵扣当年应纳税所得额"；在促进高新技术企业发展的税收激励方面，"国家高新技术产业开发区内新创办的高新技术企业经严格认定后，自获利年度起两年内免征所得税，两年后减按15%的税率征收企业所得税"；在进口研发设备环节方面规定，对于进口在国家规定范围内的用于科技开发用品以及科学研究和教学用品的免征进口环节税收。2008年4月14日，由科学技术部、财政部、国家税务总局联合出台《高新技术企业认定管理办法》，对已经确认的拥有核心自主知识产权的高新技术企业给予15%

的企业所得税优惠。

4. 财政科技对科技创新改革的支持

2002 年，《关于国家科研计划实施课题制管理规定》、《国家科研计划课题评估评审暂行办法》和《国家科研计划课题制度招投标管理暂行办法》等文件的颁布和出台，标志着国家财政对科技研发创新的支持方式转变为以招投的竞争方式为主。在财政科技资项目和金管理方面，针对我国财政科技投入科研项目安排分散重复、管理不够科学和资金使用效率不高等问题，2014年 3 月 3 日，国务院印发《关于改进加强中央财政科研项目和资金管理的若干意见》（国发〔2014〕11 号），从加强科研项目资金配置统筹协调、实行科研项目分类管理、加强科研项目和资金监管等方面作出全面部署。

（二）对当前我国财政支持科技创新政策的评价

我国政府历来重视财政对科技进步的重要推动作用，各种关于财政支持科技创新的政策支持力度也在不断加大，涵盖了财政对科技创新的直接投入、政府对创业风险投资和科技担保以及科技保险的支持、财政科技对科技创新的税收减免等方面，对我国科技创新体系的发展起到了重大的支持与推进作用。但随着经济形势的发展变化，传统的财政科技投入政策存在的一些问题也开始浮出水面，主要表现在以下几个方面：（1）从财政科技投入占财政总支出的比重看，比重明显偏低；（2）中央和地方间的财政科技投入比例不科学，各地区间的财政科技资源投入差距较大，尤其是地方财政科技投入受到地方经济发展水平的限制较为明显，结果导致地方间的科技投入水平和创新能力的差距也在不断扩大；（3）财政科技支出机构中存在轻基础重试验的不合理现象，用于发展试验部分的投入明显高于基础研究方面的投入；（4）财政科技支出的管理体制落后，我国长期以来一直实行的单一的财政投入方式所发挥的杠杆作用极为有限，不能引导多层次、多渠道的社会资金投入到科技研发领域。这些问题的存在既不利于我国财政科技投入效率的提高，又不利于发挥财政科技投入对科技创新的促进作用。

二、我国财政科技创新路径选择

（一）增加财政科技投入的总体规模与力度

目前我国各级政府财政拨款的直接投入在今后较长的时间里仍将是科技

创新的主要来源之一。从数量上来看，虽然我国的财政科技投入经费在逐年提高，但总量上仍显不足。从我国中央政府的科技投入占财政总支出比重的轨迹来看，1980—2011 年我国财政科技拨款占财政总支出的比重波动较大，而且总体呈下降之势，从我国财政科技支出的增长率来看，增速波动较大，虽然财政科技投入在总量上逐年提高，但财政科技支出在 GDP 的比重却变化不大而且处于很低的水平，和发达国家相比还有较大差距。因此，政府应通过法制化途径确立财政科技投入的合理水平并形成相应稳定的增长机制，并加强对政府财政科技经费使用过程中的监督和评价，提高经费的使用效率。

（二）合理配置各级政府财政科技的投入结构

目前我国财政科技资金的来源主要由中央财政科技投入和地方财政科技投入两部分构成。长期以来，中央财政科技投入的比重却不断下降，地方政府财政科技投入成为全国财政总支出的主要部分。我国财政科技投入的这种不合理的资金结构会对科技投入的总体规模以及在创新链上的资金布局产生直接的不利影响，进而影响了我国创新型国家战略的实施。

（三）改变财政科技投入的地区结构不均衡状况

从各地区的财政科技支出水平来看，我国财政科技投入在地区间也极不均衡。从经济发展水平来看，财政科技投入最多的地区属于全国经济发展水平最发达地区，经济落后地区的财政科技投入水平与发达地区的财政科技投入水平存在很大的差距。就目前我国政府科技投入的构成和比例来看，地方财政科技投入比重占有重要的地位，并决定地方科技发展水平和创新能力。这种地区间财政科技投入水平的巨大差距意味着各地区之间的科技发展水平和创新能力的分布将导致一种不均衡的局面。

（四）促进研发经费内部结构均衡，增加基础研究经费的比重

作为研发的三个重要组成部分，基础研究、应用研究和实验开发研究分属科技研究与开发的三个不同阶段。其中，基础研究属于新知识和创新的重要源泉，是科技创新和可持续发展的重要保证。鉴于基础研究的重要作用，世界上主要国家都很重视基础研究，增加对基础研究的投入。而我国的情况是：重视对应用研究和实验开发研究的经费投入，而基础研究的经费投入相对不足。中国的基础研究呈现出投入总量少、投入比例低的特点，而且近几年比例变化不大。

三、我国财政科技创新的对策建议

（一）通过法制化途径确保财政科技投入的稳定增长机制

稳定的财政科技投入增长机制是促进科技创新和科技进步的基础，为了确保各级政府（尤其是经济欠发达的地方政府）的财政科技投入稳定增长，采取建立科技投入的法律规范措施，从法律的层面明确财政科技支出的重要地位。2008年7月1日起实施的《科学技术进步法》虽然已对政府的科技经费投入的增长要求做了明确论述，但必要的配套政策法规以及实施细则处于缺位状态，因而对政府科技经费投入的要求也就无法得到全面落实。因此，应在现有法律法规的基础上，着手出台完善相应的补充法律及其实施细则，明确政府科技投入的标准化口径，从法律的角度保障各级政府财政科技投入的稳步增长机制。同时，还要确保决策的科学性，健全政府财政科技投入的责任考评机制和监督机制，并明确各级政府在科技投入方面的财权和事权，形成多渠道筹措资金和多种投入机制相互协调的机制，从根本上扭转我国科技投入不足的局面。

（二）优化财政科技投入结构，重视对基础研究的支持

基础研究作为技术创新的源泉，是一个国家或地区实际科技水平的真实反映，同时也反映该国或地区的科技和经济社会发展的潜力。由于基础研究具有明显的公共产品特征，私人和企业一般不愿意投资。因此，基础研究经费投入的来源应该主要是以政府投入为主，在国际上，欧盟、美国、日本、韩国等主要发达国家和地区政府历来非常重视对基础研究的投入，并且一直保持稳步增长。长期以来，我国对基础研究的经费投入不足，与发达国家相比，存在显著差距。从国家长远的科技发展战略考虑，政府在基础研究投入方面应承担更多的责任，在财政科技投入资金的分配上，基础研究的比例应加大，着力提升政府资金在基础研究领域的投入。

（三）完善财政科技投入体制，加快从创新到成果转化的形成机制

对一国而言，持续增加财政科技投入的模式仍然是促进科技进步和科技创新能力提高的重要手段，如何有效提高财政科技资金的使用效率也是一个非常重要的问题。从理论上讲，政府科技投入完全脱离企业的市场化目标，会造成科研成果与产业化脱节，导致科研成果不能有效转化为生产力。因此，

充分发挥政府在投入模式方面不断优化调整的作用就十分必要。目前，我国财政科技科研经费的资助形式主要是以课题资助的形式资助高校以及相关政府科研机构，企业获得政府的财政科技科研经费资助少，财政科技资源没有得到合理调配，不利于促进成果的有效转化。因此，政府应加大对合作性科技研发的支持，促进基础研究、应用研究与实验开发研究以及生产制造环节的相互衔接，通过对科研、教育与生产结合的研发中心建设的资助，克服研发和生产体系的分割，有效实现科研项目与应用实体的有效衔接，实现科研成果的商业化推广，使政府的资金支持有效促进科研成果转化。与此同时，应完善财政科技投入绩效考评机制，结合财政科技投入方式的多样性和高效性带动科技成果商业化转移与产业化发展，促进科技成果有效转化。

（四）明确财政科技投入的重点领域

鉴于财政科技经费投入的相对有限性，任何国家在科技不断向纵深和广度发展的情况下，不可能对所有的科技领域进行人力或物力方面的巨大投入。因此，在经费投入方面，应结合我国的实际情况，瞄准尖端科技前沿，择优对增强我国国际竞争力或尖端基础研究领域进行重点支持。我国应选择适合我国国情、对国家竞争力具有战略意义的尖端或基础研究进行重点支持。

（五）创新政府财政科技投入对科技创新的支持方式

应该转变传统的无偿支持科技创新的财政投入方式，提高财政支持科技创新的效率，具体可通过以下措施：（1）重视发挥财税优惠政策对科技创新的扶持作用。政府应通过制定财税优惠政策发挥对科技型中小企业发展的引导作用，尤其要注重在关键核心技术技术创新方面给予中小科技企业尽可能大的投入，改变中小科技企业成长过程中的融资难现状。（2）同时可以通过对银行等相关贷款机构实施科技贷款增长奖励制度，引导贷款资金对科技型中小企业的支持。针对银行等金融机构对科技型中小企业贷款过程中出现的各种风险，政府可以通过设立科技贷款风险补偿专项资金，对银行在支持科技成果产业化过程中出现的各种贷款损失进行有效补偿，形成政府、贷款银行和科技企业三者共担风险的机制。同时，政府尤其要注重引导政策性银行灵活放松和调整贷款条件，对具有发展潜力的科技型中小企业进行扶持。（3）不断完善高新技术园区建设的法律法规，重视发挥财税优惠政策对高新区和科技园区建设的引导和扶持作用。

（六）建立和完善财政科技投入绩效评价体系

为了提高财政科技资源的使用效率，有必要建立和完善针对财政科技投入科研项目使用效率的评价指标体系，包括财政科技资源对科研项目投入资助的结果评价、内部管理评价和资金使用过程评价等内容。因此，财政科技投入绩效作为近年来世界各国财政科技投入改革的一个重要方向。美国作为世界上最早进行财政科技投入评估的国家之一，其经验表明，针对研发项目建立科学规范的绩效评价体制有利于明确财政重点投入领域，有助于提高政府财政科技投入的使用效率。《国家中长期科学和技术发展规划纲要（2006—2020年）》中明确提出，"逐步建立财政科技经费的预算绩效评价体系，建立健全相应的评估和监督管理机制"。鉴于当前我国财政科技投入绩效评价起步比较晚，有必要借鉴国际经验，结合自身实际，建立和不断完善财政科技投入各个过程和各个环节考评机制，使我国财政科技资源使用带来的社会效益最大化，提高创新能力，助推我国经济良性循环发展。

第二节　我国科技贷款创新的政策建议

一、我国科技贷款的政策分析

（一）科技贷款政策综述

1. 科技贷款政策在地方的有益探索

我国的科技贷款制度是在我国科技体制改革和金融体制改革的大环境下产生并成长起来。为了改变长期以来我国科研经费绝大多数依赖财政拨款，造成我国科技体制缺乏活力的问题，随着1978年中国开始的金融体制改革，为了响应邓小平1979年10月提出的"要把银行作为发展经济、革新技术的杠杆，要把银行办成真正的银行"号召，全国各地和主要金融机构积极响应，开展了科技贷款的有益探索。

我国早期的科技贷款首先在地方进行有益的探索和实践，然后在全国范围内推广执行。浙江省是中国最早开展科技贷款业务的地区。早在1980年7月，随着《浙江省有偿科研经费管理办法》的出台，首次将银行信贷机制与科研经费的发放相结合。具体做法是：浙江省政府部门分别从省科技三项费用中和地方财政机动费中划出一定的经费作为有偿科研基金，并将这部分有偿科研经费存入中国建设银行浙江省分行，委托建设银行负责科技贷款的发放、监督和回收。银行不负责具体的贷款审批，通过银行的科技贷款，引导银行信贷资金流向一些经济效益高、见效快的项目，扶持了这些项目的快速成长，取得了较好的经济社会效果。1983 年初，湖南省湘潭市也开展了类似科技贷款的探索，其主要标志是《关于银行贷款支持科技发展的试行办法》的颁布。通过银行科技贷款的发放，用来支持应用科技成果和新产品的开发和推广。具体做法是：银行负责贷款资金的筹措、发放、监督使用和回收，贷款审批职能由科学技术委员会负责。贷款期限一般为一年至二年，最多不超过三年。具体的还款方式主要根据借款企业的经济实力、贷款项目经济效益和社会效益分为：（1）企业负责偿还贷款本息；（2）科学技术委员会承担付息，企业负责还本；（3）企业负责偿还本并付一部分利息，另一部分利息由科学技术委员会负责支付；（4）科学技术委员会负责偿还一部分本金并支付全部利息，贷款企业只负责偿还一部分贷款本金。同年，湖北省襄樊等地区也相继开展了类似的科技贷款探索。

2. 全国科技贷款政策的建立和发展完善

（1）科技贷款制度的初步建立和完成

1985 年 10 月 7 日，第一个关于科技贷款的中央文件《中国人民银行、国务院科技领导小组办公室关于积极开展科技信贷的联合通知》要求各银行等金融机构在信贷计划范围内调剂一部分贷款，支持科技事业发展，推动企业技术进步。1989 年 6 月 7 日，由国家科学技术委员会发布的《军工技术转民用科技开发贷款项目管理办法（试行）》（〔1989〕国科发成字 301 号）对军工技术转民用科技开发贷款的贷款条件和对象、贷款的适用范围、贷款程序和贷款项目管理等做了明确规定。1990 年中国人民银行在国家综合信贷计划中正式设立了科技贷款项目，1991 年 8 月 2 日，由国家科学技术委员会和中国银行发布的《关于办理科技开发贷款的若干规定（试行）》规定：科技贷款项目"经总行、国家科学技术委员会协调，初步确定科技开发贷款项目，由中国银行下达专项信贷计划"。1994 年国家科学技术委员会《关于印发〈国家级火炬计划项目管理办法〉的通知》（国科发计字〔1994〕231 号）规定："国家级火炬计划项目的资金实行国家、地方和项目承担单位相匹配的原则，同时积极吸引社会及国外资金。其中，国家匹配的资金主要来自银行和有关金融机构的贷款"，这标志着国家关于科技贷款制度逐步完善和形成。

（2）鼓励银行金融机构建立专营机构，形成支持科技型中小企业的长效机制

1991年12月1日，由国家科学技术委员会发布的《中华人民共和国科学技术发展十年规划和"八五"计划纲要（1991—2000）》做了"调整信贷结构，大幅度增加科技贷款规模，切实解决科技成果转化为实际生产力的资金问题"的规定，强调要继续增强科技贷款在推动高技术产业的形成和发展方面的重要作用。

1998年6月20日，《中国人民银行关于进一步改善对中小企业金融服务的意见》（银发〔1998〕278号）要求"各商业银行都要成立为中小企业服务的信贷职能部门，健全为中小企业服务的金融组织机构体系，配备必要的人员，完善对中小企业的金融服务功能"。"各商业银行和信用社应重点支持那些产品有市场、有效益、有信誉，能增加就业和能还本付息的中小企业；扶持科技含量高、产品附加值高和市场潜力大的中小企业发展；鼓励中小企业技术创新"。

2005年4月28日，国家开发银行、科学技术部发布的《关于推动科技型中小企业融资工作有关问题的通知》（开行发〔2005〕117号）就各地方政府与国家开发银行各地分行关于对"科技型中小企业贷款的投融资机制，防范和控制信贷风险，加大贷款支持力度"等有关事项做了规定，规范了银行信贷对科技型中小企业的融资服务，进一步有效促进了科技和金融的有效结合。为了更好实施《国家中长期科学和技术发展规划纲要（2006—2020年）》，国务院《关于实施〈国家中长期科学和技术发展规划纲要（2006—2020年）〉若干配套政策的通知》（国发〔2006〕6号）强调银行系统要重视对自主创新的支持。在政策性银行的支持方面：国家开发银行要在国务院批准的软规模贷款内"向高新技术企业发放软贷款，用于项目的参股投资"，中国进出口银行要在政策允许范围内"对高新技术企业发展所需的核心技术和关键设备的进出口，提供融资支持"，中国农业发展银行要对"农业科技成果转化和产业化实施倾斜支持政策"；在商业银行贷款方面，强调商业银行"对国家和省级立项的高新技术项目，应根据国家投资政策及信贷政策规定，积极给予信贷

支持","对有效益、有还贷能力的自主创新产品出口所需的流动资金贷款要根据信贷原则优先安排、重点支持"。总之，在国家有关科技与金融结合的政策引导下，各金融机构开始通过不同贷款渠道支持我国新技术企业的发展，促进国家自主创新战略的全面有效实施。

2008年12月1日，银监会《关于银行建立小企业金融服务专营机构的指导意见》（银监发〔2008〕82号）出台，就各银行设立小企业金融服务专营机构提出了一系列指导意见。2008年12月8日，《国务院办公厅关于当前金融促进经济发展的若干意见》（国办发〔2008〕126号）强调通过"货币政策、信贷政策和产业政策"支持和促进高新技术企业发展。为了克服金融危机对中小企业经营的不利影响，2009年9月19日，国务院《关于进一步促进中小企业发展的若干意见》（国发〔2009〕36号）强调"国有商业银行和股份制银行都要建立小企业金融服务专营机构，完善中小企业授信业务制度，逐步提高中小企业中长期贷款的规模和比重"。为了进一步缓解科技型中小企业的融资难题，2009年5月5日，银监会、科学技术部联合发布《关于进一步加大对科技型中小企业信贷支持的指导意见》（银监发〔2009〕37号）鼓励银行业金融机构加强科技与金融的结合，进一步加大对科技型中小企业的融资支持力度，建立银行支持科技型中小企业的长效机制。2011年5月25日，银监会《关于支持商业银行进一步改进小企业金融服务的通知》（银监发〔2011〕59号）督促各商业银行建立小企业专营机构，鼓励各商业银行新设专门为小企业融资服务的专业分支机构。此外，银监会还在同年相继出台了一系列拓宽小企业融资渠道的政策文件。2011年，银监会引导银行业金融机构将信贷资源用于实体经济发展，鼓励银行金融机构重点支持战略性新兴产业、科技创新及现代服务业的信贷支持，推动传统产业改造升级。为推进金融机构对微小企业的金融服务，2011年，银监会结合新出台的《中小企业划型标准规定》（工信部联企业〔2011〕300号），将金融服务的重点支持对象进一步确定为小型和微型企业，要求广大银行业金融机构从商业银行可持续原则出发，优先支持符合国家产业和环保政策等小微型企业的融资需求。

（3）对银行开展中小企业信贷支持的财税金融优惠政策

2009年1月1日，工业和信息化部《关于做好缓解当前生产经营困难保持中小企业平稳较快发展有关工作的通知》（工信部企业〔2009〕1 号）要求主动与财政、银行等部门沟通协调，加大财政资金对企业贷款贴息和担保机构补助支持力度，通过减免营业税政策完善风险分担与补偿机制，推进中小企业信贷担保机构使中小企业融资难题得到有效解决。《中小企业促进法》规定，国家运用税收政策鼓励各类依法设立的风险投资机构增加对中小企业的投资。2012 年 4 月 19 日，《国务院关于进一步支持小型微型企业健康发展的意见》（国发〔2012〕14 号）要求银行金融机构对小型微型企业贷款，对达到贷款平均增速和贷款增量要求的小金融机构执行较低存款准备金率。商业银行对创新型和微型企业贷款支持的利率在合法、合规和风险可控的前提下自主确定贷款利率。

（4）对开展中小企业信贷的商业银行实行差异化监管政策

《国务院关于进一步促进中小企业发展的若干意见》（国发〔2009〕36 号）指出，对中小企业开展信贷业务的商业银行实行差异化监管政策。《关于支持商业银行进一步改进小企业金融服务的通知》和《关于支持商业银行进一步改进小型微型企业金融服务的补充通知》，要求商业银行将单户授信总额 500 万元（含）以下的小微型企业作为授信重点，并提出优先审批小微型企业金融服务机构准入事项等一系列差异化监管和激励政策。

（5）科技贷款制度的地方支持

北京市科委通过设立专项资金奖励和风险补偿方式鼓励银行贷款支持科技型中小企业，促进科技成果转化和产业化。2012 年北京市有 24 家银行获得奖励和风险补偿，发放科技信贷总量达 274 亿元，支持企业 500 多家①。

（6）科技企业贷的保险支持

2014 年 1 月 15 日，中国人民银行、科技部和银监会等六部门联合发布的《关于大力推进体制机制创新　扎实做好科技金融服务的意见》中强调，"推广中小科技企业贷款保证保险、贷款担保责任保险、出口信用保险等新型保险产品，为科技企业提供贷款保障"。中小企业科技贷款保险政策的推行，使符合条件的科技贷款投保人在获得保险机构的支持后，在没有担保和抵押的

---

① 促进科技和金融结合试点工作部际协调指导小组秘书处. 中国科技金融发展报告（2012）[M]. 北京：经济管理出版社，2013：27.

情况下也能够从银行获得规定数额的银行贷款，有效地缓解了科技企业对资金的燃眉之急。

（二）对当前我国科技贷款政策的评价

从目前的情况来看，随着国家对中小企业发展的不断重视，国家制定包括科技型中小企业在内的信贷政策在不断发展和完善之中。但是，国家政府层面制定的专门针对科技型中小企业信贷政策文件不多。因此，在实际过程中，我国的科技贷款政策的实际效果没有得到有效发挥，导致科技型中小企业贷款难的问题没有得到有效解决。根据智研咨询网提供的数据显示，由于银行对小企业自身担保能力和财务状况要求苛刻，导致小企业难以获得银行贷款。"以北京市为例，截至 2009 年末，小型企业贷款余额占比为 6.26%，其中单户授信小于 500 万元的小企业贷款余额占比仅为 0.52"①。

二、我国科技贷款创新的路径选择

科技型中小企业贷款难是我国科技贷款的最大难题，原因有多个方面，既有中小企业的自身问题，又有银行体系的问题；既有金融体制的问题，又有金融生态环境的问题。只有从这些方面着手解决存在的问题，才能有效促进我国的科技贷款创新。

（一）中小企业自身方面，要不断完善自身的管理水平

科技型中小企业是高新技术企业具有高新技术企业的特点，但由于是中小企业，与一般的工商企业相比，大部分科技型中小企业规模小、房产少、设备少、可抵押资产不足，无形资产占比高，技术风险和市场风险较大，抵抗风险能力弱，信用等级低；企业管理不规范，组织结构简单，财务体系不健全，加上科技型中小企业自身存在信息不对称导致的逆向选择和道德风险，在发展过程中风险比较大，由于自身的局限性比较容易遇到紧急的资金困难，尤其是处于种子期的科技型中小企业由于投入大、成活率低，贷款更是困难。处于成长初期的科技型中小企业很容易因为贷款难问题导致自身的夭折。在科技型中小企业的成长阶段，由于技术和市场不成熟，加上多数科技贷款银

---

① 智研咨询. 2013 年中国中小企业融资难的表现形式［EB/OL］. http://www.ibaogao.com/free/061Q200142013.html，2013 - 06 - 18.

行没有专门针对科技型企业的风险评估系统，缺乏科技型企业的风险评估标准，造成了科技型企业在融资时处于不利的地位。因此，科技型中小企业要从以下几方面解决自身的问题：首先，要加强自身的公司管理，提高内部管理水平，推动现代企业制度建立。其次，要完善自身的财务管理制度，通过规范运作和填报真实数据增加财政信息的透明度，从而提升自身的资信状况，树立良好的企业形象。

（二）银行方面，要在各大银行中设立专门针对科技型中小企业的专营机构，同时还要发展面向科技型中小企业的各种类型金融机构

当前，由于金融体制的原因，处于主导地位的国有大型商业银行主要为国有大中型企业提供贷款融资服务。随着经济社会的不断发展，多元化经济结构的信贷需求与相对单一金融结构信贷供给不对称的矛盾日益凸显，尤其表现为广大民营性质的科技型中小企业的融资需求矛盾凸显。因此，一方面，要在主要银行金融机构中设立科技型中小企业贷款的专营机构，增加对科技型中小企业的贷款，以支持科技型企业的发展。同时，科技贷款银行还应建立起适应科技型中小企业贷款需要的信贷服务体系和信贷管理规章制度。加强对知识产权及股权质押贷款等新型融资信贷产品抵（质）押方式的研发和推广。另一方面，大力发展为具有较高风险的科技型中小企业提供融资服务的政策性中小金融机构（如科技银行）和商业性中小金融机构（如科技贷款公司等）。通过走为科技型中小企业提供贷款的专门化发展道路，可以有效降低科技贷款市场上的信息不对称程度，提高针对科技型中小企业贷款的风险控制能力。大力发展中小金融机构是解决科技型中小企业融资困难的重要途径。

（三）要建设适合针对科技型中小企业的金融体制和金融生态环境

在当前我国现有的金融体制下，主要银行倾向于向国有性质企业提供贷款融资服务。在中小型金融机构发展相对滞后的情况下，广大民营性质的中小企业尤其是科技型中小企业向银行贷款必然处于不利地位。再者，现有金融体制下的法律规章制度可能会对针对科技型中小企业的金融机构的正常运营和发展产生诸多制约。虽然近几年来，城市商业银行、村镇银行、小额贷款公司等中小金融机构发展较为迅速，但是与发达国家相比，其数量仍然偏少，导致科技贷款存在较大的缺口。

在金融生态环境方面，金融生态系统是一个包括经济环境、信用环境、法治环境、市场环境、制度环境以及金融体系内部的金融市场、金融机构、金融工具、金融产品等外部环境与内部组织之间形成的一个彼此关联、相互作用的生态环境体系。当前，我国金融生态环境面临着社会诚信环境不健全、金融信用的基础设施和制度不完善、区域和产业间金融资源布局不合理等问题，导致服务于科技型中小企业的信用担保机构、资金及业务量等无论是数量方面还是规模等方面，都难以满足众多科技型中小企业的融资需求。因此，优化我国的金融生态环境也是满足科技型中小企业融资需求的主要途径。

三、我国科技贷款创新的对策建议

综合以上关于我国科技贷款现状及科技型中小企业融资难的原因，特提出以下对策建议。

（一）科技型中小企业应通过提升自身整体素质为科技贷款创造条件

当前，要改变科技型中小企业贷款难的问题，关键要从企业自身出发。科技型中小企业只有自身的整体素质、信用度和市场认可度得到了银行等贷款金融机构的认可，才能为自身获取银行贷款创造有利条件。因此，科技型中小企业应从以下几个方面做好自身的提升工作：首先，在组织制度和绩效提高方面，企业应通过建立现代企业制度，使管理水平和经营绩效水平不断提高；其次，科技型中小企业内部管理提升方面，规范科技型中小企业的内部管理运作，不断完善财务管理制度，促进财务信息透明度不断增加，通过树立企业良好的信用形象实现自身资信状况的提高。

（二）加快建设有利于科技型中小企业多元化融资的现代金融体系

贷款是科技型中小企业融资的重要途径，因此，要建立起科技型中小企业融资服务的多元化、多层次的金融组织体系，完善金融机构支持科技型中小企业多元化融资服务的长效机制，不断提高金融体系对科技型中小企业的贷款规模和比重。第一，要在银行体系（包括国有商业银行和政策性银行、股份制银行、城市商业银行等）设立支持科技型中小企业贷款的长效机制，优化银行体系信贷资金结构，把更多的银行信贷资源投向有良好市场前景、诚信经营的科技型中小企业。尤其要强化城市商业银行等地方性金融机构服务本地经济发展的责任，重点为地方科技型中小企业的融资服务，进一步提高其对科技型中小企业的融资服务水平。第二，加快发展面向科技型中小企业的中小金融机构，为科技型中小企业提供融资服务。在加强风险防范和监管的前提下，支持和鼓励外资、国际组织资本和民间资本设立科技银行等专门为科技型中小企业服务的金融机构，并引导这些金融机构科学合理布局，强化其服务科技型中小企业的市场定位，鼓励其不断创新金融产品和服务方式，优化和提高服务效率。第三，加强政府对科技贷款的各种政策支持力度。科技贷款的发展必须要与强有力的政策支持相结合，政府可以考虑从以下几个方面加大对科技贷款的支持：（1）推动对科技型中小企业的信贷管理制度的不断完善和创新，不断提高对科技型中小企业的贷款规模和贷款比重。（2）通过再贷款、再贴现以及存款准备金和利率浮动等金融优惠政策鼓励商业银行和其他金融机构积极调整信贷结构，提高对科技型中小企业的信贷投放能力。（3）政府通过以风险补偿、政策性科技担保、财政补贴等方式将财政嵌入银行等金融机构，增强银行等金融机构科技贷款的可持续性。（4）对开展科技贷款的银行和其他金融机构的信贷业务实行差异化监管政策。

（三）注重专业人才的培养与激励制度的建立和完善

科技贷款是一个涉及到多领域、多行业的贷款业务，对专业的要求门槛比普通贷款高。为了有效降低科技贷款的风险，需要具备对科技贷款项目进行评估、筛选并能对风险进行有效控制的，既懂专业又懂金融知识的复合型人才。目前我国各主要银行金融机构从事科技贷款业务的工作人员显然不具备这样的要求，因此，人才是制约我国科技贷款发展的关键因素。而培养专业人才是最有效的解决方法，应通过与高校或专门培训机构合作，有针对性地通过多种途径培养多层次的科技贷款人才，解决人才短缺问题。其次，要建立合理的激励机制，防止人才外流。

（四）加强金融生态环境建设

金融生态建设是涉及政府、企业、银行、工商、税务、保险、司法等部门之间有效沟通和协调的问题。

首先，要通过法律和行政等手段解决科技型中小企业融资过程的信息不对称问题，推进科技型中小企业诚信体系建设，优化社会信用环境，有效控制科技贷款的信用风险。

其次，建立健全科技型中小企业信用担保体系。当前，针对我国科技型中小企业的信用担保机构发展缓慢，担保机构的资金主要由政府出资，导致担保资金来源单一、担保实力薄弱，不能很好地满足科技型中小企业的实际贷款需求。另一方面，在实际的担保操作过程中，存在担保手续繁杂、耗时费力等问题，担保机构的运作效率有待提高。在国家的宏观政策方面，存在担保行业立法落后、监管缺位、担保风险分散和后续补偿机制缺位等问题，再担保和第三方担保机构尚未形成等问题的存在，使担保机构不能有效为科技型中小企业融资活动提供抵御风险的能力。因此，在微观方面，应通过鼓励大企业、大公司参股，增加担保公司资金的来源、壮大担保公司实力，提高担保公司支持科技型中小企业融资的能力。在宏观方面，通过完善担保机构，完善担保法规建设，加强担保监管，完善担保风险分散和后续补偿机制等方面来加强金融生态环境建设，为科技型中小企业融资服务的担保体系建设和完善提供政策和法律保障。

第三节　我国科技担保创新的政策建议

一、我国科技担保的政策分析

（一）我国科技担保政策综述

1. 积极出台政策支持和鼓励科技担保体系的建立和完善

我国的科技型中小企业担保实践起源于 1992 年，为了解决当时普遍存在的中小企业贷款难问题，首先在上海和重庆等地区开始探索组建中小企业互助性担保机构。1993 年 3 月，由财政部和国家经济贸易委员会联合组建中国唯一一家国有专门从事信用担保业务的全国性非银行金融机构——中国经济技术投资担保公司。次年，一些地方政府组建的担保机构和商业性担保公司相继建立。

2000 年 8 月 24 日，国务院发布的《关于鼓励和促进中小企业发展的若干政策意见》规定："各级政府要根据财力情况，安排一定的资金投入，重点用于中小企业的信用担保和创业资助、科技成果产业化、技术改造项目贴息等，支持中小企业发展。""各级政府和有关部门要加快建立以中小企业特别是科技型中小企业为主要服务对象的中央、省、地（市）信用担保体系，为中小企业融资创造条件。建立和完善担保机构的准入制度、资金资助制度、信用评估和风险控制制度、行业协调与自律制度。"

2005年2月19日,《国务院关于鼓励支持和引导个体私营等非公有制经济发展的若干意见》(国发〔2005〕3号)"支持非公有制经济设立商业性或互助性信用担保机构。鼓励有条件的地区建立中小企业信用担保基金和区域性信用再担保机构。建立和完善信用担保的行业准入、风险控制和补偿机制,加强对信用担保机构的监管。建立健全担保业自律性组织。"

2006年12月26日,《中国人民银行关于中小企业信用担保体系建设相关金融服务工作的指导意见》(银发〔2006〕451号),要求"推进中小企业担保机构与金融机构的互补合作,为中小企业发展创造良好的融资环境"。

2009年1月,为了克服广大中小企业由于国际金融危机影响而导致的融资难题,工业和信息化部《关于支持引导中小企业信用担保机构加大服务力度缓解中小企业生产经营困难的通知》(工信部企业〔2008〕345号),要求"引导中小企业担保机构在推进中小企业结构调整、产业升级、转变发展方式方面发挥促进作用。注重支持市场开拓功能强、有自主品牌、有专利技术的创新型企业以及产品质量好、节能环保的中小企业的贷款担保需求,优先为有产品、有市场、有信用、符合产业政策的中小企业提供便捷快速贷款担保服务"。

为了推动建立银行业支持科技型中小企业的长效机制,2009年5月5日,《关于进一步加大对科技型中小企业信贷支持的指导意见》(银监发〔2009〕37号),要求"推动建立科技型中小企业贷款风险多方分担机制","逐步建立和完善科技型企业融资担保体系",为科技型中小企业信贷营造良好的环境。

2011年,按照国务院的部署和要求,融资担保业务监管部际联席会议以促进规范和发展、防范化解风险为主线,加快完善制度建设,推动各省(直辖市、自治区)人民政府及融资担保性担保机构监管部门完成融资担保行业规范整顿工作。

2012年6月,科技部等六部门联合发布的《国家文化科技创新工程纲要》规定:"鼓励民间创业投资机构、科技担保机构搭建文化科技投融资服务平台,为文化科技企业提供创业投资、贷款担保和银行融资服务。"

2014 年 1 月，中国人民银行、科技部、银监会、证监会、保监会和知识产权局联合发布《关于大力推进体制机制创新 扎实做好科技金融服务的意见》（银发〔2014〕9 号）规定："建立健全政府资金引导、社会资本参与、市场化运作的科技担保、再担保体系。支持融资性担保机构加大对科技企业的信用增进，提高融资性担保机构服务能力。鼓励科技企业成立联保互助组织，通过建立科技担保互助基金，为协会成员提供融资担保支持。支持融资性担保机构加强信息披露与共享，开展同业合作，集成科技企业资源，进一步增强融资担保能力。"

2. 出台法律规章制度规范科技担保行业

1994 年 8 月 9 日，中国人民银行颁布了《金融机构管理规定》（银发〔1994〕198 号），正式明确了信用担保机构的法律地位，规定了其成立的原则和条件、金融机构审批的权限和程序、资本金或营运资金管理以及其他具体规定。

1995 年 10 月 1 日起开始实施的《担保法》为担保机构的存在和运作提供相应的法律规定。

1999 年 6 月 14 日，国家经济贸易委员会印发《关于建立中小企业信用担保体系试点的指导意见》的通知（国经贸中小企业〔1999〕540 号）对中小企业信用担保体系的性质、组成、资金来源、信用担保的形式、担保对象、担保种类，中小企业信用担保机构的职能、资金管理、风险控制和责任分担，以及内外部监管和中小企业申请信用担保的程序等方面都做了明确的规定。

为了进一步解决担保机构运作不规范、资金和业务等管理不科学以及风险识别能力不强等问题，2010 年 3 月 8 日，中国银监会、国家发改委等七部门下发了《融资性担保公司管理暂行办法》，就融资担保机构的业务范围、经营规则和风险控制、监督管理和法律责任等方面做了规定，进一步规范了融资担保机构。

为了规范和加强规范和加强对中小企业融资担保机构的管理，促进其积极稳妥地开展工作，2001 年，《中小企业融资担保机构风险管理暂行办法》（财金〔2001〕77 号）对中小企业融资担保机构的组织形式、业务范围、财务管理以及担保机构资信的定期评级制度等方面做了全面的规定。

2002 年 2 月 1 日起施行的《中华人民共和国外资金融机构管理条例》规

定："外资金融机构中的独资银行、外国银行分行、合资银行按照中国人民银行批准的业务范围，可以从事提供信用证服务及担保业务"。为外资金融机构从事担保业务提供法律依据。

为了规范和加强中小企业信用担保资金管理，提高资金使用效率，2010年4月13日，财政部、工业和信息化部制定了《中小企业信用担保资金管理暂行办法》，就中小企业信用担保机构资金设立的支持方式和额度、申请条件及程序、资金申请、审核及拨付、监督检查等方面都做了详细的规定。

3. 对科技担保行业发展的财税优惠政策支持

鉴于我国中小企业信用担保体系存在担保机构总体规模较小、实力较弱，抵御风险能力较弱和行业管理不完善等问题，2006年11月23日，发展改革委和财政部等五个部门出台了《关于加强中小企业信用担保体系建设意见的通知》，从风险补偿机制的建立健全、税收优惠政策的完善、担保机构与金融机构互利合作的推进以及对担保机构提供指导服务等方面为担保机构的持续健康发展营造良好的环境。

2009年3月19日，工业和信息化部、国家税务总局《关于中小企业信用担保机构免征营业税有关问题的通知》（工信部联企业〔2009〕114号）就信用担保机构免税条件、免税程序和免税期限等做了规定。

2009年9月19日，《国务院关于进一步促进中小企业发展的若干意见》（国发〔2009〕36号）就进一步完善中小企业信用担保体系提出了明确的要求，要求"各级财政要加大支持力度，综合运用资本注入、风险补偿和奖励补助等多种方式，提高担保机构对中小企业的融资担保能力"，"自2010年1月1日至2010年12月31日，对年应纳税所得额低于3万元（含3万元）的小型微利企业，其所得减按50%计入应纳税所得额，按20%的税率缴纳企业所得税"。

（二）对我国当前科技担保政策的评述

自国家经济贸易委员会于1999年6月出台的《关于建立中小企业信用担保体系试点的指导意见》（国经贸中小企业〔1999〕540号）颁布至今，我国已逐步建立起"一体两翼四层"的信用担保模式。在这种模式中，以政策性担保为主，以国家政策为导向，以商业性担保和互助性担保为两翼。属于政府间接支持既符合国家产业政策，又具有良好发展前景的中小企业发展的政策性扶持机构，政策性担保机构主要以政府出资为主建立国有控股或国有参股的科技担保公司，具有较强的公信力。属于不以营利为主要目的的非金融机构，是我国信用担保体系的基础。这种信用担保体系也存在一些问题，主要表现在以下方面。

第一，资金来源单一，担保资金相对不足，难以获得稳定的资金补助。尤其是在我国当前的财政体制下，会导致各地区间的信用担保体系发展不均衡。广大落后的西部地区，由于经济落后，缺乏财政资金支持，扶持地方中小企业信用担保的能力就越弱，越不利于地方摆脱经济落后的局面。

第二，我国当前贷款银行、企业和担保机构之间的合作模式不利于科技型中小企业获得信用担保。科技型中小企业通常具有较强的科技背景和专业技术背景，缺乏传统的土地、固定资产等可抵押资产。在缺乏相关专业知识，又没有土地、固定资产等传统可抵押资产的情况下，一般的担保公司仍然无法逾越科技壁垒，不可能真正为科技型中小企业提供担保解决融资难问题。

二、科技担保支持科技创新的路径选择

我国科技型中小融资担保体系目前正处于发展起步阶段，由于担保机构与被担保企业双方信息不对称，加之资金规模小、很多功能和服务尚无法完全提供，加上科技融资担保体系的风险，从而进一步限制了我国融资担保体系对科技创新的支持。因此，加强科技型中小企业融资担保体系的信息化技术管理平台建设，是促进我国科技担保体系创新发展的主要方向。

首先，当前我国科技型中小企业融资担保体系仍然处于成长阶段，有待于进一步完善，仍需要国家政府机构的全面扶持。政府应进一步通过政策优惠（如减税及资金补助等）不断完善对科技型中小企业融资担保机构的扶持发展方式，进而有效促进科技担保行业的创新发展，更好地支持科技型中小企业的创新活动。

其次，就科技担保机构行业自身而言，只有通过行业体系自身内部建设的不断完善，整个融资担保行业的不断发展壮大，并形成相应的规模经济，才能更好地创建符合科技型中小企业需要的融资担保平台。只有这样才能通过逐步完善我国科技型中小企业融资担保体系对科技创新的有效支持。

最后，就单个科技融资担保机构而言，加强自身的内部科学管理和运作，

对人力、物力、财力等资源有效配置，同时借助银行等金融机构在资金和技术上的有效支持，才能实现单个科技融资担保机构的发展壮大，并通过单个科技融资担保机构的发展壮大促进整个科技型中小企业融资担保体系功能和服务的不断发展和完善。

三、科技担保支持科技创新的对策建议

一是发展多元化担保机构，加强不同层次中小企业融资担保的合作与竞争。不同层次科技型中小企业融资担保体系在产品创新上存在很大差别，因此要发展多元化担保机构，通过各融资担保机构间的合作与竞争，促进科技融资担保产品的创新，使科技贷款银行能够更好地分享贷款科技型中小企业快速发展过程中带来的收益，从而调动各贷款银行主体对科技型中小企业贷款的积极性，解决科技型中小企业的资金难题。

二是创新融资风险分散机制。科技型中小企业的研发成果在转化过程中成功率不高，存在多种风险，而且风险很高。对于处于成长过程中的中小企业来说，由于实力弱、抗风险能力低，一旦风险发生，很可能使企业面临破产和倒闭。因此，需要科技担保机构不断通过创新融资风险分散机制来分担科技型企业产生的各种风险。例如，可以通过建立针对科技型企业价值量高的知识产权和专利权等无形资产的产权交易市场，促进科技型企业价值量高的无形资产流通来分散和化解针对科技型中小企业的融资担保风险。

三是完善担保机构资金进入机制。针对目前我国科技担保机构发展现状，一方面，应通过政府投入一定比例的财政资金作为资金补偿，维护科技担保机构的稳定运营。另一方面，应通过建立针对民间资本投资的管理和调控方面的各种优惠政策积极引导民间资本进入科技融资担保体系，拓宽我国科技融资担保体系的资金来源，不断壮大其实力和规模，充分实现多种有效分散风险的机制。

四是整合银行、工商、财政和税务等部门的力量，建立科技型中小企业信用档案库，并建立相应的融资信息平台及其信息发布机制，详细记录有关科技型中小企业运营、融资信用及贷款担保额度等方面的信息，有效解决科技担保信息不对称的问题，为担保机构向有发展潜力的科技型中小企业担保提供重要信息支持和参考。

第四节　我国科技保险创新的政策建议

一、我国科技保险政策分析

（一）我国科技保险的政策综述

1. 出台政策文件积极鼓励科技保险的快速发展

2006 年 6 月 26 日国务院颁布了《国务院关于保险业改革发展的若干意见》（国发〔2006〕23 号）提出："健全以保险企业为主体、以市场需求为导向、引进与自主创新相结合的保险创新机制。发展航空航天、生物医药等高科技保险，为自主创新提供风险保障。"提供符合科技型企业的科技创新活动的保险产品，为我国科技创新事业保驾护航，促进创新型国家战略。

《国务院关于进一步促进中小企业发展的若干意见》（国发〔2009〕36 号）规定："鼓励保险机构积极开发为中小企业服务的保险产品"，促进科技型中小企业的科技创新。

2006 年 12 月 28 日，中国保监会《关于加强和改善对高新技术企业保险服务有关问题的通知》（保监发〔2006〕129 号）强调从"大力推动科技保险创新发展，逐步建立高新技术企业创新产品研发、科技成果转让的保险保障机制"、"通过国家财政科技投入引导推动科技保险发展的新模式"、"加强在科技保险领域内的国际合作"以及"大力提升保险行业在实施自主创新战略"等方面加强和改善科技保险对高新技术企业科技创新活动的服务。

2007 年 5 月 10 日，科学技术部、中国出口信用保险公司发布《关于进一步发挥信用保险作用支持高新技术企业发展有关问题的通知》（国科发财字〔2007〕254 号），强调要充分发挥信用保险在"高新技术产品出口、高新技术企业'走出去'以及高新技术企业融资"等方面的支持作用。

2010 年 3 月 31 日保监会和科技部发布的《关于进一步做好科技保险有关工作的通知》（保监发〔2010〕31 号）强调应从科技保险产品的创新、出口信用保险功能的完善、保险中介机构服务质量的提高、科技保险有关支持政策的实施、创新科技风险分担机制以及探索保险资金支持科技发展新方式等方面做好科技保险支持自主创新工作。

为了进一步支持科技型中小企业增强创新能力，促进创新发展，《关于进一步促进科技型中小企业创新发展的若干意见》（国科发政〔2011〕178 号）提出，要"进一步深化科技保险试点，鼓励保险机构开发为科技型中小企业服务的保险产品"，促进科技型中小企业融资担保体系的不断完善。

2011 年 10 月 20 日，由科技部、财政部和中国人民银行等部门联合发布的《关于促进科技和金融结合加快实施自主创新战略的若干意见》（国科发财〔2011〕540 号）强调对"科技型中小企业自主创业、并购以及战略性新兴产业等方面提供保险支持，进一步拓宽科技保险服务领域"。

2012 年 2 月 10 日《中共科学技术部党组关于加快科技改革发展　增强自主创新能力　充分发挥科技支撑引领作用的意见》指出，通过"加大对企业创新发展的信贷支持，大力发展科技保险"对科技型企业通过资本市场进行直接融资提供大力的支持。

2013 年 1 月 28 日，国务院办公厅《关于强化企业技术创新主体地位全面提升企业创新能力的意见》（国办发〔2013〕8 号）提出综合采用科技保险等方式为科技型中小企业的创新活动提供融资保障，为科技型中小企业创造公平竞争的市场环境，促进科技型中小企业健康发展。

2014 年 1 月 22 日，科技部会同中国人民银行等六部门联合印发《关于大力推进体制机制创新　扎实做好科技金融服务的意见》（银发〔2014〕9 号），提出从"建立和完善科技保险体系"、"加快创新科技保险产品"和"创新保险资金运用方式"三个方面不断完善我国的科技保险体系，为科技型企业的科技创新活动探索构建新的保险产品。

2. 关于科技保险试点的政策

2007 年 3 月 22 日，科技部、中国保监会发布了《关于开展科技保险创新试点工作的通知》（国科财办字〔2007〕24 号），将在国家高新技术产业开发区、保险创新试点城市和火炬创新试验城市中选择科技保险试点地区，推动科技保险事业的发展。2007 年 7 月 24 日，科技部、中国保监会《关于确定第一批科技保险创新试点城市的通知》（国科发财字〔2007〕427 号）确定重庆市、天津市、北京市、武汉市、深圳市和苏州国家高新区为第一批科技保险创新试点城市（区）。2008 年 9 月 2 日，科学技术部、中国保监会《关于确定成都市等第二批科技保险创新试点城市（区）的通知》（国科发财〔2008〕521 号）

确定成都市、上海市、沈阳市、无锡市和西安国家高新区、合肥国家高新区为第二批科技保险创新试点城市（区）。2012 年 12 月 14 日，国内首家专业服务科技企业的科技保险支公司中国人保财险苏州科技支公司在苏州揭牌，标志着国内保险业创新科技金融体制，向综合服务科技型企业迈进了坚实的一步。有效降低了企业面临的风险，帮助和促进科技型中小企业的健康成长。

3. 科技保险的税费优惠政策方面

《企业所得税法》第二十五条规定："国家对重点扶持和鼓励发展的产业和项目，给予企业所得税优惠"。第三十条规定，企业在开发新技术、新产品、新工艺发生的研发费用等可以在计算应纳税所得额时加计扣除。

为了推动我国科技保险快速发展，2006 年 12 月 28 日，保监会和科技部发布的《关于加强和改善对高新技术企业保险服务有关问题的通知》（保监发〔2006〕129 号）中，确定"对第一批包括高新技术企业产品研发责任保险、关键研发设备保险、营业中断保险、出口信用保险、高管人员和关键研发人员团体健康保险和意外保险等在内的 6 个险种"的保费支出"纳入企业技术开发费用，享受国家规定的税收优惠政策"。在企业所得税前按 150% 加计扣除。2007 年 9 月 4 日，《财政部关于企业加强研发费用财务管理的若干意见》（财企〔2007〕194 号）中明确规定，企业研发费用包括高新科技研发保险等费用等直接相关费用。

（二）对我国科技保险政策的评述

1. 政府对补贴对象限定较多

我国自 2007 年 7 月在北京、天津、重庆等地开展第一批科技保险创新发展试点以来，各试点地区相继出台了包括科技保险补贴资金管理办法等多种政策，对科技保险给予不同程度的支持。但是，由于地方政府的不够重视和财力有限等原因，财政保险公司科技保险的经营管理费补贴和税收优惠激励都不够，"有些地区对享受优惠政策的对象的认定门槛过高，灵活性不足，把一些潜在参保企业挡在了门外；有的试点地区对企业的补贴比率和补贴金额较低，对企业的支持不够充分"①。

---

① 冯海昱，任立. 我国科技保险市场存在的问题及对策研究 [J]. 世界经济与政治论坛，2010（1）：72.

2. 科技保险发展缺乏完善有效的法律法规

目前，我国缺乏一个专门管理全国科技保险经营的机构，关于科技保险补贴及实施的政策制定主要由保监会、科技部和财政部等部门协调配合。加之缺乏一个完善的法律法规体系，对科技保险的政策性质，各级政府对科技保险的支持和管理的范围和责任，财政补贴方式和补贴险种以及相应的补贴标准的计算方法等方面的内容作出明确的规定。导致我国的科技保险政策在具体实施过程中各种规定的措施难以得到有效保障，运作效率不高。

3. 科技保险与其他支持科技创新手段缺乏有效联动机制

目前，我国缺乏一个将科技保险同科技担保、创业风险投资、科技贷款等其他支持科技创新手段有效结合的联动机制，缺少政府主导下的多种支持科技创新的风险分担机制，既不利于科技保险的发展，又不利于科技创新。

二、科技保险支持科技创新的路径选择

（一）加强科技保险政策的落实

当前我国科技保险政策在贯彻落实的过程中，政府各职能部门之间与保险公司以及保险中介机构三者之间的沟通协调机制没有有效形成，三者之间协作能力有待加强。由此导致我国科技保险政策尤其是科技保险的财政补贴政策在具体执行过程中，由于缺乏具体实施细则，存在补贴政策不稳定、范围较窄、申请手续繁杂以及财政专项补贴资金不能完全按时足额到位等问题，影响了高新技术企业参保的积极性，导致我国科技保险政策在具体实施过程中应有的作用没有完全发挥出来，存在较大的折扣。因此，科技保险政策的有效贯彻落实是科技保险支持科技创新的前提和基础。

（二）加强科技保险创新

我国现有的科技保险险种已不能很好地满足高新技术企业尤其是科技型中小企业发展的需要。因此，应根据时代发展需要和不同科技行业的风险特点，加强保险公司、科研机构与科技企业之间的有效沟通和协调，组织专门的科技保险创新团队，积极参与科技保险产品的创新，大力开发符合科技型企业尤其是科技型中小企业在成长过程中实际需要的新险种，不断拓宽科技保险的覆盖范围和服务领域。

（三）加强对科技保险的宣传

科技保险对于我国高新技术企业来说，属于新事物，企业认识度不够。刘坤坤（2012）就广东省高新技术企业对科技保险的需求状况开展了问卷调查，调查显示，仅有 2.8% 的高新技术企业表示很了解科技保险，高达57.7% 的高新技术企业表示不了解科技保险。这反映出当前关于我国对科技保险方面的宣传工作仍有不足，许多高新技术企业对科技保险认识依然有限，导致科技保险应有的作用没有发挥出来，因此，科技宣传部门应加大对科技保险的宣传。

三、科技保险支持科技创新的对策建议

（一）建立多样化的补贴方式，落实科技保险补贴政策

对于科技保险处于起步阶段的中国来说，政府科学的补贴标准和细化的补贴实施细则尤为重要。一方面，政府要综合利用财政、税收、金融以及再保险等手段通过保险费补贴、经营主体管理费补贴、再保险补贴及税收优惠等方式对科技保险发展提供支持。要根据不同区域和不同科技行业的性质以及科技企业对科技保险的购买能力，在政策允许范围内具体制定科学合理的财政补贴比例和补贴递增率。同时还要通过法律形式明确不同层级政府的管理责任，以及政府对科技保险进行补贴的范围、补贴金额的计算方式和补贴标准等，防止各级政府在执行补贴科技保险过程中的随意性。另一方面，根据当前我国科技保险体系不完善、不能很好发挥作用的现状，应考虑建立科技保险与风险投资等其他方式相结合的科技创新联动机制，共同分担科技型企业在科技创新过程中产生的各种风险，促进科技保险覆盖面的扩大，最终有利于科技保险朝着良性的方向发展。

（二）实施科技保险创新战略，扩大科技保险险种的供给

我国目前现有的科技保险险种已经不能很好地满足科技型企业化解由科技创新活动产生的各种可能风险的需要。因此，我国科技保险机构应充分借鉴国外成功的科技保险机构经验，结合我国实际情况，深入调查现有以及潜在科技保险客户的需求状况，针对不同科技行业和具体科技企业在科技研发、科技成果转化和市场化过程中所面临的特殊风险，设计不同的科技保险产品。或是为具体的科技行业、科技型企业设计一揽子保险服务

的科技保险组合方案，有针对性地满足科技创新主体的需求，有效降低科技创新风险成本。

（三）科技保险人才的培养与引进

科技保险行业的特殊性和复杂性决定了科技保险对专业技术人才要求。当前，我国科技保险行业专业技术人才严重不足，从而导致了科技保险机构的经营管理落后，科技保险产品创新滞后，严重制约我国科技保险行业的发展和壮大。所以，重视对科技保险专业人才的培养和引进是当前各政府机构及保险公司要考虑的重大问题。一方面，加强与科研院所和高校的合作，通过订单式人才培养模式，有针对性地培养出科技保险专门人才；另一方面，要通过多渠道积极引进海内外具有从事科技保险经验的高端人才和先进的科技保险技术及其经营管理经验，同时积极建立起有利于科技保险人才发挥作用的环境。

（四）加大科技保险宣传力度，积极发掘潜在科技保险市场

针对当前我国科技型企业由于科技保险意识弱和科技保险认识能力差导致科技保险需求不足的现状。科技部门以及相关保险机构和保险公司应加大宣传力度，积极挖掘潜在的科技保险市场，既能有效促进科技创新，又能促进科技保险持续健康发展壮大。因此，一方面要加强利用网络、报刊、电视等媒体的宣传力，扩大科技保险知识的宣传覆盖面；另一方面要通过定期举办针对科技型企业的科技保险讲座等学术交流途径，增加科技型企业关于科技保险方面的知识，提高科技型企业的风险意识并积极投保。

第五节　促进我国创业风险投资发展和完善的政策建议

一、我国促进创业风险投资发展和完善政策分析

创业风险投资作为资本市场的重要组成部分，是科技型企业进行创新活动的重要资金来源，对推动一国高新技术产业的发展，促进经济的可持续发展，进而优化该国财政收入结构和促进财政收入规模的不断提高发挥着非常重要的作用。由于风险投资活动也同样会存在市场失灵，为了克服市场失灵，

政府介入是必然的，从这个意义上来说，一国政府在推动创业风险投资发展过程中是不可或缺的主体。

（一）我国的创业风险投资政策综述

1. 政府早期对创业风险投资发展的政策支持

创业风险投资作为我国科技金融创新和政策的重要组成部分，它为推动我国科技创新活动发挥了重要的支撑作用。我国早期的创业风险投资机构主要由政府出资，并承担相应的经营风险。1985 年 3 月 13 日，《中共中央关于科学技术体制改革的决定》指出："对于变化迅速、风险较大的高技术开发工作，可以设立创业投资给以支持"。这表明国家要通过政策层面促进创业风险投资的发展，为高新技术迅速转化为生产力提供融资服务。同年 9 月，在我国第一家创业风险投资机构——中国新技术创业投资公司获批成立之后，一些地方政府也相继作为投资者兴建风险投资金融机构。

进入 20 世纪 90 年代，我国陆续出台一系列政策文件和法律规章制度支持创业风险投资业的发展，促进了我国创业风险投资业步入快速发展轨道。1991 年 3 月，由国务院批准、国家科委发布的《国家高新技术产业开发区若干政策的暂行规定》中指出，"有关部门可在高新技术产业开发区建立风险投资基金，用于风险较大的高新技术产品开发。条件比较成熟的高新技术产业开发区，可创办风险投资公司"。这表明国家注重将创业风险投资公司作为推动高新技术开发区建设的重要工具之一，标志着国家对创业风险投资的支持提升到一个新高度。

同年 10 月 7 日，国家科学技术委员会、国家经济体制改革委员会颁布《关于深化高新技术产业开发区改革推进高新技术产业发展的决定》强调，要"利用社会资金（股票、债券、保险金等）和政府匹配的部分资金，同时积极吸引外资投入，建立高新技术产业化的风险投资基金"，"进一步优化开发区投资环境，积极吸引国外、境外投资者到开发区独资、合资创办高新技术企业或进行风险投资。"这表明政府鼓励创业风险投资多元化，有效促进了经济社会的快速发展。

1995 年，中共中央、国务院《关于加速科学技术进步的决定》强调：要通过"发展科技创业风险投资事业，建立科技创业风险投资机制"支持我国科技事业的发展。

第八届全国人民代表大会常务委员会第十九次会议于 1996 年 5 月 15 日通过的《促进科技成果转化法》中指出:"国家鼓励设立科技成果转化基金或者风险基金,其资金来源由国家、地方、企业、事业单位以及其他组织或者个人提供,用于支持高投入、高风险、高产出的科技成果的转化,加速重大科技成果的产业化。"创业风险投资首次纳入我国的国家法律体系。1999 年 8 月 20 日,中共中央、国务院《关于加强技术创新,发展高科技,实现产业化的决定》中明确指出:"要培育有利于高新技术产业发展的资本市场,逐步建立风险投资机制,发展风险投资公司和风险投资基金,建立风险投资撤出机制,加大对成长中的高新技术企业的支持力度。"同年 11 月 16 日,由科技部、国家计委等部门联合下发了《关于建立风险投资机制的若干意见》,对我国的创业风险投资活动进行规范和指导,这些政策的出台积极有效地引导了我国创业风险投资业的发展,并提供了强有力的政策保障。

2. 政府创业风险投资发展和完善的政策规定

2001 年 4 月 28 日通过的《信托法》对委托人和受托人之间的法律关系做了明确的规定,为促进风险投资发展提供了法律依据。2005 年 9 月 7 日,由国务院批准的《创业投资企业管理暂行办法》(发展改革委第 39 号令),明确国家和地方政府可以设立创业投资引导基金,引导资金进入创投业。并对中小企业特别是高新技术企业的投资,创业投资公司可以通过股权上市转让、股权协议转让、被投资企业回购等投资退出途径都做了明确规定,标志着我国的创业投资业已经进入法制化阶段。此后,我国陆续出台了关于投资抵免和引导基金政策,有效地推动了创业风险投资的发展壮大。2007 年 6 月 1 日开始施行的《合伙企业法》,对有关风险投资合伙制问题做了明确的规定,通过法律的途径为创业风险投资机构的组织形式提供了相关依据和保障。

2007 年 7 月,财政部和科技部制定了《科技型中小企业创业投资引导基金管理暂行办法》,建立了国家引导基金支持科技型中小企业技术创新的风险投资规定,推动地方政府以财政资金设立地方政府引导基金,有效促进了区域科技创新,这标志着中国政府财政资金对风险投资业的支持方式由最初的直接投资转为间接支持。各级政府通过设立引导基金,引导社会投资基金创立商业性质的风险投资机构来支持科技型企业科技创新活动,实现了科技型中小企业创业投资资金来源多元化,政府资金退出对风险投资的主导地位。

同年，规模为 1 亿元的第一只国家级创业引导基金宣告成立，主要用于支持科技型中小企业创业投资。

为了对创业风险投资引导基金的运作进行有效规范，2008 年 10 月 18 日，发展改革委、财政部、商务部《关于创业投资引导基金规范设立与运作指导意见的通知》就风险投资引导基金的性质、运作方式、管理等内容做了明确的规定。2009 年 3 月 5 日，商务部《关于外商投资创业投资企业、创业投资管理企业审批事项的通知》（商资函〔2009〕9 号）进一步规范了外商投资创业投资领域的审批工作。同年 10 月，发展改革委、财政部《关于实施新兴产业创投计划、开展产业技术研究与开发资金参股设立创业投资基金试点工作的通知》（发改高技〔2009〕2743 号）决定实施新型产业创投计划，扩大产业技术研发资金创业投资试点，推动利用国家产业技术研发资金，联合地方政府资金，参加创立创业投资企业的试点工作，等等。一系列法律文件的陆续出台，规范和鼓励了创业投资业的健康持续发展，标志着中国的创业投资业进入了一个新的发展阶段。

为了提高国有企业开展创业投资的积极性，鼓励和引导国有创投机构加大对中早期项目的投资，2010 年 10 月 13 日，财政部等发布了《关于豁免国有创业投资机构和国有创业投资引导基金国有股转持义务有关问题的通知》（财企〔2010〕278 号）规定："符合规定的国有创业投资机构和国有创业投资引导基金，投资于未上市中小企业形成的国有股，可申请豁免国有股转持义务"。

3. 促进创业投资发展的税收优惠政策

1999 年 11 月 16 日，科技部、国家计委、国家经贸委、财政部、人民银行、税务总局、证监会制定的《关于建立风险投资机制的若干意见》，为推进风险投资机制建立，提出"研究制定有利于风险投资（即创业投资）发展的财税、金融扶持政策"。2002 年 6 月 29 日通过的《中小企业促进法》第十七条明确规定："国家通过税收政策鼓励各类依法设立的风险投资机构增加对中小企业的投资"。

2005 年 11 月 15 日，发展改革委等十部委发布了《创业投资企业管理暂行办法》第二十三条规定："国家运用税收优惠政策扶持创业投资企业发展并引导其增加对中小企业特别是中小高新技术企业的投资"，明确了从国家层面对创业投资企业予以税收扶持。2007 年 2 月 7 日，财政部、国家税务总局出台了《关于促进创业投资企业发展有关税收政策的通知》（财税〔2007〕31号）规定，对创业投资企业采取股权投资方式投资于未上市中小高新技术企业予以投资金额 70% 纳税扣除的税收扶持。2009 年，国家税务总局《关于实施创业投资企业所得税优惠问题的通知》对合伙企业、外商投资创业投资企业等有关问题明确了税收优惠政策。

4. 对风险投资发展的政府采购支持

为了给创业风险投资业的发展创造良好的市场需求环境，降低风险投资者的市场风险，2002 年 6 月 29 日第九届全国人民代表大会常务委员会第二十八次会议通过《政府采购法》，通过政府采购支持自主创新产品，对国家和地方政府投资的重点工程中国产设备采购的比例做了明确要求，强调优先采购满足国防或国家安全需求的自主创新产品和技术，有力地促进了新兴科技企业和风险投资业的发展。

（二）对我国支持创业风险投资政策的分析

1. 政府对创业风险投资的政策支持体系的建设还相对不成熟

我国创业风险投资经历了二十多年的发展，尚不成熟，仍属于幼稚产业。在这个过程中，我国政府虽然制定了一系列扶持创业风险投资发展的财政支持、税收优惠政策和政策担保等措施，但各地在具体实施的过程中尚未形成一种稳定的模式，而且地方政府财政支持相对不足，财政支持创业风险投资的具体实施细则及相关配套法律法规尚不完善，在具体实施过程中仍然存在各种缺陷。导致的结果是：一方面，创业风险投资机构发展规模偏小、不成熟、信用评估机制不健全；另一方面，由于政府政策和相关配套政策法规的不完善，地方政府在引导风险投资基金的运作过程中因为各种利益原因使资金运用偏离轨道。最终多数科技创新企业不能有效获得创业风险投资的政策支持。

2. 政府支持创业风险投资的政策支持力度相对有限

我国政府对创业风险投资支持的企业类型范围限定过窄，不利于中小企业创新活动的整体开展。另外，我国关于创业风险投资的税收优惠方面，尤其对商业风险投资者和商业风险投资机构等方面的整体税收支持体系有待加强和完善。

3. 我国创业风险投资有效退出机制的不完善限制了我国创业风险投资业的发展壮大

虽然目前我国已通过资本市场的发展建立了风险资本的退出机制，但由于我国资本市场的上市条件较为苛刻，上市的成本费用较高，手续繁琐，资本市场中不同层级市场间的转板制度尚未建立以及现有相关政策体系支持效率低下等原因，导致我国创业风险投资缺乏有效的退出机制，限制了我国创业风险投资行业的持续有效发展，最终影响我国科技创新型企业的融资。

二、创业风险投资支持科技金融创新的路径选择

创业风险投资是科技型企业进行创新活动的重要资金来源，对提高我国高新企业的竞争力，促进国民经济的可持续发展，优化财政收入结构发挥着非常重要的作用。风险投资市场由于信息不对称，风险较大，也存在市场失灵。因此，应发挥政府在推动创业风险投资发展过程中的主体作用。

（一）充分发挥政府财政在创业风险直接投资过程中的引导作用

通过政府的财政直接投资发挥对民间投资的补充带动和示范作用，扶持我国创业风险投资业不断走向正轨并发展成熟壮大，充分发挥其对高新技术企业的支持作用，尤其对当前我国资本市场落后的中西部地区来说更尤为如此。从国外发达国家风险投资发展历程来看，政府的财政直接投资在风险投资市场发展的初期是必然条件。当市场发展到一定程度后，政府再通过税收激励、规范创业风险市场制度等间接途径来促进创业风险投资市场的成熟、发展壮大。通过设立中央、省、市级财政资金作为创业风险投资的母基金，以政府的政策机制引导社会风险投资基金的流向，发挥市场机制对创业风险投资保本盈利经营的前提下，充分发挥政府资本的杠杆作用调动社会风险投资资本流向高新技术企业尤其是科技型中小企业，使这些企业得到创新活动所需要的资金支持。

（二）构建科学合理的创业风险投资税收激励政策支持体系

作为政府支持创业风险投资的主要渠道之一，科学合理的税收激励政策体系既能确保创业风险投资资金得到与其风险相对应的投资回报，又能发挥税收政策对资金流向的引导和激励作用。创业风险投资的激励政策在税种和税率的设计上要有利于从事风险投资的机构和个人继续投资于高新技术企业，

而且要有利于贯穿风险投资中的资本投入、运作以及风险资本的退出等过程和各个环节。形成完整的税收激励政策有利于创业风险投资支持科技创新，支持创新体系，从而有效促进创新成果的产业化和市场化，提高科技创新对经济社会可持续发展的贡献率。

（三）通过完善财政金融联动机制来支持创业风险投资市场的发展壮大

创业风险投资相对于其他投资而言，是一项风险高、回报高的投资行为。当其通过投资高新技术企业支持创新活动时，既能实现风险投资者的高额获利机会，又能有效促进科技成果的转换，创造社会财富，有益于一国社会经济的可持续发展。但由于风险高的因素，风险投资者在做投资决策时极为谨慎，尤其对宏观环境经济政策极为敏感，不敢轻易投资。这时需要通过国家财政机制推动政策性金融对风险投资的支持，对于国家重点支持的高新技术行业应予以适当的财政风险补偿机制，引导社会风险投资资金向科技行业流动，支持科技创新。同时，对创业风险投资企业和其他资本市场发展要通过税收优惠等方式来扶持，充分利用科学合理的税种和税率等政策工具来引导风险投资业对高新技术企业（尤其是对科技型中小企业）科技创新的支持。

三、促进我国创业风险投资业发展和完善的对策建议

创业风险投资通过独特的运行机制将社会上各种闲置资金集中起来，用于帮助各类有良好市场发展前景企业的创立和发展壮大，因而出现创业企业和各类金融资源以新的方式相融合的投资方式，进而体现出创业风险投资和创业企业发展的相互影响和相互作用。然而，中国的风险投资业近年来在发展过程中存在"错配"现象：一方面许多需要大量资金的资质优良的创业企业难以获得风险投资的青睐；另一方面风险投资企业的众多风险资金却找不到合适的投资对象。[①] 为了解决上述创业风险投资资源的"错配"问题，需从法律政策、融资渠道、退出机制以及文化环境等方面寻找问题的解决方案，以实现创业风险投资促进高新技术产业的可持续发展，并实现我国资本市场的繁荣。

---

① 谢莉莉，叶松勤. 风险投资视角下高新技术产业成长路径研究 [J]. 理论界，2013（1）：45.

（一）要营造有利于创业风险投资业和实体经济良性互动的宏观环境

可以从以下几个方面着手努力：（1）不断完善促进创业风险投资与高新技术产业相融合的投融资法律规章制度。当前，在我国创业风险投资发展的实践过程中，由于许多相关领域的法律基础不完善，甚至出现了亟需填补的空白，导致许多存在的问题无法通过相应的法律途径解决，致使创业风险投资机构的所有者权益和知识产权等方面的利益不能得到很好地保障，进而成为阻碍中国风险投资业和高新技术产业发展的瓶颈。因此，应不断完善和发展与创业风险投资相适应的法律法规，从法律源头上为促进创业风险投资与高新技术产业的相互促进和相互融合提供法律保障。（2）政府要发挥牵线搭桥的作用，通过搭建促进创业风险投资与科技型企业创新活动相结合的投融资平台，尤其要利用政府财政资本的牵引作用，引导更多的社会风险投资资本对科技型企业早期创新项目的支持，实现风险创业资本同科技型企业的相互融合。（3）政府要积极营造持续稳定的社会环境，为创业风险投资和科技型企业提供良好的发展空间。

（二）拓宽创业风险投资的融资渠道

由于创业风险投资属于权益性的资本投资，风险比较高，投资回报期比较长，对外部投资环境的敏感度也相应较高。鉴于中国区域发展的不平衡，创业风险投资业的发展水平差距也相应较大，对于扶持高新技术产业的资金来源，可以根据区域发展水平的不同而采取相应的政策措施。例如，政府应该通过财政专项资金投入方式对经济相对落后的西部地区创业风险投资业发展进行扶持。例如，阶段性地扶持科技型中小企业成长，或是对投资于科技型中小企业的创业资本给予相应的风险补偿，或是给予相应的税收优惠政策等方式。对于资本市场比较发达的东部地区而言，应不断完善资本市场，通过建立财政投入引导机制和导向作用，发挥政府的牵线搭桥作用，加大引导风险投资基金的力度，或是鼓励私人资本以技术、资金等方式入股，以债券、股票等方式筹集更多社会闲散资金通过风险投资流向优良资质的企业。

（三）培养营造适宜创业风险投资和科技型中小企业相融合的文化环境

无论是创业风险投资还是科技型企业的科技创新活动，都是以一种创新的市场形态呈现，二者要实现顺利发展需要相适宜的文化环境。这种文化环境主要积极弘扬创业创新文化、优化创业创新环境和"以人为本"的人文氛围。这有利于创业风险投资者和科技型企业凭借丰富的创造力与想象力，通过建立开发新的研发平台，采用新组织形式和新的管理形式来实现企业理想与抱负。对于高新技术企业来说，为了企业的长远发展，还应探索建立适宜的高科技股份投资文化。

（四）加强创业风险投资专业人才的培养

创业风险投资要持续发展壮大并实现与高新技术企业的有效融合，需要加强投资人才培养，培养一支能准确评估并控制投资项目风险、更好地服务科技创新的专业化团队。应加快建立创业风险投资人才培养机制，全面提高创业风险投资人员的专业素质。此外，创业投资机构还应通过完善相应的激励、聘任等机制，不断吸引高端专业人才进入创业风险投资领域。

第六节　我国科技资本市场创新的政策建议

一、我国科技资本市场创新的政策

从 1990 年上海证券交易所和深圳证券交易所相继成立至今的二十多年的时间里，我国一直十分重视资本市场建设，相继出台各种政策有效促进资本市场的快速成长。

（一）我国关于建设多层次资本市场的政策综述

1. 重视发展多层次资本市场体系

2003 年 10 月 14 日，党的十六届三中全会通过的《关于完善社会主义市场经济体制若干问题的决定》指出："建立多层次资本市场体系，完善资本市场结构"，"规范和发展主板市场，推进风险投资和创业板市场建设。积极拓展债券市场，完善和规范发行程序，扩大公司债券发行规模。大力发展机构投资者，拓宽合规资金入市渠道。"国家"十一五"规划纲要指出，"建立多层次市场体系，完善市场功能，拓宽资金入市渠道，提高直接融资比重"。不断完善资本市场结构、丰富资本市场产品。胡锦涛在十七大报告中指出："优化资本市场结构，多渠道提高直接融资比重"，通过发展多层次的资本市场体系，拓宽融资渠道。

为了促进我国的科技创新，我国的科技资本市场政策也通过各方面政策文件和法律法规强调要建立多层次科技资本市场，积极鼓励各类高新技术企业在相应资本市场进行直接融资。在 2013 年全国证券期货监管工作会议上，原证监会主席树清提出了继续推进资本市场改革和发展的要求，并阐述了 2013 年工作重点，第一点就指出"要加快发展多层次资本市场"。2010 年 12 月 16 日，《关于印发促进科技和金融结合试点实施方案的通知》（国科发财〔2010〕720 号）指出，要引导和支持科技型企业进入多层次资本市场，"培育和支持符合条件的高新技术企业在中小板、创业板及其他板块上市融资。组织符合条件的高新技术企业发行中小企业集合债券和集合票据；探索发行符合战略性新兴产业领域的高新技术企业高收益债券"。2010 年 10 月，《国务院关于加快培育和发展战略性新兴产业的决定》（国发〔2010〕32 号）指出，"积极发挥多层次资本市场的融资功能"，"完善不同层次市场之间的转板机制，逐步实现各层次市场间有机衔接"，"稳步推进企业债券、公司债券、短期融资券和中期票据发展，拓宽企业债务融资渠道"。2011 年 12 月 26 日，国务院办公厅《关于加快发展高技术服务业的指导意见》（国办发〔2011〕58 号）指出，要"支持符合条件的高技术服务企业在境内外特别是境内创业板上市，加快推进全国性证券场外交易市场建设，拓展高技术服务企业直接融资渠道。"

2. 重视推进中小企业板、创业板和新三板等资本市场建设

针对我国主板市场审核标准和审核制度都不利于高新技术企业，尤其是不利于有广阔发展前景和巨大成长空间的科技型中小企业进入主板市场的实际情况，为了更大限度地解决处于发展阶段的科技型中小企业的融资难题，我国一直在推进创业板和场外交易市场等较低上市标准资本市场的建设。

1998 年，时任全国人民代表大会常务委员会副委员长的成思危在"两会"期间就提出包括建立创业板在内的风险投资体系的提案。1999 年，中共中央、国务院发布了《关于加强技术创新，发展高科技、实现产业化的决定》指出，"要培育有利于高新技术产业发展的资本市场"，"在做好准备的基础上，适当时候在现有的上海证券交易所、深圳证券交易所专门设立高新技术企业板块"。

2005 年 2 月 19 日，《国务院关于鼓励支持和引导个体私营等分步推进创业板非公有制经济发展的若干意见》（国发〔2005〕3 号）强调，"在加快完善中小企业板块和推进制度创新的基础上，分步推进创业板市场"，为中小企业利用资本市场创造条件。

2009 年 3 月，国务院批准证监会发布《首次公开发行股票并在创业板上市管理暂行办法》，同年 7 月，证监会开始受理创业板申请文件，10 月，创业板正式启动，2009 年 10 月 30 日，首批 28 家公司正式在创业板上市。经过近十年的努力，我国的创业板市场终于建立，开启中国多层次资本市场建设的重要阶段，建立起我国科技型中小企业金融服务体系，为我国科技型中小企业的自主创新提供了新的融资平台。

新三板市场方面，为进一步缓解高新技术企业融资难的问题，推动高新技术企业的孵化与成长，促进科技与金融的有效合作，2006 年 1 月，经国务院批准，允许非上市企业登录新三板，将北京中关村科技园区非上市企业作为试点，并于同年 1 月 23 日正式启动。同年 2 月 7 日，国务院关于实施《国家中长期科学和技术发展规划纲要 （2006—2020 年）》若干配套政策明确提出："推进高新技术企业股份转让工作。启动中关村科技园区未上市高新技术企业进入证券公司代办系统进行股份转让试点工作。在总结试点经验的基础上，逐步允许具备条件的国家高新技术产业开发区内未上市高新技术企业进入代办系统进行股份转让。"为推动新三板的快速发展提供了难得的机遇。2012 年，经国务院批准，决定新增上海张江高新技术产业开发区、武汉东湖新技术产业开发区和天津滨海高新区为首批非上市股份公司股份转让扩大试点。并于 2013 年底将新三板扩容至所有符合新三板条件的企业，新三板市场处于不断地发展和完善之中，标志着我国包括由主板、创业板、场外柜台交易网络等在内的多层次资本市场体系的初步形成。

产权交易市场和场外交易市场发展方面，1988 年 3 月，国务院代总理李鹏在全国人大七届一次会议上做政府工作报告中，明确提出，"要实行企业产权有条件的有偿转让，使闲置或利用率不高的资产得到充分利用"。同年 5 月，自武汉成立第一家产权交易市场建立以来，我国"目前已逐步形成了以国有企业产权交易为主体、其他资产 （例如诉讼资产、罚没资产等）交易为辅的区域性产权交易市场和以非上市公众公司 （主要是中小企业和科技成长型企业）股权交易为主体的区域性股权交易市场两大类型的场外交易市场"①。

---

① 封北麟. 完善多层次资本市场建设，助力科技金融发展 [J]. 经济研究参考，2014 （25）：53.

（二）对我发展多层次国资本市场政策的评述

目前，虽然我国已制定了较为全面的支持多层次资本市场发展的政策体系，但仍存在有待完善的地方，主要体现在以下三点。

1. 相关政策体系缺乏系统性

在我国已出台的相关政策中，无论是中央政府层面还是地方政府层面，都主要是各职能部门从本部门的工作角度出台相应的政策。党中央相关部门的政策出台以后，地方政府各职能部门依据中央政策分别出台相应的支持政策。结果导致政出多门，各政策之间对中央政策支持的重点、环节和方式在缺乏系统梳理和衔接的情况下，政策对发展多层次资本市场的支持效率不高。

2. 申请政策支持的程序复杂、难度大

在实际操作中，技术创新企业要申请相关优惠政策的支持，要经历项目计划和相关资料的提交和上报、然后接受审查等一系列繁琐的手续，而且完成整个申请程序要耗费较长的时间，不利于企业生产计划的实施，由于有的政策设置的支持条件较高，对于初创期企业的实际支持效果非常有限。

3. 多层次资本市场发展不均衡、相应的转板机制有待完善

虽然我国已经初步建立了多层次的资本市场体系，但各资本市场间发展不均衡，主板市场发展相对成熟，其他层次的资本市场相对落后，科技型中小企业由于主板上市条件高，其融资难的困境并未改变。另外，由于"目前我国只建立了退市机制，沪深两市的转板机制、中小板和创业板到主板的升板机制、场外市场到场内市场的升板机制等都未建立"[1]。其结果，"吸引蓝筹、成熟企业的主板市场优质企业进入难，劣质企业降板难"[2]。

二、中国科技资本市场创新的路径选择

（一）建立健全多层次资本市场体系

从国际经验来看，发达国家的资本市场都比较发达，其资本市场都表现出明显的多层次性结构，其中最具代表性的是美国的多层次资本市场体系。目前，我国已经建立起由沪深主板市场、创业板市场、场外市场构成多层次

---

[1] 侯东德，李俏丽. 多层次资本市场间的转板对接机制探析 [J]. 上海金融，2013（12）：149.

[2] 侯东德，李俏丽. 多层次资本市场间的转板对接机制探析 [J]. 上海金融，2013（12）：149.

资本市场体系。其中，主板市场的服务对象是成熟的国有大中型企业。创业板市场建立时间较短，处于刚起步阶段，场外市场的服务对象主要是从主板退市的公司、具有历史遗留问题的股份公司和未上市的试点股份公司，创业板市场对科技型中小企业的支持作用仍然十分有限。中国的资本市场发展相对滞后，制度安排不够完善，不同类型资本市场之间缺少对接机制，还不能满足各类企业尤其是科技型中小企业的融资需求，适合科技型中小企业特点的多层次资本市场体系的建立和完善，既可以满足科技中型小企业的融资需求，促进科技创新，加速科技成果的转化，同时还可以通过相应资本市场的要求推动科技型中小企业建立和完善现代公司治理结构，有助于促进企业发展壮大。因此，应加快中国的多层次科技资本市场建设，实现科技资本对科技型企业创新活动的有效支持。

（二）创造良好外部环境促进科技资本市场的发展

为科技金融体系的发展创造良好的外部环境是政府的重要职能之一。根据科技资本市场发展的需要，可以从以下几个方面努力：（1）通过出台新的法律规章制度、修订和完善现有法律体系，鼓励各类资本市场的建立和完善；（2）通过建立和完善高效、快捷公共信息平台，有效缓解科技型中小企业与各类资本市场之间的信息不对称问题，为资本市场投资者的投融资决策提供参考；（3）通过实施优惠的财税政策、信贷利率政策和风险补偿及奖励政策，充分调动各类资本市场对科技型中小企业融资的积极性，并最终实现二者的良性互动式发展。

（三）加快人才的引进和培养

加强具有国际视野和通晓国际规则、引领行业参与国际竞争与合作、符合多层次资本市场建设需要的高素质经营管理人才队伍建设，对我国资本市场建设和发展具有战略意义，是我国科技资本市场成为推动高新技术产业发展的根本保障。建设好包括监管人才队伍、经营管理人才队伍和风险评估人才队伍在内的各类资本市场人才队伍，一方面，可以促进我国资本市场的不断发展壮大和核心竞争力的提升；另一方面，通过资本市场专业人才在投融资过程中的科学分析与科学决策，有效降低科技资本投资科技型中小企业中的不确定性，提高投资的成功率，从而有效实现资本市场与科技型企业的耦合。对于未来引领科技资本行业和科技行业发展具有十分深远的影响。

三、中国科技资本市场创新的对策建议

（一）培养不同层次科技资本市场上的成熟、专业机构投资者

成熟、专业投资机构投资者对多层次科技资本市场建设和可持续发展具有非常重要的作用。成熟的多层次科技资本市场建设离不开成熟、专业投资机构投资者的大量资金投入。专业机构的投资者为科技型企业提供大量资金援助并在实现盈利目标后，通过科技型企业上市等其他方式实现投入资金的有效退出。在投资过程中，专业机构投资者凭借专业知识和投资经验选择具有广阔市场前景和发展前途的科技型企业进行投资，为其提供必要的资金援助，并促使其建立有效的企业管理制度，同时，专业机构投资者还对具有发展潜力的投资企业进行上市辅导。

当前，我国民间存在大量的闲散资金以及巨额的养老基金和保险资金，这些资金因为投资渠道不通畅或是投资渠道狭窄等原因，只能面临资金贬值导致资产缩水的局面，或是将其存入银行，或是投资购买黄金以及房地产等领域，这些资金投入领域无助于促进创新型国家战略的发展。因此，应通过扶持投资基金行业的发展等途径充分调动民间资本、养老基金和保险资金，合理引导这些资金投入不同层次的科技资本市场。

（二）培育不同层次的科技资本市场融资主体

对于已经发展成熟的有实力的科技型大型企业，应对其持续培育并支持其在主板市场上市。对于发展潜力巨大、有广阔市场前景，而且已有一定发展基础的科技型企业，应通过促进其股份制改革和完善公司治理结构等途径，支持其在中小企业板和创业板上市。对于有融资需求但不能满足公开上市条件的科技型中小企业，可以选通过新三板和产权交易等方式进行融资。此外，还可以通过加快和完善科技债券市场建设，支持发展效益好、信誉水平高的大型科技型企业通过债券产品创新等方式发行企业债券筹集资金，鼓励发展前景好的科技型中小企业通过发行集合债券的方式筹集所需资金，在条件具备以及风险可控的基础上积极发展资产证券化业务。

（三）发展相应的科技资本市场中介机构

在多层次的科技资本发展过程中，相应的律师事务所、会计事务所、审计事务所、风险投资评估咨询、担保和评级等中介机构是必不可少的。通过

发挥律师事务所、会计事务所、审计事务所的法律约束、资格审查、信息披露等功能促进科技资本市场公平交易；发挥风险投资评估咨询机构的项目评估和提供咨询服务的功能，降低科技投资风险；发挥担保和评级机构的担保和评级功能，降低科技资本市场上的信息不对称程度，提高融资效率。

（四）发展和完善法律体系，加强对不同层次科技资本的监督

要不断完善与资本市场有关的法律法规，减少科技型企业因上市以及其他方式融资而产生的各种成本和风险，提高融资效率，鼓励科技资本市场的制度创新，活跃科技资本市场，并对科技资本市场上不同投资机构进行明确的法律界定，规范其投资行为。

由于当前我国资本市场发展不成熟，对其进行监管的过程中还存在不少漏洞，为各种非法违规操作留下了存在的空间。应通过不断完善现有法律规章制度，规范科技资本市场上各机构的组织制度，加大科技资本市场上的信息披露监管的执行力度，对科技资本市场上各交易主体的各种非法违规行为进行明确界定，并规定相应的惩罚机制，严厉惩处各种违规行为，维护科技资本秩序。

（五）加强科技资本市场专业人才培养

当前，资本市场运行的环境在不断发展和变化的过程中，资本市场的运行规则和政策也在不断改革。尤其是国际经济社会正经历着快速发展与变革，我国科技资本市场上缺乏高层次、国际化的专业复合型人才。因此，我国要加快培养和壮大科技资本市场人才，打造一支高素质的复合型科技资本市场人才队伍。

首先要加大对科技资本人才培养的资金投入。一方面，要加大政府财政对高校、科研机构等培养科技资本市场人才单位的资金投入；另一方面，要充分调动广大民营资本和海外资金等社会资源，创办各种资本市场人才教育培训机构，或是通过加强与知名资本市场教育培训组织的合作，提升科技资本市场人才的能力和水平。其次是要完善人才引进机制，营造良好的人才发展环境，大力吸引海外资本市场人才，并努力做到人才进得来、留得住。最后要建立能够体现科技资本市场上个人收入与贡献、绩效相挂钩的收入分配长效激励机制。

附件：相关政策法规汇编

国务院关于改进加强中央财政科研项目和资金管理的若干意见

国发〔2014〕11 号

各省、自治区、直辖市人民政府，国务院各部委、各直属机构：

《国家中长期科学和技术发展规划纲要（2006—2020 年）》实施以来，我国财政科技投入快速增长，科研项目和资金管理不断改进，为科技事业发展提供了有力支撑。但也存在项目安排分散重复、管理不够科学透明、资金使用效益亟待提高等突出问题，必须切实加以解决。为深入贯彻党的十八大和十八届二中、三中全会精神，落实创新驱动发展战略，促进科技与经济紧密结合，按照《中共中央 国务院关于深化科技体制改革加快国家创新体系建设的意见》（中发〔2012〕6 号）的要求，现就改进加强中央财政民口科研项目和资金管理提出如下意见。

一、改进加强科研项目和资金管理的总体要求

（一）总体目标。

通过深化改革，加快建立适应科技创新规律、统筹协调、职责清晰、科学规范、公开透明、监管有力的科研项目和资金管理机制，使科研项目和资金配置更加聚焦国家经济社会发展重大需求，基础前沿研究、战略高技术研究、社会公益研究和重大共性关键技术研究显著加强，财政资金使用效益明显提升，科研人员的积极性和创造性充分发挥，科技对经济社会发展的支撑引领作用不断增强，为实施创新驱动发展战略提供有力保障。

（二）基本原则。

——坚持遵循规律。把握全球科技和产业变革趋势，立足我国经济社会发展和科技创新实际，遵循科学研究、技术创新和成果转化规律，实行分类管理，提高科研项目和资金管理水平，健全鼓励原始创新、集成创新和引进消化吸收再创新的机制。

——坚持改革创新。推进政府职能转变，发挥好财政科技投入的引导激励作用和市场配置各类创新要素的导向作用。加强管理创新和统筹协调，对科研项目和资金管理各环节进行系统化改革，以改革释放创新活力。

——坚持公正公开。强化科研项目和资金管理信息公开，加强科研诚信建设和信用管理，着力营造以人为本、公平竞争、充分激发科研人员创新热情的良好环境。

——坚持规范高效。明确科研项目、资金管理和执行各方的职责，优化管理流程，建立健全决策、执行、评价相对分开、互相监督的运行机制，提高管理的科学化、规范化、精细化水平。

二、加强科研项目和资金配置的统筹协调

（三）优化整合各类科技计划（专项、基金等）。科技计划（专项、基金等）的设立，应当根据国家战略需求和科技发展需要，按照政府职能转变和中央与地方合理划分事权的要求，明确各自功能定位、目标和时限。建立各类科技计划（专项、基金等）的绩效评估、动态调整和终止机制。优化整合中央各部门管理的科技计划（专项、基金等），对定位不清、重复交叉、实施效果不好的，要通过撤、并、转等方式进行必要调整和优化。项目主管部门要按照各自职责，围绕科技计划（专项、基金等）功能定位，科学组织安排科研项目，提升项目层次和质量，合理控制项目数量。

（四）建立健全统筹协调与决策机制。科技行政主管部门会同有关部门要充分发挥科技工作重大问题会商与沟通机制的作用，按照国民经济和社会发展规划的部署，加强科技发展优先领域、重点任务、重大项目等的统筹协调，形成年度科技计划（专项、基金等）重点工作安排和部门分工，经国家科技体制改革和创新体系建设领导小组审议通过后，分工落实、协同推进。财政部门要加强科技预算安排的统筹，做好各类科技计划（专项、基金等）年度预算方案的综合平衡。涉及国民经济、社会发展和国家安全的重大科技事项，按程序报国务院决策。

（五）建设国家科技管理信息系统。科技行政主管部门、财政部门会同有关部门和地方在现有各类科技计划（专项、基金等）科研项目数据库基础上，按照统一的数据结构、接口标准和信息安全规范，在 2014 年底前基本建成中央财政科研项目数据库；2015 年底前基本实现与地方科研项目数据资源的互联互通，建成统一的国家科技管理信息系统，并向社会开放服务。

三、实行科研项目分类管理

（六）基础前沿科研项目突出创新导向。基础、前沿类科研项目要立足原始创新，充分尊重专家意见，通过同行评议、公开择优的方式确定研究任务和承担者，激发科研人员的积极性和创造性。引导支持企业增加基础研究投入，与科研院所、高等学校联合开展基础研究，推动基础研究与应用研究的紧密结合。对优秀人才和团队给予持续支持，加大对青年科研人员的支持力度。项目主管部门要减少项目执行中的检查评价，发挥好学术咨询机构、协会、学会的咨询作用，营造"鼓励探索、宽容失败"的实施环境。

（七）公益性科研项目聚焦重大需求。公益性科研项目要重点解决制约公益性行业发展的重大科技问题，强化需求导向和应用导向。行业主管部门应当充分发挥组织协调作用，提高项目的系统性、针对性和实用性，及时协调解决项目实施中存在的问题，保证项目成果服务社会公益事业发展。加强对基础数据、基础标准、种质资源等工作的稳定支持，为科研提供基础性支撑。

（八）市场导向类项目突出企业主体。明晰政府与市场的边界，充分发挥市场对技术研发方向、路线选择、要素价格、各类创新要素配置的导向作用，政府主要通过制定政策、营造环境，引导企业成为技术创新决策、投入、组织和成果转化的主体。对于政府支持企业开展的产业重大共性关键技术研究等公共科技活动，在立项时要加强对企业资质、研发能力的审核，鼓励产学研协同攻关。对于政府引导企业开展的科研项目，主要由企业提出需求、先行投入和组织研发，政府采用"后补助"及间接投入等方式给予支持，形成主要由市场决定技术创新项目和资金分配、评价成果的机制以及企业主导项目组织实施的机制。

（九）重大项目突出国家目标导向。对于事关国家战略需求和长远发展的重大科研项目，应当集中力量办大事，聚焦攻关重点，设定明确的项目目标和关键节点目标，并在任务书中明确考核指标。项目主管部门主要采取定向择优方式遴选优势单位承担项目，鼓励产学研协同创新，加强项目实施全过程的管理和节点目标考核，探索实行项目专员制和监理制；项目承担单位上级主管部门要切实履行在项目推荐、组织实施和验收等环节的相应职责；项目承担单位要强化主体责任，组织有关单位协同创新，保证项目目标的实现。

四、改进科研项目管理流程

（十）改革项目指南制定和发布机制。项目主管部门要结合科技计划（专项、基金等）的特点，针对不同项目类别和要求编制项目指南，市场导向类项目指南要充分体现产业需求。扩大项目指南编制工作的参与范围，项目指南发布前要充分征求科研单位、企业、相关部门、地方、协会、学会等有关方面意见，并建立由各方参与的项目指南论证机制。项目主管部门每年固定时间发布项目指南，并通过多种方式扩大项目指南知晓范围，鼓励符合条件的科研人员申报项目。自指南发布日到项目申报受理截止日，原则上不少于50 天，以保证科研人员有充足时间申报项目。

（十一）规范项目立项。项目申请单位应当认真组织项目申报，根据科研工作实际需要选择项目合作单位。项目主管部门要完善公平竞争的项目遴选机制，通过公开择优、定向择优等方式确定项目承担者；要规范立项审查行为，健全立项管理的内部控制制度，对项目申请者及其合作方的资质、科研能力等进行重点审核，加强项目查重，避免一题多报或重复资助，杜绝项目打包和"拉郎配"；要规范评审专家行为，提高项目评审质量，推行网络评审和视频答辩评审，合理安排会议答辩评审，视频与会议答辩评审应当录音录像，评审意见应当及时反馈项目申请者。从受理项目申请到反馈立项结果原则上不超过 120 个工作日。要明示项目审批流程，使项目申请者能够及时查询立项工作进展，实现立项过程"可申诉、可查询、可追溯"。

（十二）明确项目过程管理职责。项目承担单位负责项目实施的具体管理。项目主管部门要健全服务机制，积极协调解决项目实施中出现的新情况新问题，针对不同科研项目管理特点组织开展巡视检查或抽查，对项目实施不力的要加强督导，对存在违规行为的要责成项目承担单位限期整改，对问题严重的要暂停项目实施。

（十三）加强项目验收和结题审查。项目完成后，项目承担单位应当及时做好总结，编制项目决算，按时提交验收或结题申请，无特殊原因未按时提出验收申请的，按不通过验收处理。项目主管部门应当及时组织开展验收或结题审查，并严把验收和审查质量。根据不同类型项目，可以采取同行评议、第三方评估、用户测评等方式，依据项目任务书组织验收，将项目验收结果纳入国家科技报告。探索开展重大项目决策、实施、成果转化的后评价。

五、改进科研项目资金管理

（十四）规范项目预算编制。项目申请单位应当按规定科学合理、实事求是地编制项目预算，并对仪器设备购置、合作单位资质及拟外拨资金进行重点说明。相关部门要改进预算编制方法，完善预算编制指南和评估评审工作细则，健全预算评估评审的沟通反馈机制。评估评审工作的重点是项目预算的目标相关性、政策相符性、经济合理性，在评估评审中不得简单按比例核减预算。除以定额补助方式资助的项目外，应当依据科研任务实际需要和财力可能核定项目预算，不得在预算申请前先行设定预算控制额度。劳务费预算应当结合当地实际以及相关人员参与项目的全时工作时间等因素合理编制。

（十五）及时拨付项目资金。项目主管部门要合理控制项目和预算评估评审时间，加强项目立项和预算下达的衔接，及时批复项目和预算。相关部门和单位要按照财政国库管理制度相关规定，结合项目实施和资金使用进度，及时合规办理资金支付。实行部门预算批复前项目资金预拨制度，保证科研任务顺利实施。对于有明确目标的重大项目，按照关键节点任务完成情况进行拨款。

（十六）规范直接费用支出管理。科学界定与项目研究直接相关的支出范围，各类科技计划（专项、基金等）的支出科目和标准原则上应保持一致。调整劳务费开支范围，将项目临时聘用人员的社会保险补助纳入劳务费科目中列支。进一步下放预算调整审批权限，同时严格控制会议费、差旅费、国际合作与交流费，项目实施中发生的三项支出之间可以调剂使用，但不得突破三项支出预算总额。

（十七）完善间接费用和管理费用管理。对实行间接费用管理的项目，间接费用的核定与项目承担单位信用等级挂钩，由项目主管部门直接拨付到项目承担单位。间接费用用于补偿项目承担单位为项目实施所发生的间接成本和绩效支出，项目承担单位应当建立健全间接费用的内部管理办法，合规合理使用间接费用，结合一线科研人员实际贡献公开公正安排绩效支出，体现科研人员价值，充分发挥绩效支出的激励作用。项目承担单位不得在核定的间接费用或管理费用以外再以任何名义在项目资金中重复提取、列支相关费用。

（十八）改进项目结转结余资金管理办法。项目在研期间，年度剩余资金可以结转下一年度继续使用。项目完成任务目标并通过验收，且承担单位信用评价好的，项目结余资金按规定在一定期限内由单位统筹安排用于科研活动的直接支出，并将使用情况报项目主管部门；未通过验收和整改后通过验收的项目，或承担单位信用评价差的，结余资金按原渠道收回。

（十九）完善单位预算管理办法。财政部门按照核定收支、定额或者定项补助、超支不补、结转和结余按规定使用的原则，合理安排科研院所和高等学校等事业单位预算。科研院所和高等学校等事业单位要按照国家规定合理安排人员经费和公用经费，保障单位正常运转。

六、加强科研项目和资金监管

（二十）规范科研项目资金使用行为。科研人员和项目承担单位要依法依规使用项目资金，不得擅自调整外拨资金，不得利用虚假票据套取资金，不得通过编造虚假合同、虚构人员名单等方式虚报冒领劳务费和专家咨询费，不得通过虚构测试化验内容、提高测试化验支出标准等方式违规开支测试化验加工费，不得随意调账变动支出、随意修改记账凭证、以表代账应付财务审计和检查。项目承担单位要建立健全科研和财务管理等相结合的内部控制制度，规范项目资金管理，在职责范围内及时审批项目预算调整事项。对于从中央财政以外渠道获得的项目资金，按照国家有关财务会计制度规定以及相关资金提供方的具体要求管理和使用。

（二十一）改进科研项目资金结算方式。科研院所、高等学校等事业单位承担项目所发生的会议费、差旅费、小额材料费和测试化验加工费等，要按规定实行"公务卡"结算；企业承担的项目，上述支出也应当采用非现金方式结算。项目承担单位对设备费、大宗材料费和测试化验加工费、劳务费、专家咨询费等支出，原则上应当通过银行转账方式结算。

（二十二）完善科研信用管理。建立覆盖指南编制、项目申请、评估评审、立项、执行、验收全过程的科研信用记录制度，由项目主管部门委托专业机构对项目承担单位和科研人员、评估评审专家、中介机构等参与主体进行信用评级，并按信用评级实行分类管理。各项目主管部门应共享信用评价信息。建立"黑名单"制度，将严重不良信用记录者记入"黑名单"，阶段性或永久取消其申请中央财政资助项目或参与项目管理的资格。

（二十三）加大对违规行为的惩处力度。建立完善覆盖项目决策、管理、实施主体的逐级考核问责机制。有关部门要加强科研项目和资金监管工作，严肃处理违规行为，按规定采取通报批评、暂停项目拨款、终止项目执行、追回已拨项目资金、取消项目承担者一定期限内项目申报资格等措施，涉及违法的移交司法机关处理，并将有关结果向社会公开。建立责任倒查制度，针对出现的问题倒查项目主管部门相关人员的履职尽责和廉洁自律情况，经查实存在问题的依法依规严肃处理。

七、加强相关制度建设

（二十四）建立健全信息公开制度。除涉密及法律法规另有规定外，项目主管部门应当按规定向社会公开科研项目的立项信息、验收结果和资金安排情况等，接受社会监督。项目承担单位应当在单位内部公开项目立项、主要研究人员、资金使用、大型仪器设备购置以及项目研究成果等情况，接受内部监督。

（二十五）建立国家科技报告制度。科技行政主管部门要会同有关部门制定科技报告的标准和规范，建立国家科技报告共享服务平台，实现国家科技资源持续积累、完整保存和开放共享。对中央财政资金支持的科研项目，项目承担者必须按规定提交科技报告，科技报告提交和共享情况作为对其后续支持的重要依据。

（二十六）改进专家遴选制度。充分发挥专家咨询作用，项目评估评审应当以同行专家为主，吸收海外高水平专家参与，评估评审专家中一线科研人员的比例应当达到75%左右。扩大企业专家参与市场导向类项目评估评审的比重。推动学术咨询机构、协会、学会等更多参与项目评估评审工作。建立专家数据库，实行评估评审专家轮换、调整机制和回避制度。对采用视频或会议方式评审的，公布专家名单，强化专家自律，接受同行质询和社会监督；对采用通讯方式评审的，评审前专家名单严格保密，保证评审公正性。

（二十七）完善激发创新创造活力的相关制度和政策。完善科研人员收入分配政策，健全与岗位职责、工作业绩、实际贡献紧密联系的分配激励机制。健全科技人才流动机制，鼓励科研院所、高等学校与企业创新人才双向交流，完善兼职兼薪管理政策。加快推进事业单位科技成果使用、处置和收益管理改革，完善和落实促进科研人员成果转化的收益分配政策。加强知识产权运用和保护，落实激励科技创新的税收政策，推进科技评价和奖励制度改革，制定导向明确、激励约束并重的评价标准，充分调动项目承担单位和科研人员的积极性创造性。

八、明确和落实各方管理责任

（二十八）项目承担单位要强化法人责任。项目承担单位是科研项目实施和资金管理使用的责任主体，要切实履行在项目申请、组织实施、验收和资金使用等方面的管理职责，加强支撑服务条件建设，提高对科研人员的服务水平，建立常态化的自查自纠机制，严肃处理本单位出现的违规行为。科研人员要弘扬科学精神，恪守科研诚信，强化责任意识，严格遵守科研项目和资金管理的各项规定，自觉接受有关方面的监督。

（二十九）有关部门要落实管理和服务责任。科技行政主管部门要会同有关部门根据本意见精神制定科技工作重大问题会商与沟通的工作规则；项目主管部门和财政部门要制定或修订各类科技计划（专项、基金等）管理制度。各有关部门要建立健全本部门内部控制和监管体系，加强对所属单位科研项目和资金管理内部制度的审查；督促指导项目承担单位和科研人员依法合规开展科研活动，做好经常性的政策宣传、培训和科研项目实施中的服务工作。

各地区要参照本意见，制定加强本地财政科研项目和资金管理的办法。

国务院

2014 年 3 月 3 日

（此件有删减）

国务院办公厅关于强化企业技术创新主体地位
全面提升企业创新能力的意见

国办发〔2013〕8号

各省、自治区、直辖市人民政府，国务院各部委、各直属机构：

《国家中长期科学和技术发展规划纲要（2006—2020年）》实施以来，以企业为主体、市场为导向、产学研相结合的技术创新体系建设取得积极进展，激励企业创新的政策措施逐步完善，企业研发投入的积极性不断提高，研发能力得到增强，重点产业领域取得一批创新成果，为产业升级和结构调整提供了有力支撑。但目前我国企业创新能力依然薄弱，许多领域缺乏具有自主知识产权的核心技术，企业尚未真正成为创新决策、研发投入、科研组织和成果应用的主体，制约企业创新的体制机制障碍仍然存在。为深入贯彻落实党的十八大精神和《中共中央　国务院关于深化科技体制改革加快国家创新体系建设的意见》（中发〔2012〕6号），全面提升企业创新能力，经国务院同意，现提出以下意见。

一、指导思想和主要目标

（一）指导思想。坚持以邓小平理论、"三个代表"重要思想、科学发展观为指导，围绕促进科技与经济社会发展紧密结合，统筹发挥市场配置资源的基础性作用和政府的引导支持作用，以深入实施国家技术创新工程为重要抓手，建立健全企业主导产业技术研发创新的体制机制，促进创新要素向企业集聚，增强企业创新能力，加快科技成果转化和产业化，为实施创新驱动发展战略、建设创新型国家提供有力支撑。

（二）主要目标。到2015年，基本形成以企业为主体、市场为导向、产学研相结合的技术创新体系。培育发展一大批创新型企业，企业研发投入明显提高，大中型工业企业平均研发投入占主营业务收入比例提高到1.5%，行业领军企业达到国际同类先进企业水平，企业发明专利申请和授权量实现翻一番。企业主导的产学研合作深入发展，建设一批产业技术创新战略联盟和产业共性技术研发基地，突破一批核心、关键和共性技术，形成一批技术标准，转化一批重大科技成果。企业创新环境进一步优化，形成一批资源整合、开放共享的技术创新服务平台，面向企业的科技公共服务能力大幅度提高，涌现出一大批富有活力的科技型中小企业和民办科研机构。到 2020 年，企业主导产业技术研发创新的体制机制更加完善，企业创新能力大幅度提升，形成一批创新型领军企业，带动经济发展方式转变实现重大进展。

二、重点任务

（一）进一步完善引导企业加大技术创新投入的机制。企业要按照社会主义市场经济体制的要求，不断深化自身改革，适应市场化和全球化竞争的需要，增强创新驱动发展的内在动力；要明确企业主要负责人对技术研发的责任，加强研发能力和品牌建设，建立健全技术储备制度，提高持续创新能力和核心竞争力。各级政府要鼓励和引导企业加大研发投入，大力培育创新型企业，充分发挥其对技术创新的示范引领作用。推进科研项目经费后补助工作，鼓励和引导企业按照国家战略和市场需求先行投入开展研发项目。建立健全国有企业技术创新的经营业绩考核制度，落实和完善国有企业研发投入视同利润的考核措施，加强对不同行业研发投入和产出的分类考核。中央国有资本经营预算产业升级与发展专项资金要加大对中央企业技术创新的支持力度。国家科技计划项目征集和指南编制要充分听取企业专家的意见，产业化目标明确的重大科技项目由有条件的企业牵头组织实施。加强国家科技奖励对企业技术创新的引导激励。

（二）支持企业建立研发机构。引导企业围绕市场需求和长远发展，建立研发机构，健全组织技术研发、产品创新、科技成果转化的机制，大幅度提高大中型工业企业建立研发机构的比例。在明确定位和标准的基础上，引导企业建设国家重点实验室，围绕产业战略需求开展基础研究。在行业骨干企业建设一批国家工程（技术）研究中心、国家工程实验室，支持企业开展技术成果工程化研究。加强国家认定企业技术中心和技术创新示范企业工作。对企业国家重点实验室、国家工程（技术）研究中心、国家认定的企业技术中心以及科技类民办非企业单位，依据相关规定给予进口科技开发用品或科教用品的税收优惠政策。对民办科研机构等新型研发组织，在承担国家科技任务、人才引进等方面与同类公办科研机构实行一视同仁的支持政策。

（三）支持企业推进重大科技成果产业化。建立健全按产业发展重大需求部署创新链的科研运行机制和政策导向，推进新技术、新材料、新工艺、新模式、高端装备等的集成应用，实施国家高技术产业化示范项目、国家科技成果转化引导基金、国家重大科技成果转化项目、国家文化科技创新工程等，大力培育发展战略性新兴产业。组织实施用户示范工程，采取政策引导、鼓励社会资本投入等方式，促进科技成果推广应用，运用高新技术改造提升传统产业。依托国家自主创新示范区、国家高新技术产业开发区、国家创新型（试点）城市、国家高技术产业基地、国家新型工业化示范基地、信息化与工业化融合示范区、国家农业科技园区、国家级文化和科技融合示范基地、国家现代服务业产业化基地等，完善技术转移和产业化服务体系，吸引企业在区内设立研发机构，集聚高端人才，培育发展创新型产业集群。

（四）大力培育科技型中小企业。国家中小企业发展专项资金、中小企业技术改造资金等要大力支持中小企业技术创新和改造升级。扩大科技型中小企业技术创新基金规模，继续实施科技型中小企业创业投资引导基金、新兴产业创投计划、中小企业创新能力建设计划和中小企业信息化推进工程，强化火炬计划、星火计划、国家重点新产品计划对中小企业产品和技术创新的政策引导作用，引导和支持中小企业创新创业。综合采用买（卖）方信贷、知识产权和股权质押贷款、融资租赁、科技小额贷款、公司（企业）债券、集合信托、科技保险等方式，支持科技型企业开展技术创新融资。为小型微型科技企业创造公平竞争的市场环境，促进其健康发展。

（五）以企业为主导发展产业技术创新战略联盟。支持行业骨干企业与科研院所、高等学校签订战略合作协议，建立联合开发、优势互补、成果共享、风险共担的产学研用合作机制，组建产业技术创新战略联盟。支持联盟按规定承担产业技术研发创新重大项目，制订技术标准，编制产业技术路线图，构建联盟技术研发、专利共享和成果转化推广的平台及机制。积极探索依托符合条件的联盟成员单位建设国家重点实验室。深入开展联盟试点，加强对联盟的分类指导和监督评估。围绕培育发展战略性新兴产业，结合实施国家科技重大专项，通过联盟研发重大创新产品，掌握核心关键技术，构建产业链。围绕改造提升传统产业，通过联盟开展共性技术攻关，解决制约产业升级的重大制造装备、关键零部件、基础原材料、基础工艺及高端分析检测仪器设备等难题。围绕发展现代服务业，通过联盟加强技术创新、商业模式创新和管理创新，培育现代服务业新业态。

（六）依托转制院所和行业领军企业构建产业共性技术研发基地。针对重点行业和技术领域特点和需求，在钢铁、有色金属、装备制造、建材、纺织、煤炭、电力、油气、新能源与可再生能源、电子信息、生物医药、化工、轻工、现代农业、现代服务业等产业，依托骨干转制院所、行业特色高等学校和行业领军企业，通过体制机制创新，整合相关科研资源，推动建设一批产业共性技术研发基地，加强共性技术研发和成果推广扩散。对产业共性技术研发基地的运行管理、技术扩散服务的绩效实行定期评价。

（七）强化科研院所和高等学校对企业技术创新的源头支持。鼓励科研院所和高等学校与企业共建研发机构，共建学科专业，实施合作项目，加强对企业技术创新的理论、基础和前沿先导技术支持。实施卓越工程师教育培养等计划，推行产学研合作教育模式和"双导师"制，鼓励高等学校和企业联合制定人才培养标准，共同建设课程体系和教学内容，共同实施培养过程，共同评价培养质量。推动科研院所、高等学校面向市场转移科技成果，有条件的科研院所、高等学校应建立专业技术转移机构和技术成果供需平台。完善落实股权、期权激励和奖励等收益分配政策，以及事业单位国有资产处置收益政策和人事考核评价制度，鼓励科研院所、高等学校科技人员转化科技成果。

（八）完善面向企业的技术创新服务平台。面向行业技术创新需求，促进科技资源整合和优势互补，推动形成一批专业领域技术创新服务平台，培育一批专业化、社会化、网络化的示范性科技中介服务机构。以中央财政资金为引导，带动地方财政和社会投入，支持围绕地方特色优势产业和战略性新兴产业创新发展的区域公共科技服务平台建设。推动平台面向中小企业提供研发设计、检验检测、技术转移、大型共用软件、知识产权、标准、质量品牌、人才培训等服务，提高专业化服务能力和网络化协同水平。探索通过购买公共服务等方式，引导建立促进技术创新服务平台有效运行的良好机制。加快建设技术交易市场体系、科技创业孵化网络和科技企业加速成长机制。

（九）加强企业创新人才队伍建设。在海外高层次人才引进计划、创新人才推进计划等相关重大人才工程和政策实施中，支持企业引进海外高层次人才，引导和支持归国留学人员创业。加强专业技术人才和高技能人才队伍建设，培养科技领军人才、优秀创新团队。加强对企业科研和管理骨干的培训。健全科技人才流动机制，鼓励科研院所、高等学校和企业创新人才双向流动和兼职。继续坚持企业院士专家工作站、博士后工作站、科技特派员等科技人员服务企业的有效方式，不断完善评价制度，构建长效机制，对于服务企业贡献突出的科技人员，采取优先晋升职务职称等奖励措施。广泛开展职工合理化建议、技术革新、技能大赛等群众性技术创新活动，对有突出贡献的职工优先晋升技术技能等级，充分调动职工参与技术创新的积极性，提高企业职工科技素质。

（十）推动科技资源开放共享。健全科技资源开放共享制度，深入开展全国科技资源调查，促进科技资源优化配置和高效利用。建立健全科研院所、高等学校、企业的科研设施和仪器设备等科技资源向社会开放的合理运行机制。加大国家重点实验室、国家工程实验室、国家工程（技术）研究中心、大型科学仪器中心、分析测试中心等向企业开放服务的力度，将资源开放共享情况作为其运行绩效考核的重要指标。加强对国家科技基础条件平台开放服务工作的绩效评价和奖励补助，积极引导其对企业开展专题服务。加强区域性科研设备协作，提高对企业技术创新的支撑服务能力。

（十一）提升企业技术创新开放合作水平。鼓励企业通过人才引进、技术引进、合作研发、委托研发、建立联合研发中心、参股并购、专利交叉许可等方式开展国际创新合作。加强国际科技创新信息收集分析，为企业开展国际科技合作提供服务。鼓励企业到海外建立研发机构，联合科研院所承担国际科技合作项目。支持企业参加各类国际标准组织，积极参与国际技术标准制修订。鼓励和支持企业向国外申请知识产权。加大国家科技计划开放合作力度，鼓励跨国公司依法在我国设立研发机构，与我国企业、科研院所和高等学校开展合作研发，共建研发平台，联合培养人才。

（十二）完善支持企业技术创新的财税金融等政策。完善和落实企业研发费用税前加计扣除政策，加大企业研发设备加速折旧政策的落实力度。完善高新技术企业认定办法，落实税收优惠政策。促进科技和金融结合，在风险可控原则下和国家允许的业务范围内，加大政策性银行对企业转化科技成果和进出口关键技术设备的支持力度，鼓励商业银行开发支持企业技术创新的贷款模式、产品和服务，加大对企业技术创新的融资支持。建立健全首台（套）重大技术装备保险机制，支持企业研发和推广应用重大创新产品。加大对符合条件的创新型企业上市融资以及已上市创新型企业再融资和市场化并购重组的支持力度，支持科技成果出资入股并确认股权。切实加强知识产权保护，依法惩治侵犯知识产权的违法犯罪行为。

三、组织实施

（一）加强组织领导，强化统筹推进。各地方、各部门要切实增强责任感和紧迫感，围绕全面实施创新驱动发展战略，加大推进技术创新的力度，全面提升企业创新能力。科技、发展改革、财政、教育、工业和信息化、农业、人力资源社会保障、国资、金融、工会等有关部门和单位要建立深入实施国家技术创新工程的联合推进机制，发挥各自优势，加强协同创新，形成工作合力。各地方要结合实际，制定贯彻本意见的具体方案。要充分调动各方面的积极性，共同推进企业技术创新工作。

（二）加强监测评估，务求取得实效。要加强分类指导，建立监测评价机制，对各项重点任务推进和各项政策措施落实的情况进行督促检查，定期总结和发布工作进展情况。逐步建立企业技术创新调查制度。对探索性强的政策任务要加强研究，通过试点积累经验，并及时总结推广。要加强宣传和舆论引导，大力宣传企业技术创新工作的重要意义、政策措施、进展成效和先进经验，营造有利于工作顺利推进的良好社会氛围。

国务院办公厅

2013 年 1 月 28 日

关于开展科技专家参与科技型中小企业
贷款项目评审工作的通知

国科发财〔2010〕44 号

各省、自治区、直辖市、计划单列市科技厅（委、局），新疆生产建设兵团科技局，深圳市科工贸信委，各银监局，各银行，各有关科技专家：

为贯彻落实《国务院关于发挥科技支撑作用，促进经济平稳较快发展的意见》（国发〔2009〕9 号）和中央经济工作会议精神，进一步推动银行支持科技型中小企业发展，加快培育战略性新兴产业，提高银行贷款的科学性，根据银监会、科技部《关于进一步加大对科技型中小企业信贷支持的指导意见》（银监发〔2009〕37 号）和《关于选聘科技专家参与科技型中小企业项目评审工作的指导意见》（银监发〔2009〕64 号）要求，科技部、银监会决定启动科技专家参与科技型中小企业贷款项目评审工作。现将有关事项通知如下：

一、科技部从国家科技计划专家库中选择出部分符合要求的科技专家，经商银监会后，由中国银行业协会建立科技专家库。地方科技部门可参照有关条件，结合本地产业发展的需求，提出补充科技专家名单，经商银监局后联合报科技部；科技部会同银监会审核后，将审核通过的科技专家名单告知中国银行业协会、有关地方科技部门和银监局；中国银行业协会负责将通过审核的科技专家补充加入科技专家库，并告知协会会员单位；地方科技部门通知有关科技专家。

二、银行业金融机构在进行科技型中小企业贷款项目审查或其他涉及科学技术的项目审查时，需要科技专家提供咨询服务的，可从科技专家库中选择。

三、在进行贷款项目咨询时，银行应与科技专家约定咨询内容、咨询费用、反馈时间和要求等事项。咨询可以通过电话、邮件、实地考察等多种方式进行。

四、科技专家要高度重视向银行提供咨询服务工作，发挥自身专业知识、信息网络和熟悉科技产业政策等优势，对银行提出的咨询服务需求，及时做出科学、合理、公正、客观的回复意见，并保守咨询工作秘密。

五、科技部、银监会委托中国银行业协会具体负责实施科技专家为银行业金融机构提供咨询服务工作，收集整理各方面的意见和建议。中国银行业协会负责编制的科技专家手册将发至协会会员单位，供开展工作之用。

六、考虑到该项工作涉及面广、内容复杂、创新性强，科技部、银监会决定该项工作从本通知发布之日起，先期试行一年。各地科技部门、银监局、银行业协会要加强联系与合作，注意总结经验。银行业金融机构及科技专家有何意见和建议可随时向科技部、银监会和中国银行业协会反映。

科学技术部　中国银监会

二〇一〇年二月二日

关于印发促进科技和金融结合
试点实施方案的通知

国科发财〔2010〕720号

各省、自治区、直辖市、计划单列市科技厅（委、局），新疆生产建设兵团科技局，中国人民银行上海总部、各分行、营业管理部、省会（首府）城市中心支行、副省级城市中心支行，各省、自治区、直辖市银监局、证监局、保监局：

为全面贯彻党的十七大和十七届五中全会精神，加快实施《国家中长期科学和技术发展规划纲要（2006—2020年)》及其配套政策，促进科技和金融结合，加快科技成果转化，培育发展战略性新兴产业，支撑和引领经济发展方式转变，科技部、中国人民银行、中国银监会、中国证监会、中国保监会决定联合开展"促进科技和金融结合试点"。

现将《促进科技和金融结合试点实施方案》（见附件）印发你们，请结合实际制定具体方案，积极申报试点，并认真组织实施。

附件：促进科技和金融结合试点实施方案

科学技术部　中国人民银行　中国银监会
中国证监会　中国保监会
二○一○年十二月十六日

附件：

促进科技和金融结合试点实施方案

为全面贯彻党的十七大和十七届五中全会精神，加快实施《国家中长期科学和技术发展规划纲要（2006—2020年)》及其金融配套政策，促进科技和金融结合，加快科技成果转化，增强自主创新能力，培育发展战略性新兴产业，支撑和引领经济发展方式转变，全面建设创新型国家，科技部会同中国人民银行、中国银监会、中国证监会、中国保监会联合开展"促进科技和金融结合试点"工作，试点实施方案如下。

一、指导思想和基本原则

组织开展"促进科技和金融结合试点"，要深刻把握科技创新和金融创新的客观规律，创新体制机制，突破瓶颈障碍，选择国家高新区、国家自主创新示范区、国家技术创新工程试点省（市）、创新型试点城市等科技金融资源密集的地区先行先试。

（一）指导思想。

深入贯彻落实科学发展观，围绕提高企业自主创新能力、培育发展战略性新兴产业、支撑引领经济发展方式转变的目标，创新财政科技投入方式，探索科技资源与金融资源对接的新机制，引导社会资本积极参与自主创新，提高财政资金使用效益，加快科技成果转化，促进科技型中小企业成长。

（二）基本原则。

1. 坚持统筹协调。加强多部门沟通与协调，统筹规划科技与金融资源，突出体制机制创新，优化政策环境，形成合力，实现科技资源与金融资源有效对接。

2. 加强协同支持。加强工作指导和政策引导，实现上下联动，充分调动和发挥地方的积极性与创造性，加大资源条件保障和政策扶持力度，以地方为主开展试点工作。

3. 实现多方共赢。发挥政府的引导和带动作用，运用市场机制，引导金融机构积极参与科技创新，突破科技型中小企业融资瓶颈，实现多方共赢和长远发展。

4. 突出特色优势。根据各地科技发展水平、金融资源聚集程度、产业特征和发展趋势等实际情况，明确地方发展目标和任务，充分发挥自身特色和优势，坚持整体推进与专项突破相结合，开展创新实践。

5. 发挥试点效应。试点由地方自愿申报，鼓励、支持和指导地方先行先试，及时总结和推广成功经验，发挥试点的示范效应。

（三）总体目标。

通过开展试点，为全面推进科技金融工作提供实践基础，为地方实施科技金融创新营造政策空间，以试点带动示范，不断完善体制，创新机制模式，加快形成多元化、多层次、多渠道的科技投融资体系。

二、试点内容

针对科技支撑引领经济发展中面临的新形势、新任务，通过创新财政科技投入方式，引导和促进银行业、证券业、保险业金融机构及创业投资等各类资本创新金融产品、改进服务模式、搭建服务平台，实现科技创新链条与金融资本链条的有机结合，为从初创期到成熟期各发展阶段的科技企业提供差异化的金融服务。试点地区可以结合实际，选择具有基础和优势的试点内容，突出特色，大胆探索，先行先试。

（一）优化科技资源配置，创新财政科技投入方式。

综合运用无偿资助、偿还性资助、风险补偿、贷款贴息以及后补助等方式引导金融资本参与实施国家科技重大专项、科技支撑计划、火炬计划等科技计划；进一步发挥科技型中小企业技术创新基金投融资平台的作用，运用贴息、后补助和股权投资等方式，增强中小企业商业融资能力；建立科技成果转化项目库，运用创业投资机制，吸引社会资本投资科技成果转化项目；扩大创业投资引导基金规模，鼓励和支持地方科技部门、国家高新区建立以支持初创期科技型中小企业为主的创业投资机构；建立贷款风险补偿基金，完善科技型中小企业贷款风险补偿机制，引导和支持银行业金融机构加大科技信贷投入；建立和完善科技保险保费补助机制，重点支持自主创新首台（套）产品的推广应用和科技企业融资类保险；发挥税收政策的引导作用，进一步落实企业研发费用加计扣除政策和创业投资税收优惠政策，研究对金融机构支持自主创新的税收政策。

（二）引导银行业金融机构加大对科技型中小企业的信贷支持。

建立和完善科技专家库，组织开展科技专家参与科技型中小企业贷款项目评审工作，为银行信贷提供专业咨询意见，建立科技专家网上咨询工作平台。

在有效控制风险的基础上，地方科技部门（国家高新区）与银行合作建设一批主要为科技型中小企业提供信贷等金融服务的科技金融合作试点支行；

组建为科技型中小企业提供小额、快速信贷服务的科技小额贷款公司，加强与银行、担保机构的合作，创新金融业务和金融产品，为科技型中小企业提供多种金融服务。加强与农村金融系统的合作，创新适应农村科技创新创业特点的科技金融服务方式。推动建立专业化的科技融资租赁公司，支持专业化的科技担保公司发展。

在有条件的地区开展高新技术企业信用贷款试点，推动开展知识产权质押贷款和高新技术企业股权质押贷款业务。

（三）引导和支持企业进入多层次资本市场。

支持和推动科技型中小企业开展股份制改造，完善非上市公司股份公开转让的制度设计，支持具备条件的国家高新区内非上市股份公司进入代办系统进行股份公开转让。

进一步发挥技术产权交易机构的作用，统一交易标准和程序，建立技术产权交易所联盟和报价系统，为科技成果流通和科技型中小企业通过非公开方式进行股权融资提供服务。

培育和支持符合条件的高新技术企业在中小板、创业板及其他板块上市融资。组织符合条件的高新技术企业发行中小企业集合债券和集合票据；探索发行符合战略性新兴产业领域的高新技术企业高收益债券。

（四）进一步加强和完善科技保险服务。

进一步深化科技保险工作，不断丰富科技保险产品，完善保险综合服务，鼓励各地区开展科技保险工作。鼓励保险公司开展科技保险业务，支持保险公司创新科技保险产品，完善出口信用保险功能，提高保险中介服务质量，加大对科技人员保险服务力度，完善科技保险财政支持政策，进一步拓宽保险服务领域。

建立自主创新首台（套）产品风险分散机制，实施科技保险保费补贴政策，支持开展自主创新首台（套）产品的推广应用、科技企业融资以及科技人员保障类保险。探索保险资金参与国家高新技术产业开发区基础设施建设、战略性新兴产业培育和国家重大科技项目投资等支持科技发展的方式方法。

（五）建设科技金融合作平台，培育中介机构发展。

建立和完善科技成果评价和评估体系，培育一批专业化科技成果评估人员和机构。加快发展科技担保机构、创业投资机构和生产力促进中心、科技企业孵化器等机构，为科技型中小企业融资提供服务。推动地方科技部门和国家高新区建立科技金融服务平台，打造市场化运作的科技金融重点企业，集成科技金融资源为企业提供综合服务。

（六）建立和完善科技企业信用体系。

推广中关村科技园区信用体系建设的经验和模式，开展科技企业信用征信和评级，依托试点地区建立科技企业信用体系建设示范区。引入专业信用评级机构，试点开展重点高新技术企业信用评级工作，推动建立高新技术企业信用报告制度。

（七）组织开展多种科技金融专项活动。

组织开展农业科技创新、科技创业计划、大学生科技创新创业大赛等主题活动；实施科技金融专项行动，组织创业投资机构、银行、券商、保险、各类科技金融中介服务机构等的专业人员为科技企业提供全方位投融资和金融服务；举办各种科技金融论坛和对接活动；开展科技金融培训。

三、组织实施

（一）加强试点工作的组织领导。

科技部会同中国人民银行、中国银监会、中国证监会、中国保监会等部门共同推进试点工作，建立与财政部、国家税务总局的沟通协调机制，定期召开部门协调会议，研究决定试点的重大事项，统筹规划科技与金融资源，督促检查试点进展，组织开展调查研究，总结推广试点经验，共同指导地方开展创新实践。

（二）建立部门协同、分工负责机制。

根据实施方案，结合相关部门职能，发挥各自优势，落实相应责任；各部门及其地方分支机构加强对试点地区的对口工作指导和支持。各部门制定的有利于自主创新的政策，可在试点地区先行先试。加强部门间的协调配合，针对试点中出现的新情况、新问题，及时研究采取有效措施。

（三）形成上下联动的试点工作推进机制。

试点地方要成立以主要领导同志为组长，科技、财政、税务、金融部门和机构参加的试点工作领导小组，加强组织保障，创造政策环境，结合试点地方经济社会发展水平，合理确定目标任务，研究制定试点工作实施方案，落实保障措施，充分调动地方有关部门的积极性和创造性，扎实推进试点工作，形成上下联动、协同推进的工作格局。试点实施方案报批后，要积极组织力量加快实施。科技部会同地方政府安排必要的经费，保障试点工作推动和开展。

（四）加强试点工作的研究、交流和经验推广。

加强对试点重大问题的调查研究，为深化试点提供理论指导和政策支持。建立试点工作定期交流研讨制度，及时交流试点进展，研讨重点问题，总结工作经验。加大对试点地方典型经验的宣传和推广，发挥试点地方的示范作用，带动更多地方促进科技和金融结合，加快推进自主创新。

建立实施试点的监督检查机制，对在试点实施过程中表现突出的个人和机构给予表彰及奖励，对工作落实不到位、试点进展缓慢的地区加强督导，直至取消试点资格。

关于进一步促进科技型中小企业
创新发展的若干意见

国科发政〔2011〕178 号

为深入贯彻党的十七届五中全会精神，落实《国民经济和社会发展第十二个五年规划纲要》和《国务院关于进一步促进中小企业发展的若干意见》（国发〔2009〕36 号），进一步支持科技型中小企业增强创新能力，促进创新发展，发挥其在推进经济结构战略性调整、加快转变经济发展方式和建设创新型国家中的重要作用。现提出以下意见：

一、充分认识促进科技型中小企业创新发展的重要意义

科技型中小企业是一支主要从事高新技术产品研发、生产和服务的企业群体，是我国技术创新的主要载体和经济增长的重要推动力量，在促进科技成果转化和产业化、以创新带动就业、建设创新型国家中发挥着重要作用。长期以来，党中央国务院十分重视科技型中小企业发展，各部门、各地方采取多种措施支持科技型中小企业发展。国民经济各个行业的科技型中小企业，为促进先进适用技术应用、高新技术产业化和战略性新兴产业发展，推动科技与经济紧密结合作出了积极贡献。但是，我国科技型中小企业的创新发展仍然面临着融资渠道不畅，创新人才缺乏，支撑创新的公共服务不足，政策环境有待完善以及自身管理水平不高等问题。因此，需要进一步集中各方力量，汇聚创新资源，优化创新环境，激发创新活力，拓展发展空间，培育壮大科技型中小企业群体，带动广大中小企业走创新发展道路，为经济结构的战略性调整提供重要支撑。

二、支持科技型中小企业加强产学研合作，应用高新技术及先进适用技术

（一）推动科技型中小企业开展产学研合作。支持高等学校、科研院所与科技型中小企业共建研发机构、联合开发项目、共同培养人才。在产业技术创新战略联盟构建中根据产业链需要，大力吸纳科技型中小企业参与。继续开展科技人员服务企业行动。通过科技特派员、创业导师等方式组织科技人员帮助科技型中小企业解决技术难题。

（二）推进科技中介机构服务科技型中小企业。继续实施生产力促进中心服务产业集群、服务基层科技专项行动。加快建设技术转移示范机构、科技企业孵化器、创新驿站和技术产权交易市场。继续推进技术转移等专业化联盟建设。支持高等学校、科研院所建立专门的成果转化机构。推进各类技术转移机构专业化、社会化和网络化发展，鼓励科技中介机构开展面向科技型中小企业的服务。

（三）支持科技型中小企业应用高新技术和先进适用技术。鼓励高等学校、科研院所以及各类财政性资金支持形成的科技成果向科技型中小企业转移。结合创新人才推进计划，鼓励拥有科技成果的科技人员自主创业，领办创办科技型中小企业。围绕节能减排、低碳发展等重大任务，通过固定资产加速折旧等方式，鼓励科技型中小企业吸纳和应用高新技术和先进适用技术，实现技术升级。在十城万盏、十城千辆、金太阳等试点示范工程中充分发挥科技型中小企业的作用，鼓励科技型中小企业利用高新技术和先进适用技术生产节能减排的绿色产品。

三、引导科技型中小企业集群发展

（四）发挥科技园区和基地的集聚作用，促进科技型中小企业集群发展。以高新区、农业科技园及大学科技园、高新技术产业化基地、火炬计划特色产业基地、火炬计划软件产业基地等为载体促进科技型中小企业集群发展。在国家高新区开展创新型产业集群建设试点工作，通过火炬计划、科技型中小企业技术创新基金和农业科技成果转化资金等项目实施，吸引科技型中小企业按专业特色、产业链关系向国家高新区集聚。培育集群品牌，形成龙头企业。充分发挥科技企业孵化器的培育功能，引导科技企业孵化器专业化、网络化建设。

（五）围绕培育发展战略性新兴产业，引导科技型中小企业集群发展。根据国家战略性新兴产业发展规划布局，引导各级政府的专项资金向科技型中小企业集群倾斜。构建支撑战略性新兴产业的技术创新服务平台，为科技型中小企业集群发展提供服务。鼓励科技型中小企业结合区域优势、产业基础等条件形成支撑与服务战略性新兴产业发展的企业集群。

四、加强对科技型中小企业技术创新的公共服务

（六）加强技术创新服务平台建设。通过政策引导和试点带动，整合资源，以用为本，推进技术创新服务平台为科技型中小企业服务。开展面向科技型中小企业的专题服务行动，为科技型中小企业技术创新提供设计、信息、研发、试验、检测、新技术推广、技术培训等服务。

（七）鼓励高等学校、科研院所、大型企业开放科技资源。引导高等学校、科研院所的科研基础设施和设备、自然科技资源、科学数据、科技文献等科技资源进一步向科技型中小企业开放。支持社会公益类科研院所为企业提供检测、标准等服务。引导和支持各类基础条件平台为科技型中小企业提供服务。推动国家重点实验室、国家工程（技术）研究中心、大型科学仪器中心、分析测试中心等进一步向科技型中小企业开放。鼓励有条件的大型企业向科技型中小企业开放研究实验条件。

（八）加强知识产权与标准服务。强化对科技型中小企业知识产权的专题培训，提高科技型中小企业的知识产权意识和管理能力，帮助科技型中小企业完善知识产权管理制度，培养专业人才。在知识产权信息查询与分析、专利申请、知识产权保护及纠纷处理等方面为科技型中小企业提供专业化咨询服务。吸纳科技型中小企业参与有关技术标准的制订工作，鼓励科技型中小企业根据产业发展需要联合制订技术标准。

（九）充分发挥各类社会化专业机构的作用。促进从事管理咨询、注册咨询、会计事务、审计事务、法律援助、人才培训、国际技术转移等专业服务的社会化机构为科技型中小企业提供服务。支持建立汇集各类专业机构的信息服务平台，为科技型中小企业的各类服务需求提供网络支撑。鼓励专业化机构通过培训、示范等多种方式在科技型中小企业中推广应用创新方法。探索通过政府购买服务等方式，促进各类专业机构为科技型中小企业提供优质服务。

（十）支持科技型中小企业国际化发展。充分发挥驻外使领馆科技处组、各类国际科技合作基地的信息与中介服务作用，在项目推荐、人才引进、信息收集等方面为科技型中小企业开展多种形式服务。鼓励支持有条件的科技型中小企业到境外拓展业务，开发市场，开展国际合作与交流。

五、拓展科技型中小企业的融资渠道

（十一）深入开展促进科技和金融结合试点。会同有关金融监管部门和金融机构共同组织开展促进科技和金融结合试点工作。通过创新投入方式和金融产品，改进服务模式，搭建科技金融服务平台，加强科技资源与金融资源的有效对接。依托国家自主创新示范区、国家高新区、创新型试点城市和部分省市开展的国家技术创新工程试点，开展促进科技和金融结合试点工作，为科技型中小企业创造良好的投融资环境。

（十二）引导银行业金融机构积极支持科技型中小企业技术创新。对纳入国家及省、自治区、直辖市的各类科技计划的科技型中小企业技术创新项目，按照国家产业政策导向和信贷原则，鼓励商业银行积极提供信贷支持。积极探索支持科技创新的政策性融资方式。利用知识产权和股权质押贷款、科技小额贷款公司和银行科技支行等方式扶持科技型中小企业创新发展。推进科技专家参与科技型中小企业贷款项目评审。组织开展对科技型中小企业的信用评价，加快科技型中小企业信用体系建设。

（十三）建立和完善科技型中小企业融资担保体系。鼓励各级政府科技管理部门、国家高新区设立多层次、专业化的科技担保公司和再担保机构，逐步建立和完善科技型中小企业融资担保体系。通过风险补偿和奖励等政策，积极引导和鼓励各类担保机构为科技型中小企业技术创新项目或自主知识产权产业化项目贷款提供担保服务。进一步深化科技保险试点，鼓励保险机构开发为科技型中小企业服务的保险产品。

（十四）加快科技型中小企业股权投资体系建设。鼓励地方科技管理部门、国家高新区大力发展创业风险投资，为种子期科技型中小企业提供资金支持。进一步加强科技型中小企业创业投资引导基金的实施力度，引导社会资金进入创业投资领域，引导创业投资机构投资于初创期科技型中小企业，对投资于初创期科技型中小企业的创业投资机构给予税收优惠。倡导私募股权基金和各类社会投资机构对科技型中小企业的投资，有效扩大科技型中小企业股权投资的资金供给量。

（十五）利用多层次资本市场支持科技型中小企业发展。充分发挥中小板市场、创业板市场、股权代办系统等对科技型中小企业的培育和促进作用。扩大股权代办转让系统试点范围，支持具备条件的国家高新区内非上市股份

公司进入代办系统，支持符合条件的科技型中小企业在创业板及其他板块上市融资。大力推动科技型中小企业的改制上市进程。探索利用债券工具和信托工具为科技型中小企业融资的有效形式和途径。

六、引导科技型中小企业加大技术创新投入

（十六）鼓励科技型中小企业加大研发投入。加强已有政策落实力度，鼓励科技型中小企业加大研发投入，开展研发活动。对于研发投入占企业总收入的比例达到5%以上的科技型中小企业，探索多种形式的鼓励、补贴机制。

（十七）进一步发挥科技型中小企业技术创新基金的引导作用。力争逐年稳定增加中央财政预算支持科技型中小企业技术创新的专项资金规模。创新支持方式，扩大资助范围，加大对战略性新兴产业科技型中小企业的支持力度。鼓励地方加大科技型中小企业技术创新基金规模，带动社会资金支持科技型中小企业创新发展。

（十八）充分利用科技计划资源支持科技型中小企业技术创新。加大国家火炬计划、重点新产品计划、星火计划、科技富民强县专项行动计划对科技型中小企业技术创新活动的支持力度。研究建立国家科技成果转化引导基金。扩大科技型中小企业参与国家863计划、科技支撑计划项目的比例。

七、完善科技型中小企业创新发展的政策环境

（十九）完善促进科技型中小企业发展的政策法规。进一步梳理和评估已经出台的政策法规，针对突出问题补充完善相关政策措施。各地方结合本地情况，制订促进科技型中小企业发展的配套政策。依托国家自主创新示范区、创新型试点城市和部分省市开展的国家技术创新工程试点工作，开展促进科技型中小企业创新发展相关政策的先行先试。

（二十）实施有利于科技型中小企业吸引人才的政策。结合创新人才推进计划、海外高层次人才引进计划、青年英才开发计划和国家高技能人才振兴计划等各项国家人才重大工程的实施，支持科技型中小企业吸引和凝聚创新创业人才。针对科技型中小企业的人才需求，提供信息咨询、专业培训等服务。鼓励科技型中小企业与高等学校、职业院校建立定向、订单式的人才培养机制。探索对符合条件的科技型中小企业聘用人才给予适当补助支持。

（二十一）加大政策落实力度。加强企业研究开发费用税前加计扣除、技术转让以及高新技术企业、软件企业和技术先进型服务企业等税收优惠政策

在科技型中小企业群体中落实情况的跟踪检查，及时分析问题、采取措施，保证各项政策的有效落实。继续实施国家大学科技园和科技企业孵化器税收减免政策，为科技型中小企业发展创造良好环境。

促进科技型中小企业创新发展既是一项事关创新型国家建设和全面建设小康社会全局的长期战略任务，也是当前推进经济结构战略性调整和加快转变经济发展方式的迫切需求。各地方科技管理部门要加强与有关部门的沟通协调，结合各地情况，采取有效措施，制定相应落实办法，切实抓好本意见的落实。

科学技术部

二〇一一年五月十二日

关于促进科技和金融结合
加快实施自主创新战略的若干意见

国科发财〔2011〕540号

各省、自治区、直辖市、计划单列市科技厅（委、局）、财政厅（局），中国人民银行上海总部、各分行、营业管理部、省会（首府）城市中心支行、副省级城市中心支行，各省、自治区、直辖市、计划单列市国资监管机构、国家税务局、银监局、证监局、保监局，各中央企业：

为贯彻党的十七届五中全会精神，落实《国家中长期科学和技术发展规划纲要（2006—2020年)》和《国家"十二五"科学和技术发展规划》，促进科技和金融结合，推进自主创新，培育发展战略性新兴产业，支撑和引领经济发展方式转变，加快建设创新型国家，提出以下意见：

一、充分认识科技和金融结合的重要意义

科技创新能力的提升与金融政策环境的完善是加快实施自主创新战略的基础和保障。促进科技和金融结合是支撑和服务经济发展方式转变和结构调整的着力点。

（一）科学技术是第一生产力，金融是现代经济的核心。科技创新和产业化需要金融的支持，同时也为金融体系健康发展拓展了空间。就全球产业革命而言，每一次产业革命的兴起无不源于科技创新，成于金融创新。实践证明，科技创新和金融创新紧密结合是社会变革生产方式和生活方式的重要引擎。在当前全球孕育新一轮创新竞争高潮、我国加快转变经济发展方式的关键时期，加强引导金融资源向科技领域配置，促进科技和金融结合，是加快科技成果转化和培育战略性新兴产业的重要举措，是深化科技体制和金融体制改革的根本要求，是我国提高自主创新能力和建设创新型国家的战略选择。要站在全局和战略的高度，充分认识促进科技和金融结合对于转变经济发展方式和经济结构战略性调整，实现科学发展的重要意义。深化科技、金融和管理改革创新，实现科技资源与金融资源的有效对接，加快形成多元化、多层次、多渠道的科技投融资体系，为深入实施自主创新战略提供重要保障。

二、优化科技资源配置，建立科技和金融结合协调机制

（二）创新财政科技投入方式与机制。推动建立以企业为主体、市场为导向、产学研相结合的技术创新体系，加快推进科技计划和科技经费管理制度改革，促进政产学研用结合，综合运用无偿资助、偿还性资助、创业投资引导、风险补偿、贷款贴息以及后补助等多种方式，引导和带动社会资本参与科技创新。中央财政设立国家科技成果转化引导基金，通过设立创业投资子基金、贷款风险补偿和绩效奖励等方式，引导金融资本和民间资金促进科技成果转化，地方可以参照设立科技成果转化引导基金。

（三）建立和完善科技部门与金融管理部门、财税部门、国资监管机构的科技金融协调机制。重点围绕促进科技创新和产业化的目标制定和落实相关支持政策和措施。加强中央层面与地方层面的科技金融工作联动，构建以政府投入为引导、企业投入为主体，政府资金与社会资金、股权融资与债权融资、直接融资与间接融资有机结合的科技投融资体系。各地要加强对科技和金融结合工作的指导，推进科技部门、高新区与地方金融管理部门的合作，统筹协调科技金融资源，搭建科技金融合作平台，优选优育科技企业资源，推动创业投资机构、银行、券商和保险机构等创新金融产品及服务模式，优化金融生态环境，提升区域经济活力和创新能力。

三、培育和发展创业投资

（四）充分发挥创业投资引导基金的重要作用。扩大科技型中小企业创业投资引导基金规模，综合运用阶段参股、风险补助和投资保障等方式，引导创业投资机构向初创期科技型中小企业投资，促进科技型中小企业创新发展。鼓励和支持地方规范设立和运作创业投资引导基金，逐步形成上下联动的创业投资引导基金体系，引导更多社会资金进入创业投资领域，促进政府引导、市场运作的创业投资发展。

（五）充分发挥国有创业投资的重要作用，推动国有创业投资机构加大对初创期科技型中小企业投资力度。创新国有创业投资管理制度，探索建立适合创业投资发展规律的资本筹集、投资决策、考核评价、转让退出和激励约束等制度。国有创业投资机构和国有创业投资引导基金投资于未上市中小企

业，符合条件的，可申请豁免国有股转持义务。

各类国有及国有控股科技型企业应根据自身特点探索整体或按科技成果转化项目引入私募股权基金、风险资本等，组合各类社会资本，实现投资主体多元化，改善治理结构，创新发展体制，增强自主创新能力，加快科技成果转化。

（六）鼓励民间资本进入创业投资行业。逐步建立以政府资金为引导、民间资本为主体的创业资本筹集机制和市场化的创业资本运作机制，完善创业投资退出渠道，引导和支持民间资本参与自主创新。

探索科技项目与创业投资的对接机制，引导金融资本进入工业、现代农业、民生等领域。

（七）加强创业投资行业自律与监管。充分发挥全国性创业投资行业自律组织的作用，加强行业自律，规范引导创业投资行业健康发展。完善全国创业投资调查统计和年报制度，加强和完善全国创业投资信息系统建设。

四、引导银行业金融机构加大对科技型中小企业的信贷支持

（八）优化信贷结构，加大对自主创新的信贷支持。金融机构要把落实自主创新战略放在突出位置，加强对重点科技工作的信贷支持和金融服务。金融机构要加强与科技部门合作，在国家科技重大专项、国家科技支撑计划、国家高技术研究发展计划（863计划）、星火计划、火炬计划等国家科技计划以及国家技术创新工程、国家高新区基础设施及地方科技重大专项和科技计划、科技型企业孵化抚育、科技成果转化、战略性新兴产业培育等重点科技工作领域内，进一步加大对自主创新的信贷支持力度。

（九）加强信用体系建设，推进科技型企业建立现代企业制度。在加强信用环境和金融生态建设的基础上，依托国家高新区建立科技企业信用建设示范区，优化区域投融资环境。发挥信用担保、信用评级和信用调查等信用中介的作用，利用中小企业信用担保资金等政策，扩大对科技型中小企业的担保业务，提升科技型中小企业信用水平。按照创新体制、转换机制的原则，推动科技型企业进行股份制改造，建立现代企业制度，更新投融资观念，为科技和金融结合奠定基础。

（十）引导政策性银行在风险可控原则下，积极支持国家科技重大专项、重大科技产业化项目，加大对科技成果转化项目以及高新技术企业发展所需的核心技术和关键设备进出口的支持力度，在其业务范围内为科技型企业提供金融服务。

（十一）鼓励商业银行先行先试，积极探索，进行科技型中小企业贷款模式、产品和服务创新。根据科技型中小企业融资需求特点，加强对新型融资模式、服务手段、信贷产品及抵（质）押方式的研发和推广。对处于成熟期、经营模式稳定、经济效益较好的科技型中小企业，鼓励金融机构优先给予信贷支持，简化审贷程序；对于具有稳定物流和现金流的科技型中小企业，可发放信用贷款、应收账款质押和仓单质押贷款。扩大知识产权质押贷款规模，推进高新技术企业股权质押贷款业务。综合运用各类金融工具和产品，开展信贷、投资、债券、信托、保险等多种工具相融合的一揽子金融服务。

（十二）鼓励商业银行创新金融组织形式，开展科技部门与银行之间的科技金融合作模式创新试点。依托国家高新区，鼓励商业银行新设或改造部分分（支）行作为专门从事科技型中小企业金融服务的专业分（支）行或特色分（支）行，积极向科技型中小企业提供优质的金融服务。完善科技专家为科技型中小企业贷款项目评审提供咨询服务的工作机制。

（十三）依托国家高新区等科技型企业聚集的地区，在统筹规划、合理布局、加强监管、防控风险的基础上，建立科技小额贷款公司。鼓励科技小额贷款公司积极探索适合科技型中小企业的信贷管理模式。推动银行业金融机构与非银行金融机构深入合作，鼓励民间资本进入金融领域，形成科技小额贷款公司、创业投资机构、融资租赁公司、担保公司、银行专营机构等资源集成、优势互补的创新机制，做好科技型中小企业从初创期到成熟期各发展阶段的融资方式衔接。

（十四）通过风险补偿、担保业务补助等增信方式，鼓励和引导银行进一步加大对科技型中小企业的信贷支持力度。建立科技型中小企业贷款风险补偿机制，形成政府、银行、企业以及中介机构多元参与的信贷风险分担机制。综合运用资本注入、业务补助等多种方式，提高担保机构对科技型中小企业的融资担保能力和积极性，创新担保方式，加快担保与创业投资的结合，推进多层次中小企业融资担保体系建设。

（十五）鼓励金融机构建立适应科技型企业特点的信贷管理制度和差异化的考核机制。引导商业银行继续深化利率的风险定价机制、独立核算机制、高效的贷款审批机制、激励约束机制、专业化的人员培训机制、违约信息通报机制等六项机制，按照小企业专营机构单列信贷计划、单独配置人力和财务资源、单独客户认定与信贷评审、单独会计核算等原则，加大对科技型中小企业业务条线的管理建设及资源配置力度。对于风险成本计量到位、资本与拨备充足、科技型中小企业金融服务良好的商业银行，经银行监管部门认定，相关监管指标可做差异化考核。根据商业银行科技型中小企业贷款的风险、成本和核销等具体情况，对科技型中小企业不良贷款比率实行差异化考核，适当提高科技型中小企业不良贷款比率容忍度。

五、大力发展多层次资本市场，扩大直接融资规模

（十六）加快多层次资本市场体系建设，支持科技型企业发展。探索建立科技部门和证券监管部门的信息沟通机制，支持符合条件的创新型企业上市。支持符合条件的已上市创新型企业再融资和进行市场化并购重组。加快推进全国场外交易市场建设，完善产权交易市场监管和交易制度，提高交易效率，为包括非上市科技型企业在内的中小企业的产权（股份）转让、融资提供服务。

（十七）支持科技型企业通过债券市场融资。进一步完善直接债务融资工具发行机制、简化发行流程。支持符合条件的科技型中小企业通过发行公司债券、企业债、短期融资券、中期票据、集合债券、集合票据等方式融资。探索符合条件的高新技术企业发行高收益债券融资。鼓励科技型中小企业进一步完善公司治理与财务结构，鼓励中介机构加强对其辅导力度，以促进其直接债务融资。

（十八）利用信托工具支持自主创新和科技型企业发展。推动公益信托支持科学技术研究开发。充分利用信托贷款和股权投资、融资租赁等多种方式的组合，拓宽科技型中小企业融资渠道。

（十九）探索利用产权交易市场为小微科技型企业股权流转和融资服务，促进科技成果转化和知识产权交易。建立技术产权交易所联盟和统一信息披露系统，为科技成果流通和科技型中小企业通过非公开方式进行股权融资提供服务。建立有利于技术产权流转的监管服务机制，利用产权交易所，依法合规开展产权交易，为股权转让、知识产权质押物流转、处置等提供服务。

六、积极推动科技保险发展

（二十）进一步加强和完善保险服务。在现有工作基础上，保险机构根据科技型中小企业的特点，积极开发适合科技创新的保险产品，积累科技保险风险数据，科学确定保险费率。加快培育和完善科技保险市场，在科技型中小企业自主创业、并购以及战略性新兴产业等方面提供保险支持，进一步拓宽科技保险服务领域。

（二十一）探索保险资金参与国家高新区基础设施建设、战略性新兴产业培育和国家重大科技项目投资等支持科技发展的方式方法。支持开展自主创新首台（套）产品的推广应用、科技型中小企业融资以及科技人员保障类保险。

七、强化有利于促进科技和金融结合的保障措施

（二十二）建立有利于科技成果转化和自主创新的激励机制。在国家高新区内实施企业股权和分红激励机制，促进科技成果转移、转化和产业化。根据财政部、国家税务总局《对中关村科技园区建设国家自主创新示范区有关股权奖励个人所得税试点政策的通知》（财税〔2010〕83号）精神，自2010年1月1日至2011年12月31日，在中关村国家自主创新示范区试点开展下列政策：对示范区内科技创新创业企业转化科技成果，以股份或出资比例等股权形式给予本企业相关技术人员的奖励，企业技术人员一次缴纳税款有困难的，经主管税务机关审核，可分期缴纳个人所得税，但最长不得超过5年。

（二十三）加强科技金融中介服务体系建设。建立规范的科技成果评估、定价、流转及监管等方面的中介机构，探索建立科技成果转化经纪人制度，加速科技成果转化。充分发挥各类基金以及生产力促进中心、大学科技园、科技企业孵化器、产业技术创新战略联盟、技术转移机构等的技术创新服务功能和投融资平台作用，逐步建立一批集评估、咨询、法律、财务、融资、培训等多种功能为一体的科技金融服务中心。

（二十四）培育科技金融创新的复合型人才，吸引高端人才进入创新创业领域。结合创新人才推进计划、青年英才开发计划、海外高层次人才引进计划和国家高技能人才振兴计划等各项国家重大人才工程的实施，依托高校和社会培训机构等开展相关培训工作，加快培育一批既懂科技又懂金融的复合型人才，支持科技型企业吸引和凝聚创新创业人才。

八、加强实施效果评估和政策落实

（二十五）加强科技和金融结合实施成效的监测评估。制订科技金融发展水平和服务能力评价指标，建立相应的统计制度和监测体系，并在监测基础上建立评估体系，对科技和金融结合实施成效进行动态评估。根据评估的结果，对促进科技和金融结合、支持自主创新表现突出的人员和相关机构给予表彰。

（二十六）加强政策落实。各级科技部门会同财政、人行、国资、税务、银监、证监、保监以及金融办等部门，根据本指导意见精神，结合本地实际，制定科技和金融结合的具体实施意见或办法。

科技部　财政部　中国人民银行　国务院国资委

国家税务总局　中国银监会　中国证监会　中国保监会

二〇一一年十月二十日

科技部关于进一步鼓励和引导民间资本
进入科技创新领域的意见

国科发财〔2012〕739号

改革开放以来，我国民营企业快速发展，民间资本持续增长，在促进科技成果转化、培育发展战略性新兴产业、加快经济发展方式转变中发挥了重要作用。科技工作始终把支持和鼓励民间资本进入科技创新领域作为一项重要任务。目前，50%的国家科技重大专项、90%的国家科技支撑计划、35%的863计划项目都有企业（包括民营企业）参与实施。民间资本已经成为科技投入的重要来源，民营企业已经成为自主创新的重要力量。

为贯彻落实《国务院关于鼓励和引导民间投资健康发展的若干意见》（国发〔2010〕13号），进一步鼓励和引导民间资本进入科技创新领域，提升民营企业技术创新能力，促进民间投资和民营企业健康发展，提出以下意见：

一、深化国家科技计划管理改革，进一步加大对民营企业技术创新的支持力度

（一）鼓励更多的民营企业参与国家科技计划。切实落实国家科技计划管理改革的各项政策措施，在计划管理的各个环节为民营企业提供便利，鼓励其通过平等竞争牵头承担或与高等院校、科研院所联合承担国家科技重大专项和973计划、863计划、支撑计划、科技惠民计划等国家科技计划项目。支持有实力的民营企业联合高等院校、科研院所等组建产业技术创新战略联盟，组织实施产业带动力强、经济社会影响力大的国家重大科技攻关项目和科技成果产业化项目，依靠科技创新做强做大。经科技部审核的产业技术创新战略联盟，可作为项目组织单位参与国家科技计划项目的组织实施。

（二）大力扶持小型微型民营科技企业发展。星火计划、火炬计划、科技惠民计划、科技型中小企业技术创新基金、农业科技成果转化资金、科技富民强县专项等要进一步发挥对小型微型民营科技企业发展的抚育扶持作用，创新支持方式，扩大资助范围，加大支持力度，激发小型微型民营科技企业的技术创新活力。

（三）创新国家科技计划资助方式。综合运用科研资助、风险补偿、偿还性资助、创业投资、贷款贴息等方式，激励民营企业加大科技投入。继续探索和实践国家科学基金与有实力的企业设立联合基金，以企业需求为导向资助研发活动。

（四）鼓励民营企业参与国家科技计划的制定和管理。在确定国家科技计划的重点领域和编制项目指南时，要充分听取民营企业的意见，反映民营企业的重大技术需求。吸收更多来自民营企业的技术、管理、经营等方面的专家参加国家科技计划的立项评审、结题验收等工作。鼓励民间资本对国有单位承担的国家科技计划项目进行前瞻性投入，参与过程管理，分担风险，共享收益。

（五）支持民营企业参与国际科技合作。发挥政府间科技合作机制和国际创新园、国际联合研发中心、国际技术转移中心的作用，推动国内优势民营企业与国外一流机构建立稳定互利的合作关系，以人才引进、技术引进、研发外包等方式开展国际科技合作与交流。

二、汇聚科技资源，进一步增强民营企业持续创新能力

（六）加快推进民营企业研发机构建设。在布局建设国家和地方工程（技术）研究中心、工程实验室、重点实验室等产业关键共性技术创新平台时，支持有条件的行业大型骨干民营企业发展综合性研发机构和海外研发机构，提高其利用全球创新资源和参与国际分工协作的能力。在实施创新人才推进计划等相关工作中，引导一批拥有核心技术或自主知识产权的优秀科技人才向民营企业流动和集聚。进一步加强民营企业工程技术人才的继续教育。积极探索设立专项资金，吸引和带动民间资本，鼓励和引导有条件的中小型民营科技企业自建或与科研院所、高等院校共建技术（开发）中心和中试示范基地。

（七）支持民办科研机构创新发展。完善政策法规，鼓励民间资本兴办科研机构，探索建立符合自身特点和发展需要的新型体制机制，面向市场和新兴产业发展需求开展技术研发、成果转化和技术服务。对瞄准国际前沿开展源头性技术创新的民办科研机构加大扶持力度，鼓励其牵头或参与承担国家科技计划项目，引进和培养优秀创新人才，创建国际一流研究开发条件和平台，在重大原创性技术方面取得突破，努力掌握新兴产业和行业发展话语权。符合条件的民办科研机构，可按照程序申请成为国家重点实验室或工程技术研究中心。研究制定民办科研机构进口科研仪器设备的税收优惠政策。

（八）促进公共创新资源向民营企业开放共享。推进工程技术研究中心、重点实验室、大型科学仪器设备中心、分析测试中心、实验动物中心等创新平台的资源共享，加大先进实验仪器设备和设施、科技文献、科学数据的开放力度，针对民营企业急需解决的技术问题，提供个性化的服务和分析测试方案，提高民营企业的科技创新效率。对公共创新资源实行开放共享运行的补贴政策。

（九）搭建民间资本与国家科技计划成果的信息对接平台。建立国家科技成果转化项目库，统筹国家财政性资金资助形成的科技成果信息资源，除涉及国家安全、重大社会公共利益和商业秘密外，科技成果的相关信息向社会公开，鼓励民间资本投资科技成果转化和产业化项目。

三、促进科技和金融结合，进一步拓宽民间资本进入科技创新领域的渠道

（十）大力引导民间资本开展科技创业投资。切实发挥科技型中小企业创业投资引导基金的杠杆带动作用，与地方规范设立和运作的创业投资引导基金形成上下联动的引导体系，运用阶段参股、风险补助和投资保障等方式，支持民间资本创办或参股科技创业投资机构，支持以民间资本为主体的科技创业投资健康发展。启动国家科技成果转化引导基金，鼓励地方参照设立相关基金，采取设立创业投资子基金、贷款风险补偿和绩效奖励等方式，支持和引导民间资本参与科技成果转化。

（十一）推动民营科技企业进入多层次资本市场融资。支持和指导民营科技企业进行股份制改造，建立现代企业制度，规范治理结构。完善科技管理部门和证券监管部门的信息沟通机制，支持符合条件的民营科技企业在主板、中小企业板和创业板上市。加快推进中关村非上市公司股权转让试点，为非上市民营科技企业的产权转让、融资提供服务。

（十二）支持民间资本通过发行债券产品和设立科技金融专营机构等方式开展科技投融资活动。鼓励地方科技管理部门和国家高新区组织发行中小型科技企业集合债券、集合票据、私募债券以及信托产品等债券产品，并引导民间资本合法合规投资。鼓励和支持民间资本与地方科技管理部门、国家高

新区共同设立科技小额贷款公司、科技担保公司、科技融资租赁公司等专业机构。

（十三）加强和完善技术产权交易机构的融资服务功能。建立技术产权交易机构联盟和统一规范的交易标准流程，以技术产权交易机构为平台，为民营企业提供技术产权交易、股权转让、知识产权质押物流转等服务。

（十四）发挥民间资本在促进科技和金融结合试点中的重要作用。各试点地区要作为引导民间资本进入科技创新领域的先行区，制定出台政策措施，统筹协调科技资源、金融资源和民间资本，建设多层次、多元化、多渠道的科技投融资体系，支持小型微型民营科技企业发展。

四、落实和完善政策，进一步营造有利于民营企业创新创业的发展环境

（十五）为民营企业的科技创新落实各项扶持政策。经认定的民营高新技术企业享受所得税优惠政策。规范企业研发费用归集方法，对民营企业开发新技术、新产品、新工艺发生的研究开发费用，落实加计扣除政策。民营企业的技术转让所得，享受所得税优惠政策。

（十六）落实民间资本参与创业投资的税收政策。创业投资企业采取股权投资方式投资于未上市的中小高新技术企业2年以上的，可以按照其投资额的70%在股权持有满2年的当年抵扣该创业投资企业的应纳税所得额。

（十七）健全完善科技中介服务体系。加快发展生产力促进中心、科技企业孵化器、大学科技园、技术转移机构、科技金融服务中心等各类科技中介服务机构，逐步建立一批具有分析测试、创业孵化、评估咨询、法律、财务、投融资等功能的综合服务平台，实现组织网络化、功能社会化、服务产业化，为民营企业提供技术开发、创业辅导、信息咨询和融资支持等服务，为民间资本投资科技成果（项目）搭建对接平台，协助初创期的企业解决各种困难，提高科技创业和民间投资的成功率。继续实施国家对科技企业孵化器、大学科技园的税收扶持政策。

（十八）推进国家高新区建设。实施国家高新区创新发展战略提升行动，推动国家自主创新示范区加大先行先试力度并适时推广成功经验，在高新区聚焦具有明确优势的战略性新兴产业，积极打造具有国际竞争力的创新型产业集群，将高新区建设成为民营企业创新创业和民间资本进入科技创新领域的重要平台和基地。

（十九）各级科技管理部门、国家高新区要进一步解放思想、统一认识、创新工作方法，破除制约民间资本进入科技创新领域的思想观念和体制机制障碍，切实把民营企业作为技术创新的主体，把民间资本作为推动全社会科技进步的重要力量，努力营造良好的创新创业环境。要面向民营企业进一步加大科技工作大政方针、科技计划申报、科技经费管理和使用、科技资源开放共享、科技税收政策、科技和金融结合等方面的宣传、培训和服务，支持民营企业不断提高技术创新能力，促进民间资本健康发展，加快推进创新型国家建设。

国家科技成果转化引导基金设立
创业投资子基金管理暂行办法

国科发财〔2014〕229号

第一章 总 则

第一条 为规范国家科技成果转化引导基金（以下简称引导基金）设立创业投资子基金（以下简称子基金），加强资金管理，根据《国家科技成果转化引导基金管理暂行办法》，制定本办法。

第二条 引导基金按照政府引导、市场运作、不以营利为目的的原则设立子基金。设立方式包括与民间资本、地方政府资金以及其他投资者共同发起设立，或对已有创业投资基金增资设立等。

第三条 科技部按照《国家科技成果转化引导基金管理暂行办法》和本办法规定的条件和程序批准出资设立子基金。

第二章 子基金的设立

第四条 子基金应当在中国大陆境内注册，募集资金总额不低于10000万元人民币，且以货币形式出资，经营范围为创业投资业务，组织形式为公司制或有限合伙制。

第五条 引导基金对子基金的参股比例为子基金总额的20%～30%，且始终不作为第一大股东或最大出资人；子基金的其余资金应依法募集，境外出资人应符合国家相关规定。

第六条 子基金存续期一般不超过8年。在子基金股权资产转让或变现受限等情况下，经子基金出资人协商一致，最多可延长2年。

第七条 在中国大陆境内注册的投资企业或创业投资管理企业（以下统称投资机构）可以作为申请者，向科技部、财政部申请设立子基金。多家投资机构拟共同发起子基金的，应推举一家机构作为申请者。

科技部、财政部委托引导基金的受托管理机构受理子基金的设立申请。

第八条　申请者为投资企业的，其注册资本或净资产应不低于 5000 万元；申请者为创业投资管理企业的，其注册资本应不低于 500 万元。

第九条　申请者应当确定一家创业投资管理企业作为拟设立的子基金的管理机构。该管理机构应具备以下条件：

（一）在中国大陆境内注册，主要从事创业投资业务；

（二）具有完善的创业投资管理和风险控制流程，规范的项目遴选和投资决策机制，健全的内部财务管理制度，能够为所投资企业提供创业辅导、管理咨询等增值服务；

（三）至少有 3 名具备 5 年以上创业投资或相关业务经验的专职高级管理人员；在国家重点支持的高新技术领域内，至少有 3 个创业投资成功案例；

（四）应参股子基金或认缴子基金份额，且出资额不得低于子基金总额的 5‰；

（五）企业及其高级管理人员无重大过失，无受行政主管机关或司法机关处罚的不良记录。

第十条　申请者向受托管理机构提交的申请应包括以下材料：

（一）子基金组建或增资方案；

（二）主要出资人的出资承诺书或出资证明；

（三）会计师事务所出具的投资机构近期的审计报告；

（四）子基金管理机构的有关材料；

（五）其他应当提交的资料。

第十一条　受托管理机构收到申请后，应对申请材料进行初审。对于不符合要求的，应及时通知申请者补充完善；对于符合要求的，应在规定时间内组织开展尽职调查，形成调查报告，并向引导基金理事会提交调查报告和子基金设立方案。

受托管理机构按照理事会要求委托专业化的社会中介机构开展尽职调查等工作。

第十二条　引导基金理事会依据《国家科技成果转化引导基金理事会规程》的相关规定，对调查报告和子基金设立方案进行审核，形成审核意见。

第十三条　科技部根据引导基金理事会的审核意见，对子基金设立方案进行合规性审查。对于符合设立条件的，科技部商财政部同意后向社会公示，公示期为 10 个工作日；公示无异议的，批准出资设立子基金，并向社会公告。

第三章 投资管理

第十四条 科技部、财政部委托受托管理机构向子基金派出代表，依据法律法规和子基金章程或合伙协议等行使出资人职责，参与重大决策，监督子基金的投资和运作，不参与日常管理。子基金管理机构做出投资决定后，应在实施投资前 3 个工作日告知受托管理机构代表。

第十五条 子基金管理机构在完成子基金 70% 的资金委托投资之前，不得募集其他基金。子基金的待投资金应存放托管银行或购买国债等风险低、流动性强的符合国家有关规定的金融产品。子基金管理费由子基金出资人与子基金管理机构协商确定。

第十六条 子基金投资于转化国家科技成果转化项目库中科技成果的企业的资金应不低于引导基金出资额的 3 倍，且不低于子基金总额的 50%；其他投资方向应符合国家重点支持的高新技术领域；所投资企业应在中国大陆境内注册。

第十七条 子基金不得从事以下业务：

（一）投资于已上市企业（所投资企业上市后，子基金所持股份未转让及其配售部分除外）；

（二）从事担保、抵押、委托贷款、房地产（包括购买自用房地产）等业务；

（三）投资于股票、期货、企业债券、信托产品、理财产品、保险计划及其他金融衍生品；

（四）进行承担无限连带责任的对外投资；

（五）吸收或变相吸收存款，以及发行信托或集合理财产品的形式募集资金；

（六）向任何第三方提供资金拆借、赞助、捐赠等；

（七）其他国家法律法规禁止从事的业务。

第十八条 引导基金以出资额为限对子基金债务承担责任。子基金清算出现亏损时，首先由子基金管理机构以其对子基金的出资额承担亏损，剩余部分由引导基金和其他出资人按出资比例承担。

第十九条 出现下列情况之一时，引导基金可选择退出，且无需经由其他出资人同意：

（一）子基金方案获得科技部批准后，未按规定程序完成设立手续超过一年的；

（二）引导基金向子基金账户拨付资金后，子基金未开展投资超过一年的；

（三）子基金投资项目不符合本办法规定的政策目标的；

（四）子基金未按照章程或合伙协议约定投资的；

（五）子基金管理机构发生实质性变化的。

第二十条 子基金存续期内，鼓励子基金的股东（出资人）或其他投资者购买引导基金所持子基金的股权或份额。同等条件下，子基金的股东（出资人）优先购买。

对于发起设立的子基金，注册之日起4年内（含4年）购买的，以引导基金原始出资额转让；4年至6年内（含6年）购买的，以引导基金原始出资额及从第5年起按照转让时中国人民银行公布的1年期贷款基准利率计算的利息之和转让；6年以上仍未退出的，将与其他出资人同股同权在存续期满后清算退出。

对于增资设立的子基金的，上述年限从子基金完成变更登记手续之日起计算。

第二十一条 子基金存续期结束时，子基金出资各方按照出资比例或相关协议约定获取投资收益。子基金的年平均收益率不低于子基金出资时中国人民银行公布的一年期贷款基准利率的，引导基金可将其不超过20%的收益奖励子基金管理机构。

第四章　托管银行

第二十二条 科技部、财政部通过招标等方式确定若干家银行作为子基金的托管银行，并向社会公布。托管银行应当符合以下条件：

（一）成立时间在5年以上的全国性股份制商业银行；

（二）具有专门的基金托管机构和创业投资基金托管经验；

（三）无重大过失以及受行政主管机关或司法机关处罚的不良记录。

第二十三条 子基金应在科技部、财政部公布的银行名单中选择托管银行，签订资产托管协议，开设托管账户。托管银行与子基金主要出资人、子基金管理机构之间不得有股权和亲属等关联及利害关系。

第二十四条 托管银行负责托管子基金资产，按照托管协议和投资指令负责子基金的资金往来，定期向受托管理机构报告资金情况。受托管理机构负责对托管银行履行职责情况进行考核。

第二十五条 子基金存续期内产生的股权转让、分红、清算等资金应进入托管账户，不得循环投资。

第五章 收入收缴

第二十六条 引导基金投资子基金的收入包括引导基金退出时应收回的原始投资及应取得的收益、子基金清算时引导基金应取得的剩余财产清偿收入等。

上述原始投资及应取得的收益，按照引导基金的实际出资额以及引导基金股权或份额转让协议等确定；应取得的剩余财产清偿收入根据有关法律程序确定。

第二十七条 引导基金投资子基金的所得收入上缴中央国库，纳入中央公共财政预算管理。收入收缴工作由受托管理机构负责，按照国库集中收缴有关规定执行。

第二十八条 引导基金投资子基金的收入按以下程序上缴：

（一）受托管理机构与子基金其他出资人等商议股权或份额退出、收益分配及清算等事宜，并对子基金实施情况的专项审计报告、受让子基金股权或份额申请以及确认收入所依据的相关资料等进行审核；

（二）受托管理机构根据商议及审核结果，提出引导基金退出及收入收缴实施方案，报科技部、财政部审定；

（三）受托管理机构根据科技部、财政部的审定意见，办理股权或份额转让、收入收缴等手续，向有关缴款单位发送缴款通知；

（四）缴款单位在收到缴款通知后的 30 日内，将应缴的引导基金投资子基金收入缴入引导基金在托管银行开设的指定账户。

第六章　管理与监督

第二十九条　受托管理机构应建立子基金管理信息系统，实施子基金设立及运作的过程管理，并采取投资告知、定期报告、专项审计等方式，加强对子基金的管理和监督。

第三十条　受托管理机构应向科技部、财政部定期提交子基金运作情况和引导基金投资子基金收入上缴情况，及时报告子基金法律文件变更、资本增减、违法违规事件、管理机构变动、清算与解散等重大事项。

第三十一条　科技部、财政部委托引导基金理事会对子基金运作情况定期开展绩效评价，对受托管理机构改进工作提出建议。

第三十二条　受托管理机构不能有效履行职责、发生重大过失或违规行为等造成恶劣影响的，科技部、财政部视情况给予约谈、批评、警告直至取消其受托管理资格的处理。处理结果可向社会公告。

第三十三条　任何单位和个人不得隐瞒、滞留、截留、挤占、挪用引导基金投资子基金的收入。一经发现和查实前述行为，除收回有关资金外，按照《财政违法行为处罚处分条例》（国务院令第 427 号）的规定处理。

第七章　附　　则

第三十四条　本办法规定的相关事项应在子基金章程或合伙协议等文件中载明。

第三十五条　本办法由科技部、财政部负责解释。

第三十六条　本办法自发布之日起 30 日后施行。

科技部关于进一步推动科技型中小企业
创新发展的若干意见

国科发高〔2015〕3 号

各省、自治区、直辖市及计划单列市科技厅（委、局），新疆生产建设兵团科技局：

为深入贯彻党的十八大、十八届三中全会精神，全面落实《中共中央 国务院关于深化科技体制改革加快国家创新体系建设的意见》（中发〔2012〕6号），实施创新驱动发展战略，深化科技体制改革，充分发挥市场在资源配置中的决定性作用和更好发挥政府作用，激发科技型中小企业技术创新活力，促进科技型中小企业健康发展，现提出以下意见：

一、推动科技型中小企业创新发展的重要意义

科技型中小企业是指从事高新技术产品研发、生产和服务的中小企业群体，在提升科技创新能力、支撑经济可持续发展、扩大社会就业等方面发挥着重要作用。长期以来，在党中央国务院和各部门、各地方的大力支持下，科技型中小企业取得了长足发展。但是，我国科技型中小企业仍然面临创新能力有待加强、创业环境有待优化、服务体系有待完善、融资渠道有待拓宽等问题。因此，需要进一步凝聚各方力量，培育壮大科技型中小企业群体，带动科技型中小企业走创新发展道路，为经济社会发展提供重要支撑。

二、鼓励科技创业

（一）支持创办科技型中小企业。鼓励科研院所、高等学校科研人员和企业科技人员创办科技型中小企业，建立健全股权、期权、分红权等有利于激励技术创业的收益分配机制。支持高校毕业生以创业的方式实现就业，对入驻科技企业孵化器或大学生创业基地的创业者给予房租优惠、创业辅导等支持。

（二）加快推进创业投资机构发展。鼓励各类社会资本设立天使投资、创业投资等股权投资基金，支持科技型中小企业创业活动。探索建立早期创投风险补偿机制，在投资损失确认后可按损失额的一定比例，对创业投资企业进行风险补偿。

（三）加强创新创业孵化生态体系建设。推动建立支持科技创业企业成长的持续推进机制和全程孵化体系，促进大学科技园、科技企业孵化器等创业载体功能提升和创新发展。加大中小企业专项资金等对创业载体建设的支持力度。

三、支持技术创新

（四）支持科技型中小企业建立研发机构。支持科技型中小企业建立企业实验室、企业技术中心、工程技术研究中心等研发机构，提升对技术创新的支撑与服务能力。对拥有自主知识产权并形成良好经济社会效益的科技型中小企业研发机构给予重点扶持。

（五）支持科技型中小企业开展技术改造。鼓励和引导中小企业加强技术改造与升级，支持其采用新技术、新工艺、新设备调整优化产业和产品结构，将技术改造项目纳入贷款贴息等优惠政策的支持范围。

（六）通过政府采购支持科技型中小企业技术创新。进一步完善和落实国家政府采购扶持中小企业发展的相关法规政策。各级机关、事业单位和社团组织的政府采购活动，在同等条件下，鼓励优先采购科技型中小企业的产品和服务。鼓励科技型中小企业组成联合体共同参加政府采购与首台（套）示范项目。

四、强化协同创新

（七）推动科技型中小企业开展协同创新。推动科技型中小企业与大型企业、高等学校、科研院所开展战略合作，探索产学研深度结合的有效模式和长效机制。鼓励高等学校、科研院所等形成的科技成果向科技型中小企业转移转化。深入开展科技人员服务企业行动，通过科技特派员等方式组织科技人员帮助科技型中小企业解决技术难题。

（八）鼓励高校院所和大型企业开放科技资源。引导和鼓励有条件的高等学校、科研院所、大型企业的重点实验室、国家工程（技术）研究中心、大型科学仪器中心、分析测试中心等科研基础设施和设备进一步向科技型中小企业开放，提供检验检测、标准制定、研发设计等科技服务。

（九）吸纳科技型中小企业参与构建产业技术创新战略联盟。以产业技术创新关键问题为导向、形成产业核心竞争力为目标，引导行业骨干企业牵头，广泛吸纳科技型中小企业参与，按市场机制积极构建产业技术创新战略联盟。

五、推动集聚化发展

（十）充分发挥国家高新区、产业化基地的集聚作用。以国家高新区、高新技术产业化基地、现代服务业产业化基地、火炬计划特色产业基地、创新型产业集群等为载体，引导科技型中小企业走布局集中、产业集聚、土地集约的发展模式，促进科技型中小企业集群式发展。

（十一）引导科技型中小企业走专业化发展道路，提升产品质量、塑造品牌。支持科技型中小企业聚焦"新技术、新业态、新模式"，走专业化、精细化发展道路。鼓励科技型中小企业做强核心业务，推进精益制造，打造具有竞争力和影响力的精品和品牌。

六、完善服务体系

（十二）完善科技型中小企业技术创新服务体系。充分发挥地方在区域创新中的主导作用，通过政策引导和试点带动，整合资源，加快建设各具特色的科技型中小企业技术创新公共服务体系。鼓励通过政府购买服务的方式，为科技型中小企业提供管理指导、技能培训、市场开拓、标准咨询、检验检测认证等服务。

（十三）充分发挥专业中介机构和科技服务机构作用。开放并扩大中小企业中介服务机构的服务领域、规范中介服务市场，促进各类专业机构为科技型中小企业提供优质服务。充分发挥科技服务机构作用，推动各类科技服务机构面向科技型中小企业开展服务。

七、拓宽融资渠道

（十四）完善多层次资本市场，支持科技型中小企业做大做强。支持科技型中小企业通过多层次资本市场体系实现改制、挂牌、上市融资。支持利用各类产权交易市场开展科技型中小企业股权流转和融资服务，完善非上市科技公司股份转让途径。鼓励科技型中小企业利用债券市场融资，探索对发行企业债券、信托计划、中期票据、短期融资券等直接融资产品的科技型中小企业给予社会筹资利息补贴。

（十五）引导金融机构面向科技型中小企业开展服务创新，拓宽融资渠道。引导商业银行积极向科技型中小企业提供系统化金融服务。支持发展多种形式的抵质押类信贷业务及产品。鼓励融资租赁企业创新融资租赁经营模式，开展融资租赁与创业投资相结合、租赁债权与投资股权相结合的创投租赁业务。鼓励互联网金融发展和模式创新，支持网络小额贷款、第三方支付、网络金融超市、大数据金融等新兴业态发展。

（十六）完善科技型中小企业融资担保和科技保险体系。引导设立多层次、专业化的科技担保公司和再担保机构，逐步建立和完善科技型中小企业融资担保体系，鼓励为中小企业提供贷款担保的担保机构实行快捷担保审批程序，简化反担保措施。鼓励保险机构大力发展知识产权保险、首台（套）产品保险、产品研发责任险、关键研发设备险、成果转化险等科技保险产品。

八、优化政策环境

（十七）进一步加大对科技型中小企业的财政支持力度。充分发挥中央财政资金的引导作用，逐步提高中小企业发展专项资金和国家科技成果转化引导基金支持科技创新的力度，凝聚带动社会资源支持科技型中小企业发展。加大各类科技计划对科技型中小企业技术创新活动的支持力度。鼓励地方财政加大对科技型中小企业技术创新的支持，对于研发投入占企业总收入达到一定比例的科技型中小企业给予补贴。鼓励地方政府在科技型中小企业中筛选一批创新能力强、发展潜力大的企业进行重点扶持，培育形成一批具有竞争优势的创新型企业和上市后备企业。

（十八）进一步完善落实税收支持政策。进一步完善和落实小型微利企业、高新技术企业、技术先进型服务企业、技术转让、研究开发费用加计扣除、研究开发仪器设备折旧、科技企业孵化器、大学科技园等税收优惠政策，加强对科技型中小企业的政策培训和宣传。结合深化税收制度改革，加快推动营业税改征增值税试点，完善结构性减税政策。

（十九）实施有利于科技型中小企业吸引人才的政策。结合创新人才推进计划、海外高层次人才引进计划、青年英才开发计划和国家高技能人才振兴计划等各项国家人才重大工程的实施，支持科技型中小企业引进和培养创新创业人才，鼓励在财政补助、落户、社保、税收等方面给予政策扶持。鼓励科技型中小企业与高等学校、职业院校建立定向、订单式的人才培养机制，支持高校毕业生到科技型中小企业就业，并给予档案免费保管等扶持政策。鼓励科技型中小企业加大对员工的培训力度。

（二十）加强统计监测与信用评价体系建设。建立公平开放透明的市场规则，加大对市场中侵害科技型中小企业合法利益行为的打击力度。研究发布科技型中小企业标准，建立科技型中小企业资源库，健全科技型中小企业统计调查、监测分析和定期发布制度。加快科技型中小企业信用体系建设，开展对科技型中小企业的信用评价。

推动科技型中小企业创新发展既是一项事关创新型国家建设的长期战略任务，也是加快转变经济发展方式的迫切需求，更是进一步落实创新驱动发展战略的关键路径之一。各地方科技管理部门要高度重视科技型中小企业工作，加强与有关部门的沟通协调，结合各地情况，制定本意见的贯彻落实办法，采取有效政策措施，切实推动科技型中小企业创新发展。

科 技 部

2015 年 1 月 10 日

工业和信息化部 国家税务总局关于中小企业信用担保机构免征营业税有关问题的通知

工信部联企业〔2009〕114 号

各省、自治区、直辖市及计划单列市、新疆生产建设兵团经贸委（经委）、中小企业管理部门（厅、局、办）、地方税务局：

按照《国务院办公厅关于加强中小企业信用担保体系建设意见的通知》（国办发〔2006〕90 号）和《国务院办公厅关于当前金融促进经济发展的若干意见》（国办发〔2008〕126 号）有关精神，为了更好应对国际金融危机，支持和引导中小企业信用担保机构为中小企业特别是小企业提供贷款担保和融资服务，努力缓解中小企业贷款难融资难问题，帮助中小企业摆脱困境。现就继续做好中小企业信用担保机构免征营业税工作有关问题通知如下：

一、信用担保机构免税条件

（一）经政府授权部门（中小企业管理部门）同意，依法登记注册为企（事）业法人，且主要从事为中小企业提供担保服务的机构。实收资本超过2000 万元。

（二）不以营利为主要目的，担保业务收费不高于同期贷款利率的50%。

（三）有两年以上的可持续发展经历，资金主要用于担保业务，具备健全的内部管理制度和为中小企业提供担保的能力，经营业绩突出，对受保项目具有完善的事前评估、事中监控、事后追偿与处置机制。

（四）为工业、农业、商贸中小企业提供的累计担保贷款额占其两年累计担保业务总额的80% 以上，单笔 800 万元以下的累计担保贷款额占其累计担保业务总额的50% 以上。

（五）对单个受保企业提供的担保余额不超过担保机构实收资本总额的10%，且平均单笔担保责任金额最多不超过 3000 万元人民币。

（六）担保资金与担保贷款放大比例不低于 3 倍，且代偿额占担保资金比例不超过2%。

（七）接受所在地政府中小企业管理部门的监管，按要求向中小企业管理部门报送担保业务情况和财务会计报表。享受三年营业税减免政策期限已满的担保机构，仍符合上述条件的，可继续申请。

二、免税程序符合条件的中小企业信用担保机构可自愿申请，经省级中小企业管理部门和省级地方税务部门审核推荐后，由工业和信息化部和国家税务总局审核批准并下发免税名单，名单内的担保机构持有关文件到主管税务机关申请办理免税手续，各地税务机关按照工业和信息化部和国家税务总局下发的名单审核批准并办理免税手续后，担保机构可享受营业税免税政策。

三、免税政策期限担保机构从事中小企业信用担保或再担保业务取得的收入（不含信用评级、咨询、培训等收入）三年内免征营业税，免税时间自担保机构向主管税务机关办理免税手续之日起计算。

四、各省、自治区、直辖市及计划单列市中小企业管理部门和地方税务局根据本通知要求，自本通知下达之日起，按照公开公正和"成熟一批，上报一批"的原则，认真做好本地区中小企业信用担保机构受理、审核和推荐工作，工业和信息化部和国家税务总局将根据工作安排，下达符合条件的担保机构免税名单。

五、各省、自治区、直辖市和计划单列市中小企业管理部门、地方税务局要根据实际情况，对前期信用担保机构营业税减免工作落实情况及实施效果开展监督检查，对享受营业税减免政策的中小企业信用担保机构实行动态监管。对违反规定，不符合减免条件的担保机构，一经发现要如实上报工业和信息化部和国家税务总局，取消其继续享受免税的资格。

六、请各省、自治区、直辖市和计划单列市中小企业管理部门会同地方税务局要严格按规定认真做好审核推荐有关工作，将下列材料以书面形式一式二份（包括电子版）报工业和信息化部中小企业司和国家税务总局货物和劳务税司。

（一）按年度提供前期中小企业信用担保机构营业税减免工作的成效、存在问题及建议。

（二）经专家审核，并经公示的符合免税条件的中小企业信用担保机构名单。

（三）符合免税条件的《中小企业信用担保机构登记表》（见附表），经审计的最近 1 年完整财务年度的财务报告（包括资产负债表，利润表，现金流量表，担保余额变动表，以及报表中相关数据的附注和说明），营业执照和公司章程复印件，最近 1 年完整年度经协作银行加盖公章确认的担保业务明细表（提交的明细表指标中应含有：协作银行名称、担保企业名称、担保金额、担保费收入、担保机构与受保企业合同号、贷款银行与受保企业贷款合同号、担保责任发生日期、担保责任解除日期）。

（四）已取得免税资格，但经审查不符合免税条件的中小企业信用担保机构取消名单及理由。

工业和信息化部　国家税务总局

二〇〇九年三月十九日

关于加强知识产权质押融资与评估管理
支持中小企业发展的通知

财企〔2010〕199 号

各省、自治区、直辖市、计划单列市财政厅（局）、中小企业管理部门、银监局、知识产权局、工商行政管理局、版权局：

为贯彻落实《国家知识产权战略纲要》（国发〔2008〕18 号）和《国务院关于进一步促进中小企业发展的若干意见》（国发〔2009〕36 号），推进知识产权质押融资工作，拓展中小企业融资渠道，完善知识产权质押评估管理体系，支持中小企业创新发展，积极推动产业结构优化升级，加快经济发展方式转变，现就知识产权质押融资与评估管理有关问题通知如下：

一、建立促进知识产权质押融资的协同推进机制

知识产权质押融资是知识产权权利人将其合法拥有的且目前仍有效的专利权、注册商标权、著作权等知识产权出质，从银行等金融机构取得资金，并按期偿还资金本息的一种融资方式。各级财政、银监、知识产权、工商行政、版权、中小企业管理部门（以下统称各有关部门）要充分发挥各自的职能作用，加强协调配合和信息沟通，积极探索促进本地区知识产权质押融资工作的新模式、新方法，完善知识产权质押融资的扶持政策和管理机制，加强知识产权质押评估管理，支持中小企业开展知识产权质押融资，加快建立知识产权质押融资协同工作机制，有效推进知识产权质押融资工作。

二、创新知识产权质押融资的服务机制

各有关部门要指导和支持银行等金融机构探索和创新知识产权信贷模式，积极拓展知识产权质押融资业务，鼓励和支持商业银行结合自身特点和业务需要，选择符合国家产业政策和信贷政策、可以用货币估价并依法流转的知识产权作为质押物，有效满足中小企业的融资需求。

各有关部门要指导和支持商业银行等金融机构根据国家扶持中小企业发展的政策，充分利用知识产权的融资价值，开展多种模式的知识产权质押融资业务，扩大中小企业知识产权质押融资规模。要鼓励商业银行积极开展以拥有自主知识产权的中小企业为服务对象的信贷业务，对中小企业以自主知识产权质押的贷款项目予以优先支持。要充分利用国家财政现有中小企业信用担保资金政策，对担保机构开展的中小企业知识产权质押融资担保业务给予支持。

各有关部门要引导商业银行、融资性担保机构充分利用资产评估在知识产权质押中的作用，促进知识产权、资产评估法律及财政金融等方面的专业协作，协助贷款、担保等金融机构开展知识产权质押融资业务。要进一步加强知识产权、资产评估、金融等专业知识培训和业务交流，开展相关政策与理论研究，提升商业银行、融资性担保机构、资产评估机构等组织及有关从业人员的专业能力。

各有关部门要支持和指导中小企业运用相关政策开展知识产权质押融资，构建中小企业与商业银行等金融机构之间的信息交流平台，提高中小企业知识产权保护和运用水平。

三、建立完善知识产权质押融资风险管理机制

各地银监部门要指导和支持商业银行等金融机构建立健全知识产权质押融资管理体系，创新授信评级，严格授信额度管理，建立知识产权质押物价值动态评估机制，落实风险防控措施。

各有关部门要鼓励融资性担保机构为中小企业知识产权质押融资提供担保服务，引导企业开展同业担保业务，构建知识产权质押融资多层次风险分担机制。探索建立适合中小企业知识产权质押融资特点的风险补偿和尽职免责机制。支持和引导各类信用担保机构为知识产权交易提供担保服务，探索建立社会化知识产权权益担保机制。

四、完善知识产权质押融资评估管理体系

各有关部门要根据财政部和国家知识产权局、国家工商行政管理总局、国家版权局等部门有关加强知识产权资产评估管理的意见，完善知识产权质押评估管理制度，加强评估质量管理，防范知识产权评估风险。

各有关部门要鼓励商业银行、融资性担保机构、中小企业充分利用专业评估服务，由经财政部门批准设立的具有知识产权评估专业胜任能力的资产评估机构，对需要评估的质押知识产权进行评估。要指导商业银行、融资性担保机构、中小企业等评估业务委托方，针对知识产权质押融资的评估行为，充分关注评估报告披露事项，按照约定合理使用评估报告。

中国资产评估协会要加强相关评估业务的准则建设和自律监管，促进资产评估机构、注册资产评估师规范执业，加快推进知识产权评估理论研究和数据服务系统建设，为评估机构开展知识产权评估提供理论和数据支持。要在无形资产评估准则框架下，针对各类知识产权制定具体的资产评估指导意见，形成完整的知识产权评估准则体系。要加大知识产权评估相关业务的培训，进一步提高注册资产评估师专业胜任能力。要监督资产评估机构按照国家有关规定合理收取评估费用，制止资产评估机构低价恶性竞争或超标准收费行为。

五、建立有利于知识产权流转的管理机制

各级知识产权部门要建立动态的信息跟踪和沟通机制，及时做好知识产权质押登记，加强流程管理，强化质押后的知识产权保护，并为商业银行、融资性担保机构、质押评估委托方查询质押知识产权法律状态、知识产权质押物经营状况等信息提供必要的支持，协助商业银行逐步建立知识产权质押融资信用体系。

各级中小企业管理部门要积极引导拥有自主知识产权的中小企业进行质押融资，提高其知识产权参与资产评估的积极性和有效性，建立适应知识产权交易的多元化、多渠道投融资机制，并将其纳入当地中小企业成长工程。

各有关部门要加快推进知识产权交易市场建设，充分依托各类产权交易市场，引导风险投资机构参与科技成果产业化投资，促进知识产权流转。要积极探索知识产权许可、拍卖、出资入股等多元化价值实现形式，支持商业银行、融资性担保机构质权的实现。

财政部　工业和信息化部　银监会

国家知识产权局　国家工商行政管理总局　国家版权局

二〇一〇年八月十二日

中国人民银行　科技部　银监会
证监会　保监会　知识产权局
关于大力推进体制机制创新
扎实做好科技金融服务的意见

银发〔2014〕9号

为贯彻落实党的十八届三中全会精神和《中共中央　国务院关于深化科技体制改革　加快国家创新体系建设的意见》（中发〔2012〕6号）等中央文件要求，大力推动体制机制创新，促进科技和金融的深层次结合，支持国家创新体系建设，现提出如下意见：

一、大力培育和发展服务科技创新的金融组织体系

（一）创新从事科技金融服务的金融组织形式。鼓励银行业金融机构在高新技术产业开发区（以下简称高新区）、国家高新技术产业化基地（以下简称产业化基地）等科技资源集聚地区通过新设或改造部分分（支）行作为从事中小科技企业金融服务的专业分（支）行或特色分（支）行。对银行业金融机构新设或改造部分分（支）行从事科技金融服务的有关申请，优先受理和审核。鼓励银行业金融机构在财务资源、人力资源等方面给予专业分（支）行或特色分（支）行适当倾斜，加强业务指导和管理，提升服务科技创新的专业化水平。在加强监管的前提下，允许具备条件的民间资本依法发起设立中小型银行，为科技创新提供专业化的金融服务。

（二）积极发展为科技创新服务的非银行金融机构和组织。大力推动金融租赁公司等规范发展，为科技企业、科研院所等开展科技研发和技术改造提供大型设备、精密器材等的租赁服务。支持发展科技小额贷款公司，按照"小额、分散"原则，向小微科技企业提供贷款服务。鼓励符合条件的小额贷款公司、金融租赁公司通过开展资产证券化、发行债券等方式融资。积极推动产融结合，支持符合条件的大型科技企业集团公司按规定设立财务公司，强化其为集团内科技企业提供金融服务的功能。

（三）培育发展科技金融中介服务体系。指导和推动地方科技部门、国家高新区（或产业化基地）、金融机构和相关中介服务机构建立和培育发展科技金融服务中心等多种形式的服务平台，推动创业投资、银行信贷、科技企业改制服务、融资路演、数据增值服务、科技项目管理、人才引进等方面的联动合作，为科技企业提供全方位、专业化、定制化投融资解决方案。加快发展科技企业孵化、法律会计服务、人力资源管理等机构，为中小科技企业融资提供服务。

二、加快推进科技信贷产品和服务模式创新

（四）完善科技信贷管理机制。鼓励银行业金融机构完善科技企业贷款利率定价机制，充分利用贷款利率风险定价和浮动计息规则，根据科技企业成长状况，动态分享相关收益。完善科技贷款审批机制，通过建立科技贷款绿色通道等方式，提高科技贷款审批效率；通过借助科技专家咨询服务平台，利用信息科技技术提升评审专业化水平。完善科技信贷风险管理机制，探索设计专门针对科技信贷风险管理的模型，提高科技贷款管理水平。完善内部激励约束机制，建立小微科技企业信贷业务拓展奖励办法，落实授信尽职免责机制，有效发挥差别风险容忍度对银行开展科技信贷业务的支撑作用。

（五）丰富科技信贷产品体系。在有效防范风险的前提下，支持银行业金融机构与创业投资、证券、保险、信托等机构合作，创新交叉性金融产品，建立和完善金融支持科技创新的信息交流共享机制和风险共控合作机制。全面推动符合科技企业特点的金融产品创新，逐步扩大仓单、订单、应收账款、产业链融资以及股权质押贷款的规模。充分发挥政策性金融功能，支持国家重大科技计划成果的转化和产业化、科技企业并购、国内企业自主创新和引进消化吸收再创新、农业科技创新、科技企业开展国际合作和"走出去"。

（六）创新科技金融服务模式。鼓励银行业金融机构开展还款方式创新，开发和完善适合科技企业融资需求特点的授信模式。积极向科技企业提供开户、结算、融资、理财、咨询、现金管理、国际业务等一站式、系统化的金融服务。加快科技系统改造升级，在符合监管要求的前提下充分利用互联网技术，为科技企业提供高效、便捷的金融服务。

（七）大力发展知识产权质押融资。加强知识产权评估、登记、托管、流转服务能力建设，规范知识产权价值分析和评估标准，简化知识产权质押登记流程，探索建立知识产权质物处置机制，为开展知识产权质押融资提供高效便捷服务。积极推进专利保险工作，有效保障企业、行业、地区的创新发展。

三、拓宽适合科技创新发展规律的多元化融资渠道

（八）支持科技企业上市、再融资和并购重组。推进新股发行体制改革，继续完善和落实促进科技成果转化应用的政策措施，促进科技成果资本化、产业化。适当放宽科技企业的财务准入标准，简化发行条件。建立创业板再融资制度，形成"小额、快速、灵活"的创业板再融资机制，为科技企业提供便捷的再融资渠道。支持符合条件的科技企业在境外上市融资。支持科技上市企业通过并购重组做大做强。推进实施并购重组分道制审核制度，对符合条件的企业申请实行豁免或快速审核。鼓励科技上市企业通过并购基金等方式实施兼并重组，拓宽融资渠道。研究允许科技上市企业发行优先股、定向可转债等作为并购工具的可行性，丰富并购重组工具。

（九）鼓励科技企业利用债券市场融资。支持科技企业通过发行企业债、公司债、短期融资券、中期票据、中小企业集合票据、中小企业集合债券、小微企业增信集合债券、中小企业私募债等产品进行融资。鼓励和支持相关部门通过优化工作流程，提高发行工作效率，为科技企业发行债券提供融资便利。对符合条件的科技企业发行直接债务融资工具的，鼓励中介机构适当降低收费，减轻科技企业的融资成本负担。继续推动并购债、可转债、高收益债等产品发展，支持科技企业滚动融资，行业收购兼并和创投公司、私募基金投资和退出。

（十）推动创业投资发展壮大。发挥政府资金杠杆作用，充分利用现有的创业投资基金，完善创业投资政策环境和退出机制，鼓励更多社会资本进入创业投资领域。推动各级政府部门设立的创业投资机构通过阶段参股、跟进投资等多种方式，引导创业投资资金投向初创期科技企业和科技成果转化项目。完善和落实创业投资机构相关税收政策，推动运用财政税收等优惠政策引导创业投资机构投资科技企业，支持符合条件的创业投资企业、股权投资企业、产业投资基金发行企业债券；支持符合条件的创业投资企业、股权投资企业、产业投资基金的股东或有限合伙人发行企业债券。鼓励发展天使投资。

（十一）鼓励其他各类市场主体支持科技创新。支持科技企业通过在全国中小企业股份转让系统实现股份转让和定向融资。探索研究全国中小企业股份转让系统挂牌公司的并购重组监管制度，规范引导其并购重组活动。探索利用各类产权交易机构为非上市小微科技企业提供股份转让渠道，建立健全未上市科技股份公司股权集中托管、转让、市场监管等配套制度。加快发展统一的区域性技术产权交易市场，推动地方加强省级技术产权交易市场建设，完善创业风险投资退出机制。支持证券公司直投子公司、另类投资子公司、基金管理公司专业子公司等，在风险可控前提下按规定投资非上市科技企业股权、债券类资产、收益权等实体资产，为不同类型、不同发展阶段的科技企业提供资金支持。

四、探索构建符合科技创新特点的保险产品和服务

（十二）建立和完善科技保险体系。按照政府引导、商业保险机构运作、产寿险业务并重的原则，进一步建立和完善科技保险体系。加大对科技保险的财政支持力度，鼓励有条件的地区建立科技保险奖补机制和科技再保险制度，对重点科技和产业领域给予补贴、补偿等奖励和优惠政策，充分发挥财政资金的引导和放大作用，促进科技保险长效发展。支持符合条件的保险公司设立专门服务于科技企业的科技保险专营机构，为科技企业降低风险损失、实现稳健经营提供支持。

（十三）加快创新科技保险产品，提高科技保险服务质量。鼓励保险公司创新科技保险产品，为科技企业、科研项目、科研人员提供全方位保险支持。推广中小科技企业贷款保证保险、贷款担保责任保险、出口信用保险等新型保险产品，为科技企业提供贷款保障。加快制定首台（套）重大技术装备保险机制的指导意见，建立政府引导、市场化运作的首台（套）重大技术装备保险机制和示范应用制度，促进首台（套）重大技术装备项目的推广和科技成果产业化。

（十四）创新保险资金运用方式，为科技创新提供资金支持。根据科技领域需求和保险资金特点，支持保险资金以股权、基金、债权、资产支持计划等形式，为高新区和产业化基地建设、战略性新兴产业的培育与发展以及国家重大科技项目提供长期、稳定的资金支持。探索保险资金投资优先股等新型金融工具,为科技企业提供长期股权投资。推动科技保险综合实验区建设,在更好地服务科技创新方面先行先试,探索建立综合性科技保险支持体系。

五、加快建立健全促进科技创新的信用增进机制

(十五)大力推动科技企业信用示范区建设。鼓励各地依托高新区和产业化基地,因地制宜建设科技企业信用示范区,充分利用金融信用信息基础数据库等信用信息平台,加大对科技企业信用信息的采集,建立和完善科技企业的信用评级和评级结果推介制度,为金融机构推广信用贷款等金融产品提供支持。充分发挥信用促进会等信用自律组织的作用,完善科技企业信用示范区管理机制,逐步建立守信激励、失信惩戒的信用环境。

(十六)积极发挥融资性担保增信作用。建立健全政府资金引导、社会资本参与、市场化运作的科技担保、再担保体系。支持融资性担保机构加大对科技企业的信用增进,提高融资性担保机构服务能力。鼓励科技企业成立联保互助组织,通过建立科技担保互助基金,为协会成员提供融资担保支持。支持融资性担保机构加强信息披露与共享,开展同业合作,集成科技企业资源,进一步增强融资担保能力。

(十七)创新科技资金投入方式。充分发挥国家科技成果转化引导基金的作用,通过设立创业投资子基金、贷款风险补偿等方式,引导金融资本和民间投资向科技成果转化集聚。进一步整合多种资源,综合运用创业投资、风险分担、保费补贴、担保补助、贷款贴息等多种方式,发挥政府资金在信用增进、风险分散、降低成本等方面的作用,引导金融机构加大对科技企业的融资支持。

六、进一步深化科技和金融结合试点

(十八)加快推进科技和金融结合试点工作。完善"促进科技和金融结合试点工作"部际协调机制,总结试点工作的成效和创新实践,研究制定继续深化试点工作的相关措施,适时启动第二批试点工作,将更多地区纳入试点范围。及时宣传和推广试点地区典型经验,发挥试点地区的示范作用。加大资源条件保障和政策扶持力度,进一步调动和发挥地方深化试点工作的积极性与创造性。鼓励地方因地制宜、大胆探索、先行先试,不断拓展科技与金融结合的政策和实践空间，开展具有地方特色的科技和金融结合试点工作建设。

（十九）推动高新区科技与金融的深层次结合。建立完善高新区管委会、金融机构和科技企业之间的信息沟通机制，通过举办多种形式的投融资对接活动，加强科技创新项目和金融产品的宣传、推介，推动高新区项目资源、政策资源与金融资源的有效对接。支持银行业金融机构在风险可控的前提下，在业务范围内综合运用统贷平台、集合授信等多种方式，加大对高新区建设和小微科技企业的融资支持。发挥高新区先行先试的优势，加快构建科技金融服务体系，鼓励金融机构开展各类金融创新实践活动。

七、创新政策协调和组织实施机制

（二十）综合运用多种金融政策工具，拓宽科技创新信贷资金来源。充分运用差别存款准备金动态调整机制，引导地方法人金融机构加大对科技企业的信贷投入。发挥再贴现支持结构调整的作用，对小微科技企业票据优先予以再贴现支持。支持符合条件的银行发行金融债专项用于支持小微科技企业发展，加强对小微科技企业的金融服务。积极稳妥推动信贷资产证券化试点，鼓励金融机构将通过信贷资产证券化业务腾挪出的信贷资金支持科技企业发展。

（二十一）加强科技创新资源与金融资源的有效对接。探索金融资本与国家科技计划项目结合的有效方式和途径，建立科技创新项目贷款的推荐机制，支持国家科技计划项目的成果转化和产业化；建立国家科技成果转化项目库，引导和支持金融资本及民间投资参与科技创新；指导地方科技部门建立中小微科技企业数据库，与金融机构开展投融资需求对接；开展面向中小微科技企业的科技金融培训，培育科技金融复合型人才。

（二十二）建立科技、财政和金融监管部门参加的科技金融服务工作协调机制。健全跨部门、跨层级的协调沟通和分工负责机制，加强科技、财政、税收、金融等政策的协调，形成推进科技金融发展的政策合力。依托科技部门与金融管理部门、金融机构的合作机制，将科技部门在政策、信息、项目、专家等方面的综合优势与金融机构的产品、服务优势结合起来，实现科技创新与金融创新的相互促进。

（二十三）探索建立科技金融服务监测评估体系。人民银行各分支机构可根据辖区实际情况，按照地方科技部门制定的科技企业认定标准与名录，推动各金融机构研究建立科技金融服务专项统计制度，加强对科技企业贷款的统计与监测分析，并探索建立科技金融服务的专项信贷政策导向效果评估制度。

请人民银行上海总部、各分行、营业管理部、省会（首府）城市中心支行、副省级城市中心支行会同所在省（区、市）科技、知识产权、银监、证监、保监等部门将本意见联合转发至辖区内相关机构，并协调做好本意见的贯彻实施工作。

2014 年 1 月 7 日

关于进一步加大对科技型中小企业
信贷支持的指导意见

银监发〔2009〕37号

各银监局，各省、自治区、直辖市、计划单列市科技厅（委、局），各政策银行、国有商业银行、股份制商业银行、邮政储蓄银行：

为贯彻实施《国家中长期科学和技术发展规划纲要（2006—2020年）》及其配套政策，落实《国务院办公厅关于当前金融促进经济发展的若干意见》（国办发〔2008〕126号），加强科技资源和金融资源的结合，进一步加大对科技型中小企业信贷支持，缓解科技型中小企业融资困难，促进科技产业的全面可持续发展，建设创新型国家，现提出以下指导意见：

一、鼓励进一步加大对科技型中小企业信贷支持。科技型中小企业是我国技术创新的主要载体和经济增长的重要推动力量，在促进科技成果转化和产业化、以创新带动就业、建设创新型国家中发挥着重要作用。银监会、科技部鼓励各银行进一步加大对科技型中小企业的信贷支持和金融服务力度。

本指导意见中的科技型中小企业是指符合以下条件的企业：

（一）符合中小企业国家标准；

（二）企业产品（服务）属于《国家重点支持的高新技术领域》的范围：电子信息技术、生物与新医药技术、航空航天技术、新材料技术、高技术服务业、新能源及节能技术、资源与环境技术、高新技术改造传统产业；

（三）企业当年研究开发费（技术开发费）占企业总收入的3%以上；

（四）企业有原始性创新、集成创新、引进消化再创新等可持续的技术创新活动，有专门从事研发的部门或机构。

二、完善科技部门、银行业监管部门合作机制，加强科技资源和金融资源的结合。各级科技部门、银行业监管部门应建立合作机制，整合科技、金融等相关资源，推动建立政府部门、各类投资基金、银行、科技型中小企业、担保公司等多方参与、科学合理的风险分担体系，引导银行进一步加大对科技型中小企业的信贷支持。

三、建立和完善科技型企业融资担保体系。各级科技部门、国家高新区应设立不以盈利为目的、专门的科技担保公司，已设立的地方可通过补充资本金、担保补贴等方式进一步提高担保能力，推动建立科技型中小企业贷款风险多方分担机制。对于专门的科技担保公司，在风险可控的前提下，各银行可以在国家规定的范围内提高其担保放大倍数。研究设立相应的再担保机构，逐步建立和完善科技型企业融资担保体系。

四、整合科技资源，营造加大对科技型中小企业信贷支持的有利环境。各级科技部门、国家高新区应积极整合政策、资金、项目、信息、专家等科技资源，建立科技型中小企业贷款风险补偿基金，制定具体的补贴或风险补偿和奖励政策，支持银行发放科技型中小企业贷款；定期推荐科技贷款项目，对属于科技计划和专项的项目优先推荐，并提出科技专业咨询意见，协助银行加强对科技贷款项目的贷后管理；推动科技型中小企业信用体系建设，建立企业信用档案，按照企业信用等级给予相应补贴；加快公共服务平台建设，建立和完善多种形式为科技型中小企业、银行服务的中介服务机构；对入驻科技企业孵化器的银行给予孵化企业待遇；通过交流、挂职等方式推荐科技副行长，协调开发地方科技资源。鼓励银行加强与科技创业投资机构的合作，通过贷投结合，拓宽科技型中小企业融资渠道。探索创新科技保险产品，分散科技型中小企业贷款风险。

五、明确和完善银行对科技型中小企业信贷支持的有关政策。鼓励和引导银行在科技型中小企业密集地区、国家高新区的分支机构设立科技专家顾问委员会，发挥国家、地方科技计划专家库的优势，提供科技专业咨询服务；在审贷委员会中吸收有表决权的科技专家，并建立相应的考核约束机制；适当下放贷款审批权限；建立适合科技型中小企业特点的风险评估、授信尽职和奖惩制度；适当提高对科技型中小企业不良贷款的风险容忍度；开发适合科技型中小企业特点的金融服务产品，创新还款方式，提高对科技型中小企业的增值服务；推动完善知识产权转让和登记制度，培育知识产权流转市场，积极开展专利等知识产权质押贷款业务。

六、创新科技金融合作模式，开展科技部门与银行之间的科技金融合作模式创新试点。科技部门和银行选择部分银行分支机构作为科技金融合作模式创新试点单位进行共建，开展科技资源和金融资源结合的具体实践，探索加大对科技型中小企业信贷支持和提高对科技型中小企业金融服务水平的有效途径。同时，分别在东、中、西部的涉农科技型中小企业密集省份，选择部分银行开展支持涉农科技型中小企业试点工作。各试点单位应按照"六项机制"和本指导意见的有关要求，积极加强与科技部门之间的协商与合作，共同制订试点方案，切实落实有关政策，做好科技资源和金融资源结合的有关工作。

七、建立银行业支持科技型中小企业的长效机制。各地银行业监管部门、科技部门和各银行要深入贯彻落实科学发展观，结合本指导意见，积极加强部门合作和政策协调，加大相互开展科技与金融知识培训力度，认真做好有关试点工作，及时总结经验教训，不断创新和完善部门合作、资源结合、风险分担、信息共享等多方面的科技金融合作模式。银监会、科技部将选择部分科技金融合作模式创新试点单位作为观察联系点，对有效加大对科技型中小企业信贷支持情况进行长期跟踪和调研，确保银行业支持科技型中小企业的长效机制建立并有效运行。

中国银行业监督管理委员会

中华人民共和国科学技术部

二〇〇九年五月五日

关于进一步做好科技保险有关工作的通知

保监发〔2010〕31 号

各省、自治区、直辖市、计划单列市保监局、科技厅（局、委），深圳市科工贸信委，各国家高新技术开发区管委会，各中资保险公司、保险中介机构：

2007 年保监会和科技部共同开展科技保险创新发展模式试点工作以来，科技保险的保险产品逐步丰富，承保范围逐步扩大，投保企业快速增加，为科技领域开展自主创新提供了风险保障。为进一步发挥科技保险的功能作用，支持国家自主创新战略的实施，现就科技保险有关工作通知如下：

一、鼓励保险公司开展科技保险业务。保险公司要增强科技保险工作意识，主动与科技部门联系，深入科技行业研究科技领域风险特点，组建专门团队开展业务，建立科技保险理赔绿色通道，做好科技保险服务。地方保监局和科技主管部门要积极组织推动，加强工作协调，提供相关支持，与保险机构共同推动科技保险的创新发展。

二、支持保险公司创新科技保险产品。保险机构要建立保险公司、科研机构、中介机构和科技企业共同参与的科技保险产品创新机制，根据科技行业不同特点和实际需求，针对科技领域风险特点，组织专门技术力量，积极创新，大力开发新险种，在科技型中小企业自主创业、融资、企业并购以及战略性新型产业供应链等方面提供保险支持，不断拓宽保险服务领域。

三、进一步完善出口信用保险功能。发挥中国出口信用保险公司政策性业务在应对国际金融危机和支持科技企业出口方面的特殊作用，在信用风险管理、融资支持和企业信用体系建设等方面，为科技企业提供信用保险、资信调查、商账追收、保单融资等多方面的保障服务，扩大信用保险在科技领域的综合性服务。

四、加大对科技人员保险服务力度。科技人员是科技工作的重要力量，要进一步研究利用保险手段分散科技人员在科研、生产过程中的风险，解决他们的后顾之忧。高新技术企业可以为符合人数要求的关键研发人员投保团体保险。

五、提高保险中介机构服务质量。各类保险中介机构应积极参与科技保险工作，发挥保险中介机构在企业风险管理、保险方案设计、保险产品宣传推广、保单维护和保险索赔服务以及科技型中小企业风险管理等方面的作用，切实做好保险中介服务工作。保险经纪公司要主动当好科技主管部门和科技企业的顾问，在科技保险工作中作为科技行业一方的代表，维护客户合法权益。

六、实施科技保险有关支持政策。研究在重大专项、国家科技计划经费中列支科技保险费和财政资金对自主创新首台（套）产品实施保费补贴的相关政策。地方科技主管部门要创新科研经费使用方式，制定支持科技保险发展的制度措施，推行科技保险保费补贴制度。企业科技保险保费计入高新技术企业研究与开发费用核算范围，享受国家规定的税收优惠政策。

七、创新科技风险分担机制。鼓励保险公司、再保险公司和担保公司等金融机构共同参与重大科技项目的风险管理工作，与银行等其他金融机构一起创新科技风险管理机制与服务，为科技企业特别是科技型中小企业提供融资、担保方面的支持。

八、探索保险资金支持科技发展新方式。根据科技领域需求和保险资金特点，研究保险资金支持国家高技术产业发展的相关机制和具体措施，探索保险资金参与国家高新技术产业开发区基础设施建设、战略性新兴产业的培育与发展以及国家重大科技项目投资的方式方法，并推动相关工作。

本通知自发文之日起执行。

中国保险监督管理委员会　中华人民共和国科学技术部

二〇一〇年三月十一日

中共湖北省委　湖北省人民政府关于发挥科技支撑作用促进经济平稳较快发展的实施意见

鄂发〔2009〕20号

加强科技创新，充分发挥科学技术的支撑作用，是当前抵御国际金融危机冲击、解决经济运行深层次矛盾的有效途径。湖北省是科教大省，面对严峻复杂的经济形势，要结合实际，关注当前，着眼未来，化挑战为机遇，充分发挥我省的科技优势，依靠科技进步，针对我省长远发展的战略部署，大力发展高新技术产业，培育新兴产业，改造传统产业，全面推进产业升级，加速转变发展方式，为保持我省经济平稳较快发展提供科技支撑。现就贯彻落实《国务院关于发挥科技支撑作用促进经济平稳较快发展的意见》（国发〔2009〕9号）精神，提出如下实施意见。

一、解放思想，创新观念

1. 统一认识，抢抓机遇。科技资源是我省的最大优势所在，也是湖北经济发展的力量之源。要牢固树立强烈的思危奋进、开拓创新的意识，增强加快发展、科学发展的紧迫感和责任感。要进一步认清形势，把发挥科技支撑作用的新要求作为转变经济发展方式的机遇，作为优化产业结构的机遇，作为创新体制机制的机遇，在调整中夯实基础、苦练内功、创新克难、积蓄后劲，为新一轮发展做好准备。

2. 立足实际，勇于创新。要充分发挥科技的支撑作用，抵御国际金融危机冲击、解决经济运行深层次矛盾，特别要破除因循守旧、故步自封、照搬照套等旧的思维方式和做法的束缚，形成与社会主义市场经济相适应、与我省改革发展要求相适应的新思维、新观念。要敢于突破，勇于创新，善于创造性地工作，努力在激烈的区域经济竞争中赢得主动，保持应有的地位。要以创新的观念来思考未来、谋划全局、开展工作、破解难题。各有关部门要创新体制机制，使全社会创造活力充分释放、创新成果不断涌现、创业活动蓬勃开展，实现科学发展，促进社会和谐。

3. 倡导创新，营造氛围。要坚持以邓小平理论和"三个代表"重要思想为指导，树立和落实科学发展观，鼓励创新、支持创新。各地各部门应结合实际，积极制定相关的政策措施，重点培育企业创新意识，帮助企业树立依靠科技创新突破困境、实现快速发展的理念，鼓励企业加大创新投入，真正成为自主创新的主体；营造良好环境，充分激发出科技人员的创新活力，更好地为我省经济建设服务。

二、跟进与对接国家科技重大专项

国家科技重大专项是国家下一代战略产业发展的主体内容，投入大，产业链长，对经济社会长远发展具有重要意义。应充分把握国家组织实施 16 个科技重大专项的契机，在省对接国家科技重大专项工作领导小组的指导下，建立对接国家科技重大专项工作的协调机制，及时跟进与对接国家科技重大专项，努力争取在未来全国战略产业竞争格局中的有利地位。各成员单位要高度重视，明确职责，牵头组成每个专项的领导小组，对口联系国家各专项牵头组织的部委，整合全省资源和力量，一方面加大对国家科技重大专项的争取力度，积极组织有关单位开展申报工作；另一方面密切关注重大专项研发和产业化进展，将参与承接重大专项的企业和院所作为我省招商引资的重点，努力推进国家科技重大专项在鄂的实施，尽快在我省实现国家下一代产业布局的战略突破。

（责任单位：省科技厅、省发改委、省财政厅、省经信委、省国防科工办、省卫生厅、省农业厅、武汉市政府等）

三、围绕重点产业振兴，加快实施重大科技成果转化和产业化

结合落实中央扩大内需 10 项措施和重点产业调整振兴规划，针对湖北省十大重点产业振兴规划，加快推广实施重大科技成果，带动我省产业结构调整和发展方式转变。

1. 积极争取国家高新技术产业化和重大成果转化项目。充分发挥我省科技优势，围绕重点领域，抓紧组织实施一批基础条件好、投资拉动作用大的高新技术成果转化和产业化项目，积极争取国家项目和资金支持。争取创建武汉国家综合性高技术产业基地。加紧开展"十城千辆"武汉电动汽车示范推广工程，积极争取武汉市成为国家半导体照明产业化基地和"十城万盏"半导体照明应用示范城市，实施"太阳能屋顶计划"，开展太阳能光电、光热应用示范，推广应用地源热泵技术，带动我省相关产业发展。

（责任单位：省发改委、省科技厅、省财政厅、省住房和城乡建设厅、武汉市政府）

2. 组织推广100项成熟的新技术、新装备、新工艺、新产品。结合湖北省十大重点产业振兴规划，加快推广应用一批能有效促进产业升级、技术改造和节能减排的新技术和产品，加快规模化、市场化应用，帮助企业改进工艺、升级产品、淘汰落后产能，推动产业结构调整和发展方式转变。

（责任单位：省发改委、省科技厅、省经信委）

3. 加快推进各类科技项目的实施。本着"应对危机、长短兼顾"的原则，结合产业振兴和扩大内需，提出新的立项重点。加大对成熟技术和创新产品规模化、市场化的支持力度；加快与产业振兴和拉动内需紧密相关的在研项目的拨款和实施进度；加快已审议通过的与产业振兴和拉动内需紧密相关项目的立项启动和经费拨付。

（责任单位：省科技厅、省发改委、省经信委、省农业厅、省财政厅等）

四、大力支持企业提升自主创新能力

面向企业资金、技术、人才三大需求，充分运用项目、政策、平台等手段，加大支持、服务力度，大力推进五大专项行动计划实施，支持企业提高自主创新能力。

1. 科技投融资专项行动

重点面向科技型企业，推动建立科技与创业投资相结合、科技与银行信贷相结合的科技投入机制，综合运用创投引导、风险补偿、项目跟投、贷款贴息、担保补助、无偿资助等六种财政资金投入方式，充分发挥政府引导资金的放大效应和示范作用，积极引导创投机构的发展及向成长前期科技型企业投资，引导银行向科技型企业发放贷款，引导企业增加科技投入。以培育科技型上市后备企业为目标，组织创投机构和中介机构开展企业发展诊断咨询，联合证券公司、会计师事务所、律师事务所等对企业进行上市相关法律问题及专项财务辅导，积极推动我省一批企业进入"主板"或"创业板"上市。

（责任单位：省科技厅、省财政厅、湖北证监局、湖北银监局、湖北保监局、省政府金融办、人行武汉分行、省经信委、省发改委）

2. 产学研结合专项行动

围绕产业技术创新链，探索多种产学研深度结合的有效模式和长效机制。以骨干企业为龙头，以解决产业共性技术、形成产业核心竞争力为目标，在生物医药、磷化工、太阳能光伏与半导体、数控机床等行业和领域，建立一批产业技术创新联盟。以中小企业为重点，以承接科技成果转化、提高企业技术创新能力为目标，鼓励企业与高校或科研院所组建校企共建研发机构和开展技术创新合作。以高校、科研院所的重点实验室为基础，以引导高校科研工作与我省地方经济社会发展有机对接为目标，建立一批面向我省经济社会发展技术需求的产业技术创新基地。充分利用"中国·湖北产学研合作暨创投项目洽谈会"平台，开展学科链与产业链对接，鼓励和促进科技优势与产业优势的融合，提升我省产业整体竞争力，增强经济发展后劲。

（责任单位：省科技厅、省经信委、省教育厅）

3. 创新型企业建设专项行动

重点支持 100 家有创新基础与需求的中小企业，明确创建目标与任务，综合应用科技计划立项、融资服务、人才支持等多种方式，开展创新型企业建设工作。组织实施"双百行动"，在 100 家创新型企业中设立 100 个"湖北省企业自主创新岗位"；采用后补助的方式，对企业组建技术创新平台、开展研究与开发的投入给予资助。力争通过 3 年创建活动的示范引领，做大做强一批拥有自主知识产权和知名品牌、依靠技术创新获取市场竞争优势和持续发展的创新型企业。充分发挥国有企业在技术创新中的引领和带动作用，积极鼓励国有企业成为国家和省创新型企业。

（责任单位：省科技厅、省人力资源和社会保障厅、省教育厅、省财政厅）

4. 农业科技创新体系建设专项行动

重点支持 100 家农业龙头企业加强技术创新能力建设，以加工转化带动上游种养殖业的标准化、组织化发展。建设 100 家与优势特色农业板块经济对接的科技创新示范基地，引导教授博士联基地驻基地，与基地建设主体企业建立务实高效的长期合作关系。稳定支持 30～50 个高水平团队开展源头科技创新，增强产业发展后劲。深入实施科技入户工程和农民科技培训工程，建设完善农业科技推广服务体系，提升科技服务社会主义新农村建设的能力和水平。

（责任单位：省科技厅、省农业厅、省教育厅）

5. 科技型中小企业成长路线图计划专项行动

进一步调整现有财政科技投入结构，增加对科技型中小企业技术创新的财政支持力度。继续发挥省级创新基金的作用，引领中小企业开展产学研结合和技术创新。积极争取国家项目和国家科技型中小企业成长路线图计划"示范区"专项试点，以促进建立特色产业技术创新联盟和特色产业集群为重点，推动建立同行企业技术创新协调机制。

（责任单位：省科技厅、省经信委、省财政厅）

五、动员科研院所和高等院校的科技力量服务企业、基地

1. 组织省内公共科技资源和创新基地开放共享。促进高校、科研院所科技资源向社会，特别是向中小企业开放共享，积极组织国家和省部级重点实验室、工程实验室、大型仪器设备共享网、工程技术研究中心、产业共性技术中心等公共科技资源和创新基地向省内中小企业开放，发挥国家和省级各类科技支撑服务平台的作用。

（责任单位：省教育厅、省科技厅、省发改委、省经信委）

2. 设立企业创新岗位，激励科技人员深入企业。根据企业提出的自主创新岗位相关设岗要求和人才对接申请，每年从高等院校和科研院所选派一批教师或科技人员到各市州创新型企业和农业科技创新示范基地驻点，帮助企业和基地制定技术发展战略，参与企业技术研发，优化企业研发团队，增强企业自主创新能力。

（责任单位：省人力资源和社会保障厅、省教育厅、省科技厅、省农业厅）

3. 推行科技特派员制度，鼓励科技人员到农村基层创业和服务。全省选派1500名技术专长突出、基层发展急需的科技人员，带技术、带项目，深入农村，创办、领办、合办经济实体，或进驻农村企事业单位开展创新创业和科技服务，促进科技人员深入农村，服务农民、农业，促进农村经济发展。

（责任单位：省科技厅、省人力资源和社会保障厅、省教育厅、省农业厅）

4. 鼓励科技人员创办科技型中小企业。落实《湖北省人民政府关于深化改革创新机制加速全省高新技术产业发展的意见（试行）》（鄂政发〔2008〕33 号），鼓励科研院所和高等院校的科技人员以科技成果、知识产权等无形资产入股的方式，参与创办科技型中小企业。调整现有财政科技投入，设立"初创科技型小企业专项"，采取无偿资助和资本金注入的形式，对科技人员初创期企业进行"天使投资"。

（责任单位：省教育厅、省人力资源和社会保障厅、省科技厅、省国资委）

六、加快高新技术园区和产业集群建设

1. 加快高新园区的发展。加强对高新区的领导，理顺高新区管理体制。开展创新型园区创建，建设创新服务平台，进一步营造创新创业环境。支持武汉东湖新技术开发区争创国家自主创新示范区，创建世界一流园区。支持武汉东湖新技术开发区光电子信息、节能与环保、消费电子、生物、新能源等五大产业加快发展。创新体制机制，加快武汉生物技术研究院建设，推进武汉国家生物产业基地发展。支持襄樊高新区争创国家创新型科技园区。积极推动宜昌高新区申报国家级高新区。加快推进我省高新技术特色产业基地建设，形成产业集群。在全省选取一批省级以上的开发区作为产业振兴和拉动内需的投资重点，促进产业升级和结构调整。

（责任单位：省科技厅、各高新区所在地政府）

2. 加快高新园区资本市场建设。推动东湖新技术开发区进入"三板"市场，开展非上市股份公司代办股份转让试点。以武汉光谷联合产权交易所为平台，完善、规范交易制度和体系，推动武汉东湖新技术开发区面向高成长、高风险的科技型、创新型非上市股份公司，进行股权挂牌转让和定向增发融资业务。完善武汉城市圈资本市场，巩固武汉城市圈的区域经济中心地位。

（责任单位：省科技厅、湖北证监局、省政府金融办、人行武汉分行）

七、加强科技人力资源建设

1. 引进高层次科技人才。落实《中共湖北省委、湖北省人民政府关于加强高层次创新创业人才队伍建设的意见》（鄂发〔2008〕19 号），大力实施高层次科技创新创业人才培养、引进计划。开辟"绿色通道"，为国内外高层次科技创新创业人才来鄂工作提供"一站式服务"。为引进海外高层次人才提供

工作条件和特定生活待遇。利用"华创会"等系列重大招商活动平台，支持和鼓励其在鄂创办企业或开展合作研究；吸引外资企业在我省设立研发中心，积聚一批科技创新创业人才，吸引优秀领军人才承担企业自主创新项目。引导一批海外和省内外高层次人才到企业全职承担科技创新任务，促进企业发展。

（责任单位：省人力资源和社会保障厅、省科技厅、省教育厅、省外侨办）

2. 加强科技人才继续教育。组织开展创业者管理能力培训，实施全省科技创业在线培训系统建设专项，开展"科技创业楚天行"巡回宣讲，加快科技企业孵化器信息化建设和培训能力建设，启动科技创业导师专项行动，组织创业辅导。鼓励转制科研院所加强对行业技术人才的继续教育。鼓励高新区创业孵化器、人力资源服务等机构，开展高校毕业生技能培训和创业培训。开展基层农业科技人员知识更新培训，实施农技人员知识更新培训工程，采取异地研修、学历教育、县乡集中办班和现场实训等方式，3年内完成一轮对乡镇在岗公益性农技服务人员业务培训。

（责任单位：省科技厅、省教育厅、省人力资源和社会保障厅、省农业厅）

3. 设立青年创业基金，支持高校毕业生积极创业。鼓励各级政府、科技园区、孵化器、金融机构、创投机构为大学生就业创业提供信息、培训、场地、资金等方面的服务，降低创业风险。鼓励大中专毕业生到农村创新创业。

（责任单位：省教育厅、省人力资源和社会保障厅、省科技厅）

八、加强统筹协调，落实政策条件保障

1. 建立和完善地方科技创新目标责任制。强化各级党政主要领导科技创新目标责任，将科技创新的主要指标纳入各级政府的目标责任考核内容，加强对地方科技进步工作情况的考评，考评结果作为地方党政领导选拔任用和奖惩的重要依据。省科技行政管理部门根据考核结果编制并发布年度市、州、县科技进步白皮书。

（责任单位：省科技厅、省委组织部、省统计局）

2. 加大投入，集成资源。通过整合现有财政科技投入、争取国家投入支持、撬动社会资金对科技创新增加投入等多种方式筹集资金，确保上述科技支撑各项重大措施有效实施。积极推进创业投资发展，引导创业投资。加大银行对科技企业的信贷支持，全力满足符合贷款条件的科技企业信贷资金需求。积极争取国家科技经费。上下联动，整合全省各级政府安排的财政科技经费。加强沟通协调，整合全省各有关部门科技投入。推进科技型企业上市步伐，力争我省3年内在"主板"或"创业板"上市的科技型企业达15家。

（责任单位：省科教领导小组各成员单位、湖北银监局、省政府金融办、人行武汉分行等）

3. 加快出台和落实鼓励企业自主创新的优惠政策。认真执行企业研究开发费用加计扣除政策、技术转让税收优惠政策、自主创新产品政府采购和首台首购等相关财税优惠政策。加快高新技术企业的认定工作，推动高新技术企业税收优惠政策的落实。加大对自主创新产品推广应用的政策支持。

（责任单位：省科技厅、省财政厅、省国税局、省地税局、省发改委、省经信委）

4. 制定和落实激励科技人员深入企业、基地的支持政策。科技人员在被选派服务企业、基地期间，原单位应保留其职务、工资福利和岗位，并将科技人员服务企业、基地的业绩作为晋升职务、职称的重要依据。允许科技人员按照国家法律、法规及相关政策分享创新收益。企业要为科技人员开展工作创造条件。实施《中华人民共和国科学技术进步法》和贯彻落实《湖北省人民政府关于深化改革创新机制加速全省高新技术产业发展的意见（试行）》（鄂政发〔2008〕33号），制订有关职务科技成果股权激励的政策细则，对作出贡献的科技人员按照规定实施期权、技术入股和股权奖励等形式的股权激励。

（责任单位：省科技厅、省教育厅、省人力资源和社会保障厅、省国资委、省财政厅、省经信委等）

5. 加强统筹协调。在省科教领导小组的统一指挥下，各有关部门要统筹协调，集成资源，形成合力，并根据责任分工逐条实施，切实保障上述各项措施落实到位，充分发挥科技创新在拉动内需、加快产业结构调整与优化升级、促进我省经济平稳较快发展的支持作用。

湖北省人民政府关于创新科技
投入机制的若干意见

鄂政发〔2010〕36 号

各市、州、县人民政府，省政府各部门：

为贯彻落实《中共湖北省委、湖北省人民政府关于增强自主创新能力建设创新型湖北的决定》（鄂发〔2006〕8 号）精神，不断创新科技投入机制，充分发挥财政科技投入的引导、示范、放大作用，建立和完善财政科技投入与银行贷款、企业投入、社会资金相结合的多元化科技投融资体系，着力突破科技创新和高新技术产业发展的资金瓶颈，加快高新技术产业发展，特提出如下意见：

一、加快科技创新与金融信贷的结合，促进科技型企业的融资

（一）建立科技管理部门与银行的合作机制。科技管理部门要加强与银行合作，定期向银行推荐重点科技型企业和各类科技计划支持的重点项目，银行对科技管理部门推荐的项目优先评审，简化信贷程序，优先发放贷款，对科技管理部门推荐的具有广阔市场前景、高成长性的高新技术企业和项目，银行予以接受并发放贷款的，政府通过财政贴息的方式予以支持。逐步加大对科技型企业贷款贴息的支持力度。发挥省级科技投融资平台在促进科技金融工作中的纽带作用，扩大政策性银行、商业银行对省级科技投融资平台的支持力度，增强省级投融资平台的投融资功能，加大对重点高新区基础设施及重大高新技术产业化项目的投资力度。鼓励有条件的市州依托科技企业孵化器、创业投资机构等建立针对科技型中小企业的助贷平台，为本地区科技型中小企业申请银行贷款提供服务。

（二）鼓励银行加大对科技型企业及企业创新活动的信贷投放力度。简化科技型中小企业贷款程序，扩大信贷投放，确保科技型中小企业贷款增长不低于全部贷款增长比例；积极创新信贷方式，开展知识产权等无形资产质押、订单质押、保理业务、信用证等业务，为科技型企业提供全方位融资服务。

引入贷款风险定价机制，逐步探讨在银行信贷审批环节引入科技专家顾问或在审贷委员会引入科技专家参与表决评审的机制，改进和完善现行贷款运作流程，积极支持科技型企业发展。鼓励在省级以上高新区、特色产业基地设立面向科技型中小企业的金融服务分支机构，支持在重点高新区建立小额贷款机构。

（三）推进科技担保体系建设。鼓励各级担保机构为科技型企业及企业创新活动开展融资担保业务，集成现有各级担保机构的资源优势，形成面向科技型企业的科技担保网络。进一步完善科技担保体系，鼓励民间资本设立科技担保机构，鼓励创业投资机构投资参股科技担保公司，促进科技担保与创业投资协同发展。进一步整合资源，充分利用现有融资担保平台，支持科技型企业融资担保。支持高新区、科技企业孵化器与各级担保机构合作，开展联合担保，建立担保联盟。组织有条件的科技企业孵化器与科技管理部门及银行合作共建融资担保平台，共同为孵化器内的在孵企业提供贷款。

（四）积极推进科技型企业融资方式的创新。优化科技型企业融资结构，积极争取政策，支持符合条件的企业发行企业（公司）债券和短期融资券，扶持符合条件的科技型中小企业发行中小企业集合债券等，提高金融资源配置效率。完善知识产权评价、评估机制，在高新技术企业、创新型企业中试行以专利权、商标专用权等无形资产质押贷款。大力发展科技租赁和科技保险，加快发展多种形式的出口信用保险业务，推动科技型企业投保出口信用险项下的融资业务发展，支持高新技术产品出口。积极支持开展企业股权、出口退税税单、应收账款、在建工程等抵押，引导银行和企业开展典当融资、租赁融资、贸易融资等多种融资形式。积极支持优质科技型中小企业在能够提供足额有效担保的前提下，享受与大企业同等的"综合授信"，确定最高融资额度，允许在额度内随时灵活办理融资业务，一次性签订融资合同，循环使用。积极研究和探索保险资金参与高新区基础设施建设和高新技术投融资的方式、方法。

（五）推进科技金融服务体系建设。建立科技型企业投融资促进网络平台，促进科技投融资中介机构的成长。通过组织投融资对接会、银企洽谈会、项目推介会等形式，探索建立科技型中小企业、银行、创业投资机构、担保机构、券商、管理咨询机构等相互联系的机制，为科技型企业融资提供服务。

二、推进创业投资体系建设，加快创业投资的发展

（六）扩大省创业投资引导基金规模，加快创业投资主体培育。科技管理部门要加强对创业投资发展的服务和指导，编制创业投资发展规划，出台科技创业投资引导基金管理办法。以湖北省高新技术产业投资有限公司为基础，搭建省级科技投资平台，积极吸引金融机构参与，争取国家有关部门支持，拓宽省创业投资引导基金来源。充分发挥省创业投资引导基金的政策性引导作用，积极与省内外金融机构、创业投资机构合作在我省共建创业投资机构。鼓励各市州人民政府和省级以上高新区设立创业投资引导基金。鼓励省内外各类创业投资机构、非银行金融机构、企业、中介服务机构及其他组织和个人等投资者在湖北建立创业投资机构等股权投资类企业，从事创业投资。

（七）出台鼓励创业投资发展的激励政策。境外和省外创业投资机构投资省内高新技术产业，但尚未在省内设立独立机构的，也可比照省内创业投资机构，享受省优惠政策。以合伙形式设立的创业投资机构等股权投资类企业的经营所得，按照国家有关税收规定，适用5%～35%的五级超额累进税率，计算征收个人所得税，由合伙人分别缴纳。

（八）建立创业投资风险补偿制度。创业投资机构可按其在湖北投资额3%～5%的比例提取风险准备金。政府整合现有科技资源，对创业投资机构因投资科技型中小企业和项目失败而清算或减值退出所发生的部分损失给予适当补助。

（九）建立财政科技投入对创业投资的跟投制度。对省创业投资引导基金支持的创业投资机构选定的科技型中小企业，省创投引导基金可根据情况，按创业投资机构实际投资额的50%以下的比例进行跟进投资，并委托共同投资的创业投资机构管理。项目退出时，对于委托管理的创业投资机构，可按不超过财政科技投入总投资收益（弥补亏损后的净收益）的一定比例给予奖励，奖励的具体标准和办法在章程、协议中规定。鼓励有条件的市州对创业投资机构投资的当地科技型中小企业，按一定比例进行跟投。

（十）建立和完善国有及国有控股创业投资机构的业绩激励机制。鼓励国有及国有控股创业投资机构通过制定"高管持股"和"项目经理跟投"等制度，建立有竞争力的业绩激励和约束制度，对企业高级管理人员和骨干人员实行年薪制、股权、期权等激励措施，以及项目经理按不低于项目投资额1%的跟进投资。

（十一）完善创业投资退出机制。创业投资机构可以通过股权上市转让、股权协议转让、被投资企业回购等途径，实现投资退出。支持符合条件的科技型企业上市，特别是在中小板、创业板上市和再融资。鼓励境内外创业投资机构撤出后继续投资。充分发挥武汉光谷联合产权交易所的平台作用，为全省科技型企业提供股权集中登记托管、股权质押融资和股权交易等服务。积极争取在武汉东湖新技术开发区开展代办股份转让试点。

（十二）加强财政科技投入与创业投资的结合。进一步完善科技计划项目的保荐制度，省内外创业投资可将投资的科技项目保荐给科技管理部门。凡获得创业投资支持的科技型企业和高新技术项目，省各有关部门应优先列入各类计划项目予以支持。

（十三）积极发挥创业投资机构在企业培育、项目管理中的作用。建立重大、重点科技计划项目尽职调查和托管制度。可委托经认定的创业投资机构对省重大科技计划项目立项进行尽职调查，对项目执行和企业发展进行监理、辅导以及日常跟踪管理服务。

（十四）促进创业投资机构与科技型企业的对接。搭建省内外创业投资机构与我省科技型企业进行信息交流、项目洽谈、投融资需求对接的平台，促进创业投资机构与我省科技型企业的合作。充分发挥省创业投资同业公会反映行业诉求、联结行业与政府的桥梁纽带作用，搭建创业投资与财政科技投入、创业投资与科技型企业的对接交流的平台；积极组织、定期举办中国中部创业投资大会，活跃区域创业投资氛围。鼓励创业投资机构在具备条件的市州设立分支机构或代理机构。

三、创新财政科技投入方式，加大财政科技投入的引导力度

（十五）积极探索财政科技投入资金的多种方式。各级财政要按照《中华人民共和国科技进步法》的要求增加科技投入；调整资金管理办法，支持科技管理部门积极探索以创业投资引导基金、跟进投资、风险补偿、贷款贴息、企业技术创新后补助等多种形式的投入方式，加强财政科技投入与银行信贷、创业投资资金、企业研发资金及其他社会资金的结合，引导全社会增加科技投入，增强财政科技投入的引导作用和放大效应；创新科技投入方式，逐步将省级财政对企业的科技投资通过科技投资平台管理和运作。各级财政部门要加强财政科技专项资金的监督管理和绩效评价。

（十六）落实支持企业自主创新有关财税优惠政策。落实《中华人民共和国企业所得税法实施条例》规定，企业为开发新技术、新产品和新工艺发生的研究开发费用，未形成无形资产计入当期损益的，在按规定据实扣除的基础上，按照研究开发费用的50%加计扣除；形成无形资产的，按照无形资产成本的150%摊销；落实技术转让税收优惠政策，在一个纳税年度内，居民、企业技术转让所得不超过500万元的部分，免征企业所得税；超过500万元的部分，减半征收企业所得税；落实高新技术企业税收优惠政策，对高新技术企业，减按15%的税率征收企业所得税。

（十七）实施鼓励自主创新的政府采购政策。落实财政部《关于印发〈自主创新产品政府首购和订购管理办法〉的通知》（财库〔2007〕15号）规定，对国内企业或科研机构生产或开发的，暂不具有市场竞争力，但符合国民经济发展要求、代表先进技术发展方向且属首次投向市场的产品，通过政府采购方式由采购人或政府首先采购；对国家需要研究开发的重大创新产品、技术，通过政府采购方式面向全社会确定研究开发和生产机构。按照《湖北省自主创新产品认定管理办法（试行）》的要求，省科技厅要会同省发改委、省财政厅组织开展湖北省自主创新产品认定工作，对经认定通过的自主创新产品，授予认定证书，积极争取符合条件的自主创新产品纳入国家《政府采购自主创新产品目录》。各级政府相关部门要制定具体的办法和措施，对纳入国家目录、并在有效期内的自主创新产品，实行政府首购与订购制度；对通过省级认定、并在有效期内的自主创新产品，同等条件下优先进行政府采购。

（十八）建立完善财政科技投入后补助方式。财政科技研发资金要积极探索后补助机制，鼓励企业加大科技投入，建设研发平台，开展技术创新和新产品开发与产业化。由企业及企业与高校、科研院所合作完成的技术创新项目经科技管理部门验收合格后，按项目研发投入的一定比例直接进行补助；由企业自筹资金建立工程技术研究中心、校企共建研发机构和产业共性技术中心，经科技管理部门、产业部门验收并运行良好的，授予"湖北省工程技术研究中心"或"湖北省校企共建研发机构"、"湖北省产业共性技术中心"

称号，在科技经费和中小企业发展专项资金中安排资金进行后补助；对创新型试点企业发生的研发投入实行财政补贴。

（十九）建立科技投入的统筹协调机制。各级政府要高度重视科技投融资工作，把其作为推进科技创新和高新技术产业发展的重要抓手，加强组织领导。科技、财政、金融、产业等部门要建立协调机制，加强合作与配合，为高新技术产业投融资做好服务，促进政府有关部门、科技型企业、金融机构、中介服务机构科技投融资服务协调机制的建立，吸引和撬动各类资金、资本投入科技创新和高新技术产业，大力加快我省高新技术产业发展。

湖北省人民政府

二○一○年六月九日

武汉市人民政府关于印发
东湖国家自主创新示范区
科技金融创新实施方案的通知

武政〔2010〕53 号

各区人民政府，市人民政府各部门：

经研究，现将《东湖国家自主创新示范区科技金融创新实施方案》印发给你们，请认真贯彻执行。

二〇一〇年九月二十八日

东湖国家自主创新示范区
科技金融创新实施方案

为贯彻落实《国务院关于同意支持东湖新技术产业开发区建设国家自主创新示范区的批复》（国函〔2009〕144 号）精神，推进东湖国家自主创新示范区（以下简称东湖示范区）科技金融创新，促进科技与金融结合，加快东湖示范区建设步伐，特制订本方案。

一、加快东湖示范区科技金融创新的重要意义

国务院批复同意在武汉东湖新技术开发区建设国家自主创新示范区，其对东湖示范区的定位，就是要在本世纪前 20 年使东湖开发区的发展再上一个新台阶，使其成为推动资源节约型和环境友好型社会建设、依靠创新驱动的典范。国务院的批复赋予了东湖示范区先行先试、改革创新的任务，其中一项重要工作就是深化科技金融改革创新试点。东湖示范区拥有丰富的科技和金融资源，其发展已进入到新的历史阶段，创新突破也进入了关键时期，推进东湖示范区科技金融创新试点，对探索科技与金融结合的有效途径，实现科技成果产业化，加快东湖示范区建设具有十分重要的意义。

二、指导思想、总体目标及基本原则

（一）指导思想

深入贯彻落实科学发展观，抢抓国家促进东湖示范区建设的战略性历史机遇，以信用建设为基础，以机制创新为切入点，以财政资金为杠杆，充分利用市场机制，重点推进金融机构、金融市场、金融产品及业务、金融服务方式等创新，充分发挥金融支撑作用，为科技企业自主创新提供金融体制机制保障和优良的金融生态环境，加快东湖示范区建设。

（二）总体目标

以东湖示范区光电子信息、生物、新能源、环保、消费电子等 5 大产业集群为重点，深入推进科技金融创新试点工作，着力夯实一个基础，实现四个突破，完善六大运行机制。到 2015 年以前，设立和引进各类私募股权基金 60 家以上；科技企业在主板和创业板首次公开募股（IPO）新增 30 家以上，科技企业在证券市场融资和再融资 500 亿元以上；每家银行金融机构至少在东湖示范区设立一家为科技企业服务的专营机构；银行金融机构每年向东湖示范区科技企业新增贷款的增幅超过全市平均水平 5 个百分点。基本实现科技金融机构多元化、科技金融市场多层次化、科技金融产品及业务特色化，形成服务科技成果产业化不同阶段的科技金融创新体系，为加快东湖示范区建设提供强有力的金融支持。

1. 夯实一个基础

即夯实信用基础。加快科技企业信用体系建设，建立东湖示范区信用信息数据库，加大企业信息归集力度和加快企业信息更新速度，率先建立科技企业信用档案，发挥信用体系的基础作用。全面推进科技企业信用评级和信用增级工作，增强企业信用在融资中的地位与作用。

2. 实现四个突破

（1）以建立和完善科技企业融资担保体系为支撑，鼓励设立科技金融专营机构，在建立科技金融服务机构体系上实现突破。

（2）以推进科技企业股权流动为依托，在股权交易市场建设方面实现突破。

（3）以扩大股权和信用产品融资为重点，在科技金融产品及业务创新上实现突破。

（4）以创新科技金融服务模式为落脚点，在构建科技金融服务方式上实现突破。

3. 完善六大机制

（1）信用激励机制。培育信用产品应用市场，鼓励金融机构、担保机构和投资机构在为东湖示范区企业提供各类融资服务时，将企业信用作为重要参考依据，并在业务受理过程中对诚信企业简化审核程序；加大对失信企业惩罚力度，形成守信受益、失信惩戒的信用激励机制。

（2）差异化持续融资机制。鼓励金融机构根据科技成果产业化的不同阶段所面临的风险特征，提供差异化融资产品和服务，形成高新技术产业在不同阶段持续融资机制。

（3）风险分担补偿机制。给予银行、担保机构和创业投资机构一定的风险补贴；建立和完善科技企业融资担保体系，健全担保、再担保制度，分散和规避科技企业融资风险，形成政府、金融机构、金融中介服务机构、科技企业共同参与的科技企业融资风险分担补偿机制。

（4）多方合作机制。加强政府、高校、科研机构、金融机构和企业合作，建立高效、便捷的信息沟通渠道，形成并完善多方合作机制。

（5）金融人才激励机制。完善金融人才培养、引进、使用和管理制度，形成激发金融人才不断创新的机制。

（6）科技金融创新与风险防范互动机制。加强与湖北银监局、湖北证监局、湖北保监局、人行武汉分行营管部等金融监管机构的联系与合作，形成指导支持金融机构在东湖示范区内开展科技金融创新试点的机制。

（三）基本原则

1. 坚持科技金融创新与科技产业发展需要相结合原则，促进金融业更好地服务于科技产业发展。科技金融创新要立足于科技产业发展需要，着力解决科技产业发展的"金融瓶颈"，以"产业链"为主线构建科技产业投融资服务链与金融产品链。

2. 坚持科技金融创新的先进性与实用性相结合原则，强化科技金融创新的可操作性。既要有利于同国际金融业接轨，又要根据现实条件和创新基础，提高科技金融创新的可操作性。

3. 坚持政府引导与市场运作相结合原则，完善科技金融创新机制。遵循市场规律，充分发挥政府的政策引导作用，正确处理市场在资源配置中的基础作用与发挥政府推动作用的关系，实现"政、产、学、研、金"五结合。

4. 坚持鼓励科技金融创新与防范风险相结合原则，提高科技金融创新失败宽容度。在金融风险可控的前提下，鼓励和推进科技金融创新，宽容失败。

三、科技金融创新的主要内容

（一）推进金融机构创新，完善科技金融组织体系

1. 设立和引进服务科技企业的银行专营机构。在东湖示范区扩大商业银行设立科技支行的试点，推进商业银行设立为科技企业服务的专营机构，积极争取政策支持，引进或设立村镇银行（科技社区银行），专门开展科技企业贷款业务。

2. 设立和引进各类基金及基金管理公司。鼓励设立和引进境内外以创业投资、风险投资、股权投资、产业投资为主的各类基金及基金管理公司。

3. 支持融资租赁公司发展。积极争取金融机构在东湖示范区设立融资租赁分公司，支持科技企业发展。支持光大金融租赁公司做大做强，在东湖示范区设立分支机构，大力推进科技企业融资租赁业务。

4. 发展科技保险服务机构。鼓励保险业金融机构在东湖示范区内设立专门的科技保险服务机构；大力引进国内外各类保险机构总部及区域管理总部、省级分公司落户东湖示范区。争取国际著名的保险经纪、公估机构在东湖示范区设立分支机构，为科技企业融资提供科技保证保险服务。

5. 扩大小额贷款公司试点。设立专门为科技服务的小额贷款公司，探索设立外资科技小额贷款公司。

6. 构建科技企业融资担保体系。发挥国有担保机构的主导和引导作用，鼓励行业协会、社会团体、企业和自然人组建科技企业互助性融资担保机构，支持民间资本发起设立信用担保公司，鼓励各担保机构创新科技企业融资担保方式，完善信用担保公司的风险补偿机制和风险分担机制。

7. 形成和完善科技金融中介机构服务体系。大力扶持金融中介服务机构发展。规范发展会计师事务所、律师事务所、投资咨询、财务顾问、资产评估、保险代理、信用评级等中介服务机构，推进中介服务的规模化、集约化。

8. 积极支持民间资本参与设立科技金融机构。鼓励民间资本参与设立村镇银行、科技贷款公司等金融机构，积极争取政策，放宽村镇银行中法人银

行最低出资比例的限制。鼓励民间资本发起设立金融中介服务机构、信用担保机构等，参与证券、保险等金融机构的改组、改制。

（二）推进金融市场创新，为科技企业资金流动提供交易平台

1. 积极发展科技企业票据市场。按照市场需求创新票据贴现方式，探索小额贷款公司办理贴现、转贴现业务；充分利用大型企业集团的产业链优势，鼓励和支持为其配套的科技企业使用商业承兑汇票；促进电子商业汇票业务发展；探索设立票据经纪公司，试行票据买卖业务。

2. 大力发展证券市场。落实鼓励企业上市的优惠政策，建立科技企业上市绿色通道，开拓性解决科技企业上市过程中的问题，引导科技企业在境内外资本市场融资，积极发挥股票市场创业板、中小板作用。

3. 探索建立非上市公司股权流动市场。力争东湖示范区早日被纳入代办股份转让系统扩大试点范围；探索设立未上市股权交易市场；积极探索私募股权投资基金转让途径，推动科技企业股权流动。

4. 引导产权市场创新发展。扩大武汉光谷联合产权交易所知识产权交易规模，鼓励科研机构、企业、自然人开展知识产权交易，探索建立知识产权经纪人中介服务体系，为加快科研成果转化提供绿色通道。通过业务补贴等方式，积极引导武汉光谷联合产权交易所开展股权质押融资业务。

（三）发展科技金融产品及业务，满足科技企业融资需求

1. 拓展抵押担保类信贷产品及业务。鼓励开展各类满足科技企业需求的抵押担保类信贷产品及业务。引导银行采用"应收账款抵押"、"仓单抵押"、"小企业联保联贷"等贷款抵押方式，增强科技企业的融资能力。

2. 创新各类权利质押贷款业务及产品。探索推广股权质押类贷款产品。探索实用新型专利权、国家知识产权局授予的发明专利、企业合法商标专用权、版权等知识产权类质押贷款。

3. 扩大信用贷款试点。支持金融机构在风险可控的前提下，开展各类信用贷款业务。鼓励商业银行根据企业信用报告良好的记录，提供不需要抵押和担保的信用贷款，对于信用贷款出现风险，银行经全力催收，仍然无法收回，进入银行核销程序后的，经审核由东湖示范区给予适当补贴。大力拓展贸易融资类信用贷款产品。扩大科技企业授信贷款业务。

4. 开展信贷资产证券化产品试点。在现行相关法规政策指引下，在东湖

示范区审慎开展信贷资产证券化产品试点，提高直接融资比例，优化资产结构。

5. 探索发展适合科技企业发展的基金类产品。进一步发展武汉科技创业投资引导基金，引导社会资金流向科技企业。支持大企业、集团公司和上市公司在东湖示范区设立行业投资基金，鼓励境内外各类投资主体在东湖示范区设立天使基金、风险（创业）投资、产业投资等各类基金，投资于不同阶段的科技企业。

6. 发展直接融资产品。鼓励有条件的科技企业发行企业债券，积极推进科技企业发行集合债券；争取政策支持，积极发行科技企业短期融资券及中期票据。积极支持符合条件的证券公司在东湖示范区内开展直投业务。

7. 支持典当机构创新业务。探索知识产权典当的可行性，为科技企业进行自主创新融通资金创造条件。

8. 大力探索科技保险产品创新。引导保险业金融机构根据企业成长的阶段性特点和风险等，不断创新保险产品和服务方式，继续扩大东湖示范区保险覆盖面。在风险可控前提下，为科技企业提供国内信用保险、产品质量保险等服务；积极探索保险与信贷的结合，鼓励保险公司对贷款项目进行承保，开展科技企业贷款信用保证保险试点；发展科技再保险。进一步鼓励东湖示范区企业通过申报科技保险，化解技术研发、成果转化、产品生产和贸易等各个环节的科技市场风险。针对不同科技企业及不同岗位的科技人员进行科学分类，优化保险方案。鼓励保险公司积极发展科技人才人身意外伤害保险、健康保险、责任保险及各类养老保险等险种，引导保险公司积极探索并不断完善科技人才各类人生保障。

（四）创新科技金融服务模式，完善科技金融服务方式

1. 有序推进供应链金融服务试点。支持在东湖示范区开展供应链金融服务试点工作，探索商业银行联合核心企业对核心企业供应链上的科技企业提供融资服务模式，实现银行、核心企业和科技企业三方共赢。

2. 创新银行与担保公司、股权投资机构合作模式。探索在对科技企业发放担保贷款的基础上，由股权投资机构事先承诺，当借款企业发生财务危机而无法偿还贷款时，只要满足一定的条件，由股权投资机构购买企业股权，为企业注入现金流；或者由股权投资机构直接为企业贷款提供担保，股权投

资机构获取企业股权认购期权。

3. 建立金融超市。加强银行、证券、保险、评估、抵押登记、公证等部门合作，实现向科技企业提供涵盖众多金融产品与增值服务的一体化经营方式，打造金融投资产品集中式融资服务平台。

4. 开办科技企业融资服务网。建设东湖示范区科技企业融资服务网络平台，为科技企业提供融资政策咨询、融资产品和服务宣传、融资申请受理、融资问题答疑等综合服务。

四、保障措施

（一）成立工作机构，加强对科技金融创新工作的组织领导

成立东湖示范区科技金融创新领导小组（以下简称领导小组），由市人民政府分管副市长任组长，邀请湖北银监局、湖北证监局、湖北保监局、人行武汉分行营管部相关负责人参加，市人民政府金融办、市发展改革委、市财政局、市科技局、武汉东湖新技术开发区管委会等部门和单位分管领导为小组成员，负责东湖示范区科技金融创新的组织领导和统筹规划，对科技金融创新的重大事项进行决策，对重大跨部门金融事务进行协调。领导小组下设办公室，在市人民政府金融办办公，负责制定政策措施、联系金融部门、推动科技金融创新、防范金融风险、加强金融交流。建立金融监管联席会议制度和日常沟通联络机制，定期研究部署科技金融创新工作，通报重点工作进展情况，协调解决工作中遇到的困难和问题。

（二）加大政策支持力度，为科技金融创新创造良好环境

一是每年对金融机构支持科技企业融资情况进行测评、表彰和奖励；二是设立创业投资引导基金，发挥财政资金的杠杆放大效应，引导各类社会资金支持东湖示范区处于创业期的科技企业发展；三是对金融机构在东湖示范区内开展科技金融业务实行差别化监管，鼓励创新，宽容失败；四是对在东湖示范区内试行创新业务、增设分支机构或其他金融服务机构的，开辟市场准入"绿色通道"，鼓励汉口银行、武汉农村商业银行、长江证券、合众人寿、光大租赁等地方法人金融机构对东湖示范区内科技企业加大金融创新服务力度。

（三）加强金融人才队伍建设，为金融产业提供智力支持

在全面落实《市人民政府关于促进武汉金融业加快发展的意见》（武政

〔2008〕42号）等相关政策的基础上，进一步完善各项配套政策，吸引国内外高层次金融人才。研究制订人才培养计划，采取与各金融机构配合、与金融监管部门及武汉高校联合组建金融人才培训中心等方式，对政府机关、金融机构、科技企业人员进行有计划的专业培训。选拔优秀人才到国外金融机构培训，培养国际型金融人才。

（四）加强风险控制，提高监管的有效性。支持各类金融机构不断完善内控机制，加强风险管理，保证金融资产安全；加强对科技企业金融从业人员的道德、法律教育，增强自律意识，发挥社会舆论的监督作用，逐步形成"政府协调、监管部门监管、执法部门支撑、金融机构内控、从业人员自律、全社会共同参与"的金融安全体系，提高监管的有效性，防范金融风险。

湖北银监局关于推进东湖国家自主创新示范区综合性科技金融创新试点的实施意见

鄂银监通〔2012〕25 号

为深入贯彻落实《国务院关于同意支持东湖新技术产业开发区建设国家自主创新示范区的批复》（国函〔2009〕144 号）精神，抢抓我市获批国家促进科技和金融结合试点城市的机遇，鼓励金融机构在东湖国家自主创新示范区（以下简称东湖创新示范区）先行先试，促进科技和金融结合，推动科技金融创新，打造东湖资本特区，进而推动我市建设国家创新中心，市人民政府决定会同湖北银监局等部门和单位在东湖创新示范区开展综合性科技金融创新试点。现提出如下实施意见：

一、加强科技金融创新发展的机制建设

（一）加强对科技金融工作的组织领导。建立东湖创新示范区科技金融联席会议制度和日常沟通联系机制，定期通报工作开展情况，协调解决科技金融推进过程中遇到的困难和问题。在此基础上，积极推动建立市级科技金融集中管理体制。

（二）建立协同、联动推进机制。湖北银监局、武汉市政府金融办、武汉市科技局、东湖开发区要结合部门职能，发挥各自优势，落实相应责任，加强对科技金融的对口指导和支持。认真清理国家部委及省市区出台的各项制度与政策，对没有落实到位的支持东湖创新示范区的政策安排，制定落实时间表，对需要出台新的支持措施和省市政府出面协调解决的事项，要及时通过联席会议的渠道反映报告。

（三）建立完善考核机制。湖北银监局、武汉市政府金融办、武汉市科技局、东湖开发区要建立完善科技金融创新发展的考核机制，定期对科技金融发展情况进行督促检查和绩效考核，考核结果将作为实施差异化监管和表彰奖励的重要依据。

二、加强科技金融专业专营建设

（一）建设科技金融专营机构。各银行业金融机构要积极设立科技金融服务专营机构，以机构设置带动业务发展。鼓励外资银行在东湖创新示范区设立机构，积极争取政策设立村镇银行，支持新设或引入金融租赁等非银行金融机构，支持设立小额贷款公司，支持在汉设立分支机构的银行优先落户在东湖创新示范区。

（二）打造专业人员队伍。各银行业金融机构要挑选综合素质高，营销能力强，有一定专业技术背景的业务骨干组成科技型企业营销团队，专门负责为科技企业提供金融服务。要加强专营团队的学习培训，提高对科技型中小企业的服务能力和水平。

（三）建立单独的科技信贷审批机制。各银行业金融机构要在控制风险的前提下合理下放对科技贷款的审批权限，简化优化审批流程，为科技企业开辟"绿色通道"，提高信贷审批效率，提供更加快捷便利的融资服务。

（四）建立专门的绩效考核制度。各银行业金融机构要对科技型中小企业贷款业务实行独立核算，并强化正向激励机制，适度提高对科技型中小企业授信户数指标的考核比重，优先安排专项费用，支持业务发展，并适当提高科技信贷的风险容忍度。要建立尽职免责制度，探索一条适合科技信贷发展的人员管理新路径。

三、彰显科技金融的武汉特色

（一）推进科技金融服务"三大创新"。银行业金融机构要创新服务理念，把落实自主创新战略放在突出位置，抓住战略性新兴产业迅猛发展的主线，加快强化科技创新的服务功能，及早布局新兴产业发展，加强对重点科技工作的信贷支持和金融服务；要创新服务模式。积极与创业投资企业建立战略伙伴关系，贷投结合，按照不同阶段的金融需求分阶段、有侧重地提供个性化金融服务。加强与保险机构的创新联动，探索银保联动贷款。积极推广"科技金融中心"、"金融超市"等服务模式，搭建一站式科技金融服务平台，为科技企业提供全方位综合金融服务；要创新服务工具。加强对新型抵（质）押担保方式的研发，创新抵质押担保方式，推广知识产权质押、股权质押、小企业联保联贷等融资方式。大力发展供应链融资，在有效整合利用供应链企业信息的基础上，开展应收账款质押、仓单质押等动产质押融资业务，积极推广保理业务。

（二）推广科技金融服务"三大模式"。推动先行先试下的地方法人服务模式。鼓励地方法人银行业金融机构搭建一站式科技金融服务平台，联合政府、风投、担保、保险等各类金融服务机构协同作业，为科技型中小企业提供信贷工厂式的全方位金融服务。推广协同作战下的全牌照服务模式。将东湖创新示范区作为银行新业务、新产品、新模式的创新试验基地，统筹整合包括风投机构、保险、券商等在内的各项金融资源，为企业提供综合金融服务，通过溢价分成实现银企共赢。试点统贷平台下的政策性金融服务模式。东湖开发区和中小企业统贷平台共同设立风险保证金，建立风险分担机制，政策性银行以创业投资机构为统贷平台支持科技型企业发展，加大对科技成果转化项目的支持力度。

（三）坚持科技信贷投入"三大方向"。银行业金融机构要积极争取信贷增量，调整优化信贷结构，结合武汉实际，将信贷资源优先配置到东湖开发区优先发展的光电子信息、消费电子、新能源、生物医药、环保节能等重点行业；优先支持全产业链类、集聚型、配套型和科技创新型等有突出优势的科技型企业；优先支持"黄鹤英才计划"、"3551 计划"、"国家千人计划"等重点科技创新领域。

四、科学防控科技金融风险

（一）充分发挥科技专家的风险防控作用。各银行业金融机构要建立完善适合科技企业的信贷评估系统，充分发挥银行科技型中小企业信贷项目科技专家咨询系统（中国银行业协会网站）的作用，引入科技专家参与信贷调查和评审，加强对企业技术发展和核心知识产权的把握，提高科技金融风险防控的前瞻性、针对性。

（二）建立完善专门信用评级和风险定价体系。各银行业金融机构要根据科技型中小企业的经营特点，建立专门的面向科技型中小企业的信用评级体系，加强对科技企业贷款的风险监控，建立多维度面向科技型中小企业的信用评级体系，有效分析科技型企业的前景和承贷能力。探索实施事前较低的固定利率和事后灵活浮动的利率相结合的定价方式，形成灵活的科技企业贷款定价机制，实现支持发展与防范风险的有机结合。

（三）建立风险分担机制。东湖开发区要建立完善科技型中小企业融资担保体系，引导担保公司、风险投资公司、基金公司、保险公司等机构与银行业金融机构共同支持科技型中小企业发展，推动科技金融风险分担体系的建设。充分发挥市、区贷款风险补偿基金的作用，建立两级风险分担机制，对金融机构发放信用贷款和知识产权质押贷款等金融创新产品出现损失的，给予风险补偿。

五、进一步明确差异化监管措施

（一）制订完善监管政策。湖北银监局要及时出台非上市股权质押贷款风险管理指引，引导和规范银行业金融机构非上市股权质押融资业务，在风险可控的前提下推动科技金融产品创新，拓宽科技型中小企业抵质押资产范围。

（二）实施差异化监管。湖北银监局要积极争取银监会将东湖创新示范区列为"科技金融创新试点地区"。对于风险成本计量到位、资本与拨备充足、科技型企业金融服务良好的商业银行，对其相关监管指标进行差异化考核。在有效防控金融风险的前提下，适度放松对科技贷款不良容忍度的监管指标，提高辖内银行机构信贷支持科技创新的能力。

（三）优先支持先进银行。湖北银监局在机构设置规划和创新试点安排上向东湖创新示范区倾斜，优先受理和审核科技金融先进单位在东湖创新示范区的市场准入事项的有关申请，支持其发行科技型小微企业金融债。对于商业银行开展的贷款模式、产品和服务创新，鼓励在东湖创新示范区内先行先试。

六、优化科技金融配套措施

（一）建立科技金融统计制度。湖北银监局、武汉市科技局、东湖开发区要加快建立基础性的科技金融统计制度，统一科技型企业的认定标准及统计口径，实时采集和披露科技信贷、科技企业和产业发展的各项数据。

（二）搭建信息交流平台。湖北银监局、武汉市政府金融办、武汉市科技局、东湖开发区联合打造科技金融信息交流平台——"科技金融在线"，武汉市科技局、东湖开发区定期提供科技企业（项目）名单和科技金融创新扶持政策，湖北银监局组织银行业定期发布金融创新产品，武汉市金融办指导武汉金融超市等中介机构收集发布企业资金需求信息并提供网站技术支持，定期开展项目推介、银企洽谈、融资辅导、在线咨询等活动，为企业和金融机构营造良好的沟通和合作环境。

（三）实施科技信用增级。东湖开发区要加快建立信用评价、信用激励和约束机制有机结合的权威有效的科技型企业信用评价平台，持续跟踪记录和评定中小企业信用状况，通过信用增级不断减轻银行对担保物的依赖。

（四）加大财政资金支持力度。充分发挥财政资金的放大作用，引导银行、创业投资、担保、科技保险等机构支持初创期和成长期科技企业发展壮大，缓释银行信贷投放风险。开发区财政部门要单列资金，对支持科技金融成绩突出的银行业金融机构给予奖励。

（五）加大税收减免扶持力度。开发区税务部门要探索开展科技金融专业机构营业税返还、对银行机构计提的科技型小微企业贷款损失准备给予全额税前扣除等试点工作。

（六）加快要素市场建设。要积极争取国家知识产权局在武汉设立分中心，缩短知识产权质押登记时间，提高知识产权融资效率，减少企业融资成本。武汉光谷联合产权交易所要进一步完善知识产权的评估、交易、公示以及非上市公司股份公开转让的制度，推动知识产权和股权交易形成规模化、市场化。

参考文献

［1］安亚军. 国内外财政科技投入金融化运作比较——以创业风险投资引导基金为例［J］. 经营与管理，2014（3）.

［2］财政部财政科学研究所课题组. 财政支持中小企业信用担保政策研究［J］. 经济研究参考，2010（31）.

［3］蔡永清. 政策性科技保险发展及财政补贴问题研究［D］. 重庆：重庆大学硕士学位论文，2011.

［4］陈培玲. 我国中小企业信用担保体系现状及对策［J］. 魅力中国，2007（7）.

［5］陈乾坤. 商业银行对科技型中小企业的信贷模式研究［J］. 山西财政税务专科学校学报，2014（2）.

［6］陈文君. "科技金融发展论坛"综述［J］. 上海金融学院学报，2014（1）.

［7］陈艳莹，高东. 生命周期理论研究进展综述［J］. 经济研究导刊，2007（12）.

［8］成思危. 对进一步推动我国风险投资事业发展的几点意见［J］. 经济界，1999（4）.

［9］促进科技成果转化的金融创新机制研究课题组. 科技企业融资特点、难点及策略分析［J］. 金融经济，2014（3）.

［10］邓天佐. 科技金融创新与创新驱动发展［J］. 中国科技产业，2013（5）.

［11］房汉廷. 关于科技金融理论、实践与政策的思考［J］. 中国科技论坛，2011（11）.

［12］费腾. 中美日科技型中小企业融资结构比较研究［D］. 长春：东北师范大学博士学位论文，2012（5）.

　　［13］冯海昱，任立. 我国科技保险市场存在的问题及对策研究［J］. 世界经济与政治论坛，2010（1）.

　　［14］高现广. 促进我国为小企业发展的财税政策研究［D］. 厦门：集美大学硕士学位论文，2013.

　　［15］顾焕章，汪泉等. 科技金融创新的制度取向与实践模式［J］. 江海学刊，2013（3）.

　　［16］顾昕. 风险投资于与风险企业［J］. 管理科学研究，1985（10）.

　　［17］郭辉. 发挥再担保杠杆作用开辟科技创新融资新渠道［J］，时代金融，2013（9）.

　　［18］和瑞亚，张玉喜. 中国科技财政对科技创新贡献的动态估计研究——基于结构向量自回归模型的实证分析［J］. 研究与发展管理，2013（10）.

　　［19］洪银兴. 科技金融及其培育［J］. 经济学家，2011（6）.

　　［20］侯东德，李俏丽. 多层次资本市场间转板对接机制探析［J］. 上海金融，2013（12）.

　　［21］胡苏迪，蒋伏心. 科技金融理论研究的进展及其政策含义［J］. 科技与经济，2012（3）.

　　［22］华强. 熊彼特企业家创新金融理论与中国企业创新融资体系的构建［J］. 河北金融，2010（9）.

　　［23］黄晓颖. 我国多层次资本市场的现状与发展［J］. 特区经济，2014（6）.

　　［24］黄英君，赵雄，蔡永清. 我国政策性科技保险的最优补贴规模研究［J］. 保险研究，2012（9）.

　　［25］黄永明. 金融支持中小企业发展［M］. 武汉：华中科技大学出版社，2006.

　　［26］李海申，苗绘. 发挥财税金融支持作用促进科技创新［J］. 中国财政，2013（6）.

　　［27］李希义. 当前国内科技银行的发展现状和问题思考［J］. 中国科技投资，2012（2）.

　　［28］林海波. 中国财政科技投入效率研究［D］. 沈阳：辽宁大学博士

学位论文，2011.

[29] 刘美辰. 科技型中小企业金融支持研究 [D]. 北京：首都经济贸易大学硕士学位论文，2014.

[30] 龙小燕，魏英欣. 科技型中小企业信贷政策评价及对策 [J]. 现代产业经济，2014（2）.

[31] 马克思. 《资本论》第三卷 [M]. 北京：人民出版社，2004.

[32] 马雪彬，南星星. 科技保险研究评述 [J]. 甘肃金融，2013（4）.

[33] 麦金农. 经济发展中的货币与资本 [M]. 陈昕，卢骢译，上海：上海三联书店，1997.

[34] 阙紫康. 多层次资本市场发展的理论与经验 [M]. 上海：上海交通大学出版社，2007.

[35] 施东晖. 证券市场层次化：国际经验和我国的选择 [J]. 改革，2001（5）.

[36] 谭璇，陶琨. 几种科技与金融结合模式的比较分析 [J]. 经济研究导刊，2013（32）.

[37] 唐尚杰. 风险投资 [J]. 华中农学院学报，1985（4）.

[38] 王蕾，顾孟迪. 科技创新的保险支持模式——基于上海市的调研分析 [J]. 科技进步与对策，2014（1）.

[39] 王宏起，徐玉莲. 科技创新与科技金融协同度模型及其应用研究 [J]. 中国软科学，2012（6）.

[40] 王伟中. 促进科技和金融结合政策文件汇编 [M]. 北京：科技文献出版社，2011.

[41] 王雪莹. 国际财政科技投入的新特征和新趋势 [J]. 科技进步与对策，2012（12）.

[42] 吴莹. 中国科技金融的体系构建与政策选择——基于演化经济学的研究 [D]. 武汉：武汉大学博士学位论文，2010.

[43] 夏太寿，褚保金. 科技金融创新与发展 [M]. 南京：东南大学出版社，2011.

[44] 谢科范. 科技风险与科技保险 [J]. 中国科技投资，2007（1）.

[45] 谢科范. 我国科技保险的现状与对策思考 [J]. 武汉汽车工业大学

学报，1996（2）.

[46] 杨兆廷，李吉栋. 自主创新的金融支持体系研究 [M]. 北京：经济管理出版社，2009.

[47] 约瑟夫·熊彼特. 经济发展理论 [M]. 孔伟艳，朱攀峰等译，北京：北京出版社，2008.

[48] 张福海. 论科技贷款先导型的金融运行机制 [J]. 中州学刊，1992（3）.

[49] 张先恩. 科技创新与强国之路 [M]. 北京：化学工业出版社，2010.

[50] 张晓玲. 论政府科技投入的形式、性质、目标和功能 [J]. 长江论坛，2006（6）.

[51] 赵昌文，陈春发，唐英凯. 科技金融 [M]. 北京：科学出版社，2009.

[52] 赵越春. 我国科技贷款现状与对策研究 [J]. 产业与科技论坛，2012（11）.

[53] 朱曙光. 科技金融发展与银行业创新 [J]. 现代金融，2014（1）.

[54] Aghion, Howitt, and Mayer - Foulkes. The Effect of Financial Development on Convergence: Theory and Evidence, NBER Working Paper No. 10358, 2004, 1 - 51.

[55] Akerlof G. The Market for "Lemon": Qualitative Uncertainty and the Market Mechanism. Quarterly Journal of Economics, 1970, 84 (4): 488 - 500.

[56] Busom L. An Empirical Evaluation of the Effects of R&D Subsidies. Economics of Innovation and New Technology, 2000, 9 (2): 111 - 148.

[57] Era Dabla - Norris, Erasmus Kersting and Geneviève Verdier. Firm Productivity, Innovation, and Financial Development, IFM Working Paper, 2010, 10 - 49.

[58] George Geronikolaou, George Papachristou. Venture Capital and Innovation in Europe. Modern Economy, 2012, 3, 454 - 459.

[59] Gerard George, Ganesh N. Prabhu. Developemental Financial Institutions as Technology Policy Instruments: Implications for Innovation and Entrepre-

neurship in Emerging Economics, Research Policy, 2003, 89 – 108.

[60] Helena Svalery, Jonas Vlachos. Financial Markets, the Pattern of Industrial Specialization and Comparative Advantage: Evidence from OECD Countries. European Economic Review, 2005, 49: 113 – 144.

[61] James B. Ang and Jakob B. Madsen. Risk Capital, Private Credit, and Innovative Production. Canadian Journal of Economics, 2011, 45, 1608 – 1036.

[62] Marco Da Rin and Thomas Hellmann. Banks as Catalysts for Industrialization. Financial Intermediation, 2002 (10), 366 – 397.

[63] Mustafa Seref Akin. Does Venture Capital Spur Patenting? Evidence from State – Level Cross – Sectional Data for the United States. Technology and Investment, 2011, 2, 295 – 300.

[64] S. Kortum and J. Lerner. Assessing the Contribution of Venture Capital to Innovation. Rand Journal of Eco nomics, Vol. 31, No. 4, 2000, 674 – 692.

[65] T. Hellman and M. Puri. The Interaction between Product Market and Financing Strategy: The Role of Venture Capital. The Review of Financial Studies, Vol. 13, No. 4, 2000, 959 – 984.

[66] Woo – Seok Jang, Woojin Chang. The Impact of Financial Support System on Technology Innovation: A Case of Technology Guarantee Systemin Korea. Journal of Technology Management & Innovation, 2008 (4).

后　记

从历史上看，科技创新是摆脱经济危机的主要力量。自英国工业革命到美国次贷危机，世界上已发生了大约 25 次全球性的经济、金融危机。伴随着每一次危机的跌宕起伏，许多国家的发展也浮浮沉沉。尽管这些危机约有一半是起源于美国，但多年来美国的经济地位却一直不可动摇，自 19 世纪末以来就牢牢占据着世界第一的宝座。是什么力量帮助美国从历次危机的泥淖中摆脱出来，获得经济的快速增长？科技创新无疑是动力之一。科技创新伴之而来的是金融创新。美国通过政府扶持、构建多层次的资本市场、大力发展风险投资产业、发展新兴的风险贷款市场等举措，为科技创新提供了源源不断的资金支持，成为科技创新的坚强后盾，取得了国际竞争的比较优势。

2014 年 9 月 29 日习近平总书记在中央全面深化改革领导小组第五次会议上指出，我们的科技计划在体系布局、管理体制、运行机制、总体绩效等方面都存在不少问题，突出表现在科技计划碎片化和科研项目取向聚焦不够两个问题上。要彻底改变政出多门、九龙治水的格局，坚持按目标成果、绩效考核为导向进行资源分配，统筹科技资源。政府部门主要负责科技计划（专项、基金）的宏观管理，不再直接具体管理项目，通过统一的国家科技管理平台，建立决策、咨询、执行、评价、监管各环节职责清晰、协调衔接的新体系。要根据国家战略需要和科技创新规律，构建新型科技计划（专项、基金）管理体系，避免重复申报和重复资助。

科技是国家强盛之基，创新是民族进步之魂。为此，作者结合工作实际，从理论出发到实践探索，对科技金融的结合之路进行了系统的研究。经过几个月的努力工作，《中国科技金融创新与政策研究》终于成形。在本书研究的日子里，越是深入研究，越是觉得我们掌握的资料素材不够，需要补充很多资料，深入再深入。越是深入研究，越是觉得我国的科技金融工作存在很多不足，需要尽快改变现状，实现科技与金融有效融合。但是，限于我们资料收集能力和研究水平，本书只能起到抛砖引玉之效，提供一个解决科技与金融结合的路径供大家参考。

在本书的编写过程中，得到许多朋友的关心和帮助。参与本书部分资料收集、整理工作的还有赵祯煜、何启祥、高菲、冯儒。本书在编写过程中，查阅与引用了大量相关文献，我们在书中做了注释与说明，但难免有遗漏，希望专家谅解，并致谢意。由于资料收集和时间有限，本书中难免存在不尽完善之处，希望读者批评指正。

作　者

2015 年 9 月